너 어디에서 왔니

너 어디에서 왔니(한국인 이야기-탄생)

초판 1쇄 발행 2020년 2월 12일
초판 14쇄 발행 2022년 4월 11일

지은이 이어령
펴낸이 정해종

펴낸곳 ㈜파람북
출판등록 2018년 4월 30일 제2018 - 000126호
주소 서울특별시 마포구 토정로 222 한국출판콘텐츠센터 303호
전자우편 info@parambook.co.kr  인스타그램 @param.book
페이스북 www.facebook.com/parambook/  네이버 포스트 m.post.naver.com/parambook
대표전화 (편집) 02 - 2038 - 2633 (마케팅) 070 - 4353 - 0561

ISBN 979-11-90052-20-7 03120
책값은 뒤표지에 있습니다.

# 한국인 이야기

탄생

너
어디에서
왔니

이어령

Lee O Young

파람북

# 차례

이야기 속으로

*in medias res*

# 꼬부랑 할머니가
## 꼬부랑 고개를 넘어가는 이야기

아라비아에는 아라비아의 밤이 있고 아라비아의 이야기가 있습니다. 천하루 밤 동안 왕을 위해서 들려주는 이야기들입니다. 왕이 더이상 듣기를 원하지 않으면 셰에라자드의 목은 사라집니다. 이야기가 곧 목숨입니다. 이야기가 끊기면 목숨도 끊깁니다.

한국에는 한국의 밤이 있고 밤마다 이어지는 이야기가 있습니다. 어렸을 때 들었던 꼬부랑 할머니의 이야기입니다. 아이는 할머니에게 이야기를 조릅니다. 할머니는 어젯밤에 했던 똑같은 이야기를 되풀이합니다. 꼬부랑 할머니가 꼬부랑 지팡이를 짚고 꼬부랑 고개를 넘다가 꼬부랑 강아지를 만나…….

아이는 쉴 새 없이 꼬부랑이란 말을 따라 꼬불꼬불 꼬부라진 고갯길을 따라갑니다. 그러다가 이야기 속 그 고개를 다 넘지 못한 채 잠들어버립니다. 다 듣지 못한 할머니의 이야기들은 겨울밤이면 하얀 눈에 덮이고 짧은 여름밤이면 소낙비에 젖어 흘러갈 것입니다.
정말 이상한 이야기가 아닙니까. 왜 모두 꼬부라져 있는지. 가도 가도 꼬부랑이란 말만 되풀이되는데, 왜 같은 이야기를 매일 밤 조르다 잠들었는지 모릅니다. 옛날 옛적으로 시작하는 그 많은 이야기는 모두 다 잊혔는데, 꼬부랑 할머니의 이야기만은 아직도 남아 요즘 아이들이 부르는 노랫소리에서도 들을 수 있습니다. 신기한 일이 아니겠습니까. 이렇다 할 줄거리도 없고 신바람 나는 대목도 눈물 나는 장면도 없습니다. 그저 꼬부라지기만 하면 됩니다. 무엇이든 꼬부랑이란 말만 붙으면 다 좋습니다.

왜 모두가 꼬부랑일까요. 하지만 이렇게 묻는 우리가 이상합니다. 왜냐하면 옛날 할머니들은 누구나 다 꼬부랑 할머니였고, 짚고 다니던 지팡이도 모두 꼬부라져 있었지요. 그리고 나들이 다니던 길도 고갯길도 모두가 꼬불꼬불 꼬부라져 있었습니다. 외갓집으로 가는 논두렁길이나 나무하러 가는 산길이나 모두가 다 그랬습니다.

그러고 보니 생각납니다. 어렸을 때 말입니다. '너와 나'를 '너랑 나랑'이라고 불렀던 시절 말입니다. 그러면 정말 '랑' 자의 부드러운 소리를 타고 꼬부랑 할머니, 꼬부랑 고갯길이 보입니다. 한국 사람들이 잘 부르는 아리랑 고개도 틀림없이 그런 고개였을 겁니다. '꼬부랑' '아리랑' 말도 닮지 않았습니까. 이응으로 끝나는 콧소리 아름다운 세 음절의 낱말. 아리고 쓰린 아픔에도 '랑' 자 하나 붙이면 '아리랑'이 되고 '쓰리랑'이 됩니다. 그 구슬프면서도 신명 나는 노랫가락을 타고 한국인이 살아온 온갖 이야기가 들려옵니다.

그러고 보니 한국말도 아닌데 '랑' 자 붙은 말이 생각납니다. '호모 나랑스Homo Narrans'란 말입니다. 인류를 분류하는 라틴말의 학명이라는데, 조금도 낯설지 않은 것을 보면 역시 귀에 익은 꼬부랑의 그 '랑' 자 효과 때문인 듯싶습니다. 지식이나 지혜가 있다고 해서 '호모 사피엔스'요, 도구를 만들어 쓸 줄 안다 해서 '호모 파베르'라고 하는가, 아닙니다. 몰라서 그렇지 과학 기술이 발전한 오늘날에는 그런 것이 인간만의 특성이요 능력이 아니라는 점이 밝혀졌습니다. 그러나 어떤 짐승도, 유전자가 인간과 거의 차이가 없다는 침팬지도 밤하늘을 바라보면서 별 이야기를 만들어내고, 땅과 숲을 보며 꽃 이야기를 만들어낼 수는 없습니다. 짐승과 똑같은 동굴 속에서 살던 때도 우리 조상들은 인간이 살아가는 현실과는 전연 다른 허구와 상상의 세계를 만들어냈습니다. 그것이 신화와 전설과 머슴방의 '옛날이야기' 같은 것입니다.

세상이 변했다고 합니다. 어느새 꼬부랑 할머니를 볼 수 없게 되었습니다. 동네 뒤안길에서 장터로 가던 마찻길도 모두 바로 난 자동찻길로 바뀌었습니다. 잠자다 깨어 보니 철길이 생기고 한눈팔다 돌아보니 어느새 꼬부랑 고개 밑으로 굴이 뚫린 것입니다. 그런데도 이야기는 끝난 게 아니라는 겁니다. 바위 고개 꼬부랑 언덕을 혼자 넘으며 눈물짓는 이야기를 지금도 들을 수 있습니다. 호모 나랑스, 이야기꾼의 특성을 타고난 인간의 천성 때문이라 그런가 봅니다.

세상이 골백번 변해도 한국인에게는 꼬부랑 고개, 아리랑 고개 같은 이야기의 피가 가슴속에 흐르는 이유입니다. 천하루 밤을 지새우면 아라비아의 밤과 그 많던 이야기는 언젠가 끝납니다. 하지만 아이들에게 들려주는 꼬부랑 할머니의 열두 고개는 끝이 없습니다. 밤마다 이불을 펴고 덮어주듯이 아이들의 잠자리에서 끝없이 되풀이될 것입니다. 그것은 망각이며 시작입니다.

아니, 아무 이유도 묻지 맙시다. 이야기를 듣다 잠든 아이도 깨우지 맙시다. 누구나 나이를 먹고 늙게 되면 자신이 어렸을 때 들었던 이야기를 이제는 아이들에게 들려주려고 합니다. 천년만년을 이어온 생명줄처럼 이야기줄도 그렇게 이어져왔다고 생각하면 됩니다. 인생 일장춘몽이 아닙니다. 인생 일장 한 토막 이야기인 거지요. 산속에서 길을 잃고 헤매다가 선녀와 신선을 만나 돌아온 나무꾼처럼 믿든 말든 이 세상에서는 한 번도 듣도 보도 못한 옛날이야기를 남기고 가는 거지요. 이것이 지금부터 내가 들려줄 '한국인 이야기' 꼬부랑 열두 고개입니다.

# 1
## 태명 고개
### 생명의 문을 여는 암호

# 쑥쑥이 말문을 열다

**01** 《젊음의 탄생》* 북 콘서트가 끝나자 책을 든 청중이 사인을 받
으려고 줄을 선다. 거의 기계적으로 이름들을 쓰는데 갑자기 누
군가 "쑥쑥이라고 써주세요"라고 한다. 별난 이름이다 싶어 고개를 들자
"제 아이에게 주려고요"라고 한다. 아기 엄마라고 하기에는 너무 젊다. "군
이에요? 양이에요?"라고 묻자 "아직 몰라요"라고 이상한 대답을 한다. 그제
야 나는 그 여성의 배가 불러 있는 것을 알았고, 그 옆에 곧 아기 아빠가 될
젊은이가 참나무처럼 서 있는 것을 보았다. 쑥쑥이는 태명胎名이었던 게다.

• 이어령, 《젊음의 탄생》, 생각의나무, 2008

**02** 태명, 그런 게 있었다니. 성도 성별도 가릴 것 없으니 편할 것
같다. 호적부나 족보에 오를 일도 아니니 마음 내키는 대로 지
어도 뭐랄 사람 없다. 그래서 요즘 젊은 부부 사이에서는 태명이 한창이
란다. 그걸 나만 몰랐나 보다. 알고 보니 '쑥쑥이'만 있는 게 아니다. 무럭
무럭 자라라고 '무럭이'가 있고, 튼튼하게 크라고 '튼튼이'가 있다. 모두
손뼉 감이다. 같은 '복福' 자라도 옛날의 그 흔한 '복동이' '복순이'가 아니

라 '행복이'요 '축복이'라 했다. 원하는 말에 주격 조사 '이' 자 하나만 붙이면 금시 태명이 된다.➡ 그래서 저출산 시대의 배 속 아기들은 모두가 '기쁨이'요 '환영이'다. 태명 중에 '사랑이'가 가장 많은 것도 당연한 일이다.

➡ 1 태명 고개 4-01

**03**  그런데 벌써 사랑이도 쑥쑥이도 석기 시대 때 얘기란다. 요즈음엔 태동이 하도 심하대서 '뒹굴이', 엄마 배 속에 캥거루처럼 쏙 들어가 있대서 '거루', 초음파 사진을 보니 점 하나 찍혀 있다 해서 '점탱이'……. 팝콘처럼 톡톡 튀는 태명이 상위 다툼을 하며 키재기를 한다.➡ 귀엽다. 깜찍하다. 기발하구나. 어느새 철벽 한자 틀에서 벗어난 새 한국인이 소리 없이 엄마 배 속에서 자라고 있었던 거다.

➡ 1 태명 고개 4-01

**04**  처음에는 신기해서 웃었지만, 나중에는 눈이 축축해진다. 요즘 젊은이들 말로 안습\*이다. 나와 함께 자란 옛날 아이들 이름이 떠오른 탓이다. 머리에는 기계총이 나고 부황난 얼굴에는 으레 버짐이 번져 있다. 그런 애들에겐 태명은 고사하고 본명조차 제대로 된 게 없다. 쇠똥이, 개똥이가 아니면 그 흔한 돌쇠다.

하기야 무엄하게도 고종 황제의 아명이 '개똥이'였다니 억울해할 일이 아니다. 그게 다 '악명위복'\*\* '천명장수'\*\*, 이름을 천하게 지어야 복 많이 받고 오래 산다는 풍습 때문이다. 유아 사망률이 높았던 시절에는 어느 나라에서나 있었던 일이라고 하니 우리만 탓할 일이 아니다.

• 眼濕 | 惡名爲福 | 賤名長壽

**05** 　그래도 이상하지 않다. 귀족 명문가에 태어났으면 몰라도 원래
　　　　천하게 태어난 아이들에게 무슨 천명, 악명이 따로 있겠는가.
하지만 무조건 사내아이라면 귀하게 여겼던 남존여비 사회에서는 그럴
수도 있다. 그래서 멀쩡한 사내애에게 여자애 이름을 달아주는 일도 있다.
액션 배우 이소룡˚의 어릴 때 이름이 계집애 이름인 소봉황˚이었던 것도
그래서다. 소룡이 아니라 소봉황이라고 한들 우리 같으면 대통령 문장˚
에 나오는 귀한 새다. 이 말은 곧 여자아이에게는 아무리 귀한 이름으로
불러도 잡귀가 거들떠보지도 않는다는 뜻인 게다. 그런데 어쩌자고 우리
는 여자애 이름에도 '똥례'라는 천한 이름을 붙였단 말인가.⬔

• 李小龍, 리샤오룽 | 小鳳凰, 샤오펑황 | 紋章 ⬔ 1 태명 고개 1-17

**06** 　똥례보다도 더 섭섭한 이름이 바로 '섭섭이'다. 아들이 아니라
　　　　섭섭하다는 노골적인 푸념이다. '언년이'란 이름도 아마 '어느
년' '언짢은 년'이라는 욕이었을지 모른다. 삼순이까지는 참다가도 끝내
는 '끝순이'요 '말순이'라고 붙인 이름도 대동소이˚다. 하지만 그것도 우
리만의 일이 아니라고 생각하면 위안이 된다. 터키에도 "됐어. 이제 딸은
충분해!"라는 뜻으로 예테르˚란 이름이 있고 손귈˚(마지막 장미)이라는
이름도 있다고 하지 않던가. 이름 정도가 아니라 아예 여자애를 낳으면
내다 버리거나 죽이는 풍습⬔이 동서 가리지 않고 있어 온 걸 보면 새삼
스럽게 따질 일 아니다.

• 大同小異 | Yeter | Songül ⬔ 9 세 살 고개 2-09

**07** 　욕이든 저주든 그래도 '간난이'라는 이름보다는 낫다. 간난이
　　　　는 '갓 낳은 아이'라는 뜻이니 한자로 쓰면 신생아˚요, 영어로

는 '뉴본'* 라틴어로 해봤자 '네오 나탈'* 이다. 이름이 아닌 보통명사인 게다. 그건 할머니들이 개밥 줄 때 '가~이' '가~이' 하고 부르던 것과 다를 바 없다. '가이'는 알다시피 개의 옛말 혹은 지방 사투리다. 남과 다른 특성을 나타낸 이름이라 해도 몸에 점이 박혀 있다고 해서 겨우 '점박이'고 '점순이'다. 하지만 그것 역시 거의 바둑이, 강아지 이름의 수준이다.

• 新生兒 | new born | neo natal

**08** 시험 삼아 한 번 동네에다 대고 '바둑아!' 하고 불러봐라. 얼마 전만 하더라도 틀림없이 검은 점, 흰 점이 박힌 개들이 떼를 지어 주렁주렁 달려 나왔을 거다. '점순이'라고 부르면 이번에는 점 박힌 애들이 줄줄이 나올 판이다. 한마디로 옛날 여자들은 멍멍이 같은 무명의 존재였다는 거다. 호적법이 생기고 나서 갑자기 성녀라는 이름이 우후죽순처럼 돋아난 것을 보아도 알 수 있다. 성녀는 성스럽다는 성녀聖女가 아니다. ○○성姓을 가진 성녀姓女라는 뜻으로 박씨 성이면 박성녀*, 김씨면 김성녀*가 된다. 호적 올리려고 갑작스레 지은 '막이름'이었던 거다.

• 朴姓女 | 金姓女

**09** '멍멍이처럼 흔히 쓰는 말에 '이' 자 하나 붙여 지은 이름이 '간난이'요 '섭섭이'다. 그러니 개 이름이나 사람 이름이나 크게 다를 바 없다. 그렇다면 개똥이, 쇠똥이 역시 마찬가지가 아닌가. 계집애 이름, 머슴애 이름 토박이의 이름 짓는 방식은 다 똑같다. 그렇다면 튼튼이의 태명도 다를 게 없지 않은가. 그 순간 내 머릿속에서 개밥그릇이 막사발과 부딪치면서 벼락 치는 소리가 들렸다. 멍멍이-간난이-개똥이의 '막이름'들이 '쑥쑥이' '사랑이' 같은 태명과 결합하면서 번갯불이 일어난

게다. 개밥그릇처럼 천대받던 막사발이 바다 건너가 그 나라의 국보가 되는 것처럼↪ 간난이, 섭섭이가 사랑이, 기쁨이로 바뀌는 한국인 이야기의 눈부신 반전 드라마의 한 장면이다.

↪ 1 태명 고개 1-샛길

**10** 갑자기 안습이 안광˙으로 변하면서 악명천명이 실은 태명과 똑같이 순수한 우리 토박이말로 지어진 원래의 이름들이라는 자명한 사실이 드러난다. 막이름, 그렇구나. 한국의 기층 문화에는 '막' 자의 딱지가 붙어 있는 것이 많다. 막사발, 막국수, 막걸리, 막춤, 거기에 막말까지도 끼어든다.↪ 그런데 그동안 우리들은 '막' 자만 보면 시골 두엄내를 맡은 것처럼 코를 막고 외면했다. 그 잡초 사이에 숨겨진 달래 마늘의 그윽한 향내를 맡을 줄 몰랐다는 것이다. 그래서 이름이라고 하면 으레 한자 이름을 생각하게 되고, '언년이'라고 하면 사전에는 손아래 여자 아이를 귀엽게 부르는 말이라고 하는데도 추노의 노예 이름을 떠올린다. 한문을 진짜의 글이라고 하여 진문˙이라 부르고 한글을 언문˙이라고 하여 막 글씨로 여겨 온 모화˙풍습이다. 뭐 문화라는 게 다 그런 것 아니냐. 지금도 제나라 글자를 가짜글 가나˙라고 부르는 것이 일본이다. 그래도 노벨상만 잘 탄다. 잘난 서양사람들도 그리스말이나 라틴말 빼고는 식자 행세 못한다. 맞는 말이다. 문제는 천시하고 외면하여 돌보지 않았다는 이야기이다. 산삼은 인삼밭이 아니라 산속 잡초 속에 들어가야 캘 수 있다는 것을 몰랐다는 이야기다.

• 眼光 ┃ 眞文 ┃ 諺文 ┃ 慕華 ┃ 仮名 ↪ 1 태명 고개 1-샛길

**11** 지금도 한자말로 '노인老人'이라고 하면 점잖은 말이요 높임말이지만, 우리 토박이말로 '늙은이'라고 하면 막말이요 낮춤말이 된다. 그 정도는 약과다. 우리말을 애용한다고 '자녀子女'를 '새끼'라고 해봐라. 금시 뺨 맞는다. '계집'이라는 말도 처음엔 막말이 아니었다는 이야기다. 15세기 때 출간된 《두시언해》*를 보면 '노처老妻'란 말이 어엿이 '늙은 계집'으로 번역되어 있다. 홍선 대원군*이 청나라에 볼모로 잡혀 있을 때, 궁으로 보낸 서찰 겉봉에는 '마누라전'이라고 썼었다. 마누라는 지체 높은 사람의 부인을 높여 부를 때 사용하는 말로 며느리 명성황후를 지칭한 말이라고 한다.* "잘했군 잘했군 잘했어, 그러게 내 마누라지"라는 노랫말이 남아 있는 오늘날에는 도저히 믿기지 않는 이야기다. 이러한 모든 현상은 우리가 세 살 적에 배운 토박이말들이 한자에 밀려나고 외면 당하면서 막말처럼 되어버렸기 때문이다.

*《杜詩諺解》| 興宣大院君 | 한국학중앙연구원 전임 연구원 이종덕이 "부인이 아닌 며느리에게 보낸 것"이라고 밝혀냄

**12** 나 혼자의 생각이 아니다. 인터넷으로 검색해보면 금시 알 수 있다. "마당쇠는 마당에서 태어났기 때문에 붙여진 이름이 아니라"는 한 블로거의 이야기와 만날 수 있다.* "마당쇠의 마당은 '맏이'가 변한 것이며, 뜻도 '맏이, 으뜸, 우두머리'라는 풀이다. 그리고 쇠는 주로 사람 이름에 사용하는 접미사와 같은 것이며, 본래는 '소/so'로 '뛰어난 사람'을 가리키는 말"이었다는 거다. 그 증거로 '을소乙素' '을파소乙巴素' '추발소鄒勃素'처럼 한자로 소리를 옮긴 삼국 시대의 옛 토박이 이름을 예거한다. 그러고 보면 우리가 지금 즐겨 쓰는 철수, 영수, 창수 같은 이름도 실은 순우리말 '소/수'에서 비롯된 것일 수도 있다는 추론이 나온다. 우리가 미처 깨닫지 못한 사이에 천 년 전 옛 우리말 이름들이 면면히 흘러 오

늘에 그 흔적이 나타나게 된 것이라는 말에 설득력이 실릴 수밖에 없다.

• 네이버 블로그 쾌도난마(https://m.blog.naver.com)

**13** 우리 고유명이 오늘과 같은 한자명으로 바뀌게 된 것은 통일 신라 시대 경덕왕* 때부터라고 알려져 있다. 하지만 서민은 물론이고 지체 있는 집안에서도 고유명을 그대로 써온 확실한 증거가 남아 있다. 세종世宗의 명을 받아 김수온*이 편찬한《사리영응기》*에는 정 7품과 종 8품 관리 47명의 토박이 이름이 '韓실구디' '朴타내' 등으로 기록되어 있다. 한자로 된 성만 빼면 마딘, 도티, 매뇌, 가리대, 수새, 쇳디, 랑관, 모두 낯설고 허접한 막이름이다. 더러는 강아지 이름을 연상케 하는 '검둥'이 '흰둥'이에 '돌히' '막동' '똥구디'란 이름까지 보여 더욱 그렇다. 무엇보다 곰쇠, 북쇠, 망쇠, 모리쇠, 강쇠 같은 이름은 분명 내 어렸을 때 들었던 마당쇠의 이름과 다를 게 없다. 옹알이말처럼 올미, 오미디, 우루미, 어리딩처럼 유난히 '이응 자'로 시작하는 이름도 많아서 아련한 그리움마저 느끼게 한다. 한마디로 막이름이다.

• 景德王 | 金守溫 |《舍利靈應記》

**14** 이상하지 않는가. '막' 자 붙은 말치고 천대받지 않은 것이 없고, 반대로 또 한류 바람 타지 않은 것들이 없다. 막사발에 담아 먹는 막걸리, 막국수의 맛. 우리 자신도 미처 몰랐던 그 미묘한 한국의 맛이 세계인의 입맛에 새로운 변혁의 돌풍을 몰고 왔다는 거다. 요즘만이 아니다. 수백 년 전으로 거슬러 올라가면 이미 말한 대로 개밥그릇으로 천대받던 막사발이 일본의 찻그릇이 되어 다도의 총아가 되고 국보 26호 키자에몬*으로 오늘에까지 그 이름을 남기고 있다. 고려 말 청자기술이

쇠락해 갈 때 흩어진 도공들이 자기 방식으로 자유롭게 막 구어 낸 분청 사기 역시 미시마데*라는 이름으로 지금도 일본의 도자기 애호가들의 마음을 사로잡는다.

• 大井戸茶碗喜左衛門 | 三島手

**15** 막 걸렀다고 해서 '막걸리'라는 이름이 붙은 술 역시 외국에 나가면 그 특이한 맛으로 인기를 얻는다. "마시기 쉽고 건강과 미용에도 좋다는 인기의 술 '막걸리.' 약간 단맛이 도는 깔끔한 하얀 술입니다. 원래는 한국 태생의 술이지만, 일본에서도 한류 열풍을 타고 사랑을 받고 있습니다." 인터넷 블로그에 소개된 マッコリ(막걸리)의 그 기사처럼 많은 민속주가 있는 일본인에게도 진귀한 술맛인 게다. 막춤은 어떤가. 유튜브 조회 수가 50억이 넘는다는 싸이의 말춤 그 바탕에는 달리는 관광버스에서도 시골 할머니, 할아버지들이 춤을 추는 진풍경의 막춤이 있었던 거다. 아시아인으로 빌보드차트의 탑에 오르고 전 세계에 아미 팬들을 거느린 BTS*의 랩 가사에는 막말이라고 구박받던 우리 토박이말이 힘줄이 되고, 그들의 칼군무 역시 막춤, 허튼춤의 신바람을 안고 있다.➦ 아카데미상을 싹쓸이한 봉준호 감독의 〈기생충〉은 어떤가. 위트 있는 영화 속 대사들 역시 우리 토박이 막말(욕)이 할리우드와 만나 승화된 것이다.

• 방탄소년단 ➦ 1 태명 고개 1-샛길

**16** 잡스러운 막이름이라고 우습게 알았던 '또순이' '간난이' '삼순이'의 이름들은 모두가 TV 드라마 타이틀로 한국의 안방으로부터 아시아에서 세계로 한류의 물꼬를 텄다. 알파고의 AI*와 인류 대전을 벌여 전 세계에 바둑 한류의 정점을 찍은 이세돌李世乭, 그 이름에도 돌

쇠의 그 '돌乭' 자가 들어 있지 않았나. 당 태종 이세민李世民과 글자 하나 차이인데도 처음 보는 한국 토박이의 '돌' 자에 놀라 일본에서는 음차˚하여 '李世ドル'로 표기하고 중국에서도 훈차˚하여 '李世石'으로 보도했다, 하지만 결국은 '乭' 자를 인정, 역수입하여 '李世乭'로 쓰고 '스' 혹은 '다오'로 읽기도 한다. '이세돌'을 순 토박이말로 읽으면 '이'는 지시대명사로, '세'는 수사의 3을 뜻하는 말로 완전히 한자 이름을 탈구축한다. 실제로 이세돌은 셋째 아들이고 바둑돌인 게다.

• Artificial Intelligence | 音借 | 訓借


**17** 현대 소설도 마찬가지다. 방영웅 작가의 데뷔작《분례기糞禮記》가 그렇다. 분례의 한자를 토박이말로 바꾸면 '똥례'의 막이름이다. 이 소설의 주인공 똥례는 이름 그대로 뒷간에서 낳았다. 똥은 더러운 것인데도 한국의 막문화에서는 똥꿈을 꾸면 돈 생기고 재수가 있다고 하듯이 복과 장수의 상징이 된다. 생과 사가 뒤집혀 꽃상여가 결혼식 새색시가 타고 가는 가마가 되는 반전극. 가장 속된 이야기가 성스러운 것이 되고, 더없이 천한 것이 귀한 생명의 힘으로 역전되는 두메산골에서나 펼쳐지는 한국인의 막이야기다. 가장 더러운 똥이 가장 신성한 생명력을 품고 있다. 속俗과 성聖의 양극이 전도되는 막문화의 특성은 막말이나 욕을 영어로 '홀리쉿holy shit'이라고 하듯이 모든 문화의 양상으로 나타나 있다. 분례라는 막이름은 물구나무선 성녀인 게다.↪

↪ 12 이야기 고개 2-06


**18** 똥례의 막이름이 해방 후 산업화 이전의 50, 60년대에 막 살아가는 촌민들의 '막이야기'라고 한다면, 산업화와 도시화가 몰

고 온 70, 80년대의 막이름, 막이야기로 대박을 친 소설이 조선작의 《영자의 전성시대》다. 일제 문화의 끝물로 생겨난 영자는 간난이처럼 흔한 막이름이었던 거다. 원래 '자子' 자가 붙으면 공자, 맹자, 노자 같은 성현을 존경하는 호칭이었던 것이 일본으로 건너가면서 변질되었다. 귀족의 존칭만이 아니라 그 부인들에게도 '자' 자가 붙게 되고 유신 개화 이후에는 평민들 누구라도 쓸 수 있게 되면서, '자' 자 돌림이 여자 이름의 90퍼센트를 차지하게 된다. 이것 역시 '성'과 '속'이 뒤집히는 막문화 현상으로, 일본에서는 '하나꼬花子'가 한국에서는 덩달아 '영자英子'가 가장 흔한 이름으로 등장하게 된 거다.

**19** 해방된 뒤에도 돌림병, 마마* 자국처럼 남은 일본식 작명이 산업화 시대와 맞물려 영자의 '전성 시대'를 낳게 된다. 서울 음습한 도시의 어둠을 향해 '영자야!' 하고 부르면 무작정 올라온 상경녀, 봉제 공장의 여직공, 버스 여차장, 그러다 길 위에 떨어져 구르면 술집 호스티스, 사창굴 창녀들이 나타날 것이다. '잘살아보세'라는 화려한 구호를 뒤집으면 바로 영자의 막이름들이 땀과 눈물과 피로 얼룩진 '막이야기'들이 쏟아져 나온다. 그 이름의 생채기에서 오늘의 새살이 돋아나 이제 영자의 막이름은 내 대학 수제자 가운데에서 골라도 한두 명이 아니다. 예쁜 예명으로 한몫 보는 연예계에서도 영자라는 이름으로 당당하게 연예 대상을 타는 반전극이 일어난다. '쑥쑥이'라는 태명에서 시작하여 내 어릴 적에 듣던 아이들 이름, '개똥이' '쇠똥이' '돌쇠' 그러다 '섭섭이' '간난이' 그리고 '멍멍이' 같은 개 이름까지 꼬불꼬불 돌아서 한류 태명까지 당도하게 된다. 한국인 이야기는 대개가 꼬부랑 할머니가 꼬부랑 지팡이를 짚고 넘어가는 꼬부랑 고개처럼 그렇게 꼬불꼬불 이어져 가는 법이다. 다시 쑥쑥이와 만나다.

• 媽媽

**20**　《젊음의 탄생》에 사인을 하는 순간 배 안에 있는 '쑥쑥이'가 말
　　　문을 연 게다. 그 바람에 나는 세계 역사상 처음으로 배 속의 아
이에게 책 서명을 한 저술가가 되었다. 애들 말대로 동서고금 배 속에 있
는 아이에게 책 서명해준 사람 있으면 나와보라고 해라. 세상천지 태안에
서부터 저자의 책 사인 받은 아이 있으면 나와보라고 해라. 오로지 태명 한
류를 일으킨 한국에서만 일어날 수 있는 이야기다. 그 덕분에 '쑥쑥이'는
이 세상에 태어나기도 전에 '한국인 이야기'의 탄생 편 선두주자*가 되었
고, 나는 지금까지 어디에서도 들을 수 없는 태 안에서 시작하는 '한국인
이야기'를 쓰게 된 거다. 생명의 최소 단위가 세포막* 속의 DNA라고 한
다면, 이야기의 최소 단위는 이야기 가운데의 이름들이 아니겠는가. 그래
서 '안나 카레니나'*라고 하면 러시아의 이야기가, '톰 소여'*라고 하면
영미권 이야기가 탄생한다. 그것처럼 '유비劉備' '춘향春香' '하나코花子' 같
은 한자로 표기된 이름이면, 한중일 삼국 이야기가 펼쳐질 것이다. 그런데
'쑥쑥이' '튼튼이'라면 무슨 이야기가 만들어질 것인가. 궁금하지 않은가.

* 先頭走者 | 細胞膜 | Анна Каренина | Tom Sawyer

**21**　반갑다, '쑥쑥이.' 눈부시다, '기쁨이.' 별처럼 반짝이는 배내 아
　　　이의 이름들을 부르면 먼 하늘 아득한 곳에서 응답한다. 우주
선 캡슐 같은 아기집에 웅크리고 앉아 있는 아이들. 그래, ET처럼 머리
통과 눈망울만 큰 녀석들이 우리에게 들려줄 이야기들. 상상만 해도 기막
히다. '개똥이' '쇠똥이'도 '간난이' '똥례'도 당당하고 황홀했을 원초적인
그 생명 공간. 모태의 세계를 향해 청진기처럼 귀를 대면 아주 먼 곳에서
들려오는 폭포수 같은 소리, 미세한 혈관을 타고 힘차게 흐르는 배내 아
이의 이야기 소리가 들린다. 한때 우리가 자궁벽에 붙어 발아*하던 최초

의 땅, 신열 같은 생명기억*이 깨어난다. 한 번도 듣지 못한 옛이야기가, 그리고 아직 쓰여지지 않은 미래의 동화와 대서사시가 열릴 것이다.

• 發芽 | 生命記憶

샛길

# 막문화 막이름

## 미술의 접두어 '막'

'막'이란 말 자체가 미스터리다. 네이버의 인터넷 사전을 보면 1. '거친', '품질이 낮은'의 뜻을 더하는 접두사. 막고무신, 막과자, 막국수. 2. '닥치는 대로 하는'의 뜻을 더하는 접두사. 막노동, 막말, 막일. 3. (일부 동사 앞에 붙어) '주저 없이', '함부로'의 뜻을 더하는 접두사. '막가다' '막 거르다'로 풀이되어 있다. 하지만 어느 경우든 '막' 자 붙은 말치고 눈총받지 않는 것이 없다. 그러면서도 막판(막판의 막은 '막내, 막차'의 경우처럼 마지막의 뜻이고, 막장은 탄광의 갱부들이 쓰는 말로 어원은 불확실하다)에 오면 막국수처럼 꼭 부정에서 긍정으로 뒤집기를 하는 경우가 많다. '욕하면서 본다'는 막장 드라마가 한류 드라마를 낳은 것처럼 말이다.

## 막국수

같은 국수라도 '막' 자가 붙으면 아이들 사이에서 유행하는 우스개 이야기 감이 된다. "앞집 애는 메밀국수이고 뒷집 애는 냉면인데 어째서 너는 하필 막국수란 말이냐." 꾸중을 들은 아이가 가출하자 어머니가 눈물을 흘리며 운다. 그러자 아버지가 소리친다. "여보 그만 울어요, 가뜩이나 맛없는 면발 불라."

막국수는 겉껍질만 벗겨낸 거친 메밀가루로 만든 국수다. 빛깔도 거무스레하고 면발도 굵게 뽑아 투박하다. 고기 같은 고명도 넣지 않고 막 만든 국수라 '가뜩이나 맛없는 면발 불라'는 농담이 나옴 직한 음식이다. 그런데 강원도 하면 첫손가락 꼽히는 게 바로 막국수가 아닌가. 이를테면 한류 음식의 깊숙한 곳에 숨어 있는 덤덤한 맛, 시인 백석이 "이 희수무레하고 부드럽고 수수하고 슴슴한 것은 무엇인가."(白石, 〈국수〉)라고 물었던 바로 그 반가운 한국의 토속 맛인 게다. 예부터 식도락가들은 메밀 막국수를 다섯 가지 오덕伍德을 취할 수 있는 음식으로 1은 시원한 맛, 2는 성인병 예방, 3은 여인들의 미용식, 4는 마음의 건강 그리고 5는 값이 싸 누구라도 쉽게 먹을 수 있는 덕이다.

강원도 막국수의 주원료인 메밀은 척박한 땅에도 잘 자라고 가뭄에도 잘 견디는 작물이다. 당연히 오곡五穀 축에도 못끼는 '막작물'이면서도 가뭄이 들면 구황 작물救荒作物로 단연 독보적인 자리에 오른다. 실용성만이 아니라 그 꽃색이 희고 잎이 푸르고 줄기는 붉고 열매는 검고 뿌리는 황색이라 하여 오방색의 오덕을 갖춘 영물靈物로 칭송받는다. 그것이 이효석의 소설 《메밀꽃 필 무렵》에 이르면 흉년과 기아에서 사랑과 낭만의 아름다운 풍경으로, 구황 작물의 먹거리에서 관광 작물의 볼거리로 변한다. 또 양분 없는 막곡식이 풍요로운 시대에서는 다이어트 건강식으로, 귀한 종자로, 보호 작물로 등록된다.

## 막걸리

막걸리도 한류로 떴다. 술을 담글 때 잘 거르면 청주가 되고 막 거르면 탁주, 막걸리가 된다. 청탁清濁의 탁인데 어찌 청주와 어깨를 나란히 할 수 있겠는가. 주정도 낮다. 그런데도 '젖과 막걸리는 생김새가 같다'고 예찬한 것은 TV 드라마에서도 인기를 끌었던 정인지鄭麟趾다. 아기들이 젖으로 생명을 키워 나가듯 '막걸리는 노인의 젖줄'이라는 거다. 예로부터 건강 장수를 위해 거를 수 없었다는 것이 막걸리이기에 역시 메밀처럼 오덕을 부여했다. "취하되 인사불성일 만큼 취하지 않음이 일덕一德이요, 새참에 마시면 요기되니 이덕二德이며, 힘 빠졌을 때 기운 돋우는 것이 삼덕三德이다. 안 되던 일도 마시고 넌지시 웃으면 되는 것이 사덕四德이며, 더불어 마시면 응어리 풀리는 것이 오덕五德이다."

하지만 현실 속에서는 막일하는 일꾼들의 술이다. 역시 막사발처럼 막걸리 역시 일본으로 건너가서야 빛을 받는다. 일본 사회에서는 한국과 달리 막걸리에 대한 편견도 없고 도수가 낮으면서 단맛과 신맛이 좋으며 유산균과 식이섬유가 다량 함유된 '웰빙주'라는 이미지가 일본 여성층에게 쉽게 소구訴求되면서 화제의 술이 되었다"(정은숙,《막걸리 이야기》, 살림지식총서 436, 살림, 2012)는 것이다. 무엇보다 한류의 열성 팬들은 '맛코리マッコリ (막걸리)'를 마시고 나면 '닛코리にっこり', 웃는다 하여 그것이 그대로 브랜드명이 되어 공중파 TV 광고에 등장해서 K-food의 막을 연다. 막걸리는 희다는 통념을 깨고 검은콩 막걸리, 호박 막걸리 같은 부재료를 이용한 다양한 신개발품들로 투박한 농부들이 마시는 탁주는 일본 여성들의 마음을 홀린다. 막걸리

는 청주와는 달리 탁주의 특성상 어떤 이질적인 재료와도 잘 융합하여 칵테일용 주류로서도 인기가 높다.

## 막사발

'막' 자 붙은 한류 바람은 요즘 일이 아니다. 개밥 그릇이라고 홀대받던 막사발이 현해탄을 건너 '잇고꾸이찌조一國一城', 한 나라를 주어도 바꾸지 않는다는 명품이 된다. 민예 연구가 야나기 무네요시柳宗悅의 말대로 가난뱅이가 예사로 사용하는 흔해 빠진 조선 그릇이

일본의 와비차ゎび茶의 찻잔이 되면 "평범함의 극치" "일그러짐의 아름다움" "천하일대 명물의 정체"로 자리매김한다. 실제로 일본에 전해진 200여 점의 막사발 가운데 보물급이 3점, 중요 문화재로 등록된 것만도 20여 점이나 된다. 무엇보다 일본인들이 최고의 찻잔으로 손꼽는 일본 국보 26호 '키자에몬이도喜左衛門井戶茶碗'가 바로 조선 초기 경상도에서 구워진 막사발이었던 게다. 이름 없는 조선의 한 도공이 일본의 다도茶道 역사에 키자에몬이라는 불후의 이름으로 남는다.

별로 주목을 받지 않던 〈겨울연가〉로 배용준이 '욘사마'로 한류 문화의 신화를 만든 것과 같은 일이 이미 500년 전에 벌어졌다는 이야기다. 그 이유를 추적해보자. 화려한 중국 도자기나, 섬세한 일본 도자기와 달리 조선의 막사발은 투박하다. 본디 막사발은 조선 시대 불가佛家에서 쓰던 흙 발우였으며, 서민 가정에서 밥그릇, 국그릇처럼 그때마다 다양한 용도로 사용되던 그릇을 가리킨다. 막사발은 서민들의 그릇을 빚던 민요民窯에서 만들어졌다. 관요에서 정형화된 방식으로 빚어내던 도자기들은 상류 계층의 지배 문화를 상징한다. 최고의 재료와 최고의 기술로 완벽한 왕실 자기를 만들던 관요官窯와 달리 민요의 그릇들은 투박하고 꾸밈없는 한국 막문화의 특징이 있다. 관요가 문을 닫은 뒤 문경 등지로 옮겨온 도공들은 양식화된 틀에서 '제멋대로' 그릇을 만들 수 있게 되었다. 조선의 막사발은 이렇게 조선의 막문화에서 탄생한 것이다. 막사발은 좌우 균형이 맞지 않아도, 금이 가거나 옆이 터져도, 유약이 아래로 흘러도 상관하지 않는다. 일그러지면 일그러지는 대로 저마다 제 쓰임

새가 있다는 믿음으로 만든 그릇이다. 그저 꾸밈없이 마음 내키는 대로 빚어낸 자연스러운 그릇인 거다. 형태만 인위적으로 만들었을 뿐 흙과 불과 물에 맡겨둔 사발이다. 볼품없어 보여도 차를 우려낼수록 실핏줄 같은 선이 만들어진다. 살아 숨 쉬듯이 끝없이 변화하는 찻잔 그래서 생명력이 넘치는 그릇이 일본 열도에 한류 바람을 일으킨 것이다. 이삼평李參平(?~1656)은 도신陶神이 되고, 심수관은 일본의 국민 작가 시바 료타로司馬 遼太郎의《고향 어이 잊으리까》의 주인공으로 그 이름을 막사발 위에 찍었다.

## 막춤

외국인들이 한국에 와서 이상스럽게 생각하는 것 가운데 하나가 달리는 '관광버스'에서 춤을 추는 막춤이다. 말은 관광인데 버스에 탄 승객들은 아예 창문 커튼을 내려놓고 몸을 가누기도 힘든 비좁은 통로에서 춤을 춘다. 춤이라기보다 곡예에 가깝다. 이 '관광버스 춤'이 가능한 것은 그게 바로 어떤 틀에도 얽매이지 않은 허튼춤, 막춤이기 때문이다. 차의 흔들림에 따라 순간마다 균형을 잡는 움직임이 그대로 절묘한 춤사위가 되는 거다. 양식화된 서양춤에서는 상상할 수 없는 일이다. 막춤에서 받침 하나만 바꾸면 싸이의 말춤이 된다. 상어가족 뚜루루의 춤이 되고 전 세계 아미에게 충격을 주는 BTS의 군무 칼춤이 된다. 모두 막문화의 특성인 허튼춤의 자생적인 '제멋대로'의 신바람을 바탕으로 한 것이다. 프랑스 파리에서 시골 할머니들을 초청하여 무대에서 막춤을 추게 하여 관객들을 열광시킨 행사가 한류의 근원이 무엇인가를 실증하는 사례다.

둘째 꼬부랑길

# 태명 또 하나의 한류

**01** 굶는 건 참아도 궁금한 건 못 참는다. 배냇이름, 태명은 한국에
만 있는 문화 풍습일까? 다른 나라에는 과연 태명이란 게 없을
까. 옛날 같으면 농사짓는 이야기를 들으려면 머슴방에 가야 하고, 글 짓
는 이야기를 들으려면 사랑방에 가야 한다. 부엌 찬방에서는 며느리 이야
기를, 안방에 가면 시어머니 이야기를, 옛날 옛적 호랑이 담배 먹던 시절
이야기는 할머니 방에 가야 듣는다. 그렇다면 오늘의 젊은이들 태명 이야
기를 들으려면 어느 '방'에 가야 하나? 그래 그것 역시도 PC방이요, 인터
넷 채팅방, 카톡방이 아닌가. 망설일 것 있나. 태명의 궁금증을 풀려면 당
장 인터넷 방으로 들어가야 한다.

**02** 검색창에 '태명'을 친다. 놀랍다. '쑥쑥이 세상 이야기'가 한꺼
번에 쏟아져 나온다. 한국은 기본이요, 지구 구석구석에 있는
태명 이야기가 우수수 무더기로 나온다. 그래서 어제 죽은 귀신 서럽다는
게다. 그것도 연예가의 가십, 찌라시나 눈총 받는 페이크 뉴스가 아니다.
어엿한 학술 논문도 있고 각종 통계 자료까지 있다. 무엇보다 놀란 것은 태

명이 한국인들이 만들어낸 진짜 오리지널 한류라는 뉴스들이다. 놀랍다.

**03** 예상대로 궁금해하던 것들이 맞춤 뉴스처럼 올라와 있는 블로
그 하나가 눈에 띈다. 나는 한때 "손가락으로 검색하지 말고 머
리로 사색하라"고 젊은이들을 향해 큰소리친 적 있지만 이제는 거꾸로다.
"사색하려면 검색하라"다. 먼 외국에 사는 한 한국인 여성이 내가 태명에
대해 생각하지도 못한 이야기들로 나의 뇌를 발화시켰으니 말이다. '영국
품절녀'란 이름으로 올라온 글이다.• '품절녀'란 말이 낯설기는 하지만,
흘러간 옛말로 하면 '재영주부'•• 란 뜻이 아니겠는가. 과연 원하던 대로
그 글의 첫 대목부터 예사롭지 않다.

• 품절녀의 영국 귀양살이(http://connieuk.tistory.com) | 在英主婦

**04** 임신한 사실을 주변에 알리자 만나는 한국 사람마다 태명이 뭐
냐고 묻는단다. 그런데 영국 사람이나 다른 외국인들한테는 한
번도 그런 질문을 받아본 적이 없었다는 게다. 그래서 태명 스트레스를
받던 이 '영국 품절녀'는 이렇게 푸념한다. "그 정도로 우리는 임신을 하
면 꼭 태명을 지어야 하는 것이 당연하다고 여기나 봅니다. 오늘은 태명
과 관련하여 흥미로운 사실을 발견했어요. 제가 자주 방문하는 육아 정보
카페에서 글을 읽다 보니, 일부 서양인과 국제 결혼을 한 산모들이 '아기
태명을 왜 지어야 하는지 모르겠다'는 남편의 반응에 속상하다고 했더라
구요."

**05** 한국인들은 보통 출산 전까지는 아이 이름을 정하지 않기에 태
명으로 부른다. 심지어 출산 후에도 태명을 그대로 쓰는 일까

지 있다. 그런데 이런 풍습과 마음을 몰라주는 외국 남편들이 답답하고 야속하다는 거다. 하지만 막상 품절녀는 한국인 친구들 편도 외국인 남편들 편도 아닌 학구파다. 그저 호기심으로 태명에 대한 필드워크를 시작한 게다. 서양 문화권에는 원래 태명이 없었다는 결론에 도달한다. 영어권의 경우 태명을 뜻하는 '페투스 네임Fetus Name' 혹은 '페이탈 닉네임Fetal Nickname'이라는 말은 있지만, 실제로는 태아를 '잇it'이라는 지시 대명사가 아니면 그냥 '베이비'라고 부른다는 게다. 태어나서 1년이 되어야만 비로소 한 살을 먹는 서양 사람들은 태아에 대한 관심이 한국 사람 같지 않다는 이야기다. 배 안의 아기를 위해 태교(태담)까지 했던 한국인은 아무래도 태아에 대한 관심도가 유별나 태명에도 집착하는 것이 아니냐는 해석도 정확하다.↱

↱ 1 태명 고개 2-샛길

**06**   그래서 초음파 촬영으로 태내의 아이를 직접 보게 된 최근에 들어서야 서양 사람들도 우리처럼 태아에 대한 관심이 높아져서 태명에 가까운 애칭이나 별명을 붙이는 새 풍습이 생겨난 것이 아닌가라는 추측도 한다. 다만 그게 한국의 쑥쑥이, 튼튼이 같은 독창적 이름이 아니다. 'Yoda'나 'Tiger' 같은 자기가 좋아하는 영화(만화)의 캐릭터 이름이거나 아니면 초음파 검사 때 본 영상에서 따온 'Monster' 'Jelly bean' 'Chickpea' 같은 것들이라는 이야기다.

**07**   최근 유행하는 영국식 태명을 꼼꼼하게 조사하여 소개한 리스트를 보면서 나는 확신의 미소를 짓는다. 모두가 '멍멍이'보다도 못한 멍청한 이름인 거다. 기껏 머리를 굴렸다는 것이 라스베이거스에

서의 행운을 기린다고 '베이거스'나 '잭팟'이다. 그것은 한국에서 이미 연예인 하나가 태명으로 쓴 지 오래고, 지금은 '대박이'라는 토박이말로 진화하다 이제는 배내 아이도 들을 수 있도록 '쑥쑥이'니 '씩씩이'니 된 소리를 반복하는 토종 이름의 단계까지 온 것이다. 그중에는 제법 한국 태명에 가까운 것도 있긴 있다. 웃음의 의성어인 'HAHA(하하)'다. 하지만 'ㅎ' 자를 통해 웃음을 나타내는 한국이라면 '하하'로 되겠나. 아빠는 '하하', 엄마는 '호호', 산아제한하려다 임신한 아이라면 '허허', 쌍둥이라면 '히히', 옆에서 보는 사람들은 '후후', 꼬마들이라면 동생 봤다고 'ㅎㅎㅎ ㅎ' 'ㅋㅋㅋㅋ'다. 산업주의와 AI 시대의 선진국, 대영제국이지만 태명에서만은 단연코 후진국 신세를 면할 수 없다. 채신없이 나야말로 '헤헤' 하고 웃는다.

**08**   'Bip 2.0'이라는 태명이다. Bip는 'Baby in Progress.' 즉, '성장 중'이라는 뜻의 영어를 줄인 말인데, 그것도 모자라 아기 몸무게를 더해 'Bip 2.0'이라고 부른 것이다. 과연 조류독감이나 인공 지능을 AI로 줄여 부르는 사람들, 그리고 웹 2.0'처럼 컴퓨터 용어를 즐겨 쓰는 사람들다운 발상이다. 아니나 다를까 영국 품절녀는 그 Bip 2.0 밑에 'ㅎㅎ ㅎ' 자를 붙여놓았다. 나도 그렇게 웃었으니까. 영국식 태명 리스트 덕분에 내 머릿속에서는 한국식 태명의 특성과 의미가 무엇인지 뚜렷하게 그려볼 수 있게 된 거다.

**09**   흥미롭게 글을 읽다가 '브이V' 자를 그려본다. 태명으로 스트레스를 받던 품절녀가 드디어 '까롱이'라는 멋지고 독창적인 태명을 얻었다는 것이다. 프랑스 파리를 여행하던 중이라고 했다. 마카

롱﹡을 난생처음 먹은 신랑이 "그 모양과 맛이 너무 귀엽고 달달해서" 생
각해낸 이름이라는 거다. 그래, 태명은 그렇게 짓는 거야. '몬스터'가 아
니야. '베이거스'가 아니야, 그래 가지고 아이가 알아듣겠냐. 어른도 모를
'Bip 2.0'이 뭐냐? 부르면 금방 방그레 웃고 입을 오물오물할 것 같은 그
런 이름. 배 안의 아이들이 '우리 엄마 최고' 추임새를 할 것 같다. 그래.
'까롱이'라면 유럽에서도 통하고 한국에서도 통하는 글로벌 시대의 모범
답안이다.

﹡Macaron

**10** 태명 후일담은 계속된다. 한국에 갔을 때 다들 '까롱이'란 태명이
귀엽다고, 달달한 아기가 태어날 거라고 좋아했다는 이야기다.
그런데 유독 친정엄마만 그게 무슨 뜻이냐면서 못마땅해하신단다. '까롱이'
대신 '축복이'라고 부르신다고도 했다. "아무래도 7년 만에 가진 외손자라
특별해서 그런지 더욱 좋은 의미의 태명을 부여하고 싶은 마음이 아닌가
싶네요"라고 쓴 글 밑에 또 'ㅎㅎ' 자를 쓰고 하얀 웃음을 짓는다.

**11** "할머니 '까롱이!'가 어때서요." 이야기를 다 읽고 난 뒤 나는
까롱이 엄마 편이 되어 응원한다. "귀엽고 멋있잖아요. 배내 아
이가 어떻게 어려운 한자 '복福' 자를 알겠어요. 하지만 '까롱이'라고 하면
소리만 듣고도  배내 아이가 좋아할 겁니다. 그리고 말이죠. 꼬부랑 할머
니 옛날이야기 있잖아요. 프랑스 과자에서 따온 말이라지만 우리 토박이
의 '아리랑 쓰리랑, 너랑 나랑', 이응 소리 달린 우리말과 비슷하네요. '까
롱이, 꼬부랑' 잘 어울립니다." 이렇게 까롱이 편을 들다가 외손자 태명
'까롱이'가 글로벌﹡과 로컬﹡을 합친 글로컬﹡이라는 현학적인 설명까지

하게 된다. 그게 한류의 힘이고 지구에 퍼질 '한국인 이야기'의 민들레 홀 씨라고 말이다.

• Global | Local | Glocal

**12**  이번에는 구글 검색창으로 들어가 일본어로 '胎名とは'(태명이 란)'라고 쳐본다. 역시 생각대로다. 떠오르는 제목들만 훑어봐도 일본에는 태명이 없다는 사실을 알 수 있다. '한국인들은 왜 태명을 짓나'라는 수통 맞은 글이 올라와 있는가 하면 '얼마 사용하지 않고 버려야할 걸 왜 짓나. 정력 낭비다'라고 시비를 거는 좁쌀들도 있다. 하지만 대부분이 태명을 한류로 인식하고 부러워하는 글들이다. 비난하든 부러워하든 태명이 배용준의 〈겨울연가〉처럼 일종의 한류 현상이라는 점은 부정할 수 없다. 심지어 좋은 태명들을 모아 몇 년째 게재하는 전문 블로그도 찾아볼 수 있으니 말이다.

**13**  그중에서도 한국인과 결혼한 일본인 아내가 태명에 대해 쓴 글˙이 감동적이다. "내 아기의 태명을 '꼬물이ㄱㅅ리'로 결정했다. 그 뜻을 간단히 말하면, 작은 것이 꿈틀거리며 움직이는 의태어로 엄마의 배 속에서 꼬물꼬물 귀엽게 자라는 모양을 나타낸 말이라고 한다. 배 속 아이에 딱 맞는 이름 같다. 이것은 순수한 한국말이라 한자로는 쓸 수 없다." 맞다, 핵심을 찌른 말이다. 한국의 태명은 순수한 한국말 그중에서도 풍부한 의성어를 이용해서 지은 것이 많다. 여전히 한자의 작명법에 의존하는 일본인 처지에서 보면 부러워할 만도 하다.

"꼬물이, 이 울림은 소녀에게도 소년에게도 괜찮은 이름 같다. 순수 한국어는 소리가 정말 아름답고 멋지기 때문이다. 그래서 태명을 본명으로까

지 쓰고 싶다는 생각도 해본다. 그러나 コムリ(꼬물이)는 한자로는 표기할
수 없으니 일본에 입국할 때 곤란할 것 같다." 꼬물이 엄마의 글은 이렇게
문화 장벽의 걱정으로 끝을 맺는다. ↪

• http://blog.livedoor.jp/mnexptouk/archives/24059163.html ↪ 7 옹알이 고개 1-03

**14** 이젠 중국이다. 구글이 아니라 바이두\*의 검색창으로 들어가
'胎名'이라고 친다. 왜 '배냇말'이라고 하지 않고 '태명'이라고
하나. 그동안 품었던 의문이 풀리는 순간이다. 한자어로 해야 인터넷상에
서 일본과 중국 블로거들의 글을 헌팅할 수 있지 않는가? 토박이말을 쓰
면서도 한자어도 배격하지 않는 한국인의 비빔밥 융합 문화를 다시 한 번
실감한다. 중국은 이름의 나라다. 본명에 소명(아명)\*, 자子와 아호雅號에
사후의 휘명諱名, 시호諡號까지 손가락이 모자랄 정도로 다양한 명명법이
있다. 그렇지만 과문의 탓인가. 수천 년 역사 속에서 태명을 사용했다는
풍습은 찾지 못했다. 아니나 다를까 태명에 대한 글들은 한결같이 그것이
한류 문화라는 것을 지적한다. 그것을 딱 꼬집어서 말한 몇몇 블로거의
글도 찾을 수 있었다.

• 百度(http://www.baidu.com) | 小名(兒名)

**15** "며칠 전, 한국 드라마를 보았는데, 태아에게 이름을 붙여주는
매우 재미있는 이야기가 나온다. 한국인들은 아이가 배 속에
있을 그 몇 달 동안 불러줄 태명을 짓는다. 매우 캐주얼하며, 아기에게 복
을 빌어주기 위해 짓는다고 한다. '태명'이라는 용어는 여전히 새롭고 전
에는 한 번도 들은 적이 없다. 한국의 스타 김희선은 태내 아이에게 '잭팟'
이라는 이름을 붙여준 적이 있다."\* 태명을 '잭팟'이라고 지은 한류 배우

036 너 어디에서 왔니

를 보고 부러워한 글이다. 역시 예측대로 연예가에서부터 퍼지기 시작한 태명이 한류 드라마를 통해서 중국에 퍼진 경로가 구체적으로 드러나 있다. 그야말로 한국의 태명이 중국에서 잭팟, 대박 난 거다.

• http://blog.sina.com.cn/amy111

**16** 작은 일 같지만 우리는 천 년 이상을 중국식 성명 풍습을 따라왔다. 외자 성에 두 자 이름을 기본으로 한 것도 그렇고, 항렬*을 따라 수대에 걸친 가족명이 결정되는 것도 똑같다. 앞에서 본 대로 '돌'자가 아니었더라면 이세돌을 이세민의 형제로, 중국인으로 오인할 수도 있었을 것이다. 하지만 그것이 역전되어 오늘의 젊은 중국인들은 한국인을 따라 태명을 짓기 시작했다는 사실이다. 인터넷을 뒤져보면 "남편이 샤오미* 휴대 전화를 좋아해서 당분간 '샤오미'라고 부를 거예요"라고 태명을 공개한 글이 많다. 하지만 역시 태명의 종주국 한국의 다양하고 깜찍한 태명과는 달리 '옐로우 콩'이니 '피카츄'니 하는 외국의 유행어를 그대로 딴 것들이 주류를 이루고 있다. 역시 태아와 소통하는 데 있어서 뜻글자인 한자보다는 의성어를 활용한 한글의 소리글이 우세할 수밖에 없다.

• 行列 | Xiaomi

**17** 인터넷 답사로 태명이 한류의 하나요, 그 왕국임을 알게 된다. 2017년 임산부 커뮤니티에서 설문 조사를 한 결과를 보면 98퍼센트가 태명을 지은 것으로 나타나 있다. 태명을 짓는 것이 꼭 필요하다고 응답한 것이다. 한국에서는 태명이 선택이 아닌 필수가 되었다는 거다. 그리고 그게 한국만이 아니라 K-POP, 드라마와 같은 한류 문화 현상을 타고 지구의 새 풍습으로 번져간다. 출산이나 산아, 육아의 문제가 현

대 문명의 중요한 지표로 부상하면서 태아에 대한 인식이 달라지는 추세가 그것을 뒷받침한다. 등잔 밑이 어둡다고 오히려 우리가 그것을 잘 몰랐던 거다. 태명이 한류 현상의 하나라는 것을, 드라마나 K-POP보다도 더 중대한 의미를 지녔다는 뜻을 그리고 그동안 햇빛을 보지 못한 한국 토박이 막문화의 생명 공감이라는 것을 누가 알았겠는가.

**18** 약초는 신선들이 사는 깊은 산속에 있는 것이 아니다. 일상의 잡스러운 길가 잡초 우거진 곳에 있다. 요즘 항암제로 주목받고 있다는 개똥쑥 풀처럼 우리가 밟고 다니는 냇가나 길가의 허접스러운 풀숲에 있다는 거다. 아무나 들어와 수다를 떠는 인터넷, SNS 블로그 채팅방이 바로 그런 곳이다. '태명이 뭐길래?' 이러한 질문에 대해서 어떤 고명한 문명 비평가나 문화 비평가도 답한 것을 듣지 못했다. 그런 질문에 관심을 보인 어떤 정치가나 경제인의 이름도 나는 기억하지 못한다. 다만 이름조차 확실하지 않은 어느 블로그에서 그에 대한 중대한 대답을 들을 수 있었다. "태명을 짓는 이유는 아직 세상에 나오기 전 아기지만 아이에게 좀 더 특별함을 주고 싶고, 하나의 생명체로 인식하기 위함이고, 태명을 지어주는 것이 아기와 엄마의 유대 관계를 증대하여 소통"하기 위한 방법이라고.

**19** 잡초에서 약초를 캘 수는 있어도 그것을 분석하고 검증하려면 역시 대학 연구실로 가봐야 한다. 내가 몰라서 그렇지 벌써 태명에 관한 연구 논문과 조사가 많이 이루어지고 있다. 그리고 그 논문 제목이나 요약문에는 태명을 한국말 그대로 'Tae-myeong'이라고 표기했다는 것도 확인할 수 있다.\* 김치를 'Kimchi'로, 태권도를 'Taekwondo'

로 표기하고 방탄소년단을 우리 소리 그대로 'BTS'라고 로마자화한 것과 같다. 그게 한국 고유의 문화요, 세계에 발신하는 한류 문화라는 증거다. 물론 개중에는 영자 제목으로 'Fetus Naming'이라고 되어 있는 것도 있긴 하지만* 그것이 21세기에 들어와서 연예계를 중심으로 알려져 세계로 퍼진 한국인의 작명 풍습이라는 것은 일치한 내용이다.

* The Effect of Tae-myeong on Intelligence and Health | A Sociolinguistic Analysis of Fetus Naming and Its Diffusion

# 언제부터 태명이 시작되었나

태명은 태아가 태어나기 전, 태중에 있을 때 부르는 이름이다. 그래서 배냇이름이라
고도 한다. 태명에 관한 최초의 논문으로 알려진 조선대 강희숙 교수의 논문에 따
르면 '태명이 2001~2007년 사이에 새로운 유행으로 자리 잡기 시작한 것'으로 보고
있다. 네이버 블로그의 기록으로나 연구의 수행 과정에서 이루어진 심층 면접을 통해
서도 이를 확인했다고 밝혔지만, 이에 대한 별도 현장 조사의 필요성도 제기하고 있
다. 심층 면접 역시, 광주광역시와 전라남도 담양군 두 지역에 국한된 한계가 있다.

일간지 검색에서 태명에 관한 가장 첫 기록은 2003년에 등장한다. 강원도 춘천의
한 산부인과 산모 교실 동기생 5쌍의 부부의 인터뷰 기사에 '씩씩이'를 태명으로 부
르는 사연이 실려 있다. 그해 배우 김호진, 김지호 부부의 인터뷰에서는 태몽에 등
장한 송아지와 돼지 때문에 태아에게 '아지'라는 태명을 지어줬다고 했다.

2005년이 되면 연예인들의 2세 태명에 관한 기사가 늘고 있다. 심지어 SBS 뉴스에
서는 서울 시내 보육 시설이 턱없이 부족해 한 구립 어린이집은 대기자가 2년 이상
기다려야 들어갈 수 있는 현실을 짚으면서 대기자 명단에 태명을 대는 경우도 있다
고 전했다. 2006년 새해 첫날 0시 15분, 한 산부인과 병원에서 태어난 '아기의 태명
이 앵두'라는《중앙일보》기사는 태명이 대중화되었음을 보여준다.

참고자료
* 강희숙, 〈태명 짓기의 실태 및 확산 양상에 대한 사회언어학적 분석〉,《사회언어학》제20권 2호, 한
  국사회언어학회, 2012
* 〈탯줄로 엮은 인연 삶의 축복 나눠요〉,《강원도민일보》, 2003. 10. 25
* 〈김지호 부부 내년 4월엔 아빠 엄마 돼요〉,《헤럴드경제》, 2003. 12. 20
* 〈임신하면 어린이집부터 신청해요〉, SBS 뉴스, 2005. 11. 09
* 〈새해 종소리를 듣고 태어난 '앵두(胎名)'야! 건강하게만 자라다오〉,《중앙일보》, 2006. 01. 02
* 〈출산·탄생의 순간 가장 행복해지기〉,《영남일보》, 2006. 12. 14

# 이름으로 영혼을 춤추게 하라

**01** "기해년 첫둥이는 '빛나는 별', 태명 '우성' 2.93kg 건강한 여
아…… 0시 0분 1초에 서울서 태어나."*《동아일보》에 실린 새
해 첫 뉴스다. "태명 우성에는 영화배우 정우성에 대한 산모의 팬심이 담
겨 있다. 또 우씨 집안을 빛낼 별이 되라는 뜻도 있다고 한다." 태어나자마
자 뉴스의 각광을 받은 주인공의 태명에 대한 흥미 있는 설명도 실려 있다.
독자들은 과연 이 기사를 읽으면서 무슨 생각을 했을까. 궁금하다.

•《동아일보》, 2019. 1. 2

**02** 태명은 연예계에서 시작하여 이제는 한국인이면 일상의 현상으
로 시민권을 얻었다. 신문 기사만이 아니다. 학계에서는 벌써 그
역사를 따지는 연구까지 하고 있다. 태명에 관한 최초의 학술 논문으로 알려
진 강희숙 교수의 논문*에 따르면 처음 태명이 등장한 것은 2001년에서
2007년 사이로 추정된다. 그렇다면 21세기 밀레니엄과 함께 터진 9·11
테러나 한일 월드컵 축구와도 같은 새로운 변화의 지표일 수도 있다. 왜
냐하면 내가 새천년 행사에서 즈믄둥이의 울음소리를 보여준 것처럼 태

명이야말로 앞으로 올 21세기 '생명화 시대'의 예고이기 때문이다.✒

• 강희숙, 〈태명 짓기의 실태 및 확산 양상에 대한 사회언어학적 분석〉, 《사회언어학》 제20권 2호, 한국사회언어학회, 2012 ✒ 1 태명 고개 2-샛길

**03** 　지금까지 전 인류 역사로 봐도 없던 태명을 왜 한국 땅에서 짓기 시작했나. 각종 학술 조사*의 설문에 나타난 응답들을 보면 "이름을 불러주면 아기가 정서적으로 안정될 것 같아서" "머리가 좋아진다고 해서" 등 다양하고 재미있는 대답을 얻을 수 있다. 그중에서도 우리가 주목해야 할 것은 "육아 지침서를 보니 배 속의 아기도 (말을) 알아듣는다고 하는데, 아기와 많은 대화를 나누기 위해 태명을 지어주고 싶었다"라고 한 대답이다. 태명을 짓는 데 백 가지 천 가지 동기가 다를 수 있어도 그 귀결점을 한마디로 요약하면, '배 속에서 자라는 아이와 대화하고 소통하고 싶다'는 모자 상호성의 욕망이요 그 흐름이다. 지금까지 우리가 알았던 것은 살아 있는 '이승'과 죽고 나서 가는 '저승'뿐이었다. 그런데 태명으로 인해 처음으로 우리가 태어나기 이전의 이승도 저승도 아닌 '그승'의 세계와 소통하기 시작한다.✒

• 신상춘 · 정창근 · 도희정, 〈태명이 지능과 건강에 미치는 영향〉, 《예술인문사회 융합 멀티미디어 논문지》 37호, 사단법인 인문사회과학기술융합학회, 2017 ✒ 4 삼신 고개 4-09

**04** 　임신을 하면 입덧을 한다. 조금 지나면 배 안에서 한 생명이 꿈틀대며 태동하는 것을 느낀다. 배가 불러오는 것으로 하루하루 커가는 모습을 그려볼 수 있다. 그러나 여기까지 임산부와 태아의 관계는 일방통행적 관심이요, 배려인 거다. 그러나 배내 아이에게 이름을 지어주는 순간 놀랍게도 그 관계가 쌍방향으로 변하고 육아의 신개념으로 떠오

른 '모자 상호작용'*이 실현된다. 종래의 태교胎教는 태담胎談, 태통胎通으로 바뀐다. 가르치는 것이 아니라 배내 아이와 대화하고 소통하는 관계, 정보 시대의 키워드로 하자면 '인터랙션'의 그 상호작용 ➡. 침묵하던 태아로부터 메시지를 들을 수 있게 된다. 어렴풋하던 태아의 존재감이 살아나면서 이승도 저승도 아닌 그승과의 교감, 새로운 육아 마인드인 쌍방향 대화의 문이 열린다. 혼자 말하던 것이 이제는 태아에게 많은 메시지를 듣게 된다. '이름이란 무엇인가'를 다시 묻게 된다. 여기에서 이름은 곧 존재 증명이라는 것을 알게 된다.

• 母子相互作用(mother-infant interaction) ➡ 4 삼신 고개 4-09

**05** 이 대목에서 떠오르는 아름다운 시 한 구절이 있다. "내가 그의 이름을 불러주기 전에는 그는 다만 하나의 몸짓에 지나지 않았다. 내가 그의 이름을 불러주었을 때, 그는 나에게로 와서 꽃이 되었다." 많은 사람이 애송하는 김춘수의 〈꽃〉이라는 시다. 여기에서 그의 이름을 '태명'으로 바꾸고 그 '꽃'을 자신의 배 안에 있는 태아의 생명이라고 생각해보자. 시의 표현 그대로 태명을 짓기 전에는 하나의 몸짓에 지나지 않았던 태胎 안의 생명에게 태명을 지어 불러주면 그 순간 꽃과 같은 존재가 된다. "내가 그의 이름을 불러준 것처럼 나의 이 빛깔과 향기에 알맞은, 누가 나의 이름을 불러다오." 태명을 부르면 아기도 '엄마'라고 그 이름을 불러줄 것이다.

**06** 그래서 아이도 엄마도 이름 짓기 전 그 존재의 의미가 달라진다. "그에게로 가서 나도 그의 꽃이 되고 싶다. 우리들은 모두 무엇이 되고 싶다. 너는 나에게 나는 너에게 잊혀지지 않는 하나의 눈짓

이 되고 싶다"의 '모자 상호'의 절실한 소원이 이루어진다. 내 자신이 줄 곧 주장해온 21세기 문명을 지탱해줄 '생명자본'이라는 말이 꽃처럼 향기를 뿜으며 모자 사이에서 피어난다. 생물이든 사물이든 이름을 붙여주는 순간 어둠 속에 숨어 있던 존재들이 시인의 그 말대로 "밝음 속으로 나타나 춤"을 출 것이다.

**07** 김춘수의 〈꽃〉과 정반대되는 이름 이야기가 김소월의 〈초혼〉 이다. 산산이 부서진 이름이요, 내가 부르다 죽을 이름. 그것은 태어나게 될 생명의 이름이 아니라 죽은 자를 향한 '영혼의 기호'라는 뜻 이다. 밝음이 아니라 어둠 속에 묻히는 이름. 그 기호는 그 혼을 새긴 인장 과 그 이야기를 담은 블랙박스가 된다. 먼 태고의 이야기를 캐내는 화석 인 게다. 그래서 영혼이 사라지면 그 이름도 함께 흩어진다. 김소월이 그 의 시 〈초혼〉에서 애타게 불렀던 "산산이 부서진 이름"이다. 그것은 "주인 없는 이름"이고, "허공 중에 헤어진 이름"인 게다. 이름이 영혼이고 영혼 이 이름이라는 것을 안 한국인들은 사람이 죽으면 그가 평소에 입던 옷을 들고 지붕 위에 올라가 죽은 자의 이름을 불렀다. 옷에서, 이름에서 빠져 나간 혼을 향해 가지 말라고, 돌아오라고 북녘 하늘을 향해 그의 이름을 외친다. 슬프고 아름다운 '초혼제'˙란 다름 아닌 '초명제'˙이기도 하다. 여기에서 이름은 '저승'과의 소통인 게다.

˙招魂祭 | 招名祭

**08** 김춘수의 〈꽃〉이 탄생의 이름이고 김소월의 〈초혼〉이 죽음의 혼을 나타내는 이름이라면, 윤동주의 〈별 헤는 밤〉에 나오는 이름은 생과 죽음을 넘어서는 부활의 이름이다. "무엇인지 그리워/ 이 많

은 별빛이 나린 언덕 우에/ 내 이름자를 써 보고/ 흙으로 덮어"버린다고 노래하기 때문이다. 그러고는 "겨울이 지나고 나의 별에도 봄이 오면/ 무덤 우에 파란 잔디가 피어나듯이/ 내 이름자 묻힌 언덕 우에도/ 자랑처럼 풀이 무성"할 거라고 생각한다. 이름을 그리움의 언덕에 묻어둔, 존재감을 상실한 시인. 그러나 시인은 가을과 겨울이 지나면 다시 봄이 올 것을 굳게 믿는다. 봄이 오면 새 생명이 돋아나듯 자랑처럼 풀이 무성하리라 예견한다. 죽음의 이름을 땅에 묻으면 자연의 순환 속에서 다시금 되살아날 것이다. 윤동주에게 이름은 '부활의 씨앗'이었던 게다.

**09** 너와 나를 이어주는 영혼의 이름. 그것을 구체적으로 보여준 밀란 쿤데라의 소설* 한 장면이 떠오른다. 들판을 지나가던 소 떼 중의 송아지 한 마리가 소설 속 내레이터인 '테레자'를 알아보고 멈춰 선다. 그러고는 동그란 갈색 눈으로 물끄러미 그녀를 바라본다. 그립던 사람을 오랜만에 만난 것처럼 말이다. 테레자가 '마르케타Marketa'라고 이름을 지어준 바로 그 송아지였다. 그 순간, 테레자는 다른 모든 송아지에게 이름을 붙여줄 걸 그랬다고 후회한다. 그때는 너무 많아 그럴 수밖에 없었지만, 30여 년 전만 하더라도 그 동네 소들에게는 모두 이름이 있었다고 기억한다. "이름은 영혼의 기호다."* 그렇다면 모든 소에게 영혼이 있었다는 말이 된다.

그 뒤 마을은 협동농장으로 변해버렸고, 소들은 평생 2제곱미터의 축사에서 갇혀 지내게 된다. 소들에겐 더 이상 이름 같은 것은 필요 없게 된다. 그들은 단지 데카르트가 말한 대로 '마쉬내 아니마타(움직이는 기계)'*가 되어버린 것이라고 생각한다.

• Milan Kundera, *The Unbearable Lightness of Being*, 1984 | Name is a sign of having a soul | machinae animatae

**10**  송아지는 아니지만 성경에는 실제로 모든 양에게 하나하나 이름을 짓고 부르는 장면이 나온다. "문지기는 그를 위하여 문을 열고 양은 그의 음성을 듣나니 그가 자기 양의 이름을 각각 불러 인도하여 내느니라. 자기 양을 다 내놓은 후에 앞서가면 양들이 그의 음성을 아는 고로 따라오되, 타인의 음성은 알지 못하는 고로 타인을 따르지 아니하고 도리어 도망하느니라." 성경 주해를 보면 단순한 비유가 아니라 실제로 그 당시의 목자들은 양 하나하나에 이름을 지어주고 한 마리씩 불러 초원으로 인도한 모양이다. 이미 그것은 양 떼가 아니라 한 마리, 한 마리가 존재하는 양들인 게다. 그것을 모르면 왜 예수님이 아흔아홉 마리의 양을 놓아두고 길 잃은 한 마리 양을 찾아 나선다고 했는지 영원히 그 이유를 모를 것이다.

• 《요한복음》 10장 3~5절

**11**  오늘의 우리 눈으로 보면 모든 양이 똑같아 보인다. 하지만 그 양과 함께 생활하고 돌보던 옛날의 양치기는 양 한 마리, 한 마리의 특성을 알아보고 구별할 줄 안다. 귀에 반점이 있다거나 발끝이 검다거나 '음매' 하고 우는 소리로 제각기 소리의 높낮이를 안다. 그 대상에 관심과 애정을 갖게 되면 보이지 않던 특성이 눈에 띄고 식별할 수 없던 작은 차이가 귀에 들린다. 그래서 가축에 이름을 지어주는 순간 그것은 생명과 영혼을 함께 나누는 반려자가 된다. 가축이나 말 못하는 사물에 이름을 붙이려면, 영혼이 통할 수 있는 이름으로 불러줘야 한다. 하물며 인명이나 태명은 말할 것도 없다.

**12** 가축이라 해도 그것은 우리와 함께 있는 이 장소, 이 시간 속에 존재한다. 눈으로 보고 손으로 만져볼 수 있다. 그러나 태중의 아이는 볼 수도 없고 만질 수도 없다. '이 세상(이승)'과 '저세상(저승)' 무명 사이에 있는 우리와 다른 '그 세상(그승)'➡에서 사는 존재다. 그런 태아와 대화하고 소통하려면, 이 세상 기준이나 가치에 얽매여서는 안 될 것이다. 우리가 기억할 수도, 상상할 수도 없는 이승도 저승도 아닌 그 세상의 그승. 그래도 우리의 어디엔가 남아 있을 생명기억을 더듬으며 지어낸 태명들. 그래서 약속이나 한 듯이 지금껏 어느 이름에도 없는 태명 특유의 양식이 태어나게 된다. 배냇말-옹알이처럼 의성어➡를 바탕으로 한 우리나라의 토박이말 이름 짓기 말이다.

➡ 1 태명 고개 3-03 | 7 옹알이 고개 1-03

샛길
# 부르지 못하는 이름, 기휘

## 피휘避諱

서양에는 누구의 아들이라는 성이 많다. '존슨' '잭슨'이나 '윌슨'처럼 '~son'으로
끝나는 성씨는 '존의 아들' '잭의 아들' 그리고 '윌리엄의 아들'이라는 뜻이다. 우
리가 잘 아는 맥아더 역시 '아더Arthur의 아들('Mc')'이라는 뜻이다. '데이비스'처럼
'~s'로 끝나는 성씨 역시 '데이비드의 아들'을 가리킨다. 이름 그대로 통째로 계승
하고 거기에 주니어를 붙이기도 한다. 결과적으로 서양 사람들은 아버지 이름을 매
일 입에 달고 사는 셈이다. 성자의 이름도 마찬가지다.

서양 문화와 한국과 중국의 한자 유교 문화권의 차이를 이름의 관습을 통해서 명확
하게 알 수 있다. 우리의 경우에는 절대로 아버지나 선조의 이름을 함부로 부르지 못
한다. 그것이 유명한 기휘라고 부르는 오랜 전통인 것이다. 이를 기휘忌諱나 피휘避諱
라고 했다. 이름 부르기를 꺼리고 피한다는 뜻이다. 산 자의 이름은 '함자銜字'라고
하지만 죽은 자의 이름은 '휘諱'라 하지 않던가.

두보는 시를 짓는 평생 동안 '한가로울 한閑' 자를 단 한 번도 쓰지 않았다. 그의 부
친 이름이 두한杜閑이었기 때문이다. 임어당은《생활의 발견》에서 한가로움을 사랑
하는 것이 중국인의 기질이라고 했지만, 시성 두보의 시에 이 글자가 한 번도 등장
하지 않는다는 것은 충격이다. 위대한 시인도 기휘 풍습은 이기지 못한 것이다.
역사가의 비조라고 일컫는 사마천은 어떤가. 객관적으로 정확하게 써야 하는 사서
인데도 역시 그의 부친 이름이 사마담司馬談이었기 때문에 인명이나 지명이나 석 자
의 이름 중에 그 한자만 나오면 모두 피휘해 표기한다. 기휘학을 공부하지 않으면
사기를 온전히 읽을 수 없는 것은 그러한 이유다. 역사를 바르게 기록해야 할 그조
차도 기휘로부터 자유롭지 못했던 것이다.

관세음보살과 관음보살 사이에는 어떤 차이가 있을까. '세상 세世' 자가 빠져 있다.

당나라의 태종 이세민의 이름을 피휘해 관세음에서 세상 '세' 자를 생략, '관음'이라고 불렀던 것이다. 일본의 역사 도시 교토京都는 본래 왕이 머무는 수도를 상징하는 보통 명사로 게이시京師라는 이름이었다. 그러나 중국 서진의 세종 사마사司馬師의 이름인 사師를 피휘하면서 교토를 사용하게 된 것이다. 명실공히, 즉 이름과 실체를 하나로 보았던 우리의 선조도 마찬가지였다. '언덕 구' 자를 쓰던 대구大丘의 지명이 '땅이름 구' 자의 대구大邱로 바뀐 것은 것도 구丘 자가 공자의 이름이기 때문이다. 감히 성현의 이름을 지명으로 쓸 수 없기에 고친 것이다. 한술 더 떠서 평생을 돌 위에 앉지 않았다는 선비 얘기도 전한다. 아버지의 함자에 돌 석石 자가 있었다. 자신이 돌 위에 앉는다는 건 아버지를 깔고 앉는다는 의미로 여겼던 거다.

자녀의 이름을 지을 때 서양에서는 성현의 이름을 따거나 자신의 이름을 그대로 물려주는 서구와 달리 한국과 중국에서는 아버지 이름은 물론이고 함부로 타인의 본명을 부르지 못했다. 별도로 자와 호를 만들어 부를 수 있게 했으며, 그렇지 않은 경우라도 익명, 별명, 애칭 등 본명을 대신하는 이름들이 오랜 풍습으로 남아 전한다. 조선을 대표하는 철학자 퇴계退溪 이황李滉의 초명은 서홍瑞鴻이고, 자는 계호季浩였으나 뒤에 경호景浩로 바꿨다. 호는 퇴계 외에도 지산芝山 · 도옹陶翁 · 퇴도退陶 · 청량산인淸凉山人 등이 있으며 시호는 문순文純이다. 많은 호를 사용한 대표적 인물로는 추사秋史 김정희를 들 수 있다. 그의 호는 무려 200여 개가 넘는다. 널리 알려진 추사와 완당阮堂 외에도 말년에 봉은사에 머물 때는 열반의 경지를 상징하는 노융老融이라는 아호를 썼다. 생을 마감하는 순간까지 쓰던 호는 과천에 사는 농부라는 의미의 과농果農이었다.

넷째 꼬부랑길

# 이야기로 시작하는 생명

**01** 지금까지 지어온 태명을 따라 그 유행의 변화를 추적해보면 앞
으로 올 시대의 흐름을 예견할 수 있다. 어떤 미래학자의 글을
읽는 것보다도 재미있고 신뢰도 간다. 태명에 관한 2013년 통계 자료를
보면 '사랑이'가 톱이다. 그다음으로 '튼튼이' '축복이' '행복이' '기쁨이'
순이다. 그런데 2016년에 오면 1위였던 '사랑이'가 8위로 떨어지고 '비비'
'꼬곰이' '꼬북이' '꿈틀이' 등으로 뚜렷한 변화를 보인다. 이런 태명의 변
화가 무엇을 의미하는지 직감적으로 오는 게 있다.

**02** 2012년을 기준으로 한국에서 제일 긴 이름은 '박하늘별님구
름햇님보다사랑스러우리'로 17자나 된다. 지금은 성을 제외하
고 이름이 5자를 넘지 못하게 법이 개정되었지만, 그 자체가 이름은 단순
히 부르기 위해서만 존재하는 기호가 아니라는 것을 의미한다. 이름 속에
많은 의미를 담고 싶어 하는 욕망. 극히 예외적으로 보이지만 너나 할 것
없이 기도문처럼 자신의 소망을 몇 개의 문자에 집어넣으려 한다. 도둑질
하다 잡힌 범인의 이름에 착할 '선善' 자가 들어 있고, 사기 범죄자 이름에

믿을 '신信' 자가 들어 있을 수 있다. 일본 사람 이름에 '무武'나 '맹猛' 자가 많은 것을 보면 역시 무사 계급이 지배해온 일본 사회의 특성이 반영되어 있다. 그에 비해 인의예지신仁義禮智信의 문자가 많이 들어 있는 한국인의 이름은 선비들이 중심이 된 유교 문화의 거울인 거다.

**03** 복 '복' 자, 그 흔한 돌배기 아이들 복건이나, 숟가락, 밥그릇에도 금박, 은박으로 찍혀 있던 그 '복福' 자 말이다. 천 년 가까이 목을 매달고 지내온 복에 대한 꿈 그런데 지금 '복동이' '복순이' 같은 옛 이름들은 오늘날의 태명에서는 거의 찾아보기 힘들다. 아직도 새해만 되면 복 많이 받으라고 입버릇처럼 되풀이하는 데서 온 말인데도 말이다. 솔직히 고백하자면 나는 이 나이가 되도록 아직 복이란 게 무엇인지 잘 모른다. 본 적도 만져본 적도 없다. 설령 알아듣는다 해도 배내 아이들이 이 세상에 나와 꿈꾸고 생각하는 '복'이란 우리의 그것과는 아주 다른 것일 수도 있다. 태명의 변화에서 한국인의 꿈이 어떻게 달라지는지 그 맥을 짚어볼 수 있을 것이다.

**04** 지금까지 태명이 구호나 기도 같은 것이었다면, 최신의 흐름은 스토리텔링이다. 태명 속에 이야기를 담고 있다는 것이다. 한국인의 이야기를 만드는 새로운 문명의 특성인 호모 나랑스˚와 부합한다. 여태껏 잘 듣지 못한 '토토'라는 태명을 보라. 그것은 주말부부가 토요일에 만나 아기를 갖게 되었다 해서 붙여진 이름이다. '토토'니 '토이'니 하는 짧은 태명 속에는 토요일이 오기를 고대하던 주말부부들의 사랑 이야기와 애환이 숨어 있다. 춘향이 시절에는 태몽의 이야기로 아이의 인생이 시작되었다. 오늘에는 태몽이 아닌 태명으로 한 인간의 이야기가 운을

뗀다.[↪]

• Homo Narrans [↪] 1 태명 고개 2-샛길

**05** 맘톡 육아발언대에 443명의 젊은 엄마와 아빠들이 남긴 태명 이야기를 들어보면, 그 놀라운 변화를 알 수 있다. 합천으로 철쭉 여행을 다녀와서 임신 테스트를 해보니 두 줄인 걸 확인했다 해서 '쭉기.' 꽃말이 어머니의 사랑이고 목요일에 갖게 된 아이라서 목요일에 피어난 꽃 '목화.' 8월 말복쯤이 출산 예정이라 '말복이.' 7월 윤달이 해산달이고 그 성이 윤씨여서 '윤달이.' 임신 테스트기를 확인하고 신랑한테 알리는 순간 첫눈이 와서 '첫눈.' 눈 오는 날 첫째가 생겨서 '눈송이.' 태명마다 달력장을 넘기며 속삭이는 춘하추동의 계절 이야기가 있다. "무궁화꽃이 피었습니다"가 아니라 "태명 속에 이야기꽃이 피었습니다"라는 노래가 들려올 것만 같다.[↪]

• 맘톡 육아발언대 48화, 〈우리 아기 태명, 이렇게 지었어요!〉 [↪] 1 태명 고개 2-샛길

**06** 그중에서 내 눈을 끌고 가슴을 친 이야기가 '까꿍이'라는 태명이다. "절박유산으로 아기를 보냈는데, 큰애가 배에다가 "까꿍 까꿍~"했어요. 동생은 이제 좋은 곳으로 갔다고 설명해주니 "아냐, 있어. 까꿍 까꿍~" 해주더라고요. 근데 얼마 안 있어 자궁 상태를 보러 갔더니 진짜 새 생명이 이쁘게 집을 지어놨더라고요." 까꿍이 배 속 아이의 엄마가 털어놓은 아름답고 깜찍한 기적의 이야기다. 지금까지 세상에서 가장 짧은 소설은 헤밍웨이의 작품이라고 알려져 있는 〈아기 신발 팝니다. 신어본 적은 없어요For Sale: Baby Shoes, Never Worn〉으로 불과 여섯 단어밖에 안 되는 이야기다. 하지만 어떤가. '까꿍이' 이야기야말로 세계에

서 가장 짧고 짠한 소설이 아니겠는가. 단 석 자의 태명 안에 소설이 갖춰야 할 모든 요소를 품고 있다. 우선 주인공의 이름이 있고 유산이라는 사건과 태어나지 못하고 죽은 동생을 위해 '까꿍'을 하는 어린이의 행위가 있다. 그리고 무엇보다 눈물이 웃음으로 반전되는 플롯과 클라이맥스의 해피엔딩까지 말이다.

**07** 더 중요한 것은 그 주제일 것이다. '깍~' 하고 손바닥으로 눈을 가리면 깜깜해지면서 눈앞에 있던 모든 게 사라진다. 그 무엇보다도 어머니가 보이지 않는다. 불안하고 겁난다. 순간의 죽음인 게다. 그러나 '꿍' 하고 손을 떼면 아! 어머니가 거기 있다. 모든 것이 정상으로 돌아온다. 걱정했던 것이 일순 개운해지고 웃음이 터진다. 예외 없이 '까꿍'을 하는 어린애들은 눈물 섞인 묘한 웃음을 터뜨린다. '까꿍' 태명 이야기 속의 아이가 그랬다. 동생이 먼 나라로 갔다고 했을 때, 아이는 배 속의 동생이 사라진 것을 그냥 받아들이거나 슬퍼하거나 하지 않았다. 스스로 죽음을 부르고 그 죽음을 생명으로 돌아오게 한다. '까꿍'을 하면 보이지 않던 어머니의 얼굴이 보인다. 외출했던 엄마가 어느새 돌아와 자기 앞에 앉아 있다. 태어나지도 못하고 죽은 동생도 '까꿍'을 하면 그렇게 온다.

**08** 까꿍이가 '한국인 이야기'의 이야깃거리를 나에게 준 것이다. 나도 어렸을 때처럼 까꿍 동작을 해본다. 얼굴을 가렸던 손바닥을 떼면 지금까지 내 눈앞에서 사라졌던 모든 것들. 차츰 부재와 망각 속에 멀어지던 한국 사람이, 조선 사람의 얼굴이 거기 있다. 배부른 엄마의 모습이 뒤뜰에 피었던 맨드라미처럼 환하게, 아주 환한 그리움으로 거기 있다. 까꿍을 하기에는 이미 너무 늙어버렸다. 나는 가렸던 손바닥을 떼도 어머

니가 돌아오지 않는다는 것을 안다. 내가 아는 것은 일본 사람들도 까꿍 놀이를 한다는 것. 다만 그들은 그것을 '이나이 이나이 바'* 라고 한다는 것이다. '이나이'는 없다는 뜻이고 '바'는 기쁨을 나타내는 옹알이말이다. 그리고 영어권의 아이들도 마찬가지로 그것을 '피카부'* 라고 한다는 것이다.

• いないいないばあ | Peekaboo, Peek-a-boo

**09** 프로이트가 어느 날 외손자 에른스트*가 실뭉치를 던지고 노는 것을 보고 큰 발견했다고 하던 것이 결국 까꿍 놀이의 연장이라는 것도 나는 잘 알고 있다. 실타래를 멀리 던지고는 '포트르Fort(없다)' 하고 공을 가까이 끌어오고는 '다Da(있다)'라고 외친다. 그런 놀이를 끝없이 반복하는 아이를 보고 프로이트는 그 실타래가 그 애의 어머니를 나타내는 상징물로 인식한다. 그것을 멀리 던질 때는 어머니가 외출하여 자기에게서 떠난 '없다'의 부재감을 느끼는 것이고, 실타래를 잡아당겨 가까이 오게 하는 것은 어머니가 자기에게 돌아온 현존감을 표출한 외침일 것이라고 생각한다. 실타래를 던지고 끌어오는 이 반복의 놀이를 하는 손자의 모습에서 그는 인간의 생생한 삶의 한 모서리를 읽었다. '포트르-다 Fort-Da'는 까꿍과 무엇이 다른가. 프로이트의 상표만 붙었을 뿐이다. 그보다 까꿍이가 더 소중하게 들리는 것은 내가 꼭 한국인이라서 그런 것은 아닐 것이다.↪

• Ernst Utter | Sigmund Freud, *Beyond the Pleasure Principle*, 1920 ↪ 10 나들이 고개 1-09

**10** 까꿍 놀이가 까꿍이의 태명이 되었을 때 비로소 그것은 지금까지와 다른 의미를 갖게 된다. 이야기를 만들어내는 이야깃거리

로 새롭게 다가온다는 게다. 벌써 그런 것을 눈치채고 모든 문학 이야기, 무엇보다도 소설 이론을 '포르트-다'로 풀어간 이글턴*의 문학 이론이 그렇다. 프로이트의 심리학, 이글턴의 문학 이론 이런 것들이 한국인의 태명 이야기로 한류 바람을 일으킨다는 것을 그들은 어쩌면 영원히 모를지 모른다. 이야기가 태명을 낳고 태명이 이야기를 낳는 한류에서 우리는 호모 나랑스,↪ 새로운 시대의 징후를 들을 수 있다.

• Terry Eagleton ↪ 12 이야기 고개 1-02

## 11

로마인들은 이름이 좋은 사람부터 전쟁터에 보냈으며, 시저* 역시 이름을 보고 부하를 발탁하였다는 말도 있다. 아무런 전공戰功도 없는 스키피오*라는 범부凡夫가 일약 지휘관의 영광을 차지한 것은 그 이름이 시저의 마음에 들었기 때문이다. 과도한 이념과 무거운 가치를 씌워 이름을 종교적 부적처럼 붙여놓으면, 결국은 족쇄를 채우는 것과 다름없는 구속이 될 수도 있다. 한때 어린아이들이 외우고 다녔던 국민교육헌장을 생각해보면 알 수 있다. "우리는 민족중흥의 역사적 사명을 띠고 이 땅에 태어났다"로 시작하는 선언문 말이다. 아무리 좋은 말이라도 태어나기 전에 이미 나의 탄생의 의미와 목표가 정해져 있다는 뜻이다. 극단적으로 풀이하자면 민족중흥의 역사적 사명에 위배되는 행위를 한다면, 출생 자체를 거부당하는 것과 같다. 내가 태어났던 일본 제국주의 시대의 아이들은 예외 없이 배 안에서부터 일장기를 두르고 황국 신민으로서 태어났고, 히틀러 시대의 어린이들은 모두 하겐크로이츠의 완장을 차고 독일 땅에 태어났던 것이다.

• Caesar | Publius Cornelius Scipio

**12** 으슥한 밤하늘에 초승달이 자라 만월이 되듯 자궁 한구석에서
둥글게 생명이 차가는 그 아이들의 꿈은 결코 바깥세상에서의
어른들 꿈과는 다르다. 아직 아무것에도 오염되지 않는 꿈일 것이다. 그
아이들과 대화하려면 의미 중심의 한자 말투가 아니라 그 아이들도 알아
들을 수 있는 옹알이에 가까운 말로 이야기해야 한다. 사전에 등록되지
않는 말, 이방의 언어처럼 낯설지만 그리움으로 가득 차 있는 원초의 모
음과 자음, 우리 모두가 한때 저절로 발음하던 그 옹알이말➔로 배내 아
이를 이름 지어 부른다는 것은 얼마나 황홀하고 가슴 뛰는 일인가. 그 초
승달 같은 가녀린 태아의 목에 어른들이 만든 '의미'의 무거운 맷돌을 달
생각은 들지 않을 것 같다.

➔ 7 옹알이 고개 1-07

**13** 《차라투스트라는 이렇게 말했다》*에서 니체*가 마지막 정신
의 단계로 보여준 것은 막 태어난 유아의 모습이다. 아이에게
는 어떤 의미에서도 목표에서도 자유롭다. 무엇이든 될 수 있는 가능성만
이 존재한다. 짐을 지고 황량한 사막을 지나는 낙타의 발자국. 광야를 지
배하는 사자의 발자국. 그 위에 찍힐 발자국은 다름 아닌 그 아기들의 것
이다. 니체의 말 그 대로 "아이들은 천진무구함 그 자체이고 망각이자 하
나의 시작이며 하나의 유희이고, 스스로 굴러가는 바퀴이며, 태초의 운동
이며 신성한 긍정이다." 이런 아이들의 목에 어찌 어른들의 그 때문은 이
넘이나 가치와 그 운동의 무거운 맷돌을 걸려 하겠는가?

• *Also sprach Zarathustra* | Friedrich Wilhelm Nietzsche

**14** '쑥쑥이'에서 '까꿍이'까지 배 안에 아이들 이름을 몰랐더라면 내 한국인 이야기는 반쪽 날 뻔했다. 《태교신기》* ➡에서 이른 말대로 "무릇 태胎란 천지의 시발점이고 음양의 근원이며, 조화의 풀무橐籥이고 만물의 시초權輿다. 태초의 음양이 어우러져 아직 혼돈 속에 있을 때, 오묘한 기운을 발휘하여 은밀하게 돕는 공이 사람에게 있다"는 말 그대로 우리 생명의 기점은 이 세상에 태어난 뒤부터가 아니라 어머니의 자궁 태내에 있을 때 부터라는 것을 배우게 된 거다. 그뿐만 아니라 태명으로 태교가 태담으로 바뀌면서 태내에서 아기가 보내는 메시지를 듣게 된다.

"아버지, 어머니가 태어나기 이전 나의 본모습은 무엇인가."*

"깜깜한 밤 울지 않는 까마귀소리를 들으면 태어나기 이전의 내 부모님이 더욱 그리워진다."

알쏭달쏭한 선종의 공안*에서나 들어본 모태의 그 현묘한 문이 지금 열린다. '나'와 우리의 모든 출생의 비밀을 알기 위해서 태중 이야깃거리를 찾아서 탄생의 고개를 넘어간다.

•《胎教新記》| 父母未生以前本來面目 | 公案 ➡ 9 세 살 고개 2-샛길

샛길

# 성을 중시하는 아시아, 이름을 중시하는 유럽

## 한중일 성명

한국인과 중국인은 이름보다 성을 중시한다. 그래서 자신의 성명을 쓸 때 서양 사람과는 반대로 성을 맨 앞에 내세운다. 반기문 씨가 유엔 사무총장으로 재직하던 시절, 그의 명함 영문 표기는 'Ban Ki-moon'이었다. 그러나 유엔 사무국 직원들은 'Mr. Moon' 또는 'Mr. Ki-moon'으로 호칭하는 사례가 많아 유엔 사무국에선 'Mr. Ban'으로 불러달라는 공문을 보내야 했던 뒷이야기도 있다. 영어가 공식 언어인 나라나 대다수 유럽 국가에서는 이름이 먼저 오고 성이 뒤에 오는 차이가 있다. 이름을 중요시하느냐, 성을 더 중요시하느냐에 따라서 혈연 사회냐 개인 중심 사회냐의 특성이 드러난다. 일본은 같은 한자로 성명을 표기하면서도 영문 표기 시에 서양의 경우처럼 이름을 먼저 쓴다(2019년에 바뀌기는 했지만).

중국에서는 "대장부는 행동할 때 이름을 고치지 않으며, 앉아서 성씨를 바꾸지 않는다(大丈夫行不更名, 坐不改姓)"는 속담이 널리 알려져 있다. 우리가 어렸을 때만 해도 남에게 맹서를 할 때 "거짓말이면 내 성을 간다"라고 말했다. 그래서 한국과 중국은 성이 많지 않다. 한국은 세계에서 성이 가장 적은 수에 속하고 중국 역시 전체 인구의 85퍼센트 안팎이 100개 이하의 성씨로 구성되어 있다. 이 가운데 이씨, 왕씨, 장씨는 중국을 대표하는 3대 성씨다. 이들 성씨는 각기 수천만 명에 달해 웬만한 나라 인구를 능가한다. 이에 비해서 일본은 같은 한자 문화권으로 한자로 성명을 표기하지만 성에 대한 의식은 희박하다. 그래서 일본에서는 30만 종의 성씨가 있다. 어린 시절을 일본에서 보낸 한 학자는 '학교 다닐 때 한 반에 같은 이름을 가진 친구는 있어도 같은 성을 가진 친구는 없었다'고 회고할 만큼, 일본의 성씨는 엄청난 숫자다. 혈연보다는 가업이 중심이 되어 있는 이유다. 일본은 상속자가 없어도 데릴사위나 남을 들여서 가업을 잇고 가업이 바뀌어 분가하면 사회관계에 따라서 성과 이름을 바꾼다. 마치 회사 이름을 바꾸듯 가문의 이름을 바꾼다. 우리에게 잘 알려진 도요토미 히데요시의 신분이 달라질 때마다 성을 개칭했다. 처음 그의 성명은 기노시타

도키지로木下藤吉郎였다. 뒤에 하시바 히데요시羽柴秀吉, 그리고 출세하여 권력을 잡은 뒤에는 후지와라 히데요시藤原秀吉, 그리고 도요토미 히데요시豊臣秀吉로 바뀌었다. 아버지의 성씨인 기노시타木下를 버리고 채택한 하시바羽柴는 자신이 선망하던 가문의 이름에서 한자씩 따서 만든 성이다. 헤이지平氏 계임을 자처한 노부나가의 뒤를 이으면서 다이라平를 성으로 사용했으며 관백關白의 지위에 오르자 황실계에 준하는 후지와라藤原로 다시 바꿨다. 1586년 일왕에게 도요토미豊臣라는 성을 하사받으면서부터 도요토미 히데요시가 된다.

혈연관계냐 사회관계냐의 한중일 성명 시스템의 특성을 가장 뚜렷하게 보여주는 것이 여자가 출가할 경우다. 이름은 없어도 성은 분명히 챙겨 결혼해서 출가외인이 되어도 성은 그대로다. 그러나 일본 그리고 유럽에서는 결혼할 경우 남편 성을 따른다. 일본 사람이 이렇게 물은 적이 있었다. "한국에서는 여자가 결혼해도 성을 바꾸지 않는다는데, 그러면 어떻게 누구의 아내라는 것을 알지요?" 그래서 나는 이렇게 대답한 적이 있다. "일본에서는 결혼하면 남편의 성을 따른다는데, 누구의 딸인 줄 어떻게 알지요?"

성은 물론이고 이름에도 항렬行列이라는 것이 있어서 형제들은 동일한 문자를 쓴다. 나의 경우는 영榮이다. 그러나 일본은 부자가 같은 한자를 쓰는 경우가 있어 부자인지 형제인지 모른다. 항렬은 같은 혈족 안에서 세대의 차례를 정리하기 위해 만든 서열이다. 문중마다 족보를 편찬할 때 오행의 순이나 천간을 기준으로 일정한 대수의 돌림자와 용법을 정해놓아, 후손들이 따르는 것이 관례로 되어 있다. 항렬자는 수직관계로 몇 대손인지를 알고, 같은 항렬이면 횡적 관계, 즉 같은 세대가 된다.

세계에서 가장 많은 성씨를 가진 나라는 미국이다. 약 100만 종의 성씨가 있다. 핀란드가 약 6만 종, 영국이 약 1만 5,000종, 이에 비해 한국의 성은 300여 종으로 가장 적다. 그만큼 한국은 혈연과 가계를 중시해 온 철저한 유교 문화에서 살아왔다는 사실이다.

* 고선윤, 《토끼가 새라고?》, 안목, 2016

# 2

## 배내 고개
### 어머니의 몸 안에 바다가 있었네

첫째 꼬부랑길

# 나는 한 살 때에 났다

**01**   나는 기억할 수 없다. 태어났을 때의 그 첫 장면을 알지 못한다.
독일 작가 귄터 그라스˙의 《양철북》˙을 읽고 한숨지었던 것
도 그 때문이다.📮 태어나자마자 맨 처음 본 것이 60촉짜리 전구 2개였다
는 거다. 뻔한 허구인 줄 알면서도 그 출생 장면의 묘사가 너무도 실감 나
서 그저 감탄을 한다. 하지만 그 전깃불을 보면서 "빛이 있으라 하시니 빛
이 있었고……"라는 성서의 구절이 마치 조명기구 메이커인 오스람˙ 사
의 광고문처럼 떠올랐다는 대목에 이르러서는 그냥 손을 들 수밖에 없다.
갓 태어난 아이지만 의식이 있었다면, 정말 그랬을 것이라는 생각이 든다.
어두운 자궁 속에서 빠져나와 최초로 본 싸구려 전등불이 우주가 탄생하
던 창세기 첫째 날의 그 신비한 빛과 교차된다. '성'˙과 '속'˙이 한데 어울
려 절묘한 현장감을 일으킨다.

• Günter Grass | *Die Blechtrommel* | Osram | 聖 | 俗 📮 2 배내 고개 1-07

**02**   일본의 유명 작가 미시마 유키오˙도 지지 않는다. 세계에 알려
진 만큼 이름값을 한다. 그의 소설 《가면의 고백》˙에서 자신이

태어나던 날의 출생 광경을 세밀하게 묘사하니 말이다. 자신을 씻겨주는 물통˙ 한쪽으로 한 줄기 빛이 쏟아지고, 그 빛을 따라 반짝이는 잔물결이 끝없이 파동친다. 상상이 아니다. 작가 자신이 진짜로 그런 광경을 보고 기억했다고 주장한다. 죽을 때도 할복자살하여 충격을 주더니 태어날 때의 이야기도 예사롭지 않다. 동과 서가 다르지만, 소설가의 상상력은 다르지 않다. 어두운 태내에서 세상 밖으로 나올 때 우리가 맨 처음 본 것은 틀림없이 '빛'과 '물'이었을 테니까. 그게 허구 속에 담긴 진실이라는 거다.

• 三島由紀夫 |《仮面の告白》| 桶

**03** 하지만 그들 작가에게 한국의 아랫목을 만만하게 내줄 수 없는 이유가 있다. "나는 한 살 때에 났다"라고 한 장용학˙의 소설 〈요한시집〉이 있기 때문이다. 불과 열 자도 안 되는 짧은 문장이지만 외국어로 직역했다고 가정해보라. 귀신 씻나락 까먹는 소리처럼 들릴 것이다. 0살 때 태어난 귄터 그라스가 감히 60촉짜리 전구 두 알 가지고는 한 살 때 태어났다는 장용학과 맞설 수 없다는 거다. 일찍이 개화기부터 한국과 같은 '세는 나이'˙˙를 버리고 서양 사람 뒤를 따라간 일본인도 예외가 아니다. 태안에서부터 한 살 먹고 나오는 한국 사람들에게는 너무나 당연한 말인데도 "나는 한 살 때에 났다"라고 천연덕스럽게 이야기하는 소설 속의 한 대목을 읽어보면 저절로 입가에 미소가 어린다. 요즘 아이들이라면 영락없이 'ㅋㅋㅋㅋㅋ' 모음 없는 웃음표를 찍었을 거다.

• 張龍鶴 | 数え年

**04** "나는 한 살 때에 났다. 나자마자 한 살이고, 이름이 지어진 것은 닷새 후였으니 이 며칠 동안이 나의 오직 하나인 고향인지

도 모른다. 세계는 '이름'으로 이루어진 것이니, 가령 이 며칠 사이에 죽었더라면 나는 이 세상에 존재하지 않았던 것으로 되었을 것이다. 이름이 지어지자 곧 호적에 올랐다. 이로써 나는 두꺼운 호적부의 한 칸에 갇힌 몸이 된 대신, 사망계라는 법적 수속을 밟지 않고는 소멸될 수 없다는 엄연한 존재가 된 것이다."* 작중 인물의 하나인 누혜의 유서를 통해서 장용학은 출생 이전 태내의 삶이 어떠한 것인지를 암묵적으로 표현한다. 감성이나 상상이 아니라 태내의 생이 내 자신만의 진짜 삶이고 고향이라고 주장한다.

• 장용학, 〈요한시집〉

**05** 태몽과 태교로 애를 잉태할 때부터 한 인생의 이야기가 시작되는 것이 서양과 다른 동아시아인들의 출생 문화다. 김만중은 그 유명한 《구운몽》┏➔에서 자신이 이 세상에 태어나기 전에 어떠한 삶을 살았는지 자세히 말하고, 태어날 때는 곧 아버지가 될 사람이 산모의 산후조리를 위해서 약탕기로 약을 달이는 장면을 보여준다. 3D 첨단 영상으로도 불가능한 탕약 냄새의 후각 묘사까지 말이다. 일본도 중국도 이제는 서양식 연령 계산법을 따르게 되었지만 어째서 유독 한국만이 그 옛 전통을 버리지 않고 있는지, 전위적인 작가의 현대 소설에서도 여전히 유효한 방법으로 쓰이는지 이미 첫 고개를 넘을 때 들었던 태명 이야기를 다시 떠올리면 그 이유가 확실해질 것 같다.

┏➔ 7 옹알이 고개 2-07

**06** 옛날부터 태명이란 게 있었다면, 거제도 포로수용소 철조망에 목을 매달아 죽은 누혜의 유서는 이렇게 시작되었을지 모른

다. "나는 한 살 때 태어났다. 태명은 누에였다." 그래서 호적에 오른 이름이 아니라 호랑이는 죽어서 가죽을 남기고 누에는 죽어서 비단을 남긴다는 농담이 진담이 되었을 것이다. 그리고 그가 말하려고 했던 "오직 하나인 고향인지도 모른다"고 어머니의 모태, 누구의 눈치도 보지 않고 혼자서 자유롭게 살았던 태초의 생명기억이 더더욱 인상 깊게 우리 가슴속에 와닿을 수 있을지 모른다.

**07** 비합리적인 연령 계산법이라고 비웃음을 당해야 할 것은 우리가 아니라 0살부터 나이를 세는 서양 사람들이다. 《양철북》에서는 창세기 성경 구절까지 외우고 나온 갓난애지만, 실제 서구 사회에서는 배내 아이를 사람으로 여기지 않은 것 같다. 그것은 1년 가까이 어머니 배 안에서 열심히 자연의 섭리와 보호 속에서 살아온 태아의 생명을 무시한 것이나 다름 없다. 걸핏하면 과학이요 합리성이요 따지기 좋아하는 사람들이 어떻게 제 나이조차 헤아릴 줄 모른다는 말인가. 공장에서 나온 물건이라면 출고한 날짜부터 따지는 게 당연하다. 하지만 스스로 눈·코·입을 달고 나온 아이들은 부품을 꿰맞춘 TV 상자와는 다르지 않겠는가. 이러한 단순한 사실들을 초음파 사진 기술이 나올 때까지 실감하지 못했던 것이 서구인들이었다는 사실은 프랑스의 역사학자 필립 아리에스*의 《아동의 탄생》만 읽어봐도 있다.↪

• Philippe Ariès ↪ 2 배내 고개 3-07

**08** 초음파 촬영으로 태아의 성장 과정과 거동을 알게 되면서 데카르트 후예들의 생명관 자체가 달라진다. 좁쌀만 한 심장이 생겨 움직이면서 19주째만 되어도 벌써 태아의 손에는 평생 변하지 않는다

는 지문이 생기고 손금이 잡힌다. 그 말
은 우리의 운명이 아기집 안에 있을 때부
터 이미 정해져 있었다는 이야기다. 배 속
에서 왼손가락을 빨던 아이는 왼손잡이가
되는 일이 많다거나 태내에서부터 이미
성인병을 달고 나온다거나 하는 상상을
초월한 데이비드 바커 *의 책을 읽다 보면
"세 살 버릇 여든까지 간다"는 말은 "배내

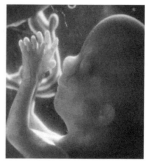

임신 4개월째 형상

버릇 백 살까지 간다"로 고쳐야 할 것 같다는 생각이 든다. 당연히 "나는
한 살 때에 났다"고 한 한국 작가의 소설에도 '좋아요'의 공감 표시를 꾹
꾹 눌러줘야 할 것이다.

• D. J. P. Barker, *Mothers, Babies and Disease in Later Life*, 1994

**09**  한국인은 초음파 과학 기술이 나오기 수백 년 전부터  배내 아
이를 환히 들여다본 것 같다. 판소리 〈심청가〉 이야기다.⤷ 앞
못 보는 심봉사는 태어난 아이가 아들인지 딸인지 몰라서 손으로 한참을
더듬다가 겨우 알았다고 했지만, 그 애가 열 달 동안 어떻게 어머니 배 속
에서 자랐는지는 비디오를 찍듯 훤히 노래한다. 그것이 "사십 후에 낳은
자식, 한 달 두 달 이슬 맺고……" 중중모리 신가락으로 읊어대는 임신한
배내 아이와 그 출산 대목이다. 첫 대목부터 우리의 귀와 마음을 끄는 것
은 "이슬을 맺는다"고 한 그 노랫말이다. 정자, 난자가 착상한다는 오늘날
의 생리학 용어보다 얼마나 촉촉하고 정감 어린 시적 표현인가.

⤷ 2 배내 고개 1-14

**10**   판소리의 가락에 맞춰 배내 아이가 초승달처럼 점점 만월이 되어가는 광경이 보인다. 석 달에는 그 이슬에 피가 어리고, 넉 달에는 사람의 형태가 생기는 과정을 낱낱이 고한다. 이건 노래가 아니라 과학인 게다. 넉 달 만에 사람 모양(人形)이라고 했는데, 태내를 스캔한 산의학에서도 태아가 사람 모양을 모두 갖추는 것이 4개월째로 되어 있다. 이 사진과 똑같은 것을 앞 못 보는 심봉사가 찍었다는 이야기다. 무슨 카메라로? 판소리 가락의 음파로 말이다. 공연한 말장난이 아니다. 직접 그 가사를 들어보라. "사십 후에 낳은 자식, 한 달 두 달 이슬 맺어, 석 달에 피 어리고, 넉 달에 인형 삼겨……" 여기 넉 달은 사십 후에 낳은 자식의 넉 '사四' 자와 짝을 맞춘 것이다. 소리의 운(음파)으로 보이지 않는 태아의 모습을 형상화했다는 뜻이다.

**11**   다섯 달에는 간장, 심장, 비장, 폐장, 신장 등의 오포˚가, 여섯 달에는 담, 위, 대장, 소장, 삼초, 방광 등의 육점˚이 생겨난다고 읊어대는 소리를 놓치지 말고 조심해서 들어보자. 다섯 달의 다섯은 한자로 '오五'이다. 그래서 오의 운을 맞춰서 오포가 되고 여섯 달은 육六이니 또 '육六점'이라고 한 거다. 그 뒤의 여섯 달까지 모두가 다 이렇게 운을 따라 전개된다. "다섯 달 오포 낳고, 여섯 달 육점 삼겨, 일곱 달 칠규˚ 열려, 여덟 달 사만팔천 털이 나고, 아홉 달에 구규˚ 열려, 열 달 만에 찬김 받아, 금강문˚, 하달문˚, 고이 열어 순산하니, 삼신님 넓으신 덕택, 백골난망 잊으리까."

˚五包 | 六點 | 七竅 | 九竅 | 金剛門 | 下達門

**12** 유심히 볼 것은 여섯 달까지는 맺고 어리고 생겨난다고 하다가 일곱 달부터는 그 달수의 운에 맞춰 모두 열리는 것으로 바뀐다. 7개월에는 얼굴에 있는 눈·코·입·귀의 7개 구멍인 칠규가 열리고, 9개월이 되면 칠규에 요도와 항문까지 더해진 9개의 구규가 열리고, 열 달째는 금강문·하달문·뼈문·살문의 모든 자궁문이 열리면서 아이가 태어난다. 일곱에서는 일곱 수의 얼굴 구멍이 아홉에서는 하체의 두 구멍을 합친 아홉 수의 구멍이 열린다는 것도 두운의 짝을 맞춘 것이지만, 열 달에는 자궁문이 모두 **열린다**는 것에서 그 운 맞춤의 소리 가락은 절정을 이룬다. 아, **열** 달이 되어 생명의 문이 **열리**는구나.

**13** 일곱 수부터 모두가 'ㅇ'의 열린 모음으로 시작하는 한국말의 이 신비성,⇨ 그러다가 정말 '열'에서 '열리'는 자궁 문. 소리의 노랫말만이 아니라 실제로 그 운을 맞춰서 한국의 배내 아이는 '옹애' 하고 태어나지 않는가.⇨ 과학의 정밀성보다 판소리 가락(시)의 치밀성이 훨씬 우리의 가슴을 뜨겁게 한다. 과학적 관점으로 봐도 태아들은 일곱 달부터 듣고 느끼고 기억하기 시작한다고 한다. 감각이 열리고 뇌가 발달한다. 이때 태명을 계속 불러주거나 같은 음악을 되풀이해 들려주면 태어난 뒤에도 갓난아이들은 그것을 기억하고 반응을 보인다는 실험 결과도 있다. 한 개의 수정란에서 마흔두 사이클의 세포분열을 되풀이하면서 자라던 태아가 이 세상 밖으로 나온 뒤에는 뚝 멈춰서 다섯 사이클로 줄어든다. 이 말은 탄생 전에 우리 몸은 거의 다 만들어진 것이나 진배없다는 이야기다.

⇨ 7 옹알이 고개 2-04 | 7 옹알이 고개 1-샛길

**14** 심청이가 태내에서 어떻게 자랐는지, 어떻게 그 안에서 열 달
을 지냈는지 그 놀라운 배내의 생명을 우리 조상들은 훤히 들
여다보았던 것이다.➡ 이렇게도 생생할 수 있는가. 귄터 그라스, 미시마
유키오, 이들의 뺨을 때리는 판소리꾼들의 〈심청가〉 속 이 대목을 들어본
사람이라면, 과연 어느 쪽의 상상력이 더 뛰어나다 할까. 애들 말로 안 봐
도 비디오다. 태아 의학이나 최신 출산 기술, 주산기학*의 발달로 태내의
많은 신비가 풀리면서 나이는 배내 때부터 계산하는 것이 합리적이요, 과
학적이라는 것이 밝혀지기 시작한다. 교황청에서도 낙태 문제를 논하는
자리에서 공식 선언했다. "인간의 생명은 출생할 때부터가 아니라 태내에
서 생겨나는 그 시초부터(정자와 난자의 수정 착상 시) 인지해야 한다"라고.*

• 週産期學 | 1974년 교황청 신앙교리성이 발표한 〈인공유산반대선언문〉 ➡ 2 배내 고개 1-09

**15** 작은 차이가 아니다. 이것이 0살 때 태어나는 서양인의 이야기
와 장용학 작가처럼 한 살 때 태어났다는 '한국인 이야기'를 가
르는 중대한 분기점이다.➡ 인간과 생명과 자연을 보는 차이가 바로 이
한 살 나이 차이에서 비롯된다. 천년만년 다른 문화와 문명 그리고 앞으
로 올 미래의 세월에 큰 차이가 생겨난다는 사실이다. 최첨단 초음파 기
술이라 할지라도 앞 못 보는 심봉사를 따르지 못하는 이유는 예나 지금
이나 모태의 생명 공간을 들여다보는 것은 사람 눈의 수정체도, 카메라의
렌즈도 아니라는 것. 그것은 오직 생명의 예지를 지닌 '마음의 눈' '영혼의
눈'이라는 점이다.

➡ 2 배내 고개 1-03

# 어머니의 바다 이야기

**01** 아버지는 하늘, 땅은 어머니라 했다. 그래서 지모신地母神이라는
말도 생겼다. 하지만 신화가 아니라 실제로 만물의 생명을 낳은 것
은 땅이 아니라 바다다. 처음 육지에는 풀 한 포기 없는 바위와 모래뿐이었고,
생명체가 없는 공간이기에 달나라처럼 유기 물질인 흙이 없었다. 바다에 살던
생명체가 육지로 올라온 뒤에야 그것들의 죽은 시체가 흙이 되어 쌓인다.

**02** 시인들은 바다에서 어머니를 본다. 바다가 생명의 어머니라는
것은 화석이 아니라 말과 글자에 새겨져 있기 때문이다. 한자
의 바다 '海(해)' 자에는 어머니를 뜻하는 '母(모)' 자가 들어 있고, 어머니
를 'mater', 바다를 'mare'라고 부르는 라틴말의 어원이 그렇다. 프랑스
말로는 아예 어머니와 바다라는 말이 철자만 조금 다를 뿐 소리는 구분
없이 '라메르'*라고 부른다. 한국어에서 건너갔을지도 모르는 일본어의
바다 '海(우미)'는 애를 낳는 것을 뜻하는 '産(우미)'와 같은 어원에서 유래
되었으리라 주장하는 사람들도 있다.［➡

• la mer와 la mère ➡ 2 배내 고개 2-샛길

**03**　인당수 바닷물에 빠졌다가 다시 태어나는 심청이 이야기에서
　　　 바다는 곧 모태의 상징이다. 갈라리아의 바닷물에 떨어진 인조
인간 호문클루스*가 생명의 기원으로 돌아가는 괴테의 희곡《파우스트》
와도 상통한다. 여러 말 늘어놓을 것 없이 내 어렸을 적에 애송하던 장 콕
토*의 단시 〈내 귀는 소라 껍질, 바닷소리를 그리워한다〉* 하나면 족하
다. 시인이 아니라도 사람의 귀를 보면 꼭 바다에서 나온 소라 껍데기를
닮아 바다를 그리워하는 것처럼 보인다. 그래서 나 자신도《어머니를 위
한 여섯 가지 은유》에 어머니를 그리는 마음을 "생명의 시원이자 모태인
태초의 바다"로 비유한 적이 있다. 옛과 오늘, 동과 서의 문화가 달라도
어머니와 바다는 하나다.

• Homunculus | Jean Cocteau | Mon oreille est un coquillage, qui aime le bruit de
  la mer

**04**　과학자들도 같은 소리를 한다. 36억 년 전 생명을 처음 탄생시킨
　　　 원시의 바다를 생각할 필요 없이 어머니의 태 안에 있었을 때의
양수*를 조사해보면 알 수 있다. 양수와 바닷물이 함유한 미네랄 성분 비
율의 순위가 거의 같다는 것이다. 염도를 비롯하여 수소*, 산소*, 나트륨*,
염소*의 순위는 완벽하게 일치하고 칼륨과 칼슘, 마그네슘은 순위에는 약
간 변동이 있으나 구성 성분에는 이상이 없다. 태아들은 양수라는 바닷물
속에서 헤엄치며 자라는 것이나 다를 게 없다. 실제로 수정된 지 1~2개월
된 뒤부터 태아는 물고기처럼 폐호흡이 아니라 양수 속에서 아가미 호흡을
하고 지낸다. 해수와 양수의 미네랄 화학기호를 들여다보면 어머니의 자궁
속 바다를 떠다니는 겨자씨만 한 내 자신의 과거 모습을 그려볼 수 있다. 어
머니와 바다, 과학이 시가 되고 시가 과학이 되는 환상의 드라마가 펼쳐진다.

• 羊水 | 水素 | 酸素 | natrium | 鹽素

| 순위 | 양수 | 해수 |
|---|---|---|
| 1 | 수소 | 수소 |
| 2 | 산소 | 산소 |
| 3 | 나트륨 | 나트륨 |
| 4 | 염소 | 염소 |
| 5 | 탄소 | 마그네슘 |
| 6 | 칼륨 | 유황 |
| 7 | 칼슘 | 칼륨 |
| 8 | 마그네슘 | 칼슘 |

양수와 해수를 구성하는 주요 원소 존재량 순위
https://www.kaijipr.or.jp/mamejiten/shizen/shizen_3.html

**05**  나는 그곳에 있었다. 태고의 바다, 어머니의 양수 속은 어둡지만 참으로 고요하고 아늑했을 것이다. 하루에 1밀리미터씩 자란다는 수정란이 갈라지면서, 그 배아로 아가미와 지느러미가 달린 물고기 모양으로 변해가는 나 자신을 생각하면 겨드랑 밑이 근질거린다. 지구 생물의 진화 과정으로 본다면 벌써 10억 년의 세월이 지나간 것이라는 고생물학자의 풀이다. 그 지느러미가 손과 발이 되고 폐가 생기면, 물고기였던 나는 도롱뇽 같은 양서류로 변신한다. 정말 손가락 사이에 물갈퀴 같은 흔적도 남아 있다는 게다. 그러다가 드디어 손톱과 발톱이 생기기 시작하면, 나는 어느새 쥐와 같은 포유류가 되고, 그 몸에 뽀얀 잔털이 자라면 영장류의 원숭이 모습으로 진화한다는 거다. 그래도 어머니의 자궁, 바다에서 나오려면 아직 수백만 년을 더 기다려야만 한다는 거다.

**06**  '개체 발생은 계통 발생을 반복한다'는 19세기 때의 독일 생물학자 에른스트 헤켈*의 주장이다. 쉽게 말해서 우리는 어머니의 태안에서 인류가 지금까지 진화해온 전 과정을 그대로 반복해왔다는 뜻이다. 증거를 날조했다거나, 히틀러가 그 설을 이용하여 나치의 인종 차별을 정당화했다고도 하는 말썽 많은 이론이다. 하지만 배아 때의

인간 얼굴이 상어와 같은 물고기의 모습과 똑같다는 사실은 부정할 길 없다. 뜸하던 이 반복 발생설이 재부상하는 것을 보면 아무래도 우리는 20억 년, 더 올라가면 30여억 년의 기나긴 생물 계통 발생(진화) 과정을 단 10개월 만에 어머니의 바다(양수) 속에서 치러낸 경이로운 사실에 상상의 날개를 펼 수밖에 없다. 그것은 지금까지 내가 읽은 어떤 서사시에서 볼 수 없었던 스케일이 크고 장대한 우주극이다.

• Ernst Heinrich Philipp August Haeckel

**07** 그게 종교적 담론이든 예술적 상상이든, 과학자들의 관찰이든 어머니의 몸 안에는 바다가 있었고, 수십억 년 생명의 세월을 그 자궁 안에 품었던 거다. 상상이 되는가. 우리 모두는 너나 할 것 없이 빛의 속도로 질주해도 불가능한 그 길고 긴 우주의 시간, 창세기 때부터 시작된 생명의 여정을 따라 한국 땅에 안착한 사람들이라는 것을. 그것이 사실이든 아니든 이야기의 세계에 들어오면 우주가 탄생하던 우주 폭발의 불꽃놀이까지 구경할 수가 있고 지금은 볼 수 없는 짚신벌레 같은 고생물들이 일제히 분출되어 바다를 시끄럽게 한 캄브리아기*의 생명 분출까지 느낄 수 있는 것이다. 그래서 인간을 '호모 나랑스homo narrans', 즉 스토리텔링맨이라고 불러야 한다는 거다. ↗

• Cambrian Period ↗ 12 이야기 고개 1-02

**08** 신화의 관점에서 보면 우리는 동굴 속의 곰이었지만, 생물학적 가설로 보면 바다에서 헤엄치던 물고기였다. 바쁜 세상을 살다 보니 그게 뭐 그리 중요한 일이냐고 물을지 모르지만, 그건 우리가 한국인이기 전에 먼저 인간이었고 인간이기 전에 원숭이와 쥐와 도롱뇽 같은

양서류 그러다가 더 올라가면 바다의 미생물이었다는 것을 상상하는 것만으로 하루하루 살아가는 삶의 행동이나 양식이 달라진다는 거다. 기막힌 일이다. 등뼈를 곳곳이 세우고 두 발로 돌아다니는 우리의 조상이 자신을 보호할 갑골은 물론 가진 것이라고는 등줄기의 척색脊索˙밖에는 없었던 '피카이아'˙였다고 생각해보라. 그것도 동화 작가가 아니라 한국에도 팬들이 많은 고생물학자이며 탁월한 이야기꾼 스티븐 제이 굴드˙의 설이다. 그는 저서《원더풀 라이프》에서 "만약 그 피카이아가 절멸했더라면, 오늘의 인류는 태어나지 못했을 것"이라고 증언한다. 눈이 없어 앞도 보지 못한 도망자, 우리의 등뼈가 되어주신 조상님들의 애처롭고 아슬아슬한 이야기에 문득 손에 땀을 쥔다.

• Pikaia | Stephen Jay Gould, *Wonderful Life*, 1989

**09** 기껏해야 4센티미터도 안 되는 허약한 피카이아는 포식자 노틸러스(앵무조개)˙의 먹이로 쫓겨다니다가 물고기로 진화했다가 다시 폐어˙와 지느러미가 네 발로 변한 틱타알릭˙이 된다. 조상 피는 못 속인다. 틱타알릭 역시 철도 침목˙의 쇠못 같은 포식자들의 이빨을 피해 헐레벌떡 육지 위로 기어올라 등뼈 달린 포유류의 선조가 된 거다. 가장 약한자가 가장 강한 지구의 승리자가 되었다는 기적 같은 반전 드라마가 용케 어머니의 양수 속에 숨어 있었던 게다. 어머니의 바다 이야기를 생각할수록 유쾌하고 통쾌하지 않는가.

• nautilus | 肺魚 | Tiktaalik | 枕木 | Niel Shubin, *Your Inner Fish*, 2008

**10** 태아들도 꿈을 꾼다는데 그게 사실이라면, 우리는 그때 무슨 꿈을 꾸었을까. 지상의 꿈과는 분명 다른 꿈이었을 거다. 프로

이트˚ 같은 정신분석으로는 도저히 풀 수 없는 순수한 꿈. 초록색 바다의 꿈, 아니면 그냥 하얀 꿈이었을지 모른다. 축제의 불꽃처럼 일시에 생물들이 터져 나온 캄브리아기의 바다 꿈이었을까. 그보다도 먼 우주 대폭발의 하늘 꿈이었을까. 혹은 포악한 포식자들에 쫓기던 피카이아가 땅으로 올라와 등뼈를 꼿꼿이 세우고 두 발로 일어서던 호모 에렉투스˚의 장한 꿈이었을까. 이따금 저녁 퇴근길, 횡단보도에서 우두커니 신호등을 기다리다가 어머니의 바다를 생각한다. 그리고 더 이상 쫓기는 피카이아가 아닌, 구부러지는 나의 등뼈를 다시 곧추세우는 꿈을 꾼다.

˚ Sigmund Freud | Homo Erectus

## 한자와 알파벳 속의 어머니

'해海'는 의미부인 '삼수변(氵)'과 음音을 나타내는 '每(매)'를 합친 형성 문자다. '海'의 변음인 '每'는 '어미 모母'와 같아서 애를 낳는 사람을 나타낸다. 어미 모母의 두 점은 어머니의 유두乳頭를 상징한다.

바다는 온갖 물길을 다 받아들이는 존재라고 한 '설문해자'의 말처럼 어머니와 같이 모든 것을 다 용납하고 포용하는 존재로 인식되어 왔다. 그래서 海는 '물(水)의 어머니(每)와 같은 존재'로 해석할 수 있다.

이어서 영어의 경우 'Marine' 등 바다와 관련된 단어 중에는 'M'으로 시작하는 단어가 많고, 알파벳 'M'자도 바다의 파도를 본뜬 것이라고 한다.

## 인간은 업그레이드된 물고기인가

과학 이야기로 보면 인간의 조상이 되었다는 굴드의 피카이아와 닐 슈빈의 네발 달린 물고기 틱타알릭과는 팩트가 다르다. 하지만 포식자에게 쫓기던 약자가 도망쳐서 육상으로 올라와 인간의 조상이 되었다는 점에서는 다를 게 없다. 진화론이나 일반적인 상식으로 보면 약육강식의 세계에서는 분명 포식자가 강자이고 먹히는 자는 패배자다. 고대 해양 생물의 화석을 분석해보면 바다의 강자 포식자들의 이빨은 철도 침목의 쇠못만큼 컸다고 한다. 이런 포식자들의 공격으로부터 살아남으려면 고래같이 덩치가 큰 슈퍼 물고기가 되거나 거북이처럼 갑옷을 두르고 살아야 한다는 것이다. 그렇지 않으면 바다에서 도망쳐 뭍으로 기어오르는 수밖에는 없다.

* 닐 슈빈, 《내 안의 물고기》, 김영사, 2009 참조

그렇다면 결과적으로 가장 약자가 가장 강자인 인간이 되었다는 말이 된다. 이러한 사상은 서양의 합리주의적 사고와는 맞지 않는다. 하지만 동양, 특히 유柔가 강剛을 이기는(柔弱勝剛强) 노자의 세계에서는 놀라운 이야기가 아니다. 사람이 늙으면 강한 이빨보다 부드러운 혀가 마지막까지 남는다는 것을 증명할 수도 있다.

퇴退가 진進을 이기는 선비의 나라 한국인 이야기 속에서도 흔히 볼 수 있는 일이다. 퇴계 선생의 호에 왜 '물러설 퇴退' 자가 들어 있는지 알면, 화석을 뒤지고 다니지 않아도 틱타알릭의 비밀을 풀 수 있다. 벼슬자리에 나가 다투다가 패가망신한 사람보다 80번 이상이나 벼슬자리에서 물러섰던 퇴계 선생이 오늘까지도 숭앙을 받는 승리자로 남아 있다. 퇴계 선생이 말년에 거의 떠나지 않고 머물던 고향의 이름도 토계리兎溪里였다. 호랑이가 아니라 발 빠르게 도망가는 것이 장기인 토끼가 사는 골짝이다. 한국인은 난이 일어나면 도망치기 바빴던 후손들인데, 칭기즈 칸의 후예보다 오늘날 큰 기침을 하고 세계를 누비고 다니는 이유다. 세파에 시달리는 이 세상이 바다라면 우리는 물고기이고 그중에서 쇠못 같은 상어의 이빨도 별주부의 소뚜껑 같은 갑골도 없이 쫓기고 피해 달아나던 피카이아와 틱타알릭이었던 것이다. 싸움을 피해야만 했던 약자였기에 바다 아닌 또 다른 세계를 꿈꿀 수 있었고, 그 꿈이 지느러미를 손과 발로 변하게 하고 등줄기의 가냘픈 가시가 등뼈가 되어 일어서게 한다. 고생물학자의 진화론이 한국의 이야기 속으로 들어오면 별주부전의 토끼 이야기가 되거나 활엽수와 경쟁을 피하여 산꼭대기의 낙랑장송이 되거나 사태 저 무너진 흙에 새솔이 나서 키를 재는 애솔나무의 노래가 된다. 서양의 진화론이 발달할수록 양자역학이 더욱 정교할수록 오히려 한국인 이야기와 가까워진다. 아인슈타인의 이론을 깨고 노벨상을 탄 보어가 태극 무늬를 가문의 영광인 자신의 문장紋章으로 삼았던 것을 생각하면 결코 아전인수의 허풍이 아니다.

# 화이트 하트, 초음파의 발견

**01**　갈릴레오*는 망원경을 개발하여 지구에서 5,000만 킬로미터
나 떨어진 목성 같은 천체를 관찰했다. 그런데 바로 눈앞에 있
는 인체의 자궁 속 태아의 생명을 관찰할 수 있게 된 것은 그 뒤 400년이
나 지난 뒤의 일이다. 글래스고대학교 산부인과 의사였던 이안 도널드*
박사가 개발한 초음파 의료기 덕분이다. 그나마도 인간이 아니라 어두운
동굴 속에서도 자유롭게 날아다니는 박쥐의 지혜를 빌린 결과물이다. 실
제로 이 의료기와 기술이 우리나라에 들어와 사용되기 시작한 것은 그 박
사가 세상을 떠난 뒤의 일이라고 한다. 88서울올림픽을 개최하던 무렵이
니 그리 먼 옛날이야기가 아니다. 초음파 스캐너가 발명된 뒤부터 우리가
어떻게 태내에서 자랐는지 잃어버린 태내의 이야기들을 찾아낼 수 있게
되었다. 그건 의학의 문제가 아니라 생명의 출발점을 묻는 철학의 문제요,
역사의 문제요, 종교의 문제인 게다.

• Galileo Galilei | Ian Donald

**02** 수정란이 자궁에 착상, 아니 우리의 아름다운 옛말대로 하자면, 어머니의 몸 안에 생명의 이슬이 맺히고 난 다음 3주 만이면 7밀리미터 정도 자라 배내 아이에게 심장이 생겨난다. 그리고 조금 지나면 깨알만 한 심장이 움직이기 시작한단다. 이때부터 초음파 모니터의 액정 위로 작동하는 심장이 하얗게 보인단다. 그래서 의학자들은 그것을 하얀 심장, '화이트 하트'라고 부른다. 그냥 의학적 측정 영상이 아니다. 임산부에게 이 광경을 보여주면 갑자기 눈이 빛나고 좀 더 다감한 임산부라면 그 자리에서 얼굴을 가리고 눈물을 흘린다는 이야기다.[*]

• 高橋 悦二郎, 《胎児からのメッセージ》, 二見書房, 2004

**03** 한 번 움직이기 시작하면 죽을 때까지 멈추지 않는 것이 심장이다. 얼마 전까지 이 세상 어디에도 존재하지 않던 한 생명이, 어둠 속에서 하얀빛을 발하며 고동치는 점 하나가 바로 우리의 '쑥쑥이'요, '꼬물이'다. 평생 품고 살아갈 생명의 고동, 지금 막 시작한 '한국인이야기' 한 편의 아름다운 운율인 게다. 아득하고 먼 시간의 저 켠, 벽 너머에서 자신의 존재를 발신하는 생명의 모스부호 신호인 게다. '엄마--나--여기--있--어--요.' 그리고 그 하얀 심장이 점점 커져 이 세상에 나오면 만세를 부르듯 두 손을 번쩍 올려 진짜 하트 모양을 그리고 말할 것이다. "엄마 사랑해. 아빠 사랑해요."

**04** 누구나 아이를 잉태하면 불안해지고 겁도 난다. 출산에 대한 두려움으로 자신감을 잃을 수도 있다. 그러나 자신의 심장보다 배나 빨리 뛰는 그 작은 하얀 점을 접하고 나면, 지금까지 생각과 느낌이 달라진다. 용기가 나고 사랑이 생긴다. 모든 생명체 안에 잠재해 있는 생

명애˙가 나타난다는 이야기다. 임신한 연예인이 인터뷰 도중 "나는……"
이라고 말하려다가 잠시 머뭇거리더니 "참, 내가 아니지요. 이제 우리라
고 해야겠군요."라고 대답하더라는 감동적인 기사를 읽은 적이 있다. '나'
에서 '우리'로 말을 바꾸게 한 그 '움찔한 순간', 그녀의 손에는 한 번도 연
기해보지 못한 새로운 시나리오 대본과 무대가 펼쳐진다. 눈도 코도 없는
단지 움직이는 점 하나가 자신을 낳게 될 이 세상의 어머니들을 강하고
슬기롭게 만들어준 게다.

• Biophilia

**05** 어린애들의 미래와 운명은 자궁 대화로 결정된다. 이 초음파
기술로 태아가 발신하는 많은 정보를 알게 되고, 어머니와 태
아 사이에는 대화가 가능해진다. 태아는 우리가 생각하는 것보다 많은 것
을 느끼고 듣고, 심지어 자기주장까지 한다는 거다. '생명을 지닌 어엿한
한 인간이다'라는 사실에서 한 발 더 나아가면 '태아는 모두 천재다'라는
사실을 발견하게 된다. 태내 때부터 나이를 계산하는 한국의 연령 계산
법이 옳다는 것도, 오래전부터 태교➡를 하고 태명을 짓는 한국인의 혜안
을 과학적으로 증명할 수 있게 된 것이다. 물론 레오나르도 다 빈치는 태
내를 스캔한 것 이상으로 태아의 모습과 그 상태를 해부도로 보여주었다.
하지만 그것은 죽은 산모의 자궁을 해부한, 죽은 아이의 모습, 표본 상자
의 나비다. 살아 움직이는 생명체의 동영상과는 거리가 멀다.

➡ 1 태명 고개 2-05

**06** 하지만 과학 기술이 늘 그렇듯이 행복한 영상과 정보만을 보여
주는 것은 아니다. 출생 전에 성을 식별할 수 있게 되자 낙태➡

의 비극은 물론이고 출산 순간을 희석시켜 클라이맥스 없는 심심한 스토리로 전락시켜버리기도 한다. 문제는 중절 시 태아의 모습을 초음파로 보여준 장면이다. 수술 기기가 자궁 안으로 들어오면 이 침입자에 놀란 태아가 구석으로 피하는 예민한 반응을 보인다. 어두운 자궁벽에서 외치는 소리 없는 절규, 뭉크의 〈절규〉 같은 그림 그대로의 모습이라고 한다.

↪ 4 삼신 고개 3-04

**07** 태명 문화가 없는 서양 임산부의 반응은 어떨까. 나는 우연히도 《뉴스위크》의 칼럼에서 초음파 사진을 처음 찍었던 임산부의 기막힌 체험담을 읽은 적이 있다.• "윤활제를 바른 초음파 진찰기가 내 복부를 미끄러지듯 훑으며 피사체를 찾았다. 나와 남편은 시커멓고 얼룩덜룩한 화면을 유심히 들여다보며 기다렸다. 촬영기사는 달 표면과도 같은 이곳 어딘가에 아기가 있다고 말했다." 그리고 나서 정말 뭔가가 나타나더라는 것이다. 자기도 친구들처럼 첫 번째 초음파 사진에 굉장히 흥분할 줄 알았는데, 막상 엄지손가락만 한 크기를 확대해놓은 사진은 오징어랑 비슷해 보였다. 그래도 사진을 뚫어져라 바라보며 모성애가 파도처럼 밀려들길 기다렸다고 한다.

• Gayle Kirshenbaum, "Caught in the Act of Becoming", *Newsweek*, 2005. 6. 3

**08** 잘 새겨듣자. '모성애↪가 파도처럼 밀려들길'이라는 말 말이다. 그런데 그 미국의 첫 임신부는 뭐라고 했는가. "하지만 난 못 볼 것을 봤다는, 한 생명체의 생성 과정을 엿보고 말았다는 그런 당혹감만 느꼈다"는 것이다. 왜? 그에 대한 대답은 "모니터를 통해 내 아이의 심장 박동 소리를 난생처음 들었을 때, 나는 아이가 태어날 수밖에 없다

는 필연성에 대한 확신이 없었다. 자신을 시험하는 새로운 익명의 심장 박동을 들었을 뿐이다. 내가 평생 그 박동을 유지해줄 의지와 수단을 갖고 있는지 알기를 원하는 듯했다"고 고백한다. 애를 과연 낳아야 하느냐 지워야 하느냐 결심이 서지 않을 때, 초음파 사진은 무엇인가 강박 관념을 주었다는 고백이다. 화이트 하트가 뛰는 초음파 화면을 보고 얼굴을 감싸며 눈물을 흘리는 우리 어머니들의 반응과는 너무나 다르지 않은가.↪

↪ 5 기저귀 고개 3-10 | 2 배내 고개 3-02

**09** 이 문제가 오늘날 세계의 쟁점이 되는 낙태 문제와 얽힐 때 더욱 심각해진다. 미국에서는 낙태 반대론자들이 초음파 사진을 찍어 임산부들에게 보여주는 캠페인을 벌이니 말이다. 그중에는 중절 시 태아의 모습을 담은 초음파 동영상 같은 것도 있는 모양이다. 임신 내내 이런 압박 속에서 "나는 내 몸속에서 자라나는 생명체와 내가 서로 다른 궤도를 여행하고 있다"는 느낌을 받았다고 고백한다. 요가 교실 강사가 "아기에게 사랑한다는 메시지를 보내라"고 말했을 때도 "나는 착한 학생처럼 가장 최근에 찍은 초음파 사진을 떠올렸지만, 그런 이름을 가진 아이가 없기 때문에"라고 단념한다. 이 뉴욕 브루클린의 여성이 한국의 임산부들처럼 그 배내 아이에게 태명을 지어줄지 알았더라면, 아이에게 보낸 사랑의 메시지는 틀림없이 성공했을 텐데.

**10** 임신 테스트기를 확인하고 신랑한테 그 소식을 알리는 순간 첫눈이 내렸다고 해서 '눈송이', 엄마와 아기가 탯줄로 매듭지어지고 출산 예정 달이 12월 매듭 달이어서 '매듭이'라고 태명을 지었다는 한국인 임산부의 화이트 하트 이야기는 달라질 수밖에 없다. 태교를 넘어

태아와 말을 주고받는 '태담'의 방법을 알았다면 어떠했을까. 불행히도 그쪽 임산부가 알고 있는 말들은 스스로 고백하듯이 "임신이라는 불확실하고 또 여전히 신비로운 현실에 대한 내 심연의 감각에 가장 근접한 단어들은 접합체·낭포*·태아 등 보편적이고 임상적"인 의학 용어뿐이었던 게다.

* 囊胞

**11** 초음파 사진으로 임산부와 태아의 유대를 강요하지 말라고 주장한 뉴욕 브루클린의 미국 임산부, 게일 커셴바움의 칼럼은 이렇게 끝난다. "누구나 저절로 엄마가 되지는 않는다. 이제 애 엄마가 된 나는, 임신 당시의 혼란한 마음 상태를 그대로 남겨두고 싶지가 않다. 그런 혼란 상태는 임신이란 하나의 자아에서 또 다른 자아로 천천히 이동해가는 출발점이었다는 예감이 들었기 때문이다. 부모가 된 지 3년, 이제 아들 사진을 찍을 때는 아무렇지 않지만 어머니로선 여전히 카메라 앞에 설 준비가 되어 있지 않은 것 같다." 아이를 낳고 3년이 지났는데도 아직 어머니가 될 준비가 되어 있지 않다는 이 끈질긴 자아와의 투쟁. '모성애'는 근대에 와서 부권 사회가 만들어낸 환상에 지나지 않는다고 말하는 페미니즘 역사가나 사회학자들의 주장을 들었을 때와 똑같은 문화적 충격을 받는 대목이다.

**12** 상황은 바뀌고 있다. 인간이 우주를 향해 인공위성을 쏘기 시작한 1960년대는 동시에 새로운 의료 기술의 개발로 태내의 소우주 탐색도 가능해진 때였다. '출생 전 심리학prenatal psychology'을 개척한 T. 버니 박사의 증언대로 태아는 듣고, 보고, 느끼고 무엇보다 엄

마의 생각이나 감정을 읽을 줄 안다는 것이 밝혀졌다.* 달 표면보다 더 신비로운 이야기들이 태내에서 들려오면서, 배내 아이를 어엿한 한 인간으로 대접하고 그때부터 나이를 계산한 한국의 태교 문화가 미신이 아니라 미래의 과학이라는 것이 증명된 셈이다.

• Thomas Verny, *The secret life of the unborn child*, 1981

**13**   1초 동안 2만 번 진동하는 음파를 가리켜 초음파라고 한다. 사람들의 귀로는 들을 수 없지만, 박쥐나 돌고래 심지어 바퀴벌레도 이 초음파를 이용하여 대상물을 감지하고 소통한다. 우리는 무엇으로 태내와 소통하고 태아와 대화를 하는가. 엄마의 심장과 아이의 화이트 하트가 뛰는 그 리듬이다. 태아들은 10개월 가까이 어머니의 심장박동 소리를 들으면서 자란다. 사람들에게 각자 원하는 메트로놈 박자를 설정하라고 하면, 대개는 1분당 50~90의 템포에 맞춰놓는다는 실험결과도 있다. 인간의 평균 심박수와 일치하는 숫자다. 요람은 말할 것도 없고 그네타기를 좋아하는 것 역시 자궁 체험, 심장 리듬 속에서 자라났던 경험과 관계가 있다는 거다. 엄마의 심장보다 배나 빠르게 뛰는 아이의 그 작은 화이트 하트가 모자상호작용*을 일으키는 쌍방울 소리였던 것이다.↱

• mother-infant interaction ↱ 4 삼신 고개 4-08

**14**   태어나면서 아이가 우는 것은 갑자기 어머니의 심장박동 소리가 들리지 않아 인생 최초로 공포와 불안을 느끼기 때문이라는 설도 있다.
대부분 엄마가 아이들에게 젖을 먹일 때 왼쪽으로 안고 왼쪽 젖을 먹이는 것도 초음파 촬영 사진이 가르쳐준 게 아니다. 왼쪽 젖을 먹이는 것은 젖만이 아니라 아이에게 어머니의 심장 소리를 들려주려는 생명의 예지라고 풀이하는 사람도 있다. 왼쪽 가슴이 오른쪽 가슴보다 큰 여성이 아이를 잘 키운다는 옛 어른들의 이야기도 마찬가지다. 이게 다 머리가 아닌 몸으로 터득한 우리 선조들의 지혜가 아니겠는가. 여러 실험 결과를 들출 것 없이 옛날 채용신이 그린 〈운낭자상〉* 그림을 보자. 어머니의 왼쪽 심장 쪽에 머리를 대고 행복한 미소를 짓는 저 갓난아이의 얼굴을 보자. 태내에서부터 흠뻑 사랑을 소통하고 나온 내 얼굴이, 내 화이트 하트가 거기 있다.

* 〈雲娘子像〉

채용신, 〈운낭자상〉, 1914.
국립박물관 소장

# 트라우마trauma 유전

외할머니 배 속에서부터 어머니의 난소에는 훗날 내가 될 난자의 세포가 들어 있다. 외할머니의 기억이 내 몸뚱이에 새겨진다는 이야기다. 몸의 생김새만이 아니라 내 감정까지도 유전된다. 우리가 부모에게 받은 DNA 가운데 얼굴, 키, 피부색 같은 외형과 관련된 것은 겨우 2퍼센트밖에 안 된다고 한다. 지금까지 정크(쓰레기)로 불려왔던 98퍼센트가 실은 감정이나 행동 그리고 성질과 연관된 것들이라는 것이 최근 들어 밝혀졌다. 그렇게 부모와 그 부모들의 기억, 감정이 우리의 몸과 마음을 만든다. 기억이 몸을 바꾸고, 몸을 통해 기억이 전해진다는 이야기다.

엘리베이터나 비행기 안과 같은 밀폐된 공간에서 불안감을 느끼는 폐쇄공포증에 걸린 여성을 치료하기 위해 가족의 이력을 캐던 중 조부모와 고모가 아우슈비츠에서 질식사했다는 사실을 알게 된다. 트라우마 유전이 실재한다는 증거를 얻은 것이다.

* 마크 월린,《트라우마는 어떻게 유전되는가》, 심심, 2016

넷째 꼬부랑길

# 태동, 발의 반란

**01**　인간이 발명한 운동 중 제일 먼저 시작한 게 뭐냐. 온갖 추측과 농담이 나돌지만 그 원조는 축구일 것이라는 의견이 가장 설득력이 있다. 이유는 뭔가. 인간이면 누구나 제일 먼저 시작한 운동이 태내에서 한 발길질, 태동*이라는 게다. 양수 안에 있으니 폐는 아직 닫혀 있고 눈, 코, 입은 어둠 속에서 제대로 움직이지 못한다. 손은 어떤가. 가끔 손가락을 입으로 빨 때나 필요한 장식물에 지나지 않는다. 웅크린 자세에서 유일하게 움직이며 태내에서 운동하는 것이 다름 아닌 발이다.

* 胎動

**02**　요즘 임산부에 대한 태교는 음식 가리고 말 가리는 수준의 것이 아니다. 배 안의 아이와 어떻게 소통하느냐의 자궁 대화가 주류를 이룬다. 그러나 말이 통하지 않는 아이와 의사를 주고받는 것은 쉽지 않은 일이다. 유일한 방법이 태동이 있을 때라고 한다. 배내에서 아이가 발을 차면 "아기가 배를 차네"라고 말을 걸면서, 자신의 배 어딘가를 가볍게 두드려주라고 한다. 그러면 신기하게도 배 속의 아기는 기다렸다

는 듯이 엄마가 신호를 보낸 곳을 향해 힘차게 발을 찬다는 거다. 그러면 또 다른 곳을 두드리면서 발길질을 유도하며 말을 건넨다.* 서로 호흡을 맞춰가며 모자간의 절묘한 드리블과 패스워크로 발차기 축구 게임의 태교가 이루어진다.

• 세살마을 연구소, 돌봄과 교육, 임신과 출산, 2011.4.26. 구한나 연구원

**03** 그래서 생각나는 게 있다. 2002년 서울에서 열렸던 월드컵의 기억 말이다. 평소에 오프사이드 룰도 몰라 노골을 골이라고 우기는 축구 문맹들도 일제히 거리로 쏟아져 나와 응원전을 벌이지 않았는가. '붉은 악마' 티셔츠를 입은 수십만 군중이 한목소리로 '대-한민국'을 환호하고 특이한 신가락 장단에 맞춰 '짝짝-짝 짝-짝' 손뼉을 두드린다. 그 심상치 않은 열기에 전 세계가 놀라고 우리 자신도 놀랐다. 그 열기가 오죽 대단했으면 화장실 노크 소리까지 달라졌다는 우스갯소리가 나왔겠는가. '똑-똑-똑'이 아니라 '똑똑-똑 똑-똑' 응원 박수를 치듯이 하면 안에서는 그 장단에 맞춰 '대-한민국'이라고 응답을 한다는 거다.

**04** 이런 월드컵 열풍을 어떻게 설명할 수 있을까. 태내에서 발을 구르던 태동의 힘. 그 태초의 생명기억이 터져 나온 탓이라고 밖에는 달리 풀이할 수 없을 것 같다. 그렇지 않고서야 평소에는 보지 못했던 그 어마어마한 에너지가 대체 어디에서 쏟아져 나왔겠는가. 정도의 차이는 있어도 축구는 어느 시대 어느 곳에서나 반문화적인 야성의 열풍을 일으킨다. 발로 차는 운동경기라서 그렇다는 거다. 모든 구기 종목은 손으로 한다. 핸드볼은 아예 명칭부터 그러니 논할 것도 없고 농구, 야구, 테니스, 골프가 다 그렇다. 유독 축구만이 손을 사용하면 핸들링 반칙이

적용되는 운동이다.

**05**　설명한 대로 원초적 생명력이 지배하던 태동의 주력은 발이요, 발차기다. 그러나 바깥세상으로 나와 탯줄이 끊기고 문명 세계로 나오는 순간 발과 다리는 머리와 손에게 주도권을 빼앗긴다. 머리 깎인 삼손처럼 무력해진다. 발과 다리는 서서 걸음마를 시작할 때까지 1년 이상을 기다려야 한다. 문명 사회에서 맨발은 천한 것이요 부끄러움이다. 금기 억압의 대상이다. 하지만 손이 기술 문명 사회를 상징한다면, 발은 곧 태동의 원초적인 생명력을 상징한다. 우리가 보아온 월드컵 축구의 열기는 무의식 속에 숨어 있던 태초의 생명기억이 되살아나고 태내에서 태동하던 원초적 생명력이 밖으로 분출한 거라고 할 수 있다.

**06**　한국의 거리 응원이 세계를 놀라게 한 것은 우연이 아니다. 그에 앞서 태권도가 세계를 놀라게 하지 않았는가. 한류의 원조로 세계에 퍼지게 된 태권도야말로 발차기를 중심으로 창안된 운동인 거다. 나무위키에 따르면 "현대 태권도는 가라테가 한국으로 전래된 후 택견, 중국 권법의 일부 요소를 결합하면서 독자적인 모습을 갖추며 발전한 무술"이라고 했다. 하지만 그것이 중국과 일본의 그것과 다른 것은 "1세대 태권도인 가운데 택견을 배웠던 이원국, 황기, 최홍희 등이 택견의 크고 화려한 발차기 기술을 태권도에 적극적으로 접목하면서 한국 고유의 태권도가 발차기 중심의 무술로 발전하고 태권도만의 독특한 정체성을 형성하는 데 큰 영향을 미쳤다"고 한다.

**07**   한자로 써봐라. 일본의 가라테空手에도 중국의 권법拳法에도 모두 '손 수手'가 들어간다. 손을 중심으로 이루어진 글자다. 태권도만 발足과 관계된 '밟을 태跆'가 들어 있다. 욕심을 부려 그 '태跆'를 '태胎'로 읽어도 된다. 이제 짐작이 간다. 발로 차는 축구가 있기 전에 우리에게는 의미심장한 태권과 그 배내 발차기가 있었다고 가정할 수 있다. 그리고 그것은 우리에게 답한다. 태교, 태명, 태권이 한류가 되어 세상을 놀라게 한 이유를 그리고 왜 한국의 소설가는 당당하게 "나는 한 살 때 났다"라고 선언했는지도 말이다. 한국의 이야기가 태내에서 시작되는 특성이 있기에 오늘의 현대 과학을 선점할 수 있었던 거다. 나온 김에 말하는데, 서구에서 태교나 태아기에 대해 관심을 가진 것은 20세기 후반 유전학의 발달과 함께였지만, 한국은 정조 때 나온 본격 태교 전문서《태교신기》*만 보더라도 그보다 100~200년이 앞선다.↱

• 사주당 이씨, 《胎教新記》↱ 9 세 살 고개 2-샛길

**08**   한국인의 특성이 발에 있다는 것은 억측이 아니다. 정조 때 북학파의 대가 이규경*은《동인선주변증설》*에서 이렇게 말한다. "옛날부터 우리나라 사람은 달음박질을 잘한다. 멀리까지 갈 수 있는 그 속력이 준마를 능가할 만하다"고 했다. "오늘날 이정*이 가장 먼 곳이 연경*으로서 역마*와 수레가 아니면 통행이 어려운 곳인데, 어떤 사람은 평생에 40, 50회를 왕복하는 이가 있다." 그리고 "중국 사람은 수레도 있고 말도 있어 보행으로 먼 길을 가는 사람들이 없고 오히려 보행하는 것을 고역으로 생각한다. 우리나라 사람의 걸음이 황새걸음이라면, 그들은 뱁새걸음도 못 되는 것이다"라고 비교했다.

• 李圭景 | 《東人善走辨證說》| 里程 | 燕京 | 驛馬

**09**  홍대용*의《연행잡기》*에도 똑같이 "고사에 조선동자는 달음
박질을 좋아한다"고 말하였다. "나는 동자들이 달음박질을 좋
아하는 것이 천성인가 하고 마음으로 이상하게 여겼다. 나중에 중국의 아
이들을 보았다. 그들은 비록 장난을 하고 놀면서도 우리나라 아이들처럼
달음박질을 하는 일이 절대 없었다"고 하였다.

옛 문헌까지 갈 것 있겠나. 초등학교 다닐 때의 내 생생한 기억만으로도
충분하다. 학교에서 집으로 돌아가는 길에 아이들은 으레 달음박질 내기
를 한다. 지는 경우에도 즐거웠던 경험 말이다. "앞에 가는 놈은 도둑놈이
라"고 소리치면 꼴찌를 해도 도둑을 쫓는 순경이 되니까.

• 洪大容 |《燕行雜記》

**10**  걷고 뛰는 두 발의 힘이 오늘의 인간과 그 문화 문명을 만들어
냈다고 하면 비웃음을 살지 모른다. 하지만 누구도 부정 못 하
는 것은 물건을 만들고 다루는 기술은 손에서 나왔을지 모르지만, 이야기
를 만들어내는 그 행동의 힘은 발과 다리에서 비롯된 것이라는 가정이다.
인간은 직립 보행을 하면서 자유로워진 두 손으로 도구를 만들고 사용하
는 문화 문명을 만들어낼 수 있었다. 하지만 손으로 쥐고 잡는 능력 때문
에 짐승과 다른 인간이 되었다고 한다면 침팬지, 고릴라, 오랑우탄, 긴팔
원숭이 같은 유인원들이 먼저 인간으로 진화했어야 옳았다. 수상 생활을
하던 원숭이들은 사지가 모두 손이었기 때문이다.

**11**  그런데 진화생물학자들의 통설은 아프리카의 기상 변화로 더
이상 수상 생활을 하지 못하게 된 일부 원숭이들이 사바나에서
육상 생활을 하면서 오늘의 인류가 되었다고 주장한다. 이와 같은 설을

받아들이려면, 육상 생활을 하며 네 손 가운데 아래 두 손이 다리가 된 원숭이가 인간의 조상이 되었으리라는 가설에 동의해야 한다. 실제로 사람을 가장 많이 닮은 침팬지나 고릴라도 하루에 기껏 걸어야 3킬로미터 밖을 벗어나지 못한다. 그러나 채집 시대의 원인류는 하루에 30킬로미터 이상을 걸었다는 것이다. 손이 아니다. 이동성을 가능케 한 바로 그 발과 다리가 오늘의 인간과 그 문화 문명을 만들어낸 주역이었던 것이다.

**12** 나사렛에서 예루살렘까지 걸어간 예수와, 룸비니에서 갠지스 강 중류까지 걸어간 석가의 걸음에서 종교 문화가 태어났고, 아리스토텔레스의 학당을 거닐던 걸음에서 소요학파의 철학이 생겨나지 않았는가. 도시의 유보자遊步者는 발터 벤야민의 문학을, 황톳길의 유랑은 김삿갓의 즉흥시를 만들어낸다. 순례자들을 보라. 길을 걷는 것이 곧 구도求道인 게다. "나는 길이요, 진리요, 생명이니라"고 한 길. 도교의 도道. 길은 걷는 다리가 종교와 통한다. 여러 말보다 대중이 많이 아는 영화 〈포레스트 검프〉를 보면 이해가 빠를 것이다. 인간은 걷기 위해서 걷는 존재라는 사실 말이다. 요즘 유행하는 호모 모빌리쿠스* 란 말이 왜 생겼겠는가. 동시에 왜 호모 나랑스가 등장했겠는가. 손은 도구를 만들어낼 수 있으나 걷고 움직이고 이야기를 만들어내지는 못한다. 이야기를 만들어내는 힘은 손이 아니라 걸어다니는 발이다.

• Homo Mobilicus

**13** 꼬부랑 할머니가 꼬부랑 지팡이를 짚고 열두 고개를 넘어가는 '한국인 이야기'의 그 원형 역시 걷는 것이 아닌가. 국민 소설이 된《메밀꽃 필 무렵》의 이야기도 한마디로 축약하면 '걷다'다. 그 첫 장

면을 읽어보자. "얽둑배기요 왼손잡이인 드팀전의 허생원은 기어코 동업의 조선달에게 낚아보았다. '그만 거둘까?' '잘 생각했네. 봉평장에서 한번이나 흐뭇하게 사본 일 있을까. 내일 대화장에서나 한몫 벌어야겠네.' '오늘밤은 밤을 새서 걸어야 될걸?' '달이 뜨렷다?'"

⤷ 6 어부바 고개 3-13

**14** 장판에 앉아서 무명필과 주단을 팔던 허생원은 몰골도 기색도 초라하다. 힘이 없다. 하지만 달이 뜨고 길을 걸으며 성처녀와의 사랑 이야기를 하는 허생원은 생기에 넘치는 딴사람이 된다. 장돌림꾼이 아니라 이야기꾼이 된다. 꼬부랑 산길을 걸어가며 "난 거꾸러질 때까지 이 길 걷고 저 달 볼 테야"라고 말하는 허생원에겐 걷는 게 곧 삶이고 이야기이고 달이 숨을 쉰다는 그 생명력이다. 태 안에서 태동하던 그 발의 힘으로 얼금뱅이, 왼손잡이의 가망 없이 보이던 허생원이 달밤의 산길을 걷고 또 걷는다. 죽을 때까지. 그래서 아들 동이를 찾고 하룻밤의 물레방아 사랑이었던 성처녀는 아내가 될 수 있는 기적 같은 이야기를 만들어낸다. 태 안에서 힘차게 발길질하는 배내 아이의 태동에서 우리는 한국인 이야기를 만들어내는 발의 반란을 본다. 걷는 인간에서 타는 인간으로 바뀌어간 현대 문명에 대한 발의 외침이다. 자동차 운전대에서 손만 움직이고 걷기를 멈춘 오늘의 인류에게 '한국인 이야기'가 필요한 이유다.

**15** 보행의 역사 역시 그 근원으로 올라가면 인류 문화의 태동기인 채집 시대와 만나게 된다. 채집 문화와 단절하지 않고 그 어느 사람보다도 많이 그 문화를 몸 안에 품어온 우리 자신의 모습이 떠오른다. 나는 실제로 대학생 '국토대장정'의 문화 행사를 주도하면서 직접 몸

으로 느낄 수 있었다. 그때 나의 출정식 인사말은 이렇게 시작된다. "여러분들은 지금 걷기 위해 이 자리에 모였습니다. 누가 강요한 것도 아니고 특별한 목적이 있어서도 아닙니다. 태어날 때도 그랬습니다. 누가 시키지도 않았는데 여러분은 스스로 두 발로 일어서 첫걸음을 떼었습니다. 넘어지고 쓰러지면서도 걷기의 모험을 포기하지 않았습니다. 위험을 무릅쓰고 한 발 한 발, 그 연약한 다리로 최초의 보행을 시작하면서 내가 짐승이 아니라 사람이라는 것을 온몸으로 증명했습니다."

• 이어령, 〈제10회 대학생 국토대장정에 보내는 메시지〉, 《중앙일보》, 2007. 6. 30

**16** 그리고 그 보행의 욕망이 채집 문화에서 비롯된 것임을 강조했다. "문화인류학자들은 말합니다. 두 발로 일어서 걷는 순간, 인간은 비로소 짐승과 다른 존재가 되었다는 것입니다. 사람을 가장 많이 닮은 침팬지나 고릴라도 하루에 기껏 걸어야 3킬로미터 밖을 벗어나지 못합니다. 그러나 채집 시대의 원 인류는 하루에 30킬로미터 이상 걸었다고 합니다. 대체 어느 짐승이 중력과 맞서 이렇게 등뼈를 똑바로 세우고 대지 위에 서 있을 수 있겠습니까. 그렇게 먼 지평을 향해 한 걸음 한 걸음 다가갈 수 있겠습니까. 걷는 것만큼 멀리 있던 풍경들이 내 눈앞으로 다가옵니다. 그렇습니다. 풍경은 이야기를 잉태하고 그 이야기는 다시 우리를 걷기의 역사 그 현장으로 인도한다고 했습니다."

**17** 그리고 나는 '발의 반란'으로 그 끝말을 맺었다. "지금 600킬로미터의 국토를 답파하려는 여러분 대학생들의 걸음은 무엇을 위한 것입니까. 이미 그것은 자동차를 타고 스쳐가거나 비행기 위에서 내려다본 추상의 국토가 아닐 것입니다. 초음속, 마하 시대의 반역아들은 수

억 년 전 바위와 모래밖에 없었던 황량한 지구에 처음 원시 식물과 동물들이 나던 때의 공간으로 갈 것입니다. 무기물에서 유기물을 만들어낸 생명체들이 생사의 끝없는 순환을 되풀이하면서, 이 땅의 흙을 만들어내는 역사 속으로 들어갈 것입니다. 젊은이의 두 다리가 선조들의 모든 육체, 모든 영혼과 접속하는 순간이 올 것입니다. 국토를 걷는다는 것은 이 슬프고 장엄한 과거를 통해 희망의 미래를 읽는 '흙의 독서' 행위입니다. 분단된 국토지만 내 땅을 내 다리로 걸을 수 있다는 이 행복을 외치십시오. 걷는다는 것은 내가 자유로운 인간이요, 한국인이라는 것을 지구 위에 새기는 황홀한 도전인 것입니다."

# 3
## 출산 고개
### 이 황홀한 고통

첫째 꼬부랑길

# 어머니와 미역국

**01** 태어나자마자 아이들은 왜 큰 소리로 우는가. "바보들만 사는 덩그런 무대 위로 나왔기 때문이다"*라는 게 셰익스피어의 풀이다. 《리어왕》 4막 6장에 나오는 유명한 대사다. 역시 극장에서 뼈가 굵은 대문호다운 상상력이다. 하지만 과학자들의 이야기는 다르다. 서러워서 우는 것도 노여워서 소리치는 것도 아니다. 더구나 억지로 이 세상 무대에 끌려 나온 것도 아니다. 태아들은 세상 밖으로 나오기 위해 양수를 내뱉는 호흡 연습을 하고 배 속에서부터 발길질하며 걸음마 다리 운동까지 한다. 태어나자마자 젖을 빨기 위해서 미리 손가락부터 빨았다는 사실도 알게 되었다. 이렇게 제 살 궁리를 다 하고 난 다음에야 죽음을 각오하고 출생의 모험 길에 나선다. 깜깜한 암흑 속에서도 빠져나갈 좁은 산도를 용케 찾아 그 방향으로 머리를 튼다. 가끔 다리부터 나오는 녀석이 있지만, 모두 달력도 시계도 학원 선생도 없는 배 안에서 혼자 공부해 출생 예비 고사에 합격한 천재들인 거다.

• When we are born, we cry that we are come to this great stage of fools

**02**　　　오히려 아무것도 모르는 것은 산모 쪽이다. 배 속에 든 아이가
　　　　사인을 보내 진통을 시작해야 겨우 분만할 때가 온 것을 눈치
챈다. 초음파 스캔으로 태내를 환히 훑어보는 산부인과 전문의라 할지라
도 아이가 언제 나올지 정확한 일시를 예단하지 못한다. 그래서 옛날에는
밭을 매다가 애를 낳고, 요즘에는 구급차 안에서 해산하는 산모들이 생
겨난다. 사주팔자는 타고난다고 하지만 그 운명의 날을 선택한 것은 다름
아닌 배 안의 태아 자신이다.↪ 오히려 분하고 억울해서 우는 아이들은
셰익스피어의 시대가 아니라 머리통을 강철 집게(겸자˚)에 잡혀 억지로
끌려 나온 요즘 아이들이다. 혹은 제왕절개˚ 수술로 영문도 모른 채 밖으
로 떨어진 21세기의 신생아들인 게다.

• 鉗子 | 帝王切開 ↪ 3 출산 고개 4-03


**03**　　　나라에 따라서 태어나는 아이의 울음소리도 달리 표현된다.↪
　　　　하지만 생물학자의 귀에는 다 똑같이 들린다.
울음소리가 아니라 일종의 호흡 작용으로 듣기 때문이다. 과학에 의하면
우리는 어머니의 양수 속에서 물고기처럼 살아온 것이다. 그래서 밖으로
나오자마자 폐호흡으로 숨을 바꿔 쉬어야 한다는 게다. 폐벽이 갑작스레
열리면서 바깥공기가 일제히 안으로 들어온다. 그때 들이마시는 호흡 소
리가 바로 그 요란한 산성˚의 울음소리다. 최초의 그 들숨(흡기˚)이 생을
마칠 때 내뱉는 마지막 날숨(호기˚)으로 이어진다. 일생이 한 호흡인 것을
생각하면 여전히 우리 귀에는 예사롭지 않은 울음소리로 들린다.

• 産聲 | 吸氣 | 呼氣 ↪ 12 이야기 고개 1-08

**04** 양수가 터지는 탄생의 순간, 모태 속 행복의 바다, 평화의 바다
는 사라진다. 어머니의 심장 박동을 파도 소리로 들었던 태생
기의 추억은 끊긴다. 호흡 작용이 뒤바뀌는 출산 과정은 바다 생물이 육
지로 올라오던 때의 그 상황과 다를 게 없다. 노자의 말대로 종일 울어도
목이 쉬지 않는 갓난아기의 울음소리야말로 3억 5,000만 년 전 육지로 올
라온 고생물들의 태초의 숨소리를 닮은 것이 아니겠는가.*

• 終日號而不嗄和之至也,《道德經》55장

**05** 편한 바다를 버리고 무엇 때문에 모래와 용암밖에 없는 땅 위
로 올라왔을까. 천적을 피하려는 단순한 이유만으로는 설명할
수 없는 신비한 힘이 작용했을 것이다. 고생물학자들도 그 대답에는 말을
더듬을 수밖에 없다. 정든 곳을 뒤에 두고 낯선 곳을 찾아가는 호기심. 편
한 것보다 고난에 도전하는 모험심. 지금 우리가 달나라로 가는 우주의
꿈과도 같았으리라고 풀이하는 사람도 있다. 이쯤 되면 그게 굴드의《원
더플 라이프》* 같은 생물 진화의 이야기인지, 킬리만자로의 산꼭대기에
서 얼어 죽은 표범 이야기를 하는 헤밍웨이 소설인지 분간할 수 없다. 이
미 나는《생명이 자본이다》에서 '바이오필리아biophilia' ➡ '토포필리아
topophilia'와 함께 생명의 3대 자본인 '네오필리아neophilia'로 그것을 설
명한 적이 있다. 인간은 무엇인가 새로운 것에 홀려 모험을 하는 벤처 동
물이라고 말이다. 언제나 낯선 이야깃거리는 그렇게 시작된다. 왜 울며 태
어났는지. 셰익스피어와 굴드와 헤밍웨이의 상상력을 모두 모아 칵테일
하면, 이런 가상의 이야기 한 편이 만들어진다.

• Stephen Jay Gould, *Wonderful Life: The Burgess Shale and the Nature of
History*, 1989 ➡ 4 삼신 고개 1-15

**06**   나의 생일날은 내가 선택한 가장 성스러운 날이며, 그것은 바다를 떠나 육지로 상륙한 고난의 기념일이다. 나는 그날 육지를 향해 단신 포복하면서 숨이 막힐 때까지 앞으로 앞으로 전진한다. 엄청난 고통의 터널 끝에 빛이 보이기 시작한다. 물에서 뭍으로 올라오는 순간 막혔던 숨통이 뚫리는 소리가 난다. 그건 수심 10여 미터의 바닷속에서 막판까지 숨을 참던 해녀가 물 위로 올라와 숨을 들이마시는 휘파람소리 같은 그 '숨비소리'다. 이미 내 아가미는 허파로 변해 있었고, 지느러미는 어느새 손발로 변해 있었다. 진동하는 허파는 바다와 뭍의 바람결을 타고 돛대처럼, 깃발처럼 부풀고 있었다. 나는 용감한 해병대요, 숨비소리를 내는 환상의 해녀다. 그게 내 출생을 선언한 옹애의 울음소리다. 왜 울며 태어났는지 소설가나 과학자들의 이야기만으로는 뒤를 씻지 않은 것처럼 미진하다. 한국인의 출생 이야기의 마침표는 역시 미역국 이야기로 이어져야 한다.

**07**   "진통이 끝난 어머니는 엷은 미소를 지으며 내 첫 울음소리의 호흡을 들었으며 다음에 태어날 아이들의 바다를 준비하기 위하여 가장 청정한 해역에서 딴 미역국을 부지런히 들고 계셨다." 여기서부터는 이능화*의《조선여속고》* 속 산모와 미역국의 광경이 펼쳐진다. 산모가 첫 국밥을 먹기 전에 방의 남서쪽을 깨끗하게 치운 뒤 쌀밥과 미역국 세 그릇씩 삼신상을 차려 바친다. 그리고는 마치 음복하듯이 상 위에 차려놓았던 밥과 국을 산모가 깨끗이 모두 먹는다. 이렇게 세이레(21일) 동안 반드시 미역국을 먹는 것은 신성한 종교적 의식과 조금도 다를 게 없다. 아이를 낳고 먹는 미역을 해산미역이라 하여 값을 깎거나 외상해도 안 된다. 미역을 사 들고 올 때도 그것을 꺾어 들어서는 안 된다고 했

다. 이러한 금기를 깨면 산모가 난산한다는 거다. 산모가 아이를 낳고 미역국을 먹는 것은 단순한 산후조리의 이야기가 아니다. '한국인 이야기'에서만 들을 수 있는 차별화된 출생관이요 인생관이요 자연관이다.

• 李能和 |《朝鮮女俗考》

**08** 시험 삼아 중국 사람이나 일본 사람에게 물어보면 안다. "당신 낳고 어머니가 미역국을 드셨습니까?" 한국 사람 같으면 금세 얼굴을 붉히고 큰 싸움이 벌어지겠지만, 그들은 멍한 표정을 지을 것이 뻔하다. 애를 낳으면 반드시 미역을 먹는 풍습이 그들에게는 없다는 증거다. "사람도 아닌 저런 녀석 낳아 놓고도 미역국을 먹었느냐"는 말이 욕이요 막말이라는 것을 모르면 이미 한국인이 아닌 게다. 한국인의 마음과 그 이야기의 바탕에는 바다와 채집 문화의 귀중한 자연과 생명자원이 남아 있다는 반증이다. 남들이 이미 버렸거나 잊었거나 흘려버린 것 말이다.

**09** 산모가 미역국을 먹는다는 것은 그만큼 자연이 준 삶의 지혜를 지녔다는 뜻이다. 고래가 새끼를 낳으면 바닷가로 나와 미역을 따 먹는다는 말도 있다. 은연중에 우리 마음속에 고래가 산다는 이야기다. 그래서인지 고래 잡아 그 고기를 먹고 사는 일본인들도 아닌데, 동해 바다로 고래 잡으러 가자는 히트송에 공연히 가슴을 뛰게 하는 수상한 이유가 있는 것 같다. 그래서 바다를 한 번도 구경한 적이 없는 산골 여자라 해도 아기를 낳으면, 반드시 바다에서만 나는 해초와 미역을 먹는다. 뜨거운 미역국을 먹으며 뜨거운 바다, 생명의 바다를 자궁 속에 채운다.

**10**  "고려 사람들은 고래가 새끼를 낳은 뒤 미역을 뜯어 먹어 산후의 상처를 낫게 하는 것을 보고 산모에게 미역을 먹인다." 당나라 서견˙의 《초학기》˙에 나오는 구절이다. 고려 때부터 미역을 먹었다는 증거다. 그리고 근대적 과학 마인드를 지녔던 실학자 이규경도 다음과 같은 이야기를 기록에 남겼다.˙ "어떤 사람이 물에 들어갔다가 이제 막 새끼를 낳은 고래에게 먹혔다. 고래의 배 속을 보니 미역이 가득 붙어 있었고 장부의 악혈˙이 모두 물이 되어 있었다. 고래 배 속에서 겨우 빠져나온 그는 미역이 산후조리에 좋다는 점을 알았다. 이것이 세간에 전해지면서 효력이 처음으로 알려졌다."

• 徐堅 ┃《初學記》┃《오주연문장전산고(伍洲衍文長箋散稿)》, 산부계곽변증설(産婦鷄藿辨證說) ┃ 惡血

**11**  배 속에 들어갔다 나오는 요나 같은 황당한 이야기라고 하겠지만, 그 약효는 실제로 명나라 문헌인 《본초강목》˙에 적혀 있는 것과 똑같다. "신라 미역, 고려 미역이 안팎 종기를 낫게 하는 신비한 약제로 사용된 적이 있다"는 것이다. 현대의 과학자들도 산모가 미역국을 먹는 것의 효용을 증명했다. 출산 후 상처를 아물게 할 뿐만 아니라 몸 안의 피를 맑게 해주는 효험이 있다고 한다. 거기에 자궁 수축과 지혈까지 도와주고, 출산 시에 유혈한 산모에게 피를 공급한다. 그뿐만 아니라 갑상선 호르몬을 보충해주는 역할까지 한다는 거다. 그래서 미역국 먹는 풍습이 삼국 시대부터 오늘까지 천 년을 이어져 내려온 셈이다.

• 李時珍, 《本草綱目》

**12**     신기하지 않은가. 이미 우리는 '어머니는 바다'라는 것을 알고 있다. 그리고 바다는 우리를 태어나게 한 '자연의 자궁'이라는 것도 알았다. 오늘날 모든 풍속이 서구화되고 눈뜨면 강산이 변하는 천지 개벽의 시대를 살지만, 지금도 산모나 그 아이들은 옛날과 다름없이 여전히 미역국을 먹는다. 마누라만 빼놓고 다 바꾸라는 개혁의 구호도 미역국 앞에서는 무색하다. 끝내는 마누라마저 바꿔버린 급진적 '시대 정신' 앞에서도 애 낳고 생일날 미역국 먹는 탄생 이야기만은 시퍼렇게 눈을 뜬다. 먼 데 갈 것도 없다. 가끔 나는 온 식구와 함께 집 근처 미역국집에서 식사를 한다. 산후선약産後仙藥이라고 쓴 큰 메뉴판 아래에서 말이다.

**13**     소금장수가 여우에게 홀리는 첩첩산중 두메산골 아낙네라고 해도 아이를 낳으면 미역국을 먹는다. 찝찔한 맛을 타고 입안에 번지는 비릿한 냄새. 그것이 생전 한 번도 보지 못한 바다의 이야기라는 것을 알고 있을까? 산고의 진통으로 흐트러진 임산부의 옷매와 머리칼에서 누군가는 바닷바람과 해초를 생각한다. 흐느적거리는 미역발에서 조금 전 태어난 그 아기의 탯줄을 느끼는 사람이 있을지도 모른다. 출산의 비밀, 생명의 깊은 이야기를 아는 사람들은 틀림없이 한국인일 것이다. 외국의 어떤 천재적인 시인이라 할지라도 산모와 바다와 미역을 결합한 이야기를 만들어내진 못한다. 귀빠진 생일날마다 미역국을 천 년 이상 먹어 온, 한국인만이 그 이야기를 안다.

샛길

# 어머니 바다의 맛

미역만의 이야기가 아니다. 오늘날 우리가 일상적으로 먹는 '김'을 봐도 안다. 서양 사람들은 카본 페이퍼Carbon paper(먹지)라 하며 종이를 먹는 것처럼 괴이하게 보지만, 김은 초록색 바다 밑에서 몰래 흑진주를 키운 어둠과 같은 것이다. 우리는 김으로 김자반, 김부각, 파래, 감태, 매생이……. 김도 파래김, 재래김, 돌김 등 다양한 형태의 김을 만들어 먹는다. 미국 유명 영화배우 휴 잭맨Hugh Jackman의 딸이 한국을 방문했다. 인터넷 인기 동영상 속 그 어린아이는 김을 껌처럼 가지고 다니면서 먹는다. 아무것도 모르는 어린아이, 문명 문화에서 길들여지지 않은 그 아이는 한국 사람처럼 김을 좋아한다. 바로 김은 태아 때의 생명기억으로 그것을 먹음으로써 그 아이는 지금 태내의 세계, 바다로 가는 것이다. 과학자가 말하는 바다에서 온 생명의 습성과 가장 가까운 것이 누구냐? 미역 먹는 한국인이다. 김 먹는 한국인이다.

나의 경험이다. 어린 시절 그 많은 것 가운데 지금도 못 잊는 것이 김자반이다. 어머니가 만들어주셨던 김자반은 특별했다. 김은 파도가 가라앉아 한 켜 한 켜 쌓여서 만들어낸 바다의 나이테. 어느 날 어머니가 김 한 장 한 장에 양념간장을 발라 미각의 켜를 만드실 때, 하얀 손길을 따라 빛과 바람이 칠해지고 내 잠자리의 이불을 개키시듯 내 헌 옷을 빨아 너시듯 장독대의 햇빛에 한 열흘쯤 말리면 김 속으로 태양과 바닷물이 들어와 간을 맞추었지…….

김자반을 씹으면 내 이 사이로 여러 켜의 김들이 반응하는 맛의 지층, 네모난 하늘과 바다가 찢기는 맛의 평면을 느낄 수 있다. 김자반을 먹으면서 나는 바다의 빛과 파도를 씹는다. 빈 장독대 앞에서 눈을 감으면 바다가 보이지 않는 산골인데도 파도 소리가 들린다. 채반만큼 둥근 태양의 네모난 광채에 고향 들판은 덩달아 익어만 간다. 이제는 손이 많이 간다고 집에서 잘 만들지 않아 사라져가는 어머니의 미각. 나는 지금도 김자반을 씹으면 21세기의 하이웨이를 달리는 채집인이다.

# 산고의 의미, 호모 파티엔스

**01** "인간은 남의 도움을 받지 않고는 애를 낳지 못하는 지구상 유일한 동물"이다. 물론 출산을 돕는 코끼리 같은 짐승이 없는 것은 아니다. 새끼라도 덩치가 커서 누군가 받아주지 않으면 맨땅에 떨어져 죽을 수도 있다. 그래서 늙은 코끼리들이 산모를 둘러싸고 상아로 아이를 받아준다. 그렇다고 분만을 직접 돕는 것은 아니니 그 코끼리들을 산파라고 부를 수는 없다. 인간은 직립 보행을 하는 바람에 골반은 자꾸 작아지고 머리통은 반대로 커졌다. 원숭이나 북극곰처럼 네발로 다니는 짐승들은 넓은 산도 덕분에 2분이면 분만이 끝나는데, 인간은 하루, 길면 며칠씩 산통을 겪어야 한다. 이야기는 거기에서 끝나지 않는다. 산도에 갇힌 아기를 제때 꺼내지 못하면 산모와 아이 모두 숨질 수밖에 없다. 그래서 서양에서는 일찍부터 난산에 대비하여 애를 끌어내는 겸자와 살벌한 강철의 출산 도구가 발달했다.⮕

⮕ 3 출산 고개 1-02

**02** "왜 울며 태어났는가"가 산모로 옮기면 "왜 분만할 때 진통을 하는가"로 바뀐다. 애가 울어야 폐가 열리듯이 산모가 진통의 소리를 외쳐야 경구부, 산도가 열리는 거다. 만약 경구부가 아무 때고 열리면 자궁 안의 애가 빠져나와 유산한다. 그 이치를 잘 아는 우리 조상님들은 그것을 금강문*이라고 불렀다. 요즘 말로 하자면 다이아몬드 게이트, 눈부신 이름이다. 경구부라는 의학 용어와 차이를 뚜렷이 느낄 수 있다. 그렇게 굳게 닫힌 금강문을 열자면 초인적인 힘이 들 것이다. 지상을 초월한 최고의 고통을 통해서만 하늘이 채운 그 자물쇠는 풀릴 수 있다. ↱

• 金剛門 ↱ 2 배내 고개 1-09

**03** 출산의 고통이 얼마나 큰가. 성경책을 열어보면 된다. 선악과를 범한 죄로 남자에게는 밭을 가는 노동의 고통을, 여자에게는 애를 낳는 출산의 고통을 내렸다고 한다. 실제로 분만의 고통이 얼마나 큰지 실감 나게 표현한 말이 있다. "콧구멍으로 수박이 튀어나오는 것 같은 아픔" 혹은 "피가 날 때까지 양 손가락으로 입을 양쪽으로 찢는 아픔"이라는 표현이다. 그것을 최근 중국에서는 전자 장치로 직접 체험할 수 있는 기계를 만들었다. 남자들도 분만의 고통을 느껴보라는 취지로 세계 여성의 날을 맞아 후난성*의 한 병원과 학교가 개최한 행사에서였다. 분만대 같은 자리에 눕혀놓고 복부에 전극을 붙여 전류를 흘리면 산모와 유사한 진통을 직접 체험할 수 있다. 통증이 가장 약한 1단계부터 시작하여 실제 애를 낳을 때와 똑같은 최고 10단계 레벨까지 설정되어 있어 어느 레벨까지 견딜 수 있는지 측정이 가능하다. 그리고 시험자로는 그 지역 중고생 약 60명이 참가했다고 한다.

• 湖南省

**04**     학생들은 천장을 바라보며 비명을 지르거나, 체육복 옷자락을
깨물고 '분만'의 고통을 견디려고 애써보지만, 결국 레벨 10에
이르기도 전에 탈락하고 만다. 평소에 힘깨나 자랑하던 젊은이들이 추풍
낙엽인 게다. 중국의 젊은이들도 그런 말을 쓰는지는 몰라도 여학생들도
참관했다니 되게 쪽팔리는 일이었을 것이다. 그런데도 이 분만 체험 행사
를 진행한 산부인과 의사는 지역 신문 《샤오샹신보》*에서 "실제 분만과
는 큰 차이가 있다고 했다. 초산의 경우 일반적으로 11시간에서 12시간
정도 걸리는데, 이번 시험은 고작 몇십 분대였으니 말이다. 하지만 기껏해
야 레벨 4의 고통에서 탈락한 16세의 한 남학생은 괴로움이 아니라 오히
려 밝은 표정을 지었다. 심한 잔소리를 하는 어머니에 대드는 일이 많았
는데, 분만 체험을 하고 나니 생각이 달라졌다는 것이다. 자신을 낳을 때
이렇게까지 고통스러워하셨을 어머니를 생각하면서 앞으로 열심히 공부
해서 그 고마움에 보답하겠다는 것이다.

• 〈中学生体验分娩之痛 感恩母亲〉, 《潇湘晨报》, 2019. 3. 8

**05**     과연 그런 교육으로 어머니의 산고를 이해할 수 있을까. 지금
까지 출산의 고통을 물리적인 아픔만으로 생각해왔다. 실상 중
국 사람들은 자신들이 세계 최초로 분만 체험 장치를 개발했다고 자랑할
지 모르지만, 그게 고문 기구를 응용한 게 아닌가 하는 의심에서 완전히
자유로울 수 없다. 바로 거기에 그리스 고대 문명 때부터 첫 단추를 잘못
낀 분만 기술의 잘못이 있었던 것이다. 출산의 고통을 고문의 그것과 동
일시한 발상이다. 산고는 자연스러운 출생 과정의 하나라는 점에 눈감아
온 셈이다. 그래서 산모는 소외되고 시설에서의 출산은 인공 분만의 기술
에 의존하게 된다. 그럴수록 산고는 역설적으로 증대한다. 마취의 후유증

이라든가 산후 우울증이라든가.

**06** 그런데 건장한 젊은이들도 감당 못 하는 그 지독한 산고를 어떻게 옛날 여성들은 혼자서 참고 아이를 낳을 수 있었겠는가. 미스터리다. 하지만 알고 보면 놀랄 일이 아니다. 자연 분만에는 오늘의 의료 기술로는 설명할 수 없는 보이지 않는 손이 작용한다. 한국이라면 삼신할머니의 힘 말이다. 가령 양수는 태내의 아이를 기르고 보호하는 역할을 하지만, 분만 시에는 터져서 윤활유 역할을 한다. 좁은 산도를 미끄럽게 해서 아이가 쉽게 나오도록 돕는 것이다. 이 같은 신기한 일이 분만 시에 분비되는 호르몬의 화학 작용에서도 드러난다.

**07** 출산 예정일이 다가오면 자연스럽게 자궁의 양막 같은 곳에서 프로스타글란딘*이 분비된다. 자궁경부를 부드럽게 하기 위해서다. 그래서 산도가 4센티미터 정도 열려 충분히 경부가 열리게 되면 진통이 커지기 시작한다. 그때 속칭 '애정 호르몬'이라고도 부르는 옥시토신*이 바통 터치를 한다. 그 이름으로 알 수 있듯이 출산의 불안이나 진통을 가라앉히는 응원 부대요, 기쁨조인 게다. 출산 때만이 아니라 이따금 일상생활 속에서도 행복감이나 무엇인가에 매혹되었을 때 분비되는 화학물질이다. 베타엔도르핀*은 뇌의 마약이라고 불리는 호르몬으로 행복감을 주어 진통 작용 다음으로 이어진다. 초산일 때는 80퍼센트, 경산부의 경우에는 50퍼센트가 이 호르몬의 작용으로 졸음이 온다는 것이다. 산고 폭풍 속의 고요다. 그래서 베타엔도르핀의 작용으로 강한 진통을 잠재우는 힘이 생긴다.

• Prostaglandin | Oxytocin | Beta endorphin

**08**　아드레날린*은 애정 호르몬과는 반대로 '투쟁 호르몬'이라고
부른다. 불안할 때나 공포감을 일으킬 때 분비된다. 출산에 집
중하지 않으면 이 호르몬으로 혈압이 오르고 맥박이 빨라진다. 호흡까지
도 불안정해진다고 한다. 아드레날린의 분비가 증가하면 옥시토신과 베
타엔도르핀의 분비가 막혀 통증이 심해지고 불안감이 덮친다. 출산의 진
행을 방해할 뿐만 아니라 혈관 수축 작용으로 태어나는 아기도 고통을 받
는다. 언뜻 보면 출산의 악역이지만, 이 진통이 결국은 출산의 드라마와
이야기의 클라이맥스를 만들어내는 중요한 역할을 한다. 파란만장 끝에
해피엔딩을 만들어내는 이야기의 기법과 출산 시 호르몬의 역할이 똑같
다는 거다. 모든 서사시와 옛날이야기들은 이 네 가지 호르몬을 일으키는
과정과 그 기복에 따라 만들어진다고 할 수 있다. 이래저래 산모가 아이
를 낳는다는 것은 그 자체가 한 편의 이야기를 지어내는 것과 다를 게 없
다. 아이를 낳는 순간 한 생명이 살아가며 엮어갈 일생의 이야기가 펼쳐
진다는 사실이다.

• Adrenaline


**09**　하지만 출산 시의 호르몬 작용이 시설 분만으로 옮겨오면 자연
과 현대 의료 기술이 엇박자를 내는 괴상한 러브 스토리가 생
겨난다. 출산 직후 산모들에겐 사랑에 빠졌을 때와 같은 '엔도르핀 하이'
현상이 일어난다. 산고의 고통을 잊고 태어난 아이에게 줄 사랑의 선물
인 게다. 그런데 눈치 없이 산모로부터 태어난 애를 바로 떼어놓는 바람
에 황홀한 러너스 하이*의 황홀경에 빠진 산모의 엔도르핀 효과가 곁에
있는 엉뚱한 남자 의사에게 쏠리는 경우도 있다고 한다.* '응애!' 하고 태
어날 때 아이의 첫 울음소리에서 이미 자연과 문명 충돌의 새로운 갈등의

무대가 열린다.

• Runner's High │ 内田 樹, 《身体知—カラダをちゃんと使うと幸せがやってくる》, 講談社, 2010

**10** 왜 생명을 낳는 기쁜 일에 자연은, 하나님은 그토록 잔인하리
만큼 고통을 주었는가. 그것을 알려면 고치에서 빠져나오는 호
랑나비의 탄생을 보면 된다. 웬일인지 고치에 뚫린 구멍은 아주 좁다. 그
좁은 구멍으로 빠져나오려면 엄청난 고통이 따른다. 어쩌자고 자연은 이
렇게도 잔인한 짓을 하는가. 보다 못한 사람이 그 구멍을 조금 더 크게 뚫
어주면 나비는 쉽게, 아주 편하게 나온다. 그런데 그게 고마워할 일이 아
니다. 딱하게도 그 나비의 나래는 젖은 채로 나와 날지 못하고 죽는다. 좁
은 구멍을 빠져나와야만 끈적끈적한 고치 속의 이물질을 모두 빨아내어
나래를 펼 수 있기 때문이다. 그 좁은 구멍을 통해 나오는 고통은 죽음이
아니라 새 생명을 주고 자유의 날개를 주는 필요한 장치였던 셈이다.

**11** 무엇이든 탄생에는 반드시 통과해야 할 어둠의 터널이 있다.
"좁은 문으로 들어가라." 이것이 하나님의 섭리요 은총인 것을
어떻게 알 수 있었겠는가. 그래서 사람들은 무통 분만과 제왕절개 수술을
통해 넓은 문으로 들어가려고만 애써왔다. 고치 구멍을 크게 뚫어주는 것
과 같은 일을 해온 것이 과학기술이요, 문명이었던 게다. 진통 속에서 산
도가 완전히 열릴 때까지 기다리지 않고 마취를 시켜서 가뜩이나 좁은 산
도에서 아이를 겸자로 끌어내는 일이 많다. 지금은 진공 흡수기로 빨아내
기도 하고 제왕절개로 끌어내기도 한다. 환자처럼 마취하고 수술하는 거
다. 그것이 어떤 수술이 됐든지 간에 산모는 응급 환자로 취급된다. 분만

실이 가정집에서 병원으로 옮겨지면서 애를 낳는 것이 병이요 치유 대상이 된다. 아이를 낳는 주권이 집에서 병원으로 산모에서 의사로 바뀐다.

**12** 어떤 이야기든지 그 구조를 살펴봐라. 예외 없이 고통의 대단원이 설정되어 있다. 그것처럼 태어나는 아이도 낳는 어머니도 이미 본 것처럼 반드시 고통을 통과하는 과정으로 엮여 있다. 정신과 의사였던 프랭클*은 아우슈비츠 수용소에서 인간이 겪을 수 있는 고통의 극한 상황을 겪었다. 그리고 거기에서 본 것은 놀랍게도 절망과 고통의 지옥도만이 아니었다. 그 고통을 통해서 인간의 숭고한 정신과 생명의 아름다움을 꽃피운 많은 이야기를 보고 체험을 모아 한 권의 책으로 남겼다.* 고통이 아니었으면 그들은 산다는 보람이 무엇인지 생명의 가치와 의미를 모르면서 헛되게 삶의 종말을 맞이했을지 모른다. 자신이 굶으면서도 옆에 있는 더 어려운 환자에게 빵을 양보하는 광경을 보면서, 그는 실존적 교육을 통한 치유의 방법을 발견한다. 호모 파티엔스*의 이론은 그렇게 해서 탄생한다.↪

• Victor E. Frankl | *Man's Search for Meaning*, 1954 | Homo Patience ↪ 3 출산 고개 3-01, 06

셋째 꼬부랑길

# 왜 귀빠진 날인가?

**01**  산고의 고통과 그 의미를 호모 파티엔스로 어렵게 이야기했지
만, '한국인 이야기'의 꼬부랑길로 오면 불과 네 글자로 끝낼
수 있다. 생일날을 '귀빠진 날'이라고 부르는 우리 토박이말 말이다. 모르
면 몰라도 이 지구상에 자기가 태어난 날을 귀빠진 날이라고 말하는 사람
이 있을까. 궁금하다. 서양은 물론이고 문화가 비슷한 일본에도 중국에도
없는 말이다. 태아의 머리통이 경구를 빠져나올 때의 실제 상황을 자세히
관찰하지 않고서는 왜 생일날을 귀빠진 날이라고 하는지 그리고 그것이
BPM➦의 상태, 고통이 최고점에 달한 절체절명의 시점을 뜻하는 말인지
이해할 수 없을 것이다. 출산의 막바지는 머리 양쪽에 나 있는 귀가 마지
막 걸림돌이다. 그것이 빠지는 절정의 순간 출생의 드라마는 대단원에 이
른다.

➦ 3 출산 고개 3-샛길

**02**  귀가 빠지는 순간 고통의 꼭짓점에서 아이도 어머니도 다 같
이 풀려난다. 고통이 클수록 해방감과 쾌감도 커진다. 고통이

환희로 죽음이 생명으로 바뀐다. 탄생의 의미를 이렇게 몇 마디 말로 생생하게 기록한 것은 출생의 아픔과 기쁨으로 생일을 맞이하는 한국인의 지혜요 철학이다. 그 같은 통찰은 대체 어디에서 나온 것일까. 그게 독일 작가 귄터 그라스나 일본 작가 미시마가 그린 출생 장면과 다른 장용학의 소설이었다는 것이다.➔ 이제야 풀리지 않는가. "나는 한 살 때 났다"는 말은 귀빠지기 이전에 어머니의 바다에서 살았다는 것을 확증하는 말이다. 그러니까 장용학은 로망 롤랑이 동양의 종교에서 발견했다는 '해양의식'과 LSD의 약물에 의존하지 않고서도 우리 출생의 의미와 그 비밀을 알았다는 이야기다.

➔ 2 배내 고개 1-01~03

**03** 출산과 분만은 이제 여성이 걸머진 생식 양육의 문제나 아이들을 낳고 키우는 가정과 사회, 그리고 의학 분야의 문제만은 아니다. 인류의 총체적인 문화 문명의 문제로 떠오른 지 오래다. 그래서 나는《출산, 그 놀라운 역사》*를 읽다가 그 가운데 한국의 출산 이야기를 듣고 큰 충격을 받았다. 등잔 밑이 어둡다고 1995년, 해방 50주년 특집으로 꾸민 한국인의 삶의 변화를 기획한 어느 신문 기사였다. 나만이 아닐 것이다. 그 묵은 기사를 기억하는 사람이 몇이나 될까. 그리고 그 기사를 통해서 한국인의 탄생 이야기가 얼마나 변했는지 머리글만 대충 보아도 실감할 것이다. '혼자서도 잘 낳았는데…….' '부끄러운 일로 여겨 소리도 제대로 못 질러.' '집 → 조산소 → 병원으로 변화, 제왕절개 급증' 그리고 그 기사에는 1947년에 첫아들을 낳은 어느 산모의 경험담도 실렸다. 동시대의 '한국인 이야기'인데 먼 나라 고대의 기록으로 착각하기 쉽다.

• 티나 캐시디, 《출산, 그 놀라운 역사》, 후마니타스, 2015

**04**　"5남매를 모두 집에서 낳았어요. 5, 6일씩 진통하면서 고생 끝에 낳았지만 '애 낳는 일'을 부끄럽게 여겨 첫애를 낳을 때 소리 한 번 지르지 못해 건넌방에 있던 시숙이 아이가 태어난 줄도 몰랐던 일이 잊히지 않지요. 애 낳는다고 소리소리 지르는 요즘 사람들 이야기를 들으면 세상 참 많이 변했다 싶어요."* 이 짤막한 산모의 증언은 "세상 참 많이 변했다 싶다"는 마지막 말에 방점이 찍혀 있다. 얼마 전만 해도 애 낳는 일을 부끄럽게 여겼다는 것과 한국 여인의 초인적인 참을성, 그리고 무통 분만이 아니라 무성 분만*을 한 한국 특유의 출산 이야기가 존재했다는 점이다.

• 《한겨레》, 1995. 3. 2 | 無聲 分娩

**05**　나는 지금 나물 캐던 채집 시대에 태어나 농경 시대와 산업 시대를 단숨에 건너뛰어 최첨단 정보 시대의 문명을 살고 있다. 200자 원고의 칸을 메우던 사람이 노트북 컴퓨터를 옆구리에 끼고 다니며 디지로그와 AI에 대한 글을 쓴다. 그런데도 그보다도 더 빠른 속도로 뽕밭이 바다가 되는 변화를 일으켰던 것이 바로 여성이 애를 낳는 출산 문화다. 경부 고속도로가 뚫려 자동차를 타고 시속 100킬로미터의 스피드로 달리던 1970년대 중후반만 하더라도, 한국 산모의 75.1퍼센트가 자기 집에서 분만했다는 사실을 어떤 지식인들도 인지하지 못했다. 그것도 거의 반수가 의사나 조산부*의 도움 없이 나 홀로 숨죽이며 출산했다고 한다. 도움을 받는다 해도 조산부와 시어머니, 친정어머니가 반반이었다는 통계다.*

• 당시는 산파, 조산부라고 했다. 지금은 조산사 | 《매일경제》, 1980. 1. 21

**06** 산고의 다음에 오는 기쁨과 희망에 대한 대목 역시 호모 파티
엔스의 전통이 살아 있다.[➤ 비록 이야기 속에서만이라도 그
렇다. 산고를 치르면 그 고통을 지난 다음 산모는 반드시 가장 순수하고
지복한 순간을 맞는다. 새로운 생명과의 만남인 게다. 분만의 울부짖음이
아이를 안고 있는 산모의 미소로 변한다. 예수님과 헤어진 제자들은 산고
와 같은 고통을 통해서 그리고 그 모두가 순교의 피 흘림을 통해서 다시
주님이 마련한 곳에서 영원히 사는 생명을 만난다. 거듭난다는 말이 바로
이것이다. 무통 분만이나 저출산 시대의 문제는 경제적 사회적 문제가 아
니라 생명 그 자체의 문제다. 산고를 잃으면 산후의 기쁨도 없고 구원도
없다는 종교의 문제인 게다. 산고의 고통이 승화하여 종교가 되고 예술이
되는 초월의 힘을 극명하게 시로 보여준 것이 김승희 시인의 〈여인 등신
불: 세브란스 병원 분만실에서〉다.

➤ 3 출산 고개 2-12

**07** "한 남자를 사랑했다고 하여 이런 고통이 있는 것은 아닙니다"
라고 시작하는 김승희의 시 〈여인 등신불〉은 벌써 남성과 관계
를 맺는 평상의 이야기가 아니라는 점을 암시한다. "울고 찢기고 흐느끼
며 발광하는" 여인들의 산통을 제목 그대로 불 속에 뛰어들어 자신의 몸
을 불살라 성불하는 아픔으로 나타난다. "짐승처럼 짐승처럼 지금 우리가
온몸을 물어뜯으며 울부짖는 것은 스님이 영혼을 구하기 위하여 다비의
불바다 속으로 들어감과 같다"는 이야기다.

**08** 육신을 태우는 그 고통이 영혼을 정화하고 새로운 생명을 빚어
내는 과정은 "하얀 도자기를 구워내기 위하여 불가마 속에 천

하무비의 큰 불을 지피는 것과 같다"고 말한다. 여인들은 출산의 고통으로 소신공양*을 하는 등신불이 되기도 하고, 도요에서 잘 구워진 백자 항아리가 되기도 한다. 하얀 굴, 하얀 도자기 심지어 살을 찢는 그 분만의 고통을 도살장에 끌려간 소의 정수리에 도끼날이 박히는 아픔이라고 하면서도 이 시인은 동시에 그것을 "흰 불의 꽃송이"로 느낀다. 출산에 있어서 한낱 우연에 지나지 않는다는 시인의 말 그대로 남성들이 도저히 알 수도 느낄 수도 없는 것이 여인들의 산고이며 "만다라의 꽃잎으로 자비의 세례로 변하는 그 축복"의 비밀인 것이다.

• 燒身供養

**09**   그래서 여인들이 울부짖는 그 막다른 소리들은 "범패보다 더 아름답고 그보다도 더 진한 막다른 관처럼 하얀 방을 메운다." "오뇌와 비원의 처절한 촉수들이 찢어지는 살점을 쥐고 흔드는 그 산고"를 통해 여인은 여인으로 태어난 업보에서 벗어나 니르바나의 세계로 들어간다. 현실의 종교적 시적 전환. 그 창조적 상상력 속에서 인간이 겪을 수 있는 가장 처절한 고통 속에서 '속俗'에서 '성聖'으로, '산문'에서 '시'로 '죄'에서 '순결'로 향하는 문지방을 넘는다. 출산 그것이야말로 인간이 할 수 있는 부활의 기적인 게다.

**10**   이 시가 아무리 세련된 은유로 산고의 고통을 나타내도, 그것은 산모의 입장에서의 일이다. 하지만 저 투박하고 익살맞기까지한 귀빠진 날은 산모와 산아가 함께 경험한 고통이요, 지복의 순간을 나타낸다. 우리의 막문화와 막말이 시를 능가한다.

# 태내에서 출산까지 BPM(Basic Perinatal Matrix) 1~4단계

체코 출신의 정신과 의사 스타니슬라프 그로프Stanislav Grof는 '기본적 분만 전후의 매트릭스(BPM)'라는 모태에 있는 아기의 경험을 4단계로 나눈 인격 형성 겨냥도를 제창하고, 인격 형성과 관계를 지적했다.

BPM1: 태아가 자궁 내에서 어머니와 일체화되어 있는 단계다. 여기서 태아는 '일체감' '무시간성' '신비' '초월' '삼매(사마디)'라는 긍정적 경험을 느끼고, '무근거감' '생生으로부터 소외'라는 부정적 경험을 한다. 퇴행 최면이나 LSD를 사용한 테라피로 BPM1을 기억해낸 피험자들은 긍정적인 면에서는 행복감을 느끼지만, 어머니가 임신 중에 병에 걸리거나 유해 물질을 섭취한 경우에는 한기와 경련을 경험하는 일도 있다고 한다.

BPM2: 분만 초기 단계이며, 자궁이 압축되고 태아가 산도로 밀려나오는 단계다. 여기에서 태아는 '새로운 국면에 대한 흥분' '새로운 지식의 통합'이라는 긍정적 경험과 '다가오는 위기감과 공포' '새로운 국면에 저항' 같은 부정적 경험을 한다. BPM2를 생각해낸 피험자들은 큰 것에 압도되는 체험이나 폐쇄적인 장소에 갇히는 경험을 한다. 그것은 억압감이나 질식감, 만성적인 고뇌와 한기라는 형태로 신체에 드러나는 일도 있다고 한다.

BPM3: 산도에 완전히 갇히는 단계다. 여기서 태아는 '플로 체험'이라는 긍정적 경험을 하는 한편, '압박감' '생生의 중압감에 압도되는' 경험을 한다. BPM3를 기억해낸 피험자들은 극도의 고통을 경험한다.

BPM4: 태아가 산도를 통과해 분만이 완료되는 단계다. 여기서 태아는 '해방감' '기쁨' '안도' '자유'를 경험한다. BPM4를 기억해낸 피험자는 구제나 절정을 경험하지만, 수술실의 삼엄함에 공포감을 느끼는 경우도 있고, 마취된 상태로 태어난 경우는 BPM4의 기억이 누락돼 인격 형성에 영향을 미친다고 한다.

BPM의 유효성에 의문을 갖는 사람들도 있지만, 인격 형성이 태아 단계에서 시작된다고 보는 것이 꽤 흥미롭지 않은가. 당신의 무의식 속에도 태아 시절의 기억이 보존되어 있을지도 모른다.

넷째 꼬부랑길

# 나를 지켜준 시간의 네 기둥

**01** 아사다 마오는 그 사주* 때문에 김연아를 절대 이길 수 없다는
글이 인터넷에 올라와 있다. 두 선수는 모두 경오*년 백말띠이
고 달수는 갑신*과 을유*이다. 태어난 날은 계유*와 계사*로 20일의 차
이는 있지만, 모두 계癸의 천간이 들어 있다. 그 결과 김연아는 갑甲목을
손과 발로 쓰고, 마오는 을乙목을 손과 발로 쓰는 것으로 언제나 뒤처질
수밖에 없다는 풀이다.

• 四柱 | 庚午 | 甲申 | 乙酉 | 癸酉 | 癸巳

**02** 더 이상 사주풀이를 들으려 하지 말자. 김연아가 이긴 것은 사
주팔자를 잘 타고나서라는 말밖에는 되지 않으니 말이다. 궁금
한 것은 그 인터넷 기사 검색이 순위에 오르고 조회 수가 수만 건에 이른
다는 데 있다. 하기야 좋다는 사주 날짜 받아놓고 제왕절개로 아이를 낳
는 세상이니 할 말 없다. 사주라고 하면 으레 길거리에 돗자리 펴놓은 점
쟁이 모습을 떠올리지만, 그게 최첨단 디지털 기술의 정보 공간 속에서
전개된다는 것. 피겨스케이트의 팬들 사이에서 벌어진다는 게 놀랍다.

**03**   하지만 조금도 이상할 게 없다. 지금도 호랑이 담배 먹던 시절처럼 여전히 결혼할 때 사주단자를 보내지 않는가. 신랑 친구들이 함을 지고 신부댁 앞에서 함 사라고 외치는 젊은이들의 통과의례처럼 되어 있지 않는가. 우리의 출생을 사주로 적고 따지는 풍습은 은반에서 펼치는 김연아의 피겨스케이트 못지않게 신선한 충격을 준다. 사주는 사실 점치는 것과는 별개다. 시간을 측정하고 표시하는 방법으로 태양력이나 음력보다도 더 정교한 시간 측정법인 게다.

사주란 말을 순수한 우리말로 바꾸어봐라. '시간의 네 기둥'이다. 당사주 책이 아니라 멋진 은유의 시집이 떠오르지 않는가. 그러니까 한 생명이 태어난 바로 해年, 달月, 날日의 생년월일에 태어난 시까지時 '네 기둥'으로 설정해놓은 것이다.

**04**   출생의 시간을 해의 운행으로 표시하면 양력 생일이 되고, 달의 운행으로 치면 음력 생일이 된다. 그러나 해의 시간과 달의 시간 말고 또 하나의 시간이 바로 별의 시간이었던 게다. 나의 생명 그리고 출생의 운명을 좌우하는 것은 동서 할 것 없이 해와 달이 아니라 별이다. 서양의 점성술이 그렇고 동양의 사주가 그렇다. 그래서 윤동주가 아니라도 누구에게나 별 하나 나 하나 별 헤는 밤이 있다. 그런데 내 출생과 이어진 별은 어디에 있는가. 전갈좌니 물동이좌와는 달리 우리의 사주팔자를 보여주는 별은 우리 멀리 떨어져 있는 목성이다. 그런데 이 별은 태양이나 달과는 정반대로 서쪽 하늘에서 떠서 동쪽 하늘로 진다. 만약에 목성에 맞춰서 시간을 계산하면 양력이나 음력하고는 거꾸로 돌아가는 것이 되기 때문에, 그 운행을 바꾼 가상의 별 하나를 만들어 태세*라고 불렀다.↪

• 太歲 ↪ 3 출산 고개 4-샛길

**05**     와! 대단하다. 아이들 같으면 손뼉을 칠 것이다. 목성과 정반대로 운행하는 별 하나를 창조했다니 갈릴레오를 누른다. 그는 있는 별을 찾아냈지만, 우리는 없는 별을 만들었으니 말이다. 더구나 그 태세가 공전하여 제자리로 돌아오는 위치를 12칸으로 만들어 짐승 하나씩을 배치한 것이 바로 우리가 띠라고 부르는 바로 그것이다. 쥐, 소, 호랑이, 토끼…… 우리 나이의 열두 친구다.↪

↪ 3 출산 고개 4-샛길

**06**     한국인 한 사람 한 사람의 이야기는 가상의 별 태세가 만들어내는 네 기둥 여덟 글자의 사주팔자에서 만들어진다.↪ 점이나 친다고 우습게 생각하지 마라. '새천년 맞이 자정 행사'를 이끌었을 때, 광화문에 몰린 인파는 어마어마했다. 예상보다 4배 많은 30만 명이 넘게 모여들었다.

12지를 활용, 띠별로 시민들이 모이도록 분산시킨 것이다. 12대의 대형 컨테이너 트레일러를 광화문 주변에 빙 돌려 세웠고, 각 띠를 대표하는 인물을 내세워 열두 무대를 만들었다. 성왕*을 상징하는 세종대왕은 소띠, 무武를 상징하는 이순신 장군은 뱀띠, 광개토대왕은 돼지띠, 개혁 군주 정조는 원숭이띠, 한국의 선비를 상징하는 퇴계 선생은 닭띠. 이 행사를 통해 퇴계 이황 선생과 내가 띠동갑이라는 것을 알았을 때, 갑자기 시공을 초월해 친구처럼 가까워진 그 경이로움을 느낀 것이 어찌 나빴겠는가? 누군가는 "세종대왕이 내 띠동갑이다"라고 으쓱했을지 모른다.

• 聖王 ↪ 3 출산 고개 4-샛길

**07**  띠보다 더 평등한 구분법이 어디 있겠는가? 12지는 태어나면서 부여받은, 평생 변치 않는 자기 정체성을 만들어준다. 지연·학연·혈연을 뛰어넘어 평화와 화해의 메시지까지 담았다. 아무리 원수지간이라도 띠동갑일 수는 있지 않은가? 몇백 년 전의 위인이 나와 같은 띠라는 점에서 동질감을 느낄 수도 있고, 중국 사람이나 일본 사람도 같은 띠라면 띠동갑이다. 12지에는 차별이 없다. 시간의 벽은 물론이고 연령과 성별, 지역과 지위 등 모든 기준을 뛰어넘는, 변치 않는 자신의 또 하나의 이름이다. 내가 2000년에 태어난 아이들을 '즈믄둥이'라고 부른 것도 새천년을 맞이하는 사람들에게 이런 메시지가 전해지길 바라는 마음에서였다. 한국의 모든 사람이 산 사람이나 죽은 사람이나 하나의 빛으로 새천년을 맞이하게 된 것이다. 경진년 1월 1일에 태어난 용띠 즈믄둥이들이 가난과 고난과 역경의 역사를 거슬러 올라 '광화문光化門', 빛으로 화한 등용문, 새천년의 문을 통해 하늘과 소통을 하게 된다.

**08**  그런데 그 시간의 네 기둥으로 이루어진 우리 이야기의 정체성은 호적부에 오르는 그 순간 위태로워진다. 왕의 시간, 황제의 시간, 국가의 시간에 흡수되어버리기 때문이다. 그것이 연호˙라는 것이요, 기원˙이라는 특수문자다. 실제로 내 생일은 음력과 양력 그리고 호적에 등재된 것으로 뒤죽박죽이다. 무엇보다 일본 강점 하에 태어나 당시 호적에는 일제의 연호인 '소화˙ 8년생'으로 기록되어 있다. 그것이 해방된 뒤에는 단기 4267년, 1962년에 표기법이 바뀐 뒤로는 서기 1934년으로 표기 방식이 달라진다. 아마 북한 땅이었다면 내 출생년은 주체 23년으로 기록되었을 것이다. 이게 바로 역사의 시간, 카이저들의 시간이라는 게다.

˙年號 | 紀元 | 昭和

**09** 〈깃발〉의 시인 청마˙ 유치환 선생은 어떤가. 그가 쓴 자전적
시 〈출생기〉는 "융희˙ 2년…… 나를 잉태한 어머니"로 되어 있
다. 같은 한국 사람인데 한 사람은 조선 왕조 마지막 임금 순종˙의 연호
로, 또 한 사람은 일본 왕의 연호를 사슬처럼 감고 태어난 것이다.
그런데 역사의 시간을 하늘의 시간인 천간과 땅의 시간인 지지의 사주로
바꾸면 사정은 달라진다. 융희 2년은 정미생˙이 되고 소화 8년생은 계유
생˙으로 바뀐다. 어지러운 역사 속에서 "그래도 계절만은 천 년을 다채˙
하여/ 지붕에 박년출(넝쿨) 남풍에 자라고/ 푸른 하늘에 석류꽃 피 뱉은
듯 피어"의 〈출생기〉 시 한 구절이 된다. "그래도의 시간" "천 년의 다채로
운 시간" 속에서 나의 생명과 자연과 우주의 시간이 열리는 거다.

˙靑馬 | 隆熙 | 純宗 | 丁未生 | 癸酉生 | 多彩

**10** 아무리 낡은 《주역》˙이나 《당사주책》˙이라도 살아 있는 신이
라고 일컫던 일본의 '천황 폐하'보다 내 띠인 닭이 먼저다. 아니
다. 거기에는 카이저의 절대 권력도 틈입할 수 없는 하늘과 땅의 우주, 자연
의 시간이 있다. 아무리 소화 8년 황국 신민으로 포장하려고 해도 나는 태
양보다 먼저 어둠 속에서 빛을 토하는 닭, 계유생 닭띠로 이 땅에 태어났다.

˙《周易》 |《唐四柱冊》

**11** 호적의 언어와 배꼽의 언어도 다르다. 호적의 언어가 나를 삼
키려고 할 때 나는 배꼽의 언어, 태를 가를 때 울던 최초의 모음
으로 나를 지킨 게다. 호적부의 언어들과 싸우는 배꼽의 언어, 그것이 나
의 '이야기 세계'인 것이다. 나에게 그 이야기는 문학의 언어가 되고 호적
의 나이로부터 진짜 나이를 지켜주고 공문서의 철인이 정수리를 찍을 때

나를 구해주었다. 모든 서류에 잘못 찍힌 나의 탄생을 바로잡기 위해서 나에게는 탯줄의 언어가 필요했다. 내 존재의 탯줄을 지키기 위한 책력*, 그것이 바로 프랑스 언어학자 크리스테바*가 말한 '어머니 몸으로서의 언어'였는지 모른다. 가부장적 호적의 언어와 역행하는 신생아의 울음 같은 것이다. 진한 울음 뒤에 갓난아기는 환한 미소를 짓는다.

• 冊曆 | Julia Kristeva

**12**  유럽에서는 중세 때부터 이미 생년월일을 개인의 신분을 확인하는 가장 중요한 방법으로 여겨왔다고 한다. 이름과 주소는 바뀌어도 생년월일은 일생 동안 변하지 않기 때문이다. 그래서 프랑스 역사학자 필립 아리에스는 언젠가는 생년월일 숫자를 시민 전체가 등록하는 날이 올 것이라고 했다. 기뻐해야 할지 서러워해야 할지 모르겠지만, 그 예언이 이루어진 곳이 바로 한국 땅이다. 사주팔자를 시時만 빼고 숫자로 고치면 우리가 무덤까지 갖고 갈 주민등록 번호의 앞자리 여섯 숫자가 된다. '사주팔자'가 아니라 오늘의 한국인은 '삼주육자' 속에 갇혀 산다.

**13**  그래 다시 김연아와 아사다 마오의 사주팔자로 가보자. 2010년 밴쿠버 올림픽에서 피겨스케이트 선수로 출전한 김연아는 서기* 1990년, 아사다 마오는 일본의 시간* 헤이세이* 2년에 태어나 둘 사이에 아무 공통점이 없다. 그러나 가상의 별, 태세의 시간으로 옮겨가면 둘은 네 기둥 여덟 글자가 찍힌다. 우주의 시간, 하늘의 시간을 같이 갖고 태어난 경오년 띠동갑인 게다. 유럽 귀족들의 놀이였던 피겨스케이트 경기에서 옛날 같으면 백말띠라 시집도 못 갔을 두 아가씨가 1, 2등 금은 메달을 목에 걸고 시상대에 나란히 오른다.

• 西紀 | 日本曆 | 平成

**14**  사주팔자라는 문화의 강물을 함께 마시는 운명 공동체인 것이
다. 그들은 이제 더 이상 적이 아니라 경오년 시간의 띠를 두르
고 사는 동갑내기의 경쟁자, 라이벌rival이다. 갑자기 적enemy이 경쟁자
로 바뀌고 만다. 백말띠 경오년생 김연아와 아사다 마오가 은반 위에서
머리칼을 나부끼며 백말처럼 달려오는 시간, 둥글게 둥글게 순환하는 띠
의 시간, 가상의 별 태세가 영원히 순환하고 지속하는 시간, '한국인의 이
야기'가 온갖 운명의 사주팔자 속에서 태어난다.

샛길

# 가상의 별, 태세太歲

우리 조상들은 어떤 천체 망원경으로도 발견할 수 없는 별 하나를 만들어냈습니다. 태세太歲라는 별입니다. 사전을 찾아보면 목성의 이칭이라고 풀이되어 있지만, 사실은 그와는 정반대 방향으로 돌아가는 가상의 별인 것입니다. 목성은 12년을 주기로 태양을 한 바퀴씩 돌고 있기 때문에 인간의 나이(年度)를 헤아리는 데는 없어서는 안 될 별입니다. 하지만 그 별은 서쪽에서 떠서 동쪽으로 지고 있어서 본래의 궤도를 반대방향으로 돌려놓지 않으면 나이를 거꾸로 먹게 됩니다. 그래서 해와 달처럼 뜨는 또 하나의 목성을 만들어낸 것이 태세이고, 그 별이 1년마다 한 칸씩 열두 칸을 지나 제자리로 돌아오는 것이 바로 12지인 것입니다. 우리가 쥐띠니 소띠니 하는 것은 태세가 지나는 하늘의 칸막이 위에 붙여진 이름들인 것입니다.

그러니까 나는 이 신비한 별이 닭(酉)의 칸막이를 지날 때 이 세상에 태어나게 된 것이며 그것이 다섯 바퀴나 돌아 그 자리로 다시 돌아온 하늘 밑에서 환갑을 맞게 된 것입니다. 60년 동안 땅만 보고 살아오는 동안에도 그리고 매일 밤 깊이 잠들어 있는 나의 머리맡에서도 태세는 아주 조용히 그리고 어김없이 닭에서 원숭이의 열두 구획의 하늘 자리를 옮겨 다닌 것입니다.

어떤 권력 어떤 기술로도 우리의 나이를 결정짓는 이 확고한 별의 움직임을 멈추게 할 수도 거부할 수도 없습니다. 이 운명의 별에서 벗어날 수 있는 유일한 길은 오직 우리 스스로가 별을 만드는 사람이 되었을 때뿐입니다.

태세의 별을 만들어냈던 것처럼 시인이란, 창조적 상상력을 가진 예술가들이란 별의 관측자로서가 아니라 별을 만드는 자로서 이 세상을 살아가고자 하는 사람들입니다. 여러분들이 문학을 택하고 시를 배웠던 것도 그런 특권을 부여받기 위해서였던 것입니다. 사실상 진정한 시인에겐 환갑 같은 것은 존재하지 않는 것입니다.

* 이어령, 〈윤동주 序詩의 별은 창조자의 별〉, 《조선일보》 1993. 12. 3(일부 발췌)

# 4
## 삼신 고개
### 생명의 손도장을 찍은 여신

# 삼신할미의 은가위

**01** '어머니는 바다' '내 안의 물고기' 같은 앞 고개에서 들은 이야기들은 모두가 태어나기 전 태 안에서 일어난 일이다. 하지만 바깥세상으로 나오는 순간 숨 소리부터 달라진다.➦ 머리카락, 눈 색깔, 얼굴의 피부색까지 동과 서가 다르다. 무엇보다 엉덩이에 난 시퍼런 몽고반점➦이 그랬다. 의학자들은 그게 피부의 색소를 만드는 멜라닌 세포 때문이라고 말한다. 그것이 한국인에게는 너무 많고 서양 사람에게는 너무 적었다는 이야기다. 과학자들의 설명은 병 주고 약 주는 경우가 많아서 오히려 궁금증이 꼬리를 문다. 멜라닌 세포가 왜 우리에게만 많았는지 되물어야 하기 때문이다. 하지만 어렸을 때 들은 꼬부랑 할머니의 옛날이야기 속으로 들어가면 명쾌한 해답을 얻을 수 있다. 그건 삼신할머니에게 볼기 맞은 명자국이었다는 게다. 그걸 알면 벌써 우리는 남과 다른 한국인으로 태어난 사정을 알게 된다.

➦ 3 출산 고개 3 | 4 삼신 고개 2

**02** 그랬을 것이다. 그래야 이야기가 풀린다. 우리는 한동안 엄마 배 속에서 아무 탈 없이 잘 지냈다. 모든 게 탯줄 하나로 이어진 세상. 그 편하고 정든 곳을 어찌 쉽게 떠날 수 있었겠는가. 더구나 회자정리*, 만남이 있고 나서야 이별이 있는 게 세상 이치가 아닌가. 그러니 만나는 기쁨보다 슬픔을 먼저 알고 시작보다 끝이 앞서는 게 출생의 부조리극*일 수밖에 없다. 그것도 혼자서 하는 모노드라마인 게다. '나가느냐 마느냐 그것이 문제로다.' 혼자서 머뭇거리는데 별안간 '어서 나가라'고 삼신할머니가 볼기를 친 게다. 그제야 정신없이 좁은 산도로 나가 귀가 빠질 때까지 힘을 쓴다. 이렇게 해서 우리 탄생의 자리는 한 시인의 표현대로 '찬란한 슬픔'의 플랫폼이 된다.

• 會者定離 | 不條理劇

**03** 그게 끝이 아니다. 아직도 엉덩이가 얼얼한데 다시 또 삼신할머니가 나타난다. 손에는 은가위와 명주실 다발을 쥔, 제주도 삼승할망 본풀이 이야기에 나오는 모습 그대로다. 그러나 이야기를 듣고 나면 결코 무서워할 일 아니다. 옥황상제의 명을 받고 우리를 도우려고 내려온 명진국의 착한 따님이시라는 게다. 원래는 심술 사나운 동해 용왕의 공주가 맡아 하던 일인데, 새로운 삼신이 나타나자 싸움이 벌어진다. 결국 그 길로 둘은 하늘로 올라가 심판을 받는다. 옥황상제는 꽃나무를 하나씩 심은 은대야를 주고 누가 더 많은 꽃을 피우는지 겨루게 한다.↪

↪ 4 삼신 고개 1-샛길

**04** 처음에는 용왕 딸의 나무에 더 많은 꽃이 피었지만, 얼마 안 가서 꽃들은 시들어버린다. 한편 명진국 딸의 나무는 싱싱하게

자라 4만 5,600개의 가지가 뻗고, 가지마다 33송이의 꽃이 핀다. 이를 본 옥황상제는 용왕 딸에게 "이제부터 너는 저승 할머니가 되어 죽은 아이들을 돌보라"하고, 명진국 딸에게는 "세상에 내려가 아기 낳는 일을 계속 맡아보라"고 명한다. 그때 명주실 세 묶음과 은가위를 내리면서 "명주실로는 탯줄을 묶고 은가위로는 탯줄을 끊어 아기 배꼽을 만들어주라"고 생명의 출산과 양육을 맡긴다.↪

↪ 4 삼신 고개 1-샛길

**05**  명진국을 한자 아닌 토박이말로 하면 '명이 긴 나라'라고 읽힌다. 삼신할머니라는 말도 마찬가지다. 지금까지 삼신을 한자의 삼신三神으로 알고 환인, 환웅, 환검(단군)의 세 국조를 가리키는 것으로 알아왔다. 하지만 그게 아니라는 거다. 일찍이 이능화˙ 선생이 《조선무속고》˙에서 지적한 것처럼 '삼'은 한자의 삼三이 아니라 태胎를 뜻하는 우리 고유의 말이라고 밝힌 바 있다.˙ 맞는 말이다. 요즈음 말로도 탯줄을 자르는 것을 '삼 가른다'고 하지 않는가. 그런데도 삼신을 '三神'이라고 해온 것은 '생각'을 '生覺', '사랑'을 '思郎'으로 써온 한자 중독증의 현상으로 볼 수 있다.

˙李能和 |《朝鮮巫俗考》| 俗謂護産之神有三, 故曰三神 愚按我語 謂胎曰三 然則所爲三神 卽是胎神 而俗認三字爲數而由此誤解者也

**06**  삼신의 뜻을 토박이말로 바꿔놓으면 꼬부랑 고개의 꼬부랑 할머니가 된다. 꼬부랑 지팡이가 은지팡이가 되고 은가위, 은대야로 변한다. 삼신할머니의 모습은 어마어마한 사당이나 큰 사찰에 가야 만날 수 있는 그런 신과는 다르다. 은지팡이, 은가위라고 해도 그 은銀은 사치스러운 장식물이 아니라 독을 막는 산구˙의 하나인 게다. 따로 모시

는 집도 없다. 그냥 '삼신단지' '삼신 주머니' 속에 들어가 안방 시렁 위에 얹혀 산다. 하지만 집안에 태기만 돌면 제일 먼저 달려오는 맞춤형 가정 신˙이다. 무사히 해산을 시키고도 삼신상˙에 차려놓은 것은 기껏 막사발의 산밥, 미역국 한 그릇 정도다. 그러고 보니 신들의 세상에도 막사발 같은 막신이 있었던 거다.➡ 호칭부터가 '삼신할머니'에서 '삼신할미' '삼신할매'로 막 부르다가 제주도에 오면 아예 '삼승할망'이다. '돌하르방'처럼 친숙하다 못해 만만하기까지 하다.

• 産具 | 家庭神 | 三神床 ➡ 1 태명 고개 1-샛길

**07**　모든 막문화(토착 문화)➡가 그렇듯이 삼신할머니 이야기를 들으려면 도서관이나 대학 연구소보다 역시 인터넷 방이다. 이번에도 나의 기대에 어긋남이 없다. 지역 신문에 실린 김규봉 칼럼니스트의 글을 찾아낸 것이다.˙ 《삼국사기》《삼국유사》 같은 역사책 어디에도 삼신할미를 상세히 언급한 사료는 없다"고 글 첫마디부터 약초를 캐려면 잡초밭에 가라고 한 내 말과 일치한다. 그래서 우리는 학교 정규 과정으로 삼신할미나 그와 관련된 세시풍속을 배운 적이 없었다는 이야기다. "그럼에도 삼신할미가 우리 민족에게서 차지하는 위치는 흔히 요즘 하는 말로 초 울트라 슈퍼 할미, 세상에 존재하는 모든 할머니 중에서 가장 으뜸 할머니로 자리매김하고 있다"고 지적한다. 삼신할미가 마치 "우리들의 친할머니처럼 친숙하게 느껴지는 것은 우리 몸에 밴 민족 고유의 모태적인 자식 사랑의 신앙심 때문"이라는 풀이도 '한국인 이야기'의 핵심을 찌르는 평이다. 거기에 금상첨화로 '삼'에 대한 어원 풀이도 새롭다.

• 《한남일보》, 2016. 4. 1 ➡ 1 태명 고개 1-샛길

**08**  삼신할미의 '삼'이 '살다'에서 나온 말이라는 것은 그동안 많이 지적되어왔다. 고인이 된 국어학자 이남덕 교수를 비롯하여 최근 소장 학자의 논문까지 심심찮게 찾아볼 수 있다. 그런데 그 '삼'을 '삶'과 연관 지어 '삶신할머니'라고 한 것은 한 걸음 더 나간 생각이다. '삶'이라는 글자에는 '사람'이 들어 있다는 이야기는 들어봤지만, '삶' 속에 삼신할머니가 들어 있다는 말은 금시초문이다. 그 말이 맞다면 한자의 생生보다 우리 한글이 훨씬 돋보인다. 생은 풀싹이 돋아나는 형상을 본뜬 것이라고 하는데 한글의 '삶' 자에는 삼신할머니의 이야기가 들어 있으니 말이다.

**09**  장단이 제대로 맞는다. 삼신할머니를 현대말로 옮기면 '생명의 여신'이다. 생소하게 들리겠지만 tvN 드라마 〈도깨비〉를 본 사람들이라면 누구나 다 그렇게 여길 것이다. 그리스 신화의 날씬한 여신들이라면 몰라도 꼬부랑 시골 할머니와 다를 게 없는 삼신할머니에게 왜 젊은이들까지 열광했는가. 그뿐만 아니라 한류 드라마의 바다 너머 팬들까지 삼신할미 열풍을 몰고 왔을까. 그 이야기 속에 우리 출생의 변함 없는 이야기, 생명의 본질과 그 비밀을 담았기 때문일 것이다.

**10**  〈도깨비〉에서 삼신할머니가 등장하는 장면은 16회 중 총 아홉 차례나 된다. 주역이 아닌데도 그만큼 관심과 인기가 높았던 캐릭터라는 사실이다. 아무리 인간미 있게 그려도 저승사자나 도깨비의 역할은 죽음의 여신 타나토스*에 가깝다. 그런 암울하고 음산한 분위기에서 이따금 구름장 틈으로 쏟아지는 밝은 빛이 생명의 여신 삼신할머니의 역할이었던 게다. 삼신할머니로 나온 배우 이엘(본명 김지현)은 첫 회에는 예상대로 꼬부랑 할머니로 등장한다. 그런데 채소할미라고까지 불리던 삼신할머니가 2회

에서는 갑자기 붉은 립스틱에 새빨간 옷을 입은 생기발랄한 젊은 여성으로 나타난다. 놀랄 일이 아니다. 원래 옛날 민담이나 민요에서도 삼신할머니는 이따금 '삼신아가씨'로 불리는 경우가 적지 않다. 무엇보다 일본의 한류 팬들을 뒤집어놓은 게 바로 때로는 자비로운 할머니, 때로는 죽음으로부터 생명을 지키는 젊은 전사로 나타나는 복합적인 캐릭터다. 일본의 웹 사이트에 들어가보면 그 인기와 열기가 어느 정도인지 알 수 있다. 한마디로 삼신할머니가 저승사자나 도깨비를 제칠 정도로 일본 한류 팬들을 사로잡았다는 것은 일본에는 그러한 캐릭터를 지닌 '생명의 여신'이 없었다는 이야기다.

• Thanatos, θάνατος

**11** 일본의 옛이야기를 모은 《고지기》*에는 발에 채이도록 많은 신이 등장한다. '야오요로스노 가미'*라는 말을 문자 그대로 읽으면 800만의 신이라는 뜻이다. 그런데 삼신할머니 같은 존재는 여신이든 남신이든 눈을 씻고 봐도 찾아보기 힘들다. 이따금 다가오시히메노 오카미*와 같이 아이를 점지하는 신이 보이기는 해도 요즘까지 활동하는 신이 있다면, 모두가 미즈코(낙태, 유산 사산한 아이)*의 죽은 혼령을 지켜주는 신들만이 눈길을 끈다. 한국으로 치면 삼신할머니가 아니라 동해 용왕의 공주와 같은 존재다. 미즈코 공양의 풍습은 그 역사가 깊다. 에도 시대의 농촌에서는 식구를 덜기 위해서 태어난 애를 그 자리에서 죽이는 '마비키'(밭일할 때 식물을 솎아내는 것)*✏️가 횡행했다. 비명에 간 그 애들의 원혼을 달래기 위해서 절간에 공양했다. 지금도 일본의 큰 사원에 가면 곳곳에 미즈코 공양*을 한 여러 형태의 보살 상이 수천 개씩 늘어서 있는 광경을 볼 수 있다

•《古事記》｜八百万の神｜高忍日賣大神(たかおしひめのおおかみ)｜水子｜間引き｜供養
✏️ 9 세 살 고개 2-06

**12** 절간까지 갈 것도 없다. 도시의 골목길에서도 쉽게 눈에 띈다. 빨간 턱걸이를 한 작은 석상 미즈코의 지장보살˙들이다. 일본의 위키피디아에는 그 풍습이 재연된 이유가 밝혀져 있다. 1970년대부터 여러 사정으로 아이를 중절하는 여성들이 부쩍 늘고 한편에서는 경영이 어려워진 절간이 많아 미즈코 공양에 불이 붙게 되었다는 것이다. 아이를 지운 죄책감과 애 귀신이 씌워 화를 입을까 두려워하는 심리를 파고든 비리로 사회적 문제가 발생하기도 한다. 일본에도 안산을 돕는 야스코安子 보살이 없는 게 아니다. 중국에도 삼신할머니와 비슷한 송자보살˙ 이야기가 있다. (태아의 볼기를 쳐 세상 밖으로 내보내는 것까지 비슷하다.) 하지만 어디에도 죽은 애가 아니라 아이에게 생명을 주고 기르는 삼신할머니 같은 생명신은 없다.

˙ 地藏菩薩. 범어로 크시티가르바(Ksitigarbha). 크시티는 땅, 가르바는 자궁을 의미 | 送子菩薩

**13** 제주도 본굿↪에 나오는 삼승할망은 한 손에는 '은지팡이'를 짚고 구덕 삼승, 걸레 삼승, 업게 삼승까지 거느리고 다닌다. 여기에서 구덕은 광주리를 뜻하는 것으로 요람 구실을 하는 것이고, 걸레는 기저귀, 업게는 아이를 업는 것을 가리킨다. 태어난 아이를 요람(광주리)에 눕히고 기저귀를 채우고 등에 업어 길러 정말 우리를 길러주신 할머니의 손길을 그대로 느끼게 한다. 어쩌다 세계에서 첫손가락을 꼽는 저출산 국가가 된 한국이다. 삼신할머니의 옛날 한국인 이야기가 TV 드라마에서만 부활할 게 아니다. 삼신할머니 역시 우리 주류 문화에서 비켜난 민속 신앙의 구석을 차지했던 신이다. 힘없고 가난한 시골 아낙네들의 입에서 입으로 떠돌아다니던 막이야기 속에서 전해 내려온 막신이다. 유, 불, 선 어느 한 주류를 이어온 주신이 아니라, 여러 것을 섞어 막 걸러낸 투박한 막걸리 같

은 신이다. 그게 산이든 바위든 막사발에 정화수 떠놓고 치성을 드리면 휠휠 날아와 마디 굵은 손을 덥석 잡아주는 시골뜨기 잡신의 하나였던 게다.

➦ 4 삼신 고개 1–샛길


**14**  "앉아서 천 리 보고/ 서서 구만 리 보시는/ 삼신할머니가/ 섭섭한 일 있더라도/ 무릎 밑에 접어놓고/ 어린 유아를 치들고 받들어서/ 먹고 자고 먹고 놀고/ 아침 이슬에 외 붓듯이 달 붓듯이/ 더럭더럭 붓게/ 점지하여 주십사/ 명을랑 동방석東方朔에 명을 타고/ 복을랑 석순石崇에 복을 타고/ 남의 눈에 꽃으로 보고/ 잎으로 보게 점지하옵소사"* 여러 버전이 있지만 그 기도문을 보면 삼신할머니의 캐릭터가 분명히 떠오를 것이다.

• 《한국민속대관 1: 사회구조·관혼상제》, 고려대학교민속문화연구소, 1982


**15**  삼신할머니의 존재를 '생명화 시대'의 키워드로 고치면 '바이오필리아'다. 앉아서 천 리 서서 구만 리를 내다보는 삼신할머니의 예지*의 힘, 섭섭한 일도 무릎 밑에 접어두고 돕는 **관용의 힘**, 아침이슬에 외가 저절로 불어나는 **풍요의 힘** 그리고 하늘의 초승달의 점점 동그랗게 채워져가는 **우주의 힘**, 그 모든 힘으로 피어나게 한 한 송이의 꽃 그것도 자기 자신이 아니라, "남의 눈에 꽃으로 보이고 잎으로 보이는 그런 아이의 생명 하나만 점지해 달라"는 것이다. 깊은 생명애가 그 기도의 중심에 있다.

• 叡智

**16**　　"남의 눈에 꽃으로 보고 잎으로 보게 점지하옵소서." 이런 기도의 마지막 말을 들으면 삼신할머니가 아니라 누구라도 그 소원을 들어줄 것만 같다. 가난과 소외, 끝없는 고초 속에서도 많은 욕망 다 접어두고 일구월심 자녀의 생명만을 위해 기원하는 우리 할머니와 어머니의 마음. 천 년이 지나도 변하지 않는 소원이다. 그러면서도 그게 '나'만을 위한 것이 아니라 '남들의 눈에 탐스러운 꽃 무성한 잎'으로 보이게 해달라는 것이니 어찌 그 소망이 하늘에 이르지 않으랴. 그렇게 해서 얻은 우리 생명이 과연 남들 눈에 향기로운 꽃으로 보일까 무성한 잎으로 느껴질까.

샛길

# 제주도 삼승할망 본풀이

## 동해 용왕의 딸과 명진국 공주

옛날 옛적 동해 용왕에게 딸이 하나 있었다. 용왕 나이 마흔이 다되도록 자식이 없자, 옥황상제께 빌고 빌어서 얻은 자식이다. 그러나 너무 귀엽게만 키운 나머지 버릇없는 자식이 돼버렸다.

한 살 때는 어머니 젖가슴을 때린 죄, 두 살 때는 아버지 수염을 뽑은 죄, 세 살 때는 곡식을 흩트린 죄, 네 살 때는 조상에게 불경한 죄, 다섯 살 때는 친족들과 불화한 죄……. 해가 갈수록 죄상이 늘어나니 동해 용왕은 더 이상 두고 볼 수 없게 되었다. 차마 딸을 죽일 수 없었던 용왕은 무쇠 상자에 담아 바다에 띄워버리기로 했다.

"어머니, 나 홀로 인간 세상에 나가 어찌 살란 말입니까?"

"인간 세상에는 아기를 낳게 하고 길러주는 삼신할미가 없으니, 가서 삼신할미가 되어라."

이어 용왕 부인은 아기를 잉태시키고 잘 보존하는 법을 가르쳤다. 드디어 열 달째, 아기 출산시키는 법을 가르치려는데 용왕의 불호령이 떨어져, 딸은 해산 방법을 듣지 못한 채 무쇠 상자에 갇혀버렸다. 동해 용왕은 딸을 가둔 무쇠 상자에 '임보루주 임박사가 문을 열라'고 쓰고는 동해바다에 띄웠다. 상자에 갇힌 딸은 여러 해 동안 바다를 헤맨 끝에 뭍에 닿았다. 때마침 임박사가 무쇠 상자를 발견하고 자물쇠를 열자, 그 안에 앞이마는 해님이요 뒷이마는 달님 같은 아기씨가 앉아 있었다.

"너는 귀신이냐 사람이냐?"

"저는 동해 용왕의 딸로 인간 세계에 삼신할미가 없다 하여 왔습니다."

"그렇다면 우리집 식구도 쉰이 되도록 아이가 없는데 하나 낳게 해주겠느냐?"

동해 용왕의 딸은 임박사 부인에게 아이를 점지해주었다. 이윽고 부인의 배가 불러오더니 드디어 달이 차서 만삭이 되었다. 그러나 어머니한테 아이 꺼내는 법을 배우지 못한 용왕 딸은 아기를 어떻게 해산시키는지 알지 못했다. 열 달이 넘어 열두 달이 지났다. 이제는 배 속의 아이도 아이지만, 산모가 곧 죽게 생겼다. 다급해진 용왕 딸은 산모의 오른쪽 겨드랑이 밑을 가르고 아이를 꺼내려고 했다. 그 바람에 산모와 아이가 죽고

삼신 고개  137

말았다. 겁에 질린 용왕 딸은 자신이 처음 닿았던 바닷가로 달려가 한없이 울었다.

모처럼 얻은 아이와 사랑하는 아내마저 잃은 임박사는 그 원통함을 옥황상제에게 고했다. 옥황상제는 곧 삼신할미가 될 만한 사람을 수소문하라 일렀고, 아기를 유난히 좋아하는 명진국의 공주가 뽑혀왔다. 옥황상제는 "네가 아기를 그리 좋아한다니, 너에게 삼신이 되기를 명하노라" 하고, 명진국 공주에게 아이를 세상에 태어나게 하는 삼신할머니의 일을 가르쳐주었다. 명진국 공주는 옥황상제의 분부대로 삼신할머니가 되어 인간 세상에 내려왔다.

지상에 내려온 명진국 공주가 바닷가를 지나는데, 웬 처녀가 울고 있었다. 공주가 사연을 묻자 처녀가 답했다. "나는 본래 동해 용왕의 딸인데, 인간 세상에 삼신으로 왔다가 해산시키는 법을 몰라 사람을 죽게 했다오. 이 노릇을 어쩌면 좋단 말이오." "뭐라고요? 내가 바로 옥황상제의 분부를 받은 삼신인데 그게 무슨 말이오?" 이 말을 듣자 동해 용왕의 딸은 명진국 공주의 머리채를 낚아채며 욕설을 퍼부었다. 명진국 공주가 차분하게 말했다. "여기서 이럴 게 아니라 옥황상제한테 가서 물어보는 게 어떻겠소."

그 길로 둘은 옥황상제에게 올라가 누가 인간 세계의 삼신인가를 판가름해 달라고 호소했다. 옥황상제는 꽃나무가 하나씩 심어진 은대야를 용왕 딸과 명진국 공주에게 주며 말했다. "여기에 꽃을 더 많이 피우는 사람한테 아기 낳는 일을 시키겠노라." 처음에는 용왕 딸의 나무에 꽃이 더 많이 피었지만, 얼마 지나지 않아 꽃들은 시들어버렸다. 한편 명진국 공주의 나무는 싱싱하게 자라 4만 5,600개의 가지가 뻗고, 가지마다 33송이의 꽃이 피었다. 이를 본 옥황상제는 용왕 딸에게는 "이제부터 너는 저승 할머니가 되어 죽은 아이들을 돌보거라" 하고, 명진국 공주에게는 "세상에 가서 아기 낳는 일을 계속 맡아보도록 하라"고 명했다.

이후 명진국 공주는 서천 꽃밭을 가꾸며 꽃이 피는 대로 아기를 점지해주었다. 아기들은 그 꽃송이를 들고 지상으로 내려와 태어날 어머니 배 속으로 들어갔다. 이리하여 세상에 많은 아기가 태어나게 된 것이다. 그런데 태중의 아기들은 열 달이 되어도 좀처럼 세상으로 나가려 하지 않자 삼신할머니가 아기 볼기를 때려 엄마 몸 밖으로 내보낸다. 이때 할머니가 때려서 생긴 퍼런 자국을 몽고반점이라 부른다.

* 〈새롭게 펼쳐지는 신화의 나라〉, 〈명진국 따님애기(삼승할망본풀이)〉, 《한국민족문화대백과》

둘째 꼬부랑길

# 지워진 초원, 몽고반점

**01** 갈릴레오의 후손들은 태양의 흑점은 알아도 아이의 엉덩이에 난 반점은 모른다. 그래서 유럽이나 미국의 교민들이 이따금 아동 학대로 경찰에 고발당하는 수모를 겪는다. 일본에서는 "이것은 몽고반점, 출생 마크입니다. 멍도 아동 학대도 아닙니다"라는 영문 스티커까지 발부한 병원도 있다. 서양에 몽고반점이 알려진

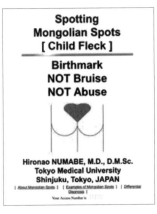

몽고반점에 관한 영문 포스터

건 벌써 130년 전 개화기 때 일인데 말이다. 그때 일본에 와서 동경대학교 교수와 황실 주치의로 활동했던 독일 에르빈 발츠[*]라는 의사에 의해서다. '몽고반점'[**]이라는 것도 그때 그 사람이 붙인 이름이라고 한다. 하마터면 우리가 '발츠 반점' 아니면 '일본 반점'의 딱지를 달고 이 세상에 나올 뻔한 아찔한 이야기다.

• Erwin Balz | mongolian spot Slate grey nevus(congenital dermal melanocytosis)

**02**    몽고반점이라고 하면 그 이름 때문에 몽골로이드계 인종에게만 있는 것으로 안다. 나도 그랬으니 할 말 없다. 하지만 니그로이드의 흑인들도 9할대로 나타난다. 다만 검은 피부에 가려 보이지 않을 뿐이다. 우리와 닮은 데가 많다는 아메리카 대륙의 원주민들도 당연히 있다. 히스패닉계의 혼혈아들도 반수 이상이 엉덩이에 같은 점을 달고 나온다. 심지어 백인의 경우도 10명에 1명꼴로 나타난다. 다만 그 색소가 엷어 육안으로 보이지 않았을 뿐이다. 의학적으로 보면 배아* 발생 초기에 표피로 이동하던 멜라닌 색소의 세포가 진피*에 잔류해서 생기는 현상이라고 하니 오히려 없는 쪽이 이상하다는 이야기다.

• 胚芽 | 眞皮


**03**    몽고반점은 잘못 붙인 이름이다. 위키피디아 영문판을 보면 바로 알 수 있는 사실이다. 중남미의 인디오들은 몽고반점이란 말을 모른다. 멕시코계는 '녹색 엉덩이rabo verde'라고 하고, 스페인계에서는 '콰테목의 발길질la patada de Cuauhtémoc'이라고 부른다. 그리고 포르투갈과 관련된 종족들은 퍼런 열매 이름을 따서 제니파포*라고 부르는 모양이다. 하지만 그게 다 남을 욕할 때 막말로 쓰인다는 데 공통점이 있다. 만약 유카탄반도*의 마야족 후예들에게 손가락으로 동그라미 표시를 해봐라. 당장에 큰 봉변을 당하게 될 거다. 그들은 몽고반점을 '와Wa'라고 부르는데, 그게 바로 동그라미를 뜻하는 말이기 때문이다. 일본 사람한테 '시리가 아오이(엉덩이가 퍼렇다)'*라고 해보라. 같은 망신을 당할 것이다.

• genipapo(a Native word adopted into Portuguese) | Yucatan Peninsula | 尻が青い

**04** 몽고반점은 서너 살쯤 되면 저절로 사라진다. 몸 어디에든 생기는 것이지만 주로 엉덩이 쪽에 많다. 그래서 몽고반점이라고 하면 '애송이'나 '미숙아'라는 뜻을 품게 된다. 그 때문인지 요즈음에는 일본에서도 몽고반점이란 말 대신 '지한'*이라고 부르기도 한다. 어린애의 반점이란 뜻이다. 중국에서는 청혼青痕이라는 말이 있고 영어권에서도 출생 마크*라는 말이 있으니 굳이 '몽고'라는 말에 구애될 필요가 없다. 이상한 건 온 세계가 그런데 유독 한국에서만은 오히려 자랑스러운 대접을 받는 것이 몽고반점이다.

• じはん(児斑) | birth mark

**05** 한국인의 몽고반점 발생률은 97퍼센트대로 세계에서 가장 높다. 그런데 우리는 그런 수치를 수치羞恥로 여기지 않는다. 오히려 일본과 중국보다 10퍼센트나 더 높다고 어깨를 으쓱한다. 그것을 단일 민족의 휘장이요 자신의 정체성으로 생각한다. 세계 최빈국에서 그것도 전쟁의 잿더미 위에서 경제 성장과 민주화 운동을 성공시킨 국가. 그 미스터리를 몽고반점과 결부해 생각하는 사람들이 적지 않기 때문이다. '고요한 아침의 나라' '은둔의 나라'라고 불렸던 사람들인데도 어느 날 갑자기 엉덩이의 몽고반점에 불이 붙으면 아무도 못 말리는 일이 벌어진다. 남보다도 우리 자신이 놀란다. 월드컵 축구의 거리 응원을 보라. 광화문통을 메운 촛불 시위를 보라. 지구를 휩쓴 한류 문화, 말춤, BTS의 열풍은 어떤가. 그게 다 말 타고 광활한 몽골벌판을 질주하던 옛 가락이 밖으로 터져 나온 힘이라는 게다.

**06**  몽고반점에 대한 이런 집단 환상이 과연 그 실체가 있는 것일까. 고개를 젓다가도 문뜩 짚이는 게 있다. 몽고반점 증후군도 막문화의 하나가 아닌가 하는 생각이다. 태명 첫고개부터 운을 띤 '막사발' '막국수' '막걸리' '막춤' 그리고 '막장 드라마'에 '막가파' '막말'의 부정적인 '막'까지 통틀어 "이쯤 되면 막하자는 거죠" 같은 정치 담론까지 한류 바람의 밑바탕에는 '막 자' 붙은 토박이 문화의 변곡점이 있다. 말이 몽고반점이지 우리에게는 삼신할머니가 볼기를 때려 세상에 내보낸 멍자국이 아닌가. 그건 어머니의 배 속에서 살았던 거주 증명이고 한국인으로 태어났다는 인증샷이다. 동시에 세계 어디든 갈 수 있는 자유 시민의 통과 사증이다.

**07**  서양 사람들에게 몽고반점이란 무엇일까. 먼저 떠오르는 것이 황인종의 노란 얼굴일 것이다. 그리고 그들이 신체 부위에서 가장 혐오하는 엉덩이일 것이다. 남을 욕할 때 한국 아이들은 주먹으로 쑥떡을 먹이지만 서양애들은 엉덩이를 내밀고 손으로 치면서 "내 엉덩이에 입 맞춰라Kiss my ass"는 막말을 한다. 한마디로 서양 사람들에게 몽고반점은 황화\*의 공포와 멸시의 대상인 게다.

그런 서양 사람들 앞에서 감히 몽고반점의 엉덩이를 내보인 사람이 있었을까. 그 엉뚱한 질문의 대답은 '아니다'일 것이다. 일찍이 칭기즈 칸도 쿠빌라이 칸도 말 위에 탄 그 엉덩이로 유럽을 깔아뭉갠 적은 있지만, 그것을 백인들 앞에서 보여준 적은 없다. 하지만 그런 사람이 있다면 뭐라 할 것인가? 믿기지 않는다면 구글 검색창에 들어가 백남준\*, 몽고반점이라고 쳐보라. 맨 첫머리에 뜨는 기사가 있을 것이다.

• 黃禍 | Namjun Paik, 白南準

**08**  "1965년 독일 아헨 공대에서 개최된 연주회에서 한국 출신의 비디오 아티스트 백남준이 갑자기 바지를 내린 후 자신의 엉덩이를 관객에게 보여줬다. 당시 전위적이고 실험적인 공연과 전시로 센세이션을 일으켰던 그였지만, 정작 그가 관객에게 보여주려고 한 것은 엉덩이 자체가 아니라 몽골로이드계 인종의 특징인 '몽고반점'이었다."  가짜 뉴스가 아니다. "몽고반점의 미스터리 한국인 신생아 97퍼센트에서 관찰돼"라는 캡션이 붙은 《사이언스 타임》에 올라온 과학 기사를 그대로 옮긴 것이다.

• *Science Times* 인터넷판, 2019. 2. 10

**09**  그 기사에는 다음과 같은 친절한 해석까지 붙어 있다. "변방의 아시아인으로서 주류 구미 예술계에 뛰어든 백남준이 유럽 중심주의에서 벗어나 대제국을 이루었던 몽골처럼 전 세계를 아우르는 예술을 추구하고 싶었던 행동"이었을 거라는 해설까지 달려 있다. 틀린 말이 아니다. 대부분 사람이 그렇게 믿고 생각할 것이다. 하지만 몽고반점이 삼신할머니 때문에 생긴 멍자국인 것을 아는 사람들은, 그가 정말 보여주고 싶었던 것이 무엇인지를 알 것이다. '몽골 대제국'이 아니라 제국을 낳은 자궁인 '몽골초원'이다. 알렉산더 대왕보다 더 넓은 영토를 정복하고서도 개선문의 기둥, 신전의 주춧돌 하나 남기지 않은 태초의 바다 같은 벌판, 그 바람일 것이다.

**10**  유라시아 한복판 몽골벌판의 풀밭에 서면 누구나 느낄 수 있는 것. 다시 말하건대 곡신불사의 어머니의 자궁 속에 들어온 것 같은 마음이다. "있는 듯 없는 듯하고, 끊길 듯 말 듯 이어지지만 그 쓰

임새가 다함이 없다는 그 무궁한 생명의 힘." 우리의 생명을 점지하고 출생을 돕고 탯줄을 갈라주는 삼신할머니의 손자국이 난 엉덩이의 얼얼한 힘. 그 흔적 말이다. 칭기즈 칸의 무덤을 어디에서 찾으랴. 위대한 쿠빌라이 칸의 말발굽 소리를 어느 바람결에서 들으랴. 백남준은 거기에서 자신의 엉덩이에 난 몽고반점을 보았을 것이다. 모태가 남긴 퍼런 생명 지도가 무한히 확대되는 환상 말이다.

백남준의 엉덩이에는 분명 지워진 제국의 몽골초원과 똑같은 몽고반점의 흔적이 있었을 거다. 그리고 그는 거기에서 어머니의 자궁 속 태초의 바다를 보았을 것이다.➡ 어떤 강철의 손톱으로도 생채기를 낼 수 없는 왕양한 바다를 닮은 초원, 그것이야말로 우리가 태어날 때 기억 속에서 본 모태의 원풍경이 아니겠는가. 초원 자체가 거대한 초록빛 지우개로 작용한다.

➡ 2 배내 고개 2-03

**11** 이때 칭기즈 칸의 이야기는 꼬부랑 지팡이를 짚고 꼬부랑 고개를 넘어가는 할머니의 이야기로 덮어 씌워진다. 삼신할머니에 바치는 삼신상은 인류문명 7대 불가사의의 하나인 거대한 아르테미스(생명을 관장하는 서양의 출생 신) 신전의 기둥과는 비교조차 할 수 없다. 그 상 위에 차려진 막사발의 산밥과 미역국 한 그릇조차 시간이 지나면 없었던 것처럼 비워질 것이다.

백남준은 몽고반점이 어떻게 지워지는지를 안다. 생명의 바다, 양수 속에서 헤엄치던 세포 하나하나는 더 이상 진피 속에 머물지 못하고 사라진다. 그것이 백남준이 황급히 바지를 내린 이유다. 그가 만든 예술 작품과 행위들은 어머니의 바다와 그 사라져가는 몽골초원, 그 벌판을 따라서 하루의 시간 만큼씩 무너지고 조금씩 멀어지고 소실되어간다. 백남준의 이러한 모든 몽고반점 이야기는 그가 나에게 선물로 주고 간 작품 안에 고스란히 담겨 있다.

**12** 백남준은 계속 손에 든 달걀 모양의 대리석 돌멩이를 굴리며 무엇인가를 그렸다. 여러 가지 수성펜을 골고루 교체해가며 유치원 아이들이 그림 칠하듯 색칠한다. 그런 행동은 헤어질 때까지 이어진다. "이거 선물로 주려고!" 나는 돌 위에 그려진 그

백남준이 저자에게 그림을 그려 건네준 대리석돌

림을 반색하면서 한마디 한다. "왜 수성펜으로 그렸어. 금시 날아갈 텐데." 백남준은 초딩같이 웃으면서 어눌한 말투로 응답한다. "왜 두었다 팔려고?" 지워지는 동안만 즐겨보라는 거였다. 지워지는 것의 아름다움 속에 생명을 담았다는 말이다. 소멸하지 않은 것은 처음부터 살아 있지도 않은 것이다.

**13** 백남준의 작품이 다 그렇다. 그 자신이 예술품이 마지막 갈 곳은 넝마점과 미술관이라고 하지 않았는가. 그가 공들여 만든 작품 〈로봇 K-456〉은 어떻게 되었나. 온갖 열정과 능력을 총동원해서 완성한 이 '휴먼 로봇'은 사람처럼 걷고, 케네디 대통령 취임사를 읊고, 게다가 배설까지 한다. 백남준이 전시할 때마다 단골로 등장했던 것을 보아도 얼마나 애정을 쏟았던 작품인지 짐작할 수 있다. 그런데 그 '로봇'은 탄생한 지 19년 만인 1982년, '백남준 회고전'이 열린 휘트니 미술관 앞 매디슨가街에서 교통사고를 당하는 형식으로 해체된다.

**14**   나는 대리석 달걀 위에 수성펜으로 그린 그림들이 조금씩 지워
져가는 것을 본다. 새 눈물만큼 남은 몇 개의 점, 몇 줄의 선이
지만 대리석 결을 따라 그 지워진 흔적을 추적하다 보면 몽골벌판의 지도
가 된다. 지워지는 것들은 모두 아름답고 위대하다. 갑자기 몽골초원 바람
소리가 들리고 지워진 어머니의 바다가 보인다. 그리고 그것은 바로 독일
아헨의 관객에게 보여준 남준 파이크의 몽고반점일 것이다. 하지만 어른
이 된 그의 엉덩이에 무슨 몽고반점 같은 것이 남아 있었겠는가. 그렇다
면 그때 그가 보여준 퍼런 반점들은 자신이 물감으로 그린 바디 페인팅이
었을 것이다. 하얀 대리석 위에 그린 그림처럼 곧 지워지고 말 몽고반점,
아니 그게 진짜라도 어머니의 바다처럼 몽골 대초원의 바람처럼 모두가
그렇게 보이지 않는 소인*을 남기고 떠난다.

• 消印

**15**   웃음이 자꾸 나오는데 왜 이렇게 슬픈가. 입에 담기도 망측스러
운데 왜 이렇게도 아름답고 신성한가. 삼신할머니에게 볼기를
맞고 나온 자국. 황당한 막이야기인데 왜 외국 사람들까지 덩달아 아우성
인가. 그랬다. 그런 생각을 하던 순간 권위 있는 영국 맨부커상 수상 작가
한강의 소설 〈몽고반점〉이 떠오르게 된 거다. '청남대'를 대학이라고 하고,
'으악새'를 새라고 하고 '몽고반점'을 중국집이라고 우기는 세상이라는데
도 삼신할머니의 손자국은 여전히 '한국인 이야기'의 엉덩이에서 뜨겁다.

**16**   공교롭게도 한강의 〈몽고반점〉에 등장하는 내레이터인 주인공
'나'는 백남준 같은 비디오 아티스트다. '나'는 사춘기를 지난
성인임에도 아직 그 몸에 몽고반점이 남아 있다는 처제(혜란)에 대해 관

심을 갖는다. 슬럼프에 빠져 있던 예술혼을 되찾기 위해 결국 몽고반점이 있는 처제를 누드 모델로 하여 비디오 작품을 만들게 된다. 그러다가 결국 처제와 깊은 교감을 나누게 되고, 그 현장을 아내가 목격한다. 보통 이와 같은 이야기의 설정이라면 안 봐도 비디오다. 글로 쓰면 불륜의 에로 소설이요, 영상으로 찍으면 변태 포르노나 야동이다. 그런데 한강은 어떻게 했는가. 이런 막가는 이야기로 이상문학상을 탔고, 그 연작으로 맨부커상의 영예를 얻었다.

**17** 성공의 비밀은 간단하다. 이야기의 플롯도, 장면 묘사의 이미지와 상징도 등장인물의 캐릭터도 모두가 '몽고반점'을 축으로 엮여 있다. 만약 이 소설에서 '몽고반'이라는 낱말을 지우면 비디오 아트는 포르노그래피가 될 것이고, 온몸을 꽃으로 페인팅한 남녀가 침대 위에서 뒹구는 장면은 아무리 예술의 이름으로 포장한다 해도 변태적 외설물로 비쳤을 것이다. 더구나 그것이 형부와 처제 사이에서 벌어지는 이야기이고 보면, 불륜과 패륜의 막가는 이야기가 될 수밖에 없다. 하지만 '몽고반점'에 포커스를 맞춰보면 처제와의 관계도 그 의미가 달라진다. 처제의 몸에 남아 있는 몽고반점을 통해서 그가 갓난아이였던 아내의 몸과 마음을 체험하려고 했다면 이야기는 달라진다. 그리고 알몸에 페인팅한 꽃에서 '동물적 육체성'과는 상반된 '식물적 성'의 앵글에서 바라보면 작품의 분위기는 뒤집어질 수밖에 없다.

**18** 네르발*이었던가. 꽃은 식물의 생식기다. 저 아름답고 향기로운 꽃이 동물에게는 생식기와 같은 것이라고 생각하는 순간 형부와 처제의 두 남녀는 짐승이 아니라 두 그루의 꽃나무로 변한다. 실제

로 혜란이라는 나무가 되고 싶다고 직접 말하기도 하고, 마지막 장면처럼 베란다에 알몸으로 나와 햇빛을 받으며 나무처럼 서 있기도 한다. 모든 성적 장면은 동물적 성에서 식물적 성으로 바뀐다. 작가 자신이 수상 소감에서 '식물적 성'을 그리고 싶었다고 밝히기도 했다.

• Gérard de Nerval - Every flower is a soul blossoming in nature

**19** 늘 해온 대로 잡초밭에서 약초를 캐는 작업으로 마무리한다. 구글 검색 창에 '한강 몽고반점'이라고 치자 맨 첫머리에 공곡유란*같이 향기롭게 피어 있는 글귀가 나타난다. 브런치 북에 실린 서평이다.** "몽고반점, 원초적 욕망을 자극하는 도덕 너머의 푸른 신호등 멈출 것인가, 달릴 것인가." 몽고반점의 푸른 점을 원초적인 생명을 찾아가는 파란 신호등이라고 압축한 캡션이다. 게임 오버. 더 이상 덧붙일 말이 없다. 몽고반점이 없는 외국 작가는 아무리 재능이 있어도 이런 소설 못쓴다. 몽고반점이 없는 어느 외국의 미디어 아티스트도 이런 영상을 못찍는다. 배설 작용밖에 모르는 엉덩이를 아토피 환자처럼 긁어대는 사람들이 어떻게 삼신할머니의 손자국의 의미를 알며, 그 무의식이 된 아픈 자리에 켜지는 LED 파란 신호등의 유혹을 이해할 수 있겠는가.

• 空谷幽蘭 | 고요, 〈한강, 채식주의자 서평〉(https://brunch.co.kr/@goyohan/119)

셋째 꼬부랑길

# 삼가르고 배꼽 떼기

**01** 우리말에는 아이가 태어나 제 앞가림을 할 때까지 그 성장 과정을 보여줄 수 있는 신기한 낱말 하나가 있다. '떼다'라는 말이다. 태어나자마자 탯줄을 가르고 배꼽을 뗀다. 다음에는 젖을 떼고 똥오줌을 가리게 되면 기저귀를 뗀다. 그리고 기어다니던 아이가 걸음마를 배워 첫발을 뗀다. 하지만 그게 끝이 아니다. 옛날이라면 천자문을 떼고 요즘이라면 한글을 떼야 비로소 홀로서기가 가능해진다. 이렇게 배꼽 떼고, 젖 떼고, 기저귀 떼고, 발 떼고, 천자문 떼지 않으면 평생 '떼'쓰는 응석받이로 어른이 되지 못한다.

**02** 참으로 절묘하지 않은가? 그 잘난 한자말로 해봐라. 라틴어로 영어로 한번 해봐라. 세계 어느 나라 말로 이렇게 유아기의 성장 과정을 쪽집게처럼 집어낼 수 있겠는가. 프로이트가 돌팔이 소리를 감수하며 라틴말까지 끌어다 만들어낸 갓난아이의 구순기*라는 게 바로 젖 떼기이고, 항문기* 단계라는 게 기저귀 뗄 때가 아니겠는가. 게다가 그 떠들썩한 남근기*라는 것도 별것 아니다. 기어다닐 때는 가려져 있던 것이

일어서서 발을 뗄 때 본 잠지 이야기가 아닌가. 그야말로 프로이트나 라캉*
할 것 없이 서양의 정신분석적 발달 이론을 싸잡아 한마디로 말하자면 뗄
때 잘 떼라는 말이 아닌가. 잘못 떼면 정신질환자가 된다는 게 아닌가.

• 口脣期(oral stage) | 肛門期(anal stage) | 男根期(phallic stage) | Jacques Lacan

**03** '뗀다'는 말만이 아니다. 그 말과 함께 따라다니는 '가르다' '가
리다'라는 말도 있다. 배꼽을 떼려면 탯줄을 가르지 않으면 안
되고, 젖을 떼려면 '맘마'와 '지지'를 가릴 줄 알아야 한다. 기저귀를 떼려
면 무엇을 가려야 하나. '쉬쉬'와 '끙가'로 똥오줌을 가려야 한다.➡ 발걸
음을 떼고 걸으려면 이번에는 안과 밖을 가릴 줄 알아야 하고, 마지막으
로 천자문이나 한글을 떼려면 글자를 가릴 줄 알아야 한다. 그래야 비로
소 자기 앞을 가릴 줄 아는 사람이 된다. 단순한 말장난이 아니다. '떼다'
와 '가리다'의 우리 토박이말만 알면 갓난아이들의 성장 과정을 지켜보고
잘 키울 수 있다. 밥 먹기 전에 식기도를 하듯이 글을 쓰는 사람으로서 나
는 항상 세 살 때 배운 내 모국어에 대해 감사를 드린다. 부모 자식 그리고
아내보다도 더 오래 함께 살아온 것이 있다면, 그게 바로 막말로 비하했
던 나의 한국어요 나의 한글이니까.

➡ 4 삼신 고개 5-01, 02

**04** 참 잊을 뻔했다. 사실은 태어나기 이전부터 '떼다'라는 말 하나
에 운명을 걸었던 말, 애를 '뗀다'라는 그 무서운 말 말이다.➡
만약 낙태를 했더라면, 어느 장사가 이 세상에 살아 나올 수 있었겠는가.
판본에 따라서 다르기는 하나 흥부네 아이는 스물넷이나 된다. 그래서
〈박타령〉 가운데에는 흥부 마누라가 애를 떼려고 누에를 먹는 대목이 나

온다. 하지만 누에가 도리어 배 속에서 애가 되어 세쌍둥이를 낳았다는 익살맞은 이야기다. 누에 정도가 아니다. 옛날 임산부들은 '광해군 비방'* 이라고 하는 낙태 부적을 차고 다녔다고 한다. 당시 쌀 한 가마 값이라고 하니 낳은 아이보다 떼는 애의 몸값이 더 비쌌다는 이야기다.

• 光海君 秘方 ［➡ 2 배내 고개 1-14

**05** 〈1억 5천만 대 1〉이라는 주요섭의 소설이 있다. 수정해서 한 아이가 태어나려면 1억 5,000만 개의 정자와 경쟁해서 일등을 해야 한다는 뜻이 그 주제다. 그런데 또 한편에는 '낙태 전문의'를 다룬 박완서의 소설 〈그 가을의 사흘 동안〉이 있다. 거기에는 "그동안 내가 태어나지 못하게 한 아기가 다 살아난다면 큰 국민학교를 하나 더 만들어야 할까? 작은 읍을 하나 더 만들어야 할까"라는 끔찍한 이야기가 나온다. 실제로 최근 대학연구기관에서 빅데이터 포털 데이터 랩*을 활용해 분석한 낙태 수를 보면 연 50만 명이라는 숫자가 나온다.* 매년 안양시나 포항시 같은 도시 하나의 인구가 사라지는 것과 같다. 2018년에 태어난 신생아의 수가 30만 명이라고 하니 태어난 아이보다 세상 빛을 보지 못한 수가 배 가까이 된다. 뗀다는 말에 얼마나 많은 의미가 담겨 있는지 놀랍다.［➡

• data Lab | 박명배, 〈소셜 빅데이터를 이용한 낙태의 경향성과 정책적 예방전략〉, 2017
➡ 2 배내 고개 1-14, 3-06

**06** 이렇게 어렵게 태어난 아이들이 제일 먼저 치러야 하는 것이 삼(태) 가르고 배꼽을 떼는 일이다. 태 안에서는 생명줄이었던 탯줄이 밖으로 나오는 순간 무용지물이 된다. 태를 자르고 명주실로 묶인 탯줄은 수일이 지나면 말라 떨어진다. 그 자국이 바로 '배꼽'이다. 하지만

잘 떼지 않으면 탯줄 감염으로 생명을 잃는 수도 있다. 독을 식별하고 예방한다는 삼신할머니의 은가위가 필요한 이유다. 그 때문에 옛날 집안에서는 배꼽 꼭지가 떨어지는 것을 아기를 낳는 것만큼 경사롭게 생각했다고 한다. 그래서 규범이 있는 가정에서는 말라비틀어진 배꼽 꼭지를 소중하게 백지에 싸서 이름과 날짜를 적어 보존한다. 왕가의 태실*은 아니라도 그것을 몸에 지니고 있으면 재판에 이긴다거나 전쟁터에서는 총알을 피할 수 있다고 하는 속설 때문에 신주처럼 모셨다는 거다.

• 胎室

**07** 과학과 실용이 만능인 현재에도 배꼽은 여전히 신비한 존재다. 다른 사람도 아닌 법의학자 문국진 박사의 글*이 그렇다. 문 박사는 직무상 시체를 검시, 부검하다가 유독 배꼽에 관심을 갖게 된 이유를 이렇게 설명한다. 칼로 목과 가슴의 중앙을 따라 절개선*을 곧장 넣다가 배꼽 부위에 이르면 우회전하라는 해부 술식*에 따라 잠시 멈추게 되는데, 그때마다 자연히 수많은 사람의 배꼽을 보게 되었다고 한다. 그리고 왜 사람에게만 배꼽이 있는가 하는 의문이 시작된다. 많은 포유동물도 탯줄이 있지만, 출생한 뒤에는 그냥 없어진다. 소와 말은 새끼가 나올 때 체중이 무거워 자연히 탯줄이 끊기고 개나 고양이는 어미가 씹어서 자른다. 그런데도 탯줄은 말라서 떨어지고 배꼽은 남지 않는다. 그런 생각으로 보면 무엇인가 인간의 배꼽에 대한 신비감이 우러난다고 했다. 그것만이 아니라 배꼽은, 사람마다 얼굴이 다르듯이 제가끔 다른 모양과 표정을 하고 있어 풀리지 않는 여러 가지 수수께끼를 남기고 있다.

• 문국진, 〈담긴 배꼽〉, 《동아약보》 2015년 9월호 | 切開線 | 術式

**08**   학계에서는 프로이트와 데리다의 '꿈의 배꼽' 이론이 나오고 패션계에서는 배꼽티를 낳은 서양 사람들이지만, 배꼽에 대한 예찬이나 관심을 보여준 적은 드물다. 다만 "아담에게도 배꼽이 있었을 까?" 하는 문제가 화가들을 괴롭혔을 뿐이다. 하나님이 인간을 만드셨으 니 배꼽이 있을 리 없다. 그렇다고 배꼽 없는 인간을 그릴 수도 없다. 그 래서 만약 아담의 배꼽을 그린다면 결과는 갈릴레오의 신세가 된다. 과연 "그래도 배꼽은 존재한다"고 말할 화가가 어디 있겠는가. 교황의 절대적 신임을 받던 미켈란젤로도 시스티나 성당의 천장화를 그릴 때 마지막까 지 망설였던 것이 바로 아담의 배꼽이었다.

**09**   문국진 박사는 법의학자이면서도 '한국인 이야기' 속에서 자란 한국 사람이다. 배꼽 사랑이 만만찮다. 배꼽에서 그것도 죽은 시체의 배꼽에서 '어머니의 미소'를 발견한 것이다. '모나리자의 미소'보 다도 더 신비하고 자비로운 마음이 듬뿍 담긴 곳이 바로 배꼽이라고 말하 면서 나쁜 생각이 들면 고개 숙여 자신의 배꼽을 들여다보라고 권유한다. 법의학자가 신앙에 가까운 배꼽의 전도사가 되고 차가운 해부용 칼이 시 인의 붓이 된다. 놀라운 발견이 아닌가. 인간에게만 주어진 배꼽은 하늘이 주신 선물이었던 게다.

**10**   어째서 모나리자의 미소보다 더 신비한가. 그럴 만한 객관적 이 유가 있다. 어머니의 미소에는 사랑만이 아니라 슬픔과 아픔 의 눈물이 존재한다. 이 세상에 나와서 탯줄을 끊는 그 아픔 말이다. 아이 를 만나는 순간이 곧 아이를 떠내 보내는 순간이다. 물린 젖을 떼고 채웠 던 기저귀를 떼고 혼자 걸을 수 있도록 발걸음을 떼주어야 한다. 그렇게 해

서 아이들은 걸어 나간다. 내 품 안에서 밖으로 한 발씩 멀어져간다. 그때마다 어머니의 눈물방울이 떨어진다. 그 배꼽은 어머니의 미소이자 눈물자국의 얼룩이었던 것이다. 미소와 눈물방울, 그런 희비의 복합 감정을 요즘 아이들은 '웃프다'고 한다. 그리고 그것을 아이콘으로 만든 것이 옥스퍼드 사전이 '올해의 단어'로 선정했던 '울며 웃는 이모지 Face with Tears of Joy emoji'다. 모순을 융합하는 이야기라면 둘째가라면 서러운 것이 한국인이다. 박선태 님이 직접 그려 나에게 보내준 아이콘을 보면 된다.

웃픈 이모지

박선태의 도안

경북 경산 소월리 유적에서 출토된 5세기경 사람 얼굴 모양의 토기. 웃는 듯 화난 듯 복합적인 표정을 담고 있다.

**11** '웃프다'는 복합감정을 글로 보여준 것이 김승희 시인의 배꼽 연작시다. 시작 노트에 배꼽의 표상이 직설적으로 나타나 있다. "어머니와 나, 나와 아이들 사이에는 육체의 끈인 탯줄이라는 것이 있었고 그 탯줄은 단절의 표상이기도 하고 연결의 표상이기도 하다"라고 말이다. 그래서 "배꼽은 우리가 어머니의 탯줄로부터 떨어져 나와 고아가 되어 이 세상에 던져져 나왔다는 분리의 표상이며, 이 험한 세상에서 혼자 살아남아야 한다는 실존주의적인 '던져짐'의 표상"이라고 선언한다.

**12** "그대여 어둠의 태 속에서 영문 모르고 튀어나와 정처 없이 죄를 짓고 죽어가는 그대여, 그대여"라고 부른 배꼽은 어둡고 덧

없는 '생일날의 흉터'다. 그리고 그것은 어머니로부터 분리된 '고아들의 패찰'이요 '육체의 이삭'이다. 하지만 그 은유로서 배꼽은 모태로 돌아가려는 그리움의 입구요, 동시에 절대로 들어갈 수 없는 문이기도 하다. 하지만 시인의 배꼽은 과거 완료가 아니라 현재 진행형으로 "나의 삶 속에 움터 오른다." 그러다 마침내 시인의 배꼽은 "바닷가를 울면서 걸어가는 한 여인과 오버랩된다. 그런데 왜 하필 바닷가를 울면서 걸어가는 한 여인이라고 했을까. 모태는 오래된 시원의 바다임을 우리는 여러 차례 '한국인 이야기'의 고개를 넘어오면서 귀가 닳도록 들어왔다. 이제 내 코멘트를 한마디 붙이자. 배꼽은 모태를 향해 가는 삿대 없는 작은 쪽배다.↪

↪ 2 배내 고개 2

**13** '배꼽'은 눈, 코, 입, 귀와 함께 한자가 침입하지 못한 중요한 신체어 가운데 하나다. 원래 '배꼽'이라는 말은 배의 복판에 있다고 해서 '뱃복'이라고 불렀다. 세월이 흐르면서 복의 'ㅂ'과 'ㄱ'의 소리가 뒤집히는 음운도치 현상이 일어나 배꼽이 된 것이다(배복〉배곱〉배꼽). 일본도 마찬가지다. '배꼽이 삐뚤어졌다'라는 관용구 '헤소마가리'*는 원래 중심에 있어야 할 것이 벗어나 있다는 뜻이다. 놀부 심보처럼 삐딱한 마음이나 행동을 빗대어서 하는 소리다. 일본 역시 배꼽을 생명의 중심으로 생각하는 단전* 문화권의 일원이라는 것을 알 수 있다. 그래서 배꼽은 노자의 사상과도 통한다.

• へそ曲がり | 丹田

**14** 노자는《도덕경》에서 "30개의 바큇살이 하나의 바퀴 통으로 모이고, 그 바퀴 통 속의 빈 중심 때문에 수레는 쓸모가 있게 된

다"고 했다. 중심이 비어 있어야 모든 걸 움직이는 수레바퀴의 원리 같은 게 배꼽의 중심원리다. 역시 아랍의 철학자였던가. 배꼽을 무용지용°으로 풀이한 패러독스는 이렇다.

"이보쇼. 내가 아침마다 누워서 신문을 읽는데 찻잔을 놓을 곳이 없어. 가슴에 놓으면 흔들리고 옆에 놓자니 불편하고 그렇다고 이마에 놓겠소? 생각해봐. 그 잔을 안전하게 놓을 곳은 배꼽 한 군데밖에 없어. 배꼽에 놓아보쇼. 잔이 흔들리거나 엎어질 염려 없이 떡하니 중심을 잡을 테니."

• 三十輻共一轂 當其無 有車之用/ 埏埴以爲器 當其無 有器之用 | 無用之用

**15** 뭐니 뭐니 해도 이야기로 해야 쉽고 필이 꽂힌다. '비어 있는 중심'에서 나오는 힘, 노자의 심오한 사상이 철학자의 골치 아픈 이론이 배꼽 이야기의 웃음으로 간단히 풀린다. 한 세기 전 한국의 어린이들이 들었던 영웅들은 배꼽 없는 미키마우스나 아톰 같은 로봇이 아니었다. 이원섭 시인의 어릴 적 추억담을 들어보자.

누구에게나 어렸을 적 어머니나 할머니가 말씀하시는 옛이야기에 귀 기울인 기억이 있을 거다. 나 자신은 무척이나 옛이야기를 좋아하는 소년이었다. 네다섯 살이나 되었을까. 아직 궁둥이를 터놓은 바지를 입고 있었을 무렵, 옛이야기라면 사족을 못 쓰고 또 이것을 곧잘 옮기곤 하였다. 내가 처음으로 외운 것은 〈배꼽이〉 이야기였다. 이것은 배꼽을 의인화한 것으로 조그만 배꼽이가 천하장사인 걸로 기억한다.°

• 이원섭, 《소월시 감상》, 현암사, 1973

**16** 인터넷에서 캐낸 한국인 이야기다. IMF의 환란 때 떠돌던 유머인 것 같다. 경제난으로 일가족이 고층 아파트 옥상에서 투신

자살을 시도한다. 그런데 한 사람도 떨어져 죽은 사람이 없었다는 것이
다. 알고 보니 아버지는 기러기 아빠였고, 어머니는 바람난 주부에, 딸은
날라리였다. 거기에 큰아들은 제비족이고, 둘째 아들은 비행소년, 막내
는 덜떨어진 아이였다는 이야기다. 한국 사람이라면 이러한 우스갯소리
를 듣고 웃지 않을 사람이 없겠지만 외국인은 아니다. 유머 감각이 없어
서가 아니라 아무리 번역을 잘해도 '기러기 아빠'나 '제비족', 그리고 '바
람난다' 같은 독특한 한국어의 속어를 이해하지 못할 거다. 더구나 '날라
리'나 '비행非行'과 '비행飛行'의 동음이의어는 음운 체계가 달라 번역조차
불가능하다.

**17** 막된 사람이라도 배꼽장사처럼 배꼽 힘만 있으면 날 수 있다.
한국의 이야기들이 다 그렇다. 신선이든 선녀든 날개 없이 공
중부양을 한다. 그 점이 천사도, 용도 날개 없이는 날지 못하는 서양 이야
기와 다른 점이다. 무슨 억지소리냐고 비웃기 전에 두 손을 날개처럼 활
짝 편 자세로 서보아라. 영화 타이타닉의 명장면이 떠오를 것이다. 디카프
리오*와 윈슬렛*이 갑판 선미에서 바다를 향해 날아가려는 듯한 모습 말
이다. 두 손이 날개가 된 윈슬렛. 그때 디카프리오의 손은 어디에 있었는
가. 잘 봐라. 비어 있는 중심 배꼽으로 향한다. 우리식으로 말하면 기가 모
여 있는 단전* 부분이다. 서구의 과학 기술이 만든 타이타닉호는 침몰했
지만, 사랑하는 그들의 영혼은 분명 날았다. 무한의 바다로 우주로.

• Leonardo Dicaprio | Kate Winslet | 丹田

**18** 단전이라는 게 뭐냐. 그래도 집요하게 묻는 사람이 있다면, 역
시 인터넷에서 귀동냥했던 구절을 그대로 남기고 싶다. "두 살

이래의 어린아이의 아랫배를 보면 단전이 있습니다. 아기의 겨드랑이를 양손으로 잡고 몸을 상하로 움직여보십시오. 그러면 아랫배에 위아래로 출렁이는 단전을 보게 됩니다. 한번 실험해보세요."*

• Ki Sports USA(https://sites.google.com/site/kisportsusa/danjeon-ilan)

넷째 꼬부랑길

# '맘마' '지지'와 젖떼기

**01**　배꼽을 떼면 다음에는 젖을 뗄 차례다. 탯줄이 끊긴 아이는 광대무변한 우주 공간을 표류하는 우주인처럼 된다. 하지만 다시 어머니의 젖꼭지를 찾아 모선에 도킹한다. 자궁이 유방이 되고 탯줄은 젖줄이 된다. 그래서 유방은 밖으로 나온 제2의 자궁이요, 젖줄은 제2의 탯줄인 게다. 누가 생각했는지 젖가슴에 '방' 자를 붙인 것은 참으로 절묘한 발상이다. 그래 그것은 비록 자궁만은 못해도 갓난아기에는 둘도 없는 생존의 방인 게다. 자궁이 아니라도 양수가 없어도 유방*이 그것을 대신한다. 그래서 태를 갈랐던 아이는 다시 어머니와 하나로 연결되고 젖줄이 탯줄을 대신한다. 모유가 양수의 역할을 한다는 것은 말할 필요가 없다.

• 乳房

**02**　아기는 배 속에서부터 손가락을 빤다. 태어난 뒤에도 왼손을 빠는 아이는 왼손잡이가 되는 것을 보아도 알 수 있다. 젖을 빠는 준비를 했다는 뜻이다. 갓난아기들은 모든 힘이 입술로 모인다. 엄마의 젖꼭지를 찾는 것도 눈이 아니라 냄새로 한다. 촉감을 비롯한 온 감각

기관이 입술로 집중된다. 모자의 소통까지 입술로 한다. 아기가 처음 젖을 물면 엄마의 가슴은 저릴 정도의 강력한 자극을 받는다. 그 흡인력이 얼마나 센지 50센티미터 떨어진 곳에 있는 물을 빨아올릴 정도의 힘이라고 한다. 그렇게 빨아주어야만 유두를 통해 엄마의 뇌가 자극을 받고 호르몬이 분비된다. 그리고 갓난아이의 얼굴 근육도 잘 움직여 훗날 얼굴 모양의 균형이 잘 잡히고 치열도 고르게 된다고 한다.

**03** 옛날 시골에서 애가 젖을 안 물면 남편이나 누군가가 대신 빨아주어야 한다는 말이 거짓이 아니었던 게다. 포유병을 물려주면 젖을 쉽게 빨 수 있어 엄마 젖을 멀리하게 되는 것을 보아도 짐작된다. 심할 경우에는 아예 빠는 본성까지 잃을 수도 있다. 이런 현상을 '모자 상호성'이라고 한다. 영양을 주고받는 단순한 관계가 아니라 그 이상의 정신적 유대감을 형성한다. 아이가 젖을 빨 때 엄마의 뇌에서 나오는 호르몬이 바로 '사랑의 묘약' 옥시토신˚이다. 그리스어로 '일찍 태어나다'의 뜻을 가진 이 호르몬은 아기를 낳을 때 자궁의 민무늬근을 수축시켜 진통을 유발하고 분만이 쉽게 이루어지도록 돕는 작용을 한다. 출산 때처럼 젖을 먹일 때는 사출반사˚를 일으켜 젖의 분비를 촉진하는 역할을 한다.

˚ oxytocin | 瀉出反射: 모유가 유두에서 나오도록 유도하는 반응

**04** 젖을 빠는 아이와 젖을 물리는 어머니 사이에 상상을 초월한 상호반응이 일어난다. 이때 타이밍을 놓치면 모성애가 생기지 않는다. 한국말로 하자면 정이 안 간다. 심하면 애에게 폭력을 쓰고 학대하는 비정한 어머니가 되고 만다. 그래서 모성애는 선천적으로 주어진 것이 아니라 출산 후에 아이를 통해서 일어나는 것이라는 주장이 생겨난다.

옛날 우리 조상들이 애를 낳고 삼칠일(21일) 동안을 중시했던 것도 다 이유가 있었다. 모자 접촉의 스킨십이 얼마나 중요한 것인지 갓난아이를 어머니에게서 떼놓으면 30분 내에 'O.D.C'라는 단백질 합성 효소가 갑자기 저하한다는 의학 연구를 잘 몰랐던 시절이다.

**05** 배냇웃음의 경우도 그렇다. 2주쯤 된 갓난아기들에게 일어나는 현상이지만, 현대의 의학계에서는 웃음으로 인정하지 않는다. 단지 안면의 신경 근육이 반사적으로 움직여 웃는 표정처럼 보일 뿐, 마음이 있어 웃는 '사회적 웃음'과는 구별해야 한다는 이야기다. 하지만 과연 그것이 우연한 반사 작용에 지나지 않은 것인가. 우리가 그것을 '배냇웃음'이라고 부르듯이, 우리가 사는 이 세상의 이치로는 설명할 수 없는 선천적인 힘에서 나온 웃음이었던 게다. 그러니 이 풍진 속세에서는 한 번도 본 적이 없는 배냇웃음인데 이길 장사 있겠는가. 그냥 '뿅간다' '뒤집어진다'는 비속어로밖에는 표현할 길이 없는 초월적 힘이다.

**06** 갓난아기들은 배 속에 든 태아가 아닌데도 우리는 왜 그것을 '배냇웃음'이라고 '배냇짓'이라고 부르는가. 심지어 갓난아이에게 입히는 옷인데도 어쩌자고 '배내옷'이라고 하는가. 영어와 비교해보면 그 차이가 무엇인지 분명한 해답을 얻게 될 것이다. 영어로 하면 배냇웃음은 그냥 '아기 웃음baby smile'이라고, 배냇짓은 아예 의학 용어로 '모로 반사'*라고 한다. 만약 배냇웃음을 직역하여 'prenatal smile'이라고 하고 배내옷을 'fetal clothes'라고 한다면, 아마 그들은 멘붕 상태에 빠지게 될 것이다. 하지만 그 말을 듣고 그야말로 고개를 끄덕이며 갓난아이처럼 미소를 지을 사람들이 있다.

• Moro Reflex

**07**   던디대학교의 에메스 너지[*]의 연구팀들이다. 그들은 갓난아기 웃음이 단순한 모로 반사가 아니라는 사실을 많은 데이터를 통해 밝혀냈다. 957명의 어머니들의 면접과 그 미소를 대했을 때의 뇌 반응 등을 측정한 분석 결과다.[*] 웃음만이 아니라 아이를 안아주는 촉감, 아기 몸에서 나는 미묘한 냄새 그리고 그 미소를 대하는 시각적 반응 등에서 모자의 상호 반응과 모성애가 발생한다는 놀라운 사실도 알아냈다. 갓난 아기들은 얼마 동안 배내에서 지니고 나온 천부의 힘으로 모성애를 자극하고 유발하여 자신을 보호하려고 하는 것이다. 베이비 스마일도, 모로 반사도 아닌 바로 우리 토막이말 그대로 배냇웃음이요, 배냇짓이라는 것이 증명된 셈이다.

• Emese Nagy | *Is Newborn Smiling Really Just a Reflex? Research Is Challenging the Textbooks*

**08**   태어날 때 지니고 나온 배냇짓이 무엇인지 미국의 심리학자 케네스 케이[*]는 이런 이야기를 한다. 아기가 젖을 빨 때 3초 동안 멈췄다가 다시 빼는 행위에 주목했다. 그렇게 멈추는 동작은 가볍게 흔들어달라는 사인이라고 한다. 포유류 가운데 인간에게서만 볼 수 있는 특이한 동작인 게다. 젖을 빨다가 멈추면 엄마는 자연히 흔들어주게 된다. 다시 젖을 빨기 시작하면 엄마는 흔들어주는 것을 멈춘다. 빨고 멈추고 하는 아이의 장단에 흔들다 보면 엄마는 어느새 인간 요람이 되어 있는 것을 발견한다. 태어난 지 이틀밖에 안 된 아기가 어디에서 그런 지혜가 생겨났을까. 그것도 몇 주가 흐르면 멈추는 시간이 2초로 줄어든다. 흔드는 템포가 빨라진다. 아기와 엄마 사이에서 일어나는 이러한 교감을 데이비드 브룩스[*]는 '엄마와 아기의 춤' 진화해가는 '뮤지컬'이라고 표현한 적도 있다.[*]

• Kenneth Kaye | David Brooks | *Social Animal*, 2011

**09**  모자 상호 반응은 태명 고개에서 본 것처럼 '한국인 이야기'의 탄생을 푸는 중요한 키워드다. 《태교신기》☛가 그랬고 규장각 초계문신˙ 서유구˙가 편찬했다는 방대한 《임원경제십육지》˙가 그렇다. 단편작으로나마 소개된 글들을 보면 "산모의 젖이 적게 나고 과하게 나는 것, 또는 묽고 진한 차이가 생기는 것은 모두가 산모의 희비애노˙, 애증원투˙ 같은 감정에서 비롯된"것이라 했다. 그래서 옛날 유모를 고를 때 그 성격이나 사람됨을 까다롭게 살폈던 이유가 젖 속에 심지心志가 들어 있다고 여겼기 때문이다. 그리고 실학의 선도자 이규경 역시 《오주연문장전산고》˙에서 젖을 일찍 끊은 아이는 연모戀母의 정이 생기지 않을뿐더러 지능이나 정서에도 결함이 생긴다"는 이유기의 중요성에 대해 언급하고 있다.

• 抄啓文臣 | 徐有榘 |《林園經濟十六志》| 喜悲哀怒 | 愛憎怨妬 |《伍洲衍文長箋散稿》
☛ 1 태명 고개 4-14, 9 세 살 고개 2-샛길

**10**  보통 아이가 젖을 먹는 기간은 2~3년이다. 다른 짐승에 비해 늦둥이다. 쥐는 20일이면 성숙해 생식할 수 있고, 돼지는 1년 정도면 끝난다. 그런데 인간과 닮은 데가 많은 침팬지는 젖떼는 데 4~5년이 걸린다. 그때까지 매일 어미 젖을 빤다. 그 뒤에도 불안하면 달려와 어미 젖꼭지에 매달린다. 젖이 나오지 않는데도 말이다. 침팬지의 경우에서 볼 수 있듯이, 아이들이 엄마 젖을 떼지 못하는 것은 물질적인 것보다는 정신적인 욕망이 더 비중이 크다는 것을 보여준다.

**11**  젖을 뗀다는 것은 어머니와 연결되어 있던 제2의 탯줄을 끊는 다는 것을 의미한다. 젖먹이가 모자 소통의 시작이었다면, 젖을 떼는 것은 곧 모자 소통의 단절이다. 그래서 젖을 어떻게 떼는가 하는 방

식에 따라서 아이의 성격 형성 과정이 달라지고 나라 전체의 사회 구성에
도 중대한 영향을 끼친다. 이러한 생각은 20세기에 들어와서 프로이트와
라캉 같은 정신분석학의 이론에 널리 알려진 것이지만, 우리는 이미 이규
경의 지적에서 보았듯이 옛날부터 '젖떼기'의 독자적 방식으로 대처해왔
다. 이미 젖'뗀다'는 한국말 속에 그리고 '맘마와 지지' 같은 배냇말 속에
이야기의 열쇠가 들어 있다.

**12** 옛날 한국의 어머니들은 젖꼭지에 금계랍* 같은 쓴 약을 발
라 아이 젖을 뗐다. 어머니도 젖먹이도 그 쓴맛만큼 가슴이 아
팠을 것이다. 하지만 그 고통을 통해 먹을 것과 먹어서는 안 될 것을 가리
는 학습을 한다. 쓴 것이 아니라 단물을 먹여 아이 젖을 떼는 일본의 경우
와 비교하면 그 차이가 무엇인지 분명해진다. 단맛을 본 아이는 꿀 먹은
벙어리라는 말처럼 아무 말 없이 지금껏 빨던 젖을 일거에 헌신짝 버리듯
외면하고 단물 빨려고 달려간다. 거기에는 어떤 아픔이나 쓴맛 단맛을 분
별하는 '가르기' '가리기'의 학습 과정이란 것도 없다.

• 金鷄蠟

**13** 꿀이 아니다. 한국의 젖떼기는 모자 상호성↱의 소통 방법인
'맘마와 지지'로 한다. 그것은 말을 모르는 아이라도 알아들을
수 있는 옹알이에 가까운 배냇말이다. '맘마'는 이가 나기 이전에도 갓난
아기가 낼 수 있는 입술소리(口脣音)인 데 비해서 '지지'는 이가 나야 비로소
발음할 수 있는 잇소리(齒音)다. 그래서 뭔지 모르지만 소리만 듣고서도 '맘
마'는 긍정적인 것으로 모성적이고, '지지'는 부정적인 것으로 부성적이
다. 그래서 젖먹이들은 젖을 뗄 때 '맘마 지지'라는 말을 반복적으로 듣고

소리를 내다가 먹을 것 못 먹을 것을 가릴 줄 아는 분별이 생긴다.

↪ 1 태명 고개 3-03


**14** 우리는 오탁번의 소설 〈맘마와 지지〉에서 놀랄 만한 '한국인 이
야기'를 듣게 된다. 겨우 젖을 뗀 아기가 야밤에 침입한 강도를
손가락질하면서 엄마에게 '지지, 지지'라고 외치는 그 장면 말이다. '맘마,
지지'의 배냇말로 젖떼고 보채던 아이를 강도까지 알아볼 수 있도록 자라
게 한 것이다. 먹을 것 못 먹는 것을 가릴 줄 알고, 좋고 나쁜 것을 분별할
줄 아는 판단력을 지닌 아이로 바꿔놓는다. 포유병으로 아이를 키우는 세
상이 되어도 맘마와 지지라는 어머니의 어머니 또 그 어머니의 어머니 때
부터 젖떼기 말로 사용한 그 말이 지금까지 시퍼렇게 살아 있다. 이제는
그 배냇말로 태명을 지어 배 속 아이와 태담을 하고 있지 않는가.↪

↪ 1 태명 고개 2-05


**15** 그동안 프로이트와 라캉 같은 정신분석학자들의 시각에서 보
면 이유기란 '젖을 빨던 입술'이 '말을 하는 입술'로 바뀌어가
는 단계다. 우선 아이가 말을 하려면 어머니의 젖꼭지에서 입술을 떼야
한다. 젖을 물고 있는 한 입이 막혀 아무 말도 할 수 없다. 그래서 엄마의
'몸(젖)'은 '말'이 지배하는 영역인 아버지의 이름nom du père(언어)과 대
립한다. 그것이 요즘 대학 수능 시험에도 등장하는 상상계와 상징계라는
라캉의 용어다. 그런데 우리 학생들이 이런 말 외우느라 고생할 필요가
있나. 우리가 젖떼고 난 뒤부터 몸에 익힌 '맘마'와 '지지'란 말을 두고 생
각해보면 라캉보다 더 많은 세상을 볼 수 있다. 맘마는 어머니의 몸이며
동시에 아버지의 이름을 융합한 옹알이의 회색 지대 영역이기 때문이다.

엄청난 이야깃거리가 나올 수 있다.

**16** 이유식이 없었던 옛날 아이들은 이가 나기 전 딱딱한 음식을 제대로 씹지 못한다. 이럴 때 할머니는 음식을 대신 씹어서 아이에게 먹인다. 당연히 '맘마'다. 그러나 며느리 눈으로 보면 따질 것 없이 명백한 '지지'다. '맘마'와 '지지'를 놓고 고부간의 갈등이 생긴다. 그런데 충격적인 일은 그러한 갈등이 아니라, 최신 의학 연구가 뜻밖에도 할머니의 손을 들어준다. 어른들의 침은 아기들에 병균을 옮기기보다는, 항체를 만들어 면역력을 높여주는 역할을 하기 때문이라는 이유에서다. 의심스러우면 2017년에 보도된 《데일리 메일》의 기사를 찾아 읽으면 된다.* 프렌치 키스를 10초 동안 하면, 파트너 사이에 최대 8,000만의 박테리아가 교환 생성된다고 한다. 당연히 면역력이 높아져서 건강에 좋다는 결론이다.

• *The Daily Mail*, 2017. 2. 20

**17** 남녀의 키스의 효험을 이미 옛날 우리 할머니들은 손자 사랑을 위해 실천했다는 이야기다. 요즘에 들어와서 육아 기술만은 서구의 과학 기술이 아니라 아프리카인의 오래된 전통 육아법에서 배우고 따르라는 소리가 부쩍 높아지고 있다. 물론 선진국 전문가들의 주장인데, 그들은 남방의 아프리카나 북방의 이누이트족 갓난아이들은 좀처럼 우는 법이 없다는 연구도 곁들여 발표하였다. 그만큼 갓난아이들은 문명보다 자연에 더 가까운 생명체라는 이야기다.↪

↪ 5 기저귀 고개 3-02~04

다섯째 꼬부랑길

# '쉬쉬' '응가'와 기저귀 떼기

**01** 아기들은 태내에서부터 소리를 가릴 줄 안다. 모차르트의 음악
소리를 들으면 편안해하고 베토벤의 음악을 들으면 불안해한
다는 것은 널리 퍼진 이야기다.* 갓난아기들은 태어나자마자 엄마의 목
소리와 냄새를 안다. 아직 20센티미터 눈앞밖에 볼 줄 모르던 아기가 용
케 엄마와 다른 사람의 얼굴을 구별할 줄 안다. 애가 낯 가린다는 말이 그
래서 나왔다. 그 정도가 아니다. 어른도 구별하지 못하는 원숭이들의 얼굴
특징을 생후 6개월 된 아기들은 거뜬히 가려낼 줄 안다. 갓난아기들의 배
냇힘은 상상을 초월하는 슈퍼 파워다. 그런데도 똥오줌만은 제대로 가릴
줄 모른다.

• Serge Ciccotti, *100 Petites expériences de psychologie pour mieux comprendre
votre bébé*, 2006

**02** 갓난이들은 하루 20번 이상 오줌을 싼다. 30번 하는 경우도 있
다. 하루 4~6번 소변을 보는 성인에 비하면 그 차이가 엄청나
다. 그래서 삼줄(탯줄)을 가르자마자 벌거숭이 맨몸이 제일 먼저 문명의
인공물과 만나게 되는 것이 바로 기저귀라는 천이다. 양 가랑이에 족쇄처

럼 채워진 이 기저귀를 떼려면 역시 '맘마' '지지'로 젖떼는 것과 같은 방식을 써야 한다. 오래전부터 내려온 '쉬쉬'와 '응가'란 말을 써서 똥오줌을 가리도록 한다. 같은 아시아 문화권인 일본에서도 배변 훈련의 기율은 서양의 토일렛 트레이닝에 못지않게 엄한 것으로 알려져 있다. 하지만 한국은 다르다.

**03** 정해진 규율이나 법이 아니다. '쉬쉬' 하는 소리로 오줌을 누게 하고 '응가' '끙가'로 똥을 누게 한다. 아이들도 알아들을 수 있는 말을 통해서 자연스레 소통하는 방식의 대화형이다. 이를테면 판소리의 추임새와도 같은 원초적인 말인 게다. 그 말의 힘은 대단하다. 젖을 '빨'던 아이가 음식을 '씹'는 아이로 성장하고, 오줌 '싸'고 똥 '싸'던 아이가 오줌 '누'고 똥 '누'는 아이로 바뀐다. 이렇게 똥오줌을 '가리게' 되면 가랑이 사이에 족쇄처럼 채워졌던 기저귀를 떼게 된다.

**04** 쉬쉬와 응가와 끙가 같은 절묘한 소리의 패턴을 분석해보면 태명과 상통한 면을 발견하게 될 것이다.↱ '쉬쉬'는 잇소리다. 간지러운 잇몸에서 막 이가 나려고 하는 바로 그 치음이다. '응가'는 옹애 하고 태어날 때 숨 쉬던 목구멍에서 나오는 소리고, '끙가'는 그보다 더 힘을 줘야 하는 쌍기역의 된소리다. 이렇게 그 미세한 차이가 젖먹이 똥싸개 아이에게 전달되면, 이제는 자의로 배변을 할 수 있는 힘이 생겨난다.

↱ 7 옹알이 고개 1-06

**05**  반대로 싸는 것은 자기도 모르게 방임 상태에서 이루어지는 일이다. '누다'와 '싸다'는 생리적 배설만이 아니라 모든 감정이나 행동에서 그대로 확대된다. 감정을 억제하지 못하는 사람은 감정을 싸는 것이며, 돈을 함부로 낭비하고 다니는 사람은 돈을 싸는 사람이다. 그러므로 오줌싸개란 말에는 자기 앞가림을 못 하는 기저귀 찬 미숙아란 뜻이 숨어 있다. 같은 또래 아이들과 어울릴 수 없는 왕따가 되고 만다. 그래서 일단 오줌싸개 똥싸개라는 별명이 붙으면 그 명예회복은 거의 가망이 없다.

키를 쓰고 동네를 돌며 소금 받으러 다니던 기억은 없는가. 부끄러워 말하지는 않았지만 오줌싸개를 경험하지 않은 사람은 별로 없을 것이다. 요 위에 세계지도를 그려놓고 빛나는 아침을 맞이해야 하는 그 부끄럽고 참담했던 느낌, 우리가 태어나 최초로 겪었던 원초적 형벌이다.

**06**  오줌싸개라는 말 자체가 다른 나라 말로 해서는 실감이 나지 않는다. 영어의 베드 웨터˚ 일어의 쇼벤 타레˚, 중국어의 니아오추앙징˚ 같은 밍밍한 말로는 어림도 없다. 그만큼 오줌싸개에 붙는 '싸다'라는 말은 토박이말 가운데서도 된소리 막말 수준의 토박이말이다. 오줌을 누는 것과 싸는 것의 차이가 분명한 낱말로 고착화한 것이 '오줌싸개'라는 말이다. 이 말 자체가 품고 있는 많은 암시, 이를테면 비웃음, 조롱, 경계, 모욕, 따돌림처럼 사회적 소외를 느끼게 하는 말이다. 가족에서 공동체의 성원으로 거듭나야 하는, 제2의 탄생을 치러야 하는 혹독한 통과의례의 의미가 있다. 배꼽떼기보다는 젖떼기가 힘들고 젖떼기보다는 똥오줌 가리고 기저귀를 떼는 것이 더 어렵다. 오줌싸개는 천자문을 떼고도 겪어야 하는 마지막 의례다. 그렇다. 오줌싸개의 통과의례라는 것이 내

가 어릴 적만 해도 진짜 있었다. 키를 쓰고 이웃집에 소금을 얻으러 갔다가 물벼락을 맞았던 기억들 말이다.

• bedwetter | 小便たれ | 尿床精(niàochuángjīng)

**07** "오줌싸개는 왜 키를 쓰고 소금을 얻어와야 했을까요?"라는 말이 인터넷에 더러 올라와 있다. 그 망신스럽고 창피한 일들이 오히려 그리운 추억으로 남는다. 연극적 요소의 스토리텔링, 호모 나랑스의 꼬부랑 할머니 이야기 같은 차원으로 생각하면 쉽게 풀린다. 소금과 키는 오줌싸개에 귀신이 붙었다고 생각하여 일종의 구마 의식과도 관련된 것이라는 해석이 있다. 하지만 키를 씌우고 이웃에게 소금을 빌려달라고 하고 상대는 상대대로 일정한 줄거리에 맞추어 연기를 하는 연극적 요소가 있다는 점에 더 주목할 필요가 있다. 그것도 숨기고 몰래 하는 것이 아니라 동네 곳곳에 소문이 나도록 말이다. 오줌싸개 이야기는 여러 가지 미스터리의 요소가 있다. 단순히 망신주기의 뜻만 있는 것은 아니다. 서양은 '죄의 문화', 동양(일본 등 아시아)은 '수치의 문화'로 단순히 가를 수 없는 좀 더 복잡한 의미를 함의하기 때문이다.

**08** 우리나라에서는 오줌을 싼 아이에게 벌주기 위해서 키를 씌우고 동네를 돌게 했다. 애써 구한 《농사짓는 시인 박형진의 연장 부리던 이야기》*에서 그 생생한 장면을 옮겨와보자. "옆집 대문간에서 조그만 소리로 아주머니를 부른다. '오, 소금 얻으러 왔구나. 잠깐 기다려라. 소금 퍼오마.' 아주머니는 오줌싸개의 손을 끌고 가 부엌 앞에다 세워두고 소금을 한 중발 퍼온다. 물도 한 바가지 그리고는 부지깽이를 쥐고 나와 키를 쓴 오줌싸개에게 물을 뿌리며 '닭이 밤에 오줌 싸지, 사람이

싸냐?'라고 말하면서 오줌싸개는 죽는다고 울며 손에 든 그릇도 내버리고 키만 쓴 채 겨우 집으로 달려온다." 여기에서 주목할 대목은 오줌싸개에 물을 뿌리며 외치는 동네 아줌마의 대사다. "닭이 밤에 오줌싸지 사람이 싸냐." 싸는 것은 본능으로 사는 짐승들의 상태다. 사람이 되려면 배설의 본능을 참고 견디고 제어할 줄 알아야 한다. 그것이 바로 '가리다'라는 말로 아이를 기르는 기르고 훈련시켜 모든 사회적 분별력을 길러온 한국인의 집단 지성이었던 거다.

• 박형진, 《농사짓는 시인 박형진의 연장 부리던 이야기》, 열화당, 2015

**09**  "물론 이 광경을 울타리 너머로 지켜보던 어머니는 시침을 뚝 떼고 '거 봐라. 네가 밤에 오줌을 싸 버릇하니까 아주머니가 어떻게 알고 소금도 주지 않는구나! 다음부터는 절대 오줌 싸지 마라, 잉?' 다짐을 받는다." 이 이야기에서 오줌싸개에게 주는 벌은 가족과 마을이 함께 짜고 가르치는 연극이었다는 사실을 알게 된다. 징벌인데도 웃음이 나오고 지나고 나면 그 부끄러움도 망신도 정겨운 추억이 된다. 회초리의 맷자국도 없다. 멍석말이 같은 무서운 형벌도 아니다. 집안 망신이라고 웬만한 죄는 감춰주는 게 한 지붕 인심인데, 왜 오줌싸개만은 동네방네에 소문내 망신을 주는 걸까.

**10**  가족과 동네 어른들이 합심하여 아이들이 오줌 싼 걸 부끄럽게 여기게끔 하는 것이다. 집안에서 쉬쉬하지 않고 동네방네 돌게 함으로써 부모가 아닌 동네 어른들도 아이가 오줌을 가리는 걸 도와준다. 마을 사람들이 합심하여 오줌을 가리게 도와준 것이다. 공동체의 일원으로 받아들이려는 일종의 통과의례인 게다. 근대화 이전의 일본에는 이런 풍속

이 있었다. 촌락별로 미성년자들을 성별, 나이에 따라 나눠 집단 수용했다. 성별이나 나이에 따라, '와카모노구미若者組'는 미혼 남성들의 집단이고, 어린이들의 조직은 '고도모구미子供組', 미혼여성 조직은 '무스메구미娘組'라고 불렸다. 미성년자들은 공동체의 일원으로 마을 일을 도와야 했고, 규율은 엄격했다고 한다. 이 촌락 공동체 생활을 통해 아이들은 어른으로 자라는 것이었다. 한국의 부모들이 아이들에게 키를 씌워 동네 사람들에게 소금을 얻어오게 했던 것도 마찬가지다. 어머니, 아버지만 아이를 키우는 것이 아니다. 동네 사람들이 아이들을 어른으로 길러내는 것이다.

**11** 그러나 '오줌싸개'의 형벌은 '한국인 이야기'에서 진화한다. 윤동주 시인의 상상력에 의한 처방인 게다. 실수로 오줌 싼 아이를 망신 주고 놀리고 왕따시키는 게 아니라, 오히려 창조적인 이야기를 만들어낸 주인공으로 승화한다. 맞다. 오줌을 싼 게 아니라 동생은 시제목 그대로 지도를 그린 것이다. 그것도 슬프고 아름다운 잃어버린 내 조국의 땅을 말이다.

"빨래줄에 걸어논/ 요에다 그린 지도/ 지난밤에 내 동생/ 오줌 싸 그린 지도// 꿈에 가본 엄마 계신/ 별나라 지돈가?/ 돈 벌러 간 아빠 계신/ 만주 땅 지돈가?" *

• 윤동주, 〈오줌싸개지도〉, 1936

# 5
# 기저귀 고개
하나의 천이 만들어낸 두 문명

첫째 꼬부랑길

# 기저귀를 모르는 한국인

**01**  '다섯 번째로 넘어야 할 고개는 기저귀 고개다. 기저귀라는 말만
보고 우습게 볼지 모르지만, 어쩌면 가장 힘들고 어려운 고개가
될지 모른다. 반드시 '기저귀학'을 배워야만 넘어갈 수 있는 고개이기 때문
이다. "빨랫줄이 아니면 세탁기 속에서 돌아가야 할 기저귀가 무슨 학문씩이
나" 하고 코웃음을 칠지 모른다. 요즘같이 한 번 쓰고 버리는 기저귀라면 쓰
레기통도 외면한다. 하지만 농담이 아니다. 우리가 몰랐을 뿐 구글 검색창에
'diaperology(기저귀학)'이라고 쳐보라. 0.26초 만에 약 1,610개의 항목이
뜰 것이다. 그중에는 학문과 담을 쌓은 사람이라도 귀동냥으로 들었을 법
한 대학자들의 이름들이 쏟아져 나온다. 《국화와 칼》˙로 유명한 루스 베네
딕트˙와 그녀의 아바타 같은 문화 인류학자 마거릿 미드˙ 그리고 '이데올
로기의 종언'으로 충격을 준 다니엘 벨˙과 생성 문법으로 세계적 스타가 된
언어학자 촘스키˙의 이름이 꼬리를 물고 나타날 게다. 운이 좋으면 아마 톨
스토이와 블레이크 같은 굵직한 소설가나 시인도 만날 수 있을지 모른다.

˙*The Chrysanthemum and the Sword* | Ruth Benedict | Margaret Mead | Daniel
Bell | Avram Noam Chomsky

**02**   어린애 똥 기저귀라고 만만히 볼 일이 아니다. 학문이 아니라
우리가 이 세상에 태어나 제일 먼저 시련을 겪는 일이 무언가.
바로 그 기저귀가 아닌가. 흔히들 '요람에서 무덤까지'라고 하지만 뭣도
모르고 하는 소리다. 기저귀를 차는 것이 요람보다 먼저이고 무덤에 들어
가기 전에 입는 것이 수의壽衣다. 사람들의 일생을 종교적으로 보면, '흙에
서 흙으로'이고 사회복지적으로 보면 '요람에서 무덤까지'•다. 하지만 자
연 생물학적인 시각에서 보면 '자궁에서 무덤까지'•다. 하지만 스토리텔
링으로 하자면 사람의 일생은 태어날 때의 기저귀 천에서 시작하여 수의
의 천으로 끝나는 이야기다. '천에서 천으로Clothes to Clothes'다. 양수
속에 있던 벌거숭이에게 기저귀가 채워지는 순간, 혼자서 멋대로 살아온
모태의 자유와 평화는 끝난다. 수갑을 채운다고 하듯이 멋대로 빨고 싸던
생리 작용은 억압받기 시작한다. 거북하고 성가신 헝겊 천이 함부로 싸던
생리 작용을 압박하기 시작한다. 내 몸을 감싸주었던 어머니의 양수가 아
니라 베틀에서 나온 기저귀의 헝겊 천은 껄끄럽다. 더러운 천에서 시작하
여 수의의 차가운 천으로 끝나는 삶, 그래서 내 자신이 기저귀에 대해 이
런 시를 쓴 적도 있다.

• From cradle to grave | From the Womb to the Tomb


**03**   목숨은 태어날 때부터/ 죽음의 기저귀를 차고 나온다.
아무리 부드러운 포대기로 감싸도/ 수의의 까칠한 촉감은 감
출 수가 없어./ 잠투정을 하는 아이의 이유를 아는가.
한밤에 눈을 뜨면/ 어머니 숨소리를 엿듣던/ 긴 겨울밤/ 어머니 손을 움
켜잡던/ 내 작은 다섯 손가락.
애들은 미꾸라지 잡으러 냇가로 가고/ 애들은 새둥지 따라 산으로 가고/

나 혼자 굴렁쇠를 굴리던 보리밭 길

여섯 살배기 아이의 뺨에 무슨 연유로/ 눈물이 흘렀는가/ 너무 대낮이 눈부셨는가/ 너무 조용해 귀가 멍멍했는가.

굴렁쇠를 굴리다 흐르던 눈물/ 무엇을 보았는가/ 메멘토 모리 *

훗날에야 알았네/ 메멘토 모리.

• memento mori

**04** '기저귀학'은 고사하고 기저귀라는 말조차 우리는 제대로 알지 못한다. 연세대학교 홍윤표 교수의 다음과 같은 글을 읽어보면 낯뜨거워질 사람이 한둘이 아닐 것 같다. '기저귀'란 "어린아이의 똥오줌을 받아내기 위하여 다리 사이에 채우는 천"을 말한다. 그러나 얼마 전에 어느 젊은 연예인의 말을 듣고 '기저귀'의 뜻이 바뀌겠다는 생각을 하게 되었다. 그 연예인은 부모가 가출하여 고아 아닌 고아가 된 손자들을 혼자 키우는 할머니 댁을 방문하고 나서 "기저귀는 보이지 않고 헝겊으로 만든 천만 빨랫줄에 많이 널려 있는 것을 보았다"고 말하는 것이다. 일회용 기저귀만을 '기저귀'로 알았다는 증거다.

• 홍윤표(洪允杓),《새국어소식》, 2003년 1월호

**05** 홍 교수의 지적대로 그 어원만 알았어도 그런 어처구니없는 말은 하지 않았을 것 같다. 왜냐하면 기저귀라는 우리 토박이말이 본시 빨랫줄에 걸어놓았다던 바로 그 헝겊(천)을 가리키는 말이었던 게다. 언어학자의 도움이 없더라도 '기저귀'는 옷깃이라고 할 때의 그 '깃(깆)'에 송아지나 강아지라고 할 때의 작은 것을 가리키는 접미사 '아기' '어기'가 합쳐서 된 말임을 짐작할 수 있다. 기저귀란 말이 생기기 전에는

'삿깃'이라고 했는데 '삿'은 '사타구니'요 '깃'은 이미 말한 대로 헝겊 천이다. 한자로 쓰면 막 바로 요포尿布인 게다. 그리고 그 깃(짓)은 '어린이의 옷'을 뜻하는 말로 사용되었다는 것이다. 그렇다면 오늘날과 같은 기저귀란 말과 그 실체는 언제 어떻게 생겨났는지, 그런 의문을 풀자면 언어학만이 아닌 '기저귀학'이란 게 정말 필요하겠다는 생각이 든다.

**06** 다행히 16세기 초에 나온 우리 어학사 연구의 귀중한 문헌인 《번역박통사》* 라는 책이 있다. 중국 사람의 생활 풍습과 제도 등을 문답체로 편찬한 한문본을 우리말로 옮긴 것으로 그 가운데에는 갓 낳은 아이의 똥오줌을 어떻게 건사했는지 자세한 기록이 나온다.

"갓 낳은 아기를 씻기고 머리를 깎고, 아기를 달구지(흔들차, 搖車)에 넣고 수레를 사다가 밑에 지즑(왕골자리)을 깔고, 또 전조氈條(보료) 깔고, 위에 두어 깃(어린이 옷 같은 얇은 천) 깔고 아기를 누이고 아기 옷을 덮고 보로기(아기 옷을 동이는 끈)로 동이고 오줌을 받을 바가지를 그 구멍에 바로 놓고 분지糞池(똥 받을 그릇)를 밑에 놓고 아기 울거든 흔들차를 흔들면 문득 울음을 그치니라." 홍 교수는 그 대목을 이렇게 현대말로 옮기고 풀이한 다음 기저귀란 말에 대해 매듭짓는다.

•《飜譯朴通事》

**07** "이 기록을 보면, 오줌을 받을 바가지를 아기의 잠지 아래에 놓는다고 하였으니 '기저귀'는 없었던 것 같다. '삿깃'이 18세기에 보이는 것을 보면 늦어도 18세기부터 '기저귀'의 기능을 가진 천이 있었고, '기저귀'란 단어는 19세기에 생겨난 것으로 해석할 수 있다."* 그리고 또 "이러한 사실이 밝혀졌다고 해서 과연 '기저귀'를 일회용 기저귀로

만 인식하는 현대인들의 생각을 바꿀 수 있을까?"라고 회의적인 소회 한 마디를 남긴다. 이 말을 다른 말로 바꾸면 "일회용 기저귀만을 기저귀로 아는 현대인에게 올바른 기저귀관을 알려주려면 언어학만으로는 부족할 것 같다. 뭔가 종합적이고 본격적인 '기저귀학'이 필요한 것 같다"고 말이다.

• 尿布 삿깃 卽 기저귀 《광재물보》(19세기), 尿襁子 삿깃 尿布 《역어유해》(1715), 尿襁子 삿깃 《방언유석》(1778)

**08** 사실 마음만 먹으면 《번역박통사》의 그 한 대목만으로도 얼마든지 한중일 비교 문화의 '기저귀학'이 가능할 것 같다. 아니 이미 그런 글을 실학파 박지원 등이 남겼다. 중국과 달리 한국에는 아이를 요차에 넣어 흔들어 키우고 그 수레 밑에 구멍을 뚫어 똥오줌을 받는 분지 같은 바가지도 사용한 적이 없다는 것을 실증적으로 밝히고 있다. 일본만 해도 17세기 에도 시대에 중국의 요차처럼 '에지코エジコ'라는 나무통에 넣어 아이를 길렀다. 아이 엉덩이에 맞춘 구멍 뚫린 요를 깔아준 것이나 그 구멍 아래 똥오줌을 받아 흡수할 수 있는 화산재나 짚을 깔아준 것까지 비슷하다. 확대하면 서양의 크레들(요람) ˙ 문화도 통하는 것이다.

• Cradle, 搖籃

**09** 요람은 아이보다 기르는 사람이 편하도록 만든 장치다. 애를 떼놓고 부모가 편하게 일할 수 있기 때문이다. 거기에 똥오줌까지 자동적으로 처리될 수 있다면, 곁에 두고 지켜볼 필요도 없다. 하지만 이규태의 칼럼에서도 지적했듯이, 제주도 지역을 제외하면 한국은 요람 문화권에서 벗어난 거의 유일한 민족이라고 할 수 있다. 뒤에서 자세히 언급하겠지만 요람이 분리형 육아 문화의 상징이라면, 애를 업어 기르

는 포대기는 밀착형 육아 문화의 모델이라고 할 수 있다. 애를 업고는 바다에 들어가 물질을 할 수 없기 때문에 제주도만이 아이를 구덕에 넣어 기르는 걸 봐도 짐작이 간다.↪

↪ 6 어부바 고개 1-샛길

**10** 전통적인 기저귀에는 아기의 똥오줌이 아니라 그 나라 그 민족의 문화 유전자가 묻어 있기 마련이다. 수천 년 중국에서 그 많은 문물이 들어왔음에도 아이 기르는 방법, 그중에는 배설물을 가리는 그 육아 방식은 문화에 따라 다르다는 것을 보여준다. 하지만 한 번 쓰고 버리는 일회용 기저귀는 어디를 가나 모양도 채우는 방식도 다 똑같다.

**11** 종이나 합성수지의 일회용 기저귀에 무슨 국경이 있고 민족의 차이가 있겠는가. 오늘날 기저귀의 문제는 어떻게 채우느냐가 아니라 유해 화학 물질이 있느냐 없느냐가 문제인 것이다. 그래서 저출산 고령화 사회로 수요가 급감하던 기저귀가 대박 나는 기적 같은 일이 벌어진 게다. 일회용 기저귀에서 다이옥신˚ 같은 유해 물질이 검출되자 중국 관광객이 일본으로 몰려와 닥치는 대로 기저귀를 싹쓸이했기 때문이다. 일본에서는 오래전부터 화학 물질이 검출되지 않는 고품질 기저귀를 만들었다. 400년 전 흔들이 요차를 만들어 분지로 아기의 오줌과 똥을 받아내던 중국인을 부러워하던 일본인이 이제는 유아용 기저귀 하나로 연 737억 엔에 성장률도 6.8퍼센트의 기저귀 대국으로 군림하게 된다.˚

˚Dioxine ㅣ 일본 위생재료공업연합회

**12** 배가 아파하는 소리가 아니다. 이건 그저 '기저귀 경제학'이지 우리가 지금 찾는 그 미스터리 '기저귀학'이 아닌 게다. 기저귀에는 의료의 건강 문제, 경제와 생활의 편의 문제보다 중요한 문화의 문제가 있다는 것. 정신분석학자나 문화인류학자가 말하는 한 나라의 문화와 국민성을 결정짓는 중요한 문화 유전자가 숨어 있다는 사실을 알려고 하는 사람은 한중일 세 나라를 통틀어 과연 몇이나 될 것인가. 하지만 누구나 '한국인 이야기'의 꼬부랑 고개를 넘어가면, 기저귀 헝겊 천 하나에서도 놀라운 이야깃거리를 찾을 수 있고 들을 수 있다. 평생 듣도 보도 못한 '기저귀학'을 통해 동서 냉전의 첫 으름장을 놓은 숨은 이야기도 말이다. 기저귀를 기저귀라고 부를 줄 모르는 젊은이들을 위해《번역박통사》에서《축소지향의 일본인》*으로 텍스트를 옮겨보면 기저귀 고개를 넘을 수 있는 지팡이 역할을 하게 될지도 모른다.

•《縮み志向の日本人》

**13** 일회용 기저귀를 사용하기 전 일본 사람들이 아이 기저귀 채우는 습관이 화제가 된 적이 있다. 아기의 다리에 피가 통하지 않을 정도로 꽉 조여 맨다는 이야기다. 기저귀가 아니라도 아이를 업을 때에도 마찬가지로 온부히모*라는 끈으로 꼭 졸라맨다고 한다.➨ 그래서인지 일본인들은 적어도 세 곳은 조여 매야 힘이 나는 민족이라고 스스로 말해왔다. 머리에는 하치마키鉢卷*, 어깨에는 다스키襷*, 가랑이 사이에는 훈도시褌*를 조여야 정신이 난다는 거다.

• おんぶ紐 | はちまき, 머리띠 | たすき, 어깨띠 | ふんどし, 기저귀 모양의 천
➨ 5 기저귀 고개 1-18

**14**  한국인이 머리띠를 두르는 경우는 골치가 아플 때다. 일제 강점 하의 영향으로 우리도 이제는 머리띠, 어깨띠까지 두르고 데모를 하지만 가랑이 사이에 기저귀처럼 차는 일본의 훈도시만은 오직 그들만의 것이다. 다 큰 어른들이 벌거벗은 몸에 '기저귀(훈도시)'를 차고 씨름판을 벌이는 '스모도리(씨름꾼)'*의 모습을 보면 웃음과 함께 물음표가 쏟아진다. 그 물음표를 풀어가다 덕분에 《축소지향의 일본인》을 쓰는 데 많은 힌트를 얻은 셈이다. 그래 정말 '기저귀 문화 유전자'라는 게 대단하긴 대단한 모양이다.

• 相撲取り(すもうとり)

**15**  한국을 '푸는 문화'라고 한다면, 일본의 문화는 단연 '조이는 문화'다. 교통 안전 표지판만 봐도 비교가 된다. 한국은 안전벨트를 '매라'고 하는데, 일본의 경우엔 '조여라'라고 한다. 즉 '매다'의 '무수부結ぶ'가 아니라 '조이다'의 '시메루締める'인 게다.
벨트뿐인가. 마음도 '시메루'다. 우리는 마음을 단단히 먹지 마음을 조이라고는 하지 않는다. 우선 같은 한자라도 우리는 '체締' 자를 잘 쓰지 않아 가뭄의 콩인데, 일본에서는 대풍인 거다. 원래 중국에서는 그 '체' 자가 그냥 맨다는 뜻이라는데 어째서 일본인들만 조인다는 말로 사용하는 건지, 확실히 그 민족성을 드러내 보이는 예다.↪

↪ 5 기저귀 고개 1-17

**16**  심지어 기업의 CEO에게도 '체' 자가 붙는다. '도리 시마리 야꾸取締役'*라는 말이 그것이다. 문자대로 직역하면 '잡아다取 조이는締 역할役'이라는 뜻이니 우리말투로 하면 '잡아다 족치는 역할'인 게

다. 간담이 서늘해지는 직함인데 조여야 힘이 나는 그들에게는 오히려 누구나 다 맡고 싶어 하는 역이다. 그게 다 바짝 조여 맨 기저귀의 유전자 덕분인지는 모른다. 기업가 정도라면 그래도 무서워할 일이 아니지만 그게 군국주의 전쟁 시대 가미카제˚ 특공대를 낳게 될 것이라면, 분명 기저귀의 조이는 문화 유전자 밈˚은 공포의 대상이 아닐 수 없다.

˚ どりしまりやく | 神風 | meme

**17** 　모든 의식주 생활 문화에 나타나는 기저귀 밈은 한국의 푸는 문화와 일본의 조이는 문화의 차이를 선명하게 보여준다. 일본인이 싸우려 할 때는 이미 말한 그대로 세 군데를 졸라매야 하지만, 한국인은 반대로 웃통부터 벗는다. 일본의 '지카다비足袋'는 발에 꼭 들어맞게 한 치의 치수도 에누리가 없는 신이다. 하지만 한국의 짚신, 고무신은 어떤가. 좌우의 구분도 없고 웬만하면 누가 신어도 될 만큼 느슨해 여유만만하다. 같은 무로 담근 것인데도 일본의 단무지, 다꾸앙은 그야말로 국물도 없다.

**18** 　입시 지옥은 일본이나 한국이나 매한가지인데 시험 치러 가는 아이에게 하는 말은 그 차이가 하늘과 땅 사이다. 일본은 '정신 바짝 차리라'는 뜻으로 '간밧떼頑張って' '키오츠게테氣をつけて'라고 하는데, 한국의 부모들은 '마음 푹 놓으라'고 한다. 일본의 힘은 긴장과 집중으로 조이는 데서 나오고, 한국의 힘은 푸는 데서 나온다는 말이 거짓이 아니다.

**19** 　기저귀의 어원은 앞에서 이미 '작은 헝겊 천'이라는 뜻에서 온 말이라고 했다. 그렇다면 기저귀의 일본말 '무쓰기むつき'는 무

슨 뜻인가. 여러 설이 있지만 무쓰기는 천 년 전 헤이안 시대부터 사용되어온 말로 중국의 강보襁褓와 뜻이 비슷하다는 게다. 강보의 그 '강襁' 자를 보면 옷 '의衣' 자에 굳셀 '강彊' 자가 들어 있다. 역시 그냥 천이 아니라 강하게 조인다는 뜻이 내포되었다. 상식적으로 생각해도 기저귀를 느슨하게 채우면 배설물이 밖으로 흘러내리니 당연한 말이다. 아이의 입장에서 보면 이 세상에 나와 처음 겪는 가장 거북하고 힘든 것이 바로 기저귀라는 것을 짐작할 수 있다. 그런데 가뜩이나 불편한 것을 강하게 조여 맨다면, 아이의 마음에 어떤 상처가 남게 될까. 기저귀를 조일수록 그 마음의 상처(트라우마)도 깊게 남을 것이다. 기저귀학을 탄생시킨 서양의 경우는 어떤가. 우선 그 기저귀에 관한 명칭이나 모양이나 역사나 솔직히 미궁 속이다. 뭐랬나 기저귀 고개는 험한 고개가 될 것이라고.

## 둘째 꼬부랑길
# 냉전의 깃발, 서양 기저귀

**01** '기저귀학'이라는 용어가 학계에 처음 선보인 것은 2차 세계
대전 직후, 한국 같으면 해방되고 독립 만세를 외치던 때의 일
이다. 다 큰 어른들이 그것도 내로라하는 점잖은 학자들이 기저귀를 놓고
벌인 싸움판인 게다. 그것도 UN 회의장에서부터 벌어진 일이라면 상상이
가겠는가. 소련은 사사건건 미국을 향해 'NO, NO'의 공격과 거부권을 행
사한다. 일본에 승전한 미국 앞에 또 다른 적수가 나타난 게다. '그레이트
러시아'˙라는 것도 알고 보면 유럽의 주연부˙에 있는 후진 나라로 껄끄
럽기는 일본과 다를 바 없다. 성격도 행동하는 것도 어느 하나 살바를 잡
기 힘들다. 그래서 미국에서는 러시아는 '철의 장막'˙이요 크렘린˙이라
는 말이 난무하게 된다. 바로 그때 러시아인의 미스터리를 풀기 위해 등
장한 키워드가 기저귀요, 기저귀학이었던 거다.

˙Great Russia | 周緣部 | Iron Curtain | Kremlin

**02** 2차 세계대전 중 미국 정부는 루스 베네딕트에게 일본인을 알
기 위한 프로젝트를 의뢰한다. 그 결과물이 우리에게도 잘 알

려진《국화와 칼》이다. 대전이 끝난 뒤에야 완성되었지만, 세상에 던진 파문은 컸다. 사람들의 관심은 주로 그 표제어인 '국화'와 '칼'의 모순에 쏠려 있었지만, 정말 중요한 것은 일본인의 육아법을 분석한 12장째의 권말 부분에 있다. 젖먹이는 방식에서 아이의 대소변 가리는 훈련까지 서양 사람들로서는 이해하기 힘든 육아 풍습을 세밀하게 분석한 대목이다. 개인의 퍼스낼리티와 국가의 문화 패턴은 어린애를 돌보는 양식에 따라 결정된다는 문화인류학의 새로운 접근법이었던 게다.

**03** 미국에서 러시아인의 연구 프로젝트를 맡긴 팀도 역시 베네딕트의 제자이자 한 그룹으로 일해온 마거릿 미드의 팀이었다. 그녀 역시 육아법을 통한 필드워크로 뉴기니의 부족 간 특성을 밝혀낸 연구로 학계에 데뷔했다. 아이를 소쿠리에 담아 떼어놓고 기르는 '문두구머'족은 남녀 모두 호전적이고 사나운 데 비해 애를 직접 안아주고 업어기르는 '아라페시'족은 그와 반대로 유순하고 평화적이라는 그 학설은 우리나라에서도 널리 퍼진 이야기다. 그리고 그녀의 연구팀에 합류한 제프리 고러˙는 엄격한 토일렛 트레이닝과 시스케(버릇 들이기) 교육을 통해서 일본 문화를 연구해 베네딕트의《국화와 칼》➦의 일등 공신 노릇을 한 영국의 사회학자다.

• Geoffrey Gorer ➦ 5 기저귀 고개 1-01

**04** 대충 기저귀에 대한 가닥이 잡혔을 것이다. 일본인의 연구에서 대소변 가리는 것이 러시아인의 경우에서는 애의 기저귀 채우기가 되고, '국화의 칼'에서 칼 부분이 러시아인의 기저귀로 발전된 것으로 알면 이해가 빠를 것이다. 기저귀를 채울 때 너무 바짝 조이고 또 채워

두는 시간도 길어 아이들이 굉장한 스트레스를 받게 되었다는 것이다. 동유럽 특히 러시아의 바로 이웃인 헝가리 사람과 비교해도 그 특성이 분명히 드러난다는 데이터도 제시되었다. 어쩌다 젖먹이고 대소변을 씻어낼 때를 제외하고는 거의 9개월 동안이나 기저귀에 묶여 지내는 갓난애를 상상해보면 된다.* 알고 보면 그것도 그냥 기저귀가 아니다.

* Geoffrey Gorer, "The Psychology Of Great Russians", Margaret Mead, *Russian Culture*(Study of Contemporary Western Cultures, V. 3)


## 05

이 같은 연구 골자가 어떤 파장을 몰고 왔는지는 불문가지다. 우선 기저귀라는 말 때문에 호기심 많은 저널리즘은 반색하고 소련(러시아)은 발끈한다. 애기똥풀에도 거룩한 라틴어 학명을 붙이는 학자들은 기저귀diaper에다가도 '학學, logy' 자를 붙여 '기저귀학 Diaperology'[↗]이라는 근엄한 말을 만들어냈다. 그런데 이상한 점은 소련을 편드는 미국 내의 좌파 지식인들이나 그 연구를 달갑지 않게 생각하는 사람들과는 달리 막상 고려의 학설을 지지한 마거릿 미드는 'Swaddling Hypothesis'** 라는 용어를 썼다. 대체 '다이어퍼'는 뭐고 '스와들'은 뭔가.

* "The Swaddling Hypothesis: Its Reception, American Anthropologist", *New Series*, vol.56, 1954 [↗] 5 기저귀 고개 1-01


## 06

러시아에서는 전통적으로 갓난아이가 태어나면 즉시 발끝에서 목까지 온몸을 붕대 같은 천으로 칭칭 동여맨다. 그 모양이 마치 누에고치나 이집트의 미라와 다를 게 없다. 사타구니에 헝겊 천을 대거나 일회용 기저귀를 채우는 그런 기저귀와는 비교조차 어렵다. 왜 그렇게 아이를 천으로 감아 숨도 못 쉬게 묶어두느냐고 물으면 "이런

혹한에 아이를 따뜻하게 하는 방법이 또 어디 있겠느냐?" "아기가 손으로 얼굴을 긁지 못하게 해야 한다" "감정의 희생양이 되지 않게 하려면 태어나면서부터 몸을 꽁꽁 동여매어 마음을 억제하게 만들어야 한다" 등 그 이유도 백 가지다. 그중에서 가장 설득력 있는 것은 애를 묶어두지 않으면 어른들이 일터에 나갈 수 없어서라는 거다. 특히 가난한 러시아의 농가에서는 애를 혼자 집에 놔두고 밖에 나가 일을 해야만 했다. 움직이지 못하게 묶어놓고 광주리에 넣어두어도 쥐나 다른 짐승의 공격을 받을 수 있기 때문에 천장에 매달아 놓는 경우도 많았던 모양이다.

**07**    스와들링된 아기들이 자기의 감정을 표현할 수 있는 유일한 신체 부위는 오직 '눈'뿐이라고 했다. 그래서 러시아 아이들은 '눈으로 잡고 눈으로 만진다'는 말까지 나오게 될 정도로 이러한 습관은 어른이 되어서도 그대로 남아 있게 된다. 전형적인 러시아인을 노래한 〈검은 눈동자Ochi Cornie〉가 그것이다. 하지만 그 어느 하나도 스와들링의 이유를 속 시원하게 밝혀내지 못한다. 왜냐하면 아주 먼 옛날부터 내려오던 습관을 그냥 뭔지도 모른 채 물려받았기 때문이다. 고러 자신이 그 연구 논문에서 지식 계층이 아니라 농가에서만 스와들링한다고 명시하지만, 마거릿 미드가 고러를 옹호하고 그 학설을 밝힌 논문에 참고로 첨부한 톨스토이의 글을 읽어보면 확실한 의미를 알 수 있게 된다. 내 자신도 영문 텍스트를 직접 읽고 번역한 다음에야 비로소 스와들링 미스터리의 일단을 이해할 수 있었다. 그냥 직역하면 무슨 소리인지 이해하기 힘들 것 같아서 약간 추리고 의역해서 톨스토이의 육성으로 들려주는 러시아 기저귀의 이야기를 들어보기로 한다.

**08**　"그게 꿈인지 생시인지 잘 모르겠다. 나는 묶여 있었다. 손발을 자유롭게 움직이고 싶어도 그럴 수 없다. 그래서 나는 소리 지르고 운다. 괴로워서 울음을 멈추려 해도 그게 마음대로 되지 않는다. 곁에 누군가가 있다. 주위의 모든 게 어두워서 잘 알 수 없었지만 분명히 두 사람이었던 것 같다. 그들은 내 울음소리에 놀라고 걱정하는 눈치다. 하지만 그들은 내가 원하는데도 풀어주지 않는다. 그래서 나는 더 큰 소리로 울 수밖에 없다. 내 마음과는 상관없이 묶여 있어야 된다고 생각하는 모양이었다. 아무도 거역할 수 없는 운명처럼 말이다. …… 모든 기억은 확실치 않다. 하지만 이것이 내가 가장 강하게 경험한 첫 느낌이었다는 것만은 분명하다. 그때의 울음과 고통을 지금 기억하지 못하지만, 답답했던 마음과 뒤죽박죽된 기분은 느낄 만하다. 나는 자유를 원한다. 자유는 어느 누구를 해치지 않는다. 나는 자유를 그만큼 많이 필요로 한다. 나는 약하다. 그리고 그들은 강하다."•

• Bylinov, 1951

**09**　러시아의 기저귀 이야기는 한국의 그것과는 확연히 다르다. 우리는 귄터 그라스와 미시마의 탄생 경험[➡]을 들었지만, 역시 같은 픽션이라도 톨스토이의 갓난아기 시절의 이야기가 훨씬 암울하고 고통스럽다. 생각해봐라. 갓난아이가 관 속의 미라처럼 팔다리를 묶여 온종일 방치되었다면 어떠했을까. 왜 아이를 그렇게 꽁꽁 묶어야 했는지 잠깐 설명이 나오지만, 그건 빈부 관계나 신분에 관계없이 전통적으로 내려오는 러시아의 풍습이라는 것을 알 수 있다. 역시 톨스토이는 러시아의 작가이며 대단한 문호임이 틀림없다. 갓난애 때의 실감 나는 회고담을 듣고 나서야 나는 마거릿 진영이 주장하는 그 기저귀학, 스와들링 가설이라

는 게 뭔지 겨우 짐작할 수 있었으니 말이다. 엄마 아빠가 뭔지도 모르는 (두 사람의 그림자) 갓난애가 러시아식 기저귀에 미라처럼 묶여 자유를 외치며 악을 쓰며 우는 모습에서 우리는 유엔 회의장에서 구두를 벗어들고 책상을 두드리며 화를 내던 흐루쇼프의 모습을 볼 수 있다.

↪ 2 배내 고개 1-01, 02

**10**  문제는 스와들링의 전통이 러시아에 뒤늦게 남아 있었던 것이지, 그것은 수천 년 전부터 서양 전역에 전해오던 습관이라는 사실이다. 위키피디아나 웹 검색을 통한 정보들을 모아 정리해보면 스와들링이란 "갓난아기를 단단히 싸매어 팔다리의 움직임을 제한하는 행위"*를 말한다. 스와들링의 헬라어 원문은 '천 조각으로 감싼다'는 의미의 '스파르가노오'**다. 히브리어로는 '싸다wrap'를 의미하는 '하탈'***이다. 붕대처럼 넓고 긴 밴드로 아기를 발끝에서부터 눈코 부위만 내놓은 채 완전히 꽁꽁 싸매는 것을 가리킨다. 팔다리의 움직임을 막기 위해 몸과 함께 손발까지 다 묶어버리는 것이다. 그러니 기저귀나 강보, 포대기와는 전혀 그 성격이 다르다는 것을 알 수 있다. 우리의 기저귀나 강보, 포대기처럼 '채우다, 입히다, 싸다' 등이 해당되지 않는다. 스와들링은 '감다, 매다, 두르다, 묶다'에 해당한다. 더구나 스와들링의 사전적 의미는 천으로 아기를 두르고 묶는 것만 의미하는 것이 아니다. '자유를 억압하다, 속박하다'의 뜻도 있다. 아기는 태어나자마자 자유를 억압당하고 속박당하는 거다. 스와들링은 실체가 아니라 동명사형인 게다.

• 위키피디아 영문판 참조 | σπαργανόω | חתל

**11** 　서양 기저귀의 역사는 크레타섬에서 출토된 조각상에서 찾아볼 수 있다. 무려 4,500여 년 전, 신전에 바친 어린 아기의 모습이다. 조각 속 아기는 미라와 다를 바 없이 온몸을 천으로 꽁꽁 말아 손발마저 칭칭 묶어 놓았다. 15세기 이탈리아의 미술을 대표하는 작가 만테냐*의 작품 〈성전에 봉헌한 예수〉* 속 아기 예수 역시 스와들링을 한 모습이다. 발끝에서 목까지 꽁꽁 묶인 아기 예수를 처음 본 사람이라면 매우 놀랄 것이다. 어떠한 경우라도 애를 묶는 일이 없었던 우리에게는 그야말로 문화 충격이 아닐 수 없다. 세

강보에 싸인 아기 모양의 조각상
크레타섬에 유적지의 기원전 25세기 미노아 문명에 속하는 지층에서 발굴

안드레아 만테냐, 〈성전 봉헌〉, 1455

계기독교박물관 성서 사물 코너에는 1934년에 제작된 스와들링 천이 남아 전한다. 면으로 된 천의 길이는 285센티미터이고 폭은 22센티미터이니 '신생아의 온몸을 감을 때 쓰던 천 조각'이라는 〈위키피디아〉의 설명과 다르지 않다. 이 천은 이스라엘의 한 후손이 소장하던 것으로 아기가

유대인 스와들링 천. 세계기독교박물관 소장

실제 사용한 것이라 오물 흔적이 선명하게 남아 있다.

• Andrea Mantegna | The Presentation at the Temple

**12** 우리가 현재 손쉽게 볼 수 있는 것으로 스와들링이 등장하는 가장 오래된 문헌은 성경이다. 우리가 익히 아는 예수 탄생의 장면은 "첫아들을 낳아 '강보'로 싸서 구유에 뉘었으니" 라는 누가복음의 구절이다. 가장 권위 있는 킹 제임스 성경에는 '강보'가 'Swaddling clothes'라고 되어 있다. 이 영어가 프랑스 성경에는 'L'emmaillota', 독일어로는 'Wickelte ihn in Windeln', 일본어로는 '布にくるんで', 중국어는 '用布包起來'로 각기 번역되어 있다. 우리의 가장 오래된 성서에서 '아이를 덮거나 업는 데 쓰는 작은 이불'이란 의미의 '강보'라고 번역되었다. 이후 개역 성경에서는 '포대기'라 했고, 한자를 전혀 쓰지 않는 북한의 성경에도 '포대기'로 나온다. 거의 모든 번역 성경마다 '스와들링 클로즈'를 '포대기'라 옮겨놓았다. 다만 세계 언어로 가장 많이 번역되었다는 워치타워 본 성경에서만 유일하게 '천'이라 번역하였다. 맞는 말이다. '기저귀'라는 말도 천이라는 뜻이 아닌가.

• 누가복음 2장 7절 | The Watchtower

**13** 다시 성경을 보자. 에스겔서 16장 4절은 "네가 난 것을 말하건대 네가 날 때에 네 배꼽 줄을 자르지 아니하였고, 너를 물로 씻어 정결하게 하지 아니하였고, 네게 소금을 뿌리지 아니하였고, 너를 강보로 싸지도 아니하였나니"라고 되어 있다. 여기서 너는 예루살렘을 말한다. 예루살렘을 마치 태어났을 때 스와들링을 하지 않은 아이로 묘사해 버림받았음을 은유한다. 이 구절을 다시 음미하면 당시 아기가 태어나면

탯줄을 자르고, 정결하게 씻고, 소금을 뿌리고, 긴 천으로 둘러 감싸던 풍습이 있었음을 엿보게 된다. 새로운 생명의 탄생을 축복하는 자리였던 것이다.

**14** 스와들링은 기저귀의 쓰임새가 그러하듯이, 갓 태어난 아기를 '보호'하는 기능이 있다. 신생아들을 천으로 감싸 추위로부터 보호하고, 감염을 막는 것이다. 그리고 구약성서 에스겔서의 내용에서 볼 수 있듯이, 새로운 생명의 탄생을 축하하는 상징적 의미도 함축한다. 또 전통적으로 스와들링을 해온 유대인의 오랜 관습을 살피면 종교적 기능도 있다. 그들은 사탄이 둥근 원을 두려워한다고 믿어왔다. 지금도 유대인은 할례를 앞둔 아기 주위에 원형으로 둘러앉거나 식장에서 신랑을 둥글게 둘러싸는 풍습을 이어오고 있다. 아기를 붕대 감듯이 원형으로 둘둘 감싸는 유대인의 전통은 갓 태어난 아기를 탐하는 사탄의 침입을 막기 위한 종교적 의미가 크다.

**15** 스와들링은 결코 유대의 풍속만이 아니었다. 2,000년 전 로마의 정치인 세네카는 스와들링에 관해 다음과 같이 이야기했다. "부모는 아직 유약한 정신을 가진 아기들에게 약이 된다고 생각하는 것을 견뎌내도록 강요한다. 그들은 울고 발버둥치려 하지만, 아직 미성숙한 그들의 몸이 곧게 자라지 않고 굽을까 봐 단단히 천으로 묶어둬야 한다. 그런 다음 차근차근 교양 교육을 시키는데, 만일 이 말을 듣지 않고 거부하면 겁을 주어야 한다."<sup>•</sup> 아기를 천으로 꽁꽁 감싸주는 스와들링은 아이가 힘들어해도 강요해야 한다고 했다. 아이가 말을 듣지 않으면 겁을 줘서라도 뜻을 이뤄야 한다는 폭압적 부모론이다. 적어도 세네카의 말 속에

아기의 인권이란 존재하지 않는다.

• 에두아르트 푹스, 《풍속의 역사》, 까치글방, 2001


**16**   세네카는 "아기들의 몸이 곧게 자라지 않고 굽을까 봐" 단단히 스와들링한다고 했다. 도무지 우리의 상식으로 상상할 수 없는 것은 인간관과 문명관의 차이에서 오는 것이다. 유럽인이 아기가 태어나자마자 천으로 전신을 스와들링했던 것은 몸이 굳기 전에 아이가 두 발로 직립하는 인간으로 교정해야 한다는 생각 때문이다. 인간은 짐승처럼 네발로 기어서는 안 된다는 일종의 강박 관념이다. 탯줄을 끊자마자 네발 짐승과는 전혀 다른, 인위적으로 묶고 조여서, 서서 걷는 모습을 만드는 것이 스와들링의 또 다른 기능이었다.


**17**   서양에서 요즘도 아기를 손발을 묶어 온몸을 칭칭 동여매는 이유는 바로 '아기 교정Orthopaedic' 때문이란다. 문자 그대로 꼿꼿이 아기 몸을 고정시키는 거다. 치아 교정하듯이 아직 굳지 않은 아기를 틀에 넣어 맞추는 것이다. 이것은 이상적인 신체를 가진 인간을 추구하는 서구 사회의 독특한 육아 방식이다.

서양 아이들이 6, 7살경에 이에 교정기를 씌워 똑바로 만들듯이, 갓난아기를 칭칭 동여매서 꼿꼿하게 교정한다는 거다. 자연적으로 나온 이를 뽑거나 교정해서 임의로 원하는 이로 만드는 것과 같다.

어둑한 밤하늘에 초승달이 자라듯이, 어머니의 태내에서 자라온 그 몸을 '미라'처럼 완전히 똘똘 말고 손발을 묶어서 어느 짐승과도 다른 직립된 인간으로 만들려고 했던 거다.

**18** 《아동의 탄생》을 써서 한국 독자에게도 큰 충격을 던졌던 필립
아리에스가 한 말이 생각난다. "근대 이전 유럽에서 어린아이가
차지하는 사회적 지위는 제3의 신분과 같다." 실제 아리스토텔레스는 어린
아이들을 "말이나 소와 다름없다"'고 보았다. 세네카에 따르면 "아이는
아버지를 부를 때 '주인님domine'이라는 말을 썼다"고 한다. "아버지와 아
이의 거리도 굉장히 멀었다"고도 했다. 그 시절 여성과 어린아이는 '시민'
의 범주에 들 수 없었다. 여성과 어린이, 노예는 모두 시민인 남성 앞에서
종속된 존재였다. 아리스토텔레스는 "노예에게는 생각하는 요소가 결여되
어 있다. 여성은 그 요소는 갖고 있으나 권능이 결여되어 있다. 아이는 요
소를 갖고 있으나 불완전하다"'고 했다. 그들은 어린아이들을 유약한 존재,
미숙한 존재, 목적과 이념이 없는 자연 상태의 존재로 보았던 것이다. 스와들
링은 학습에 의해 인간을 만들기 위한 엄격한 교육의 일환이었다.

•《니코마코스 윤리학》 | 《정치학》


**19** 우리에게도 우화 시로 낯익은 라퐁텐'은 아이를 일러 "잔혹하
고 조리 없는 작은 생물들"이라고 불렀으며 동물보다도 이성이
결여된 존재로 여겨 경멸했다.
이성을 중시한 고전주의 문학에서 당연히 자연 상태의 무구성'을 미개하
고 무지한 존재로 인식했다는 것은 아리에스의 말을 빌리지 않고서도 쉽
게 짐작할 수 있다. 우리를 놀라게 하는 것은 어린이의 천진무구함을 예
찬한 낭만주의 작가들조차도 실제 생활이나 행동에서 자기 아이들에 대
해 애정이 없고 양육에 무관심하는 등 고전주의 작가들과 별다를 게 없다
는 점이다. 루소는 자기 자녀 다섯을 모두 고아원에 버렸다.

• Jean de La Fontaine | 無垢性

**20**   감리교 창시자 존 웨슬리*의 어머니인 수산나 웨슬리*의 〈아이를 키우는 조언〉(1732)에는, 육아에 대한 그녀의 생각이 구체적으로 기술되어 있다. "아이가 한 살이 되기 전에 채찍의 두려움이 무엇인지를 알게 하고 작은 소리로 우는 법을 익히도록 해야 해요. 그렇게 되면 저 귀 따가운 아기 울음소리가 집 안에 울리지 않지요. 우리 가족은 마치 아이가 있어도 없는 듯이 조용하게 지낼 수 있답니다"라며 아주 자랑스럽게 말한다. 한 살 전에 회초리의 공포를 알게 한다니, 한 살배기가 울음을 참고 작은 소리로 우는 법을 배워야 한다니, 그게 말이나 되는 소리인가? 요즘은 애완견도 그보다는 자유롭게 기른다.

• John Wesley | Susanna Wesley

**21**   스와들링으로 묶여 있던 아이들은 어떻게 배설을 했겠는가. 깁스하듯 반 년에서 1년 동안 묶어두었다고 하는데 오늘날의 기저귀처럼 배변할 때마다 매번 천을 풀고, 씻겨주고, 새로 갈아줄 수 있었을 것인가. 이것이 결정적인 대목이다. 스와들하는 데 한두 시간 걸렸기 때문에 자주 갈아주지도 않는다. 당시의 의료 지식으로 보아 그들은 길면 수 주일까지 배설물을 씻어주지 않았다. 소변은 약이 된다고 믿어 오물이 묻은 천 역시 물로 씻는 것이 아니라, 햇볕에 말려 그대로 사용하기도 했다. 한마디로 갓난아이들은 배설의 자유를 엄격하게 박탈당했는데, 억압과 스와들링 천을 풀었을 때의 해방감, 그 사이를 오갔을 아이의 트라우마야말로 오이디푸스 콤플렉스보다 심각한 '스와들링 콤플렉스'라고 명명해야 옳을 것 같다.

**22**   최초로 스와들링의 문제점을 제기한 사람은 16세기 스위스 외과 의사인 펠릭스*라고 한다. 그 뒤 17세기가 되면 영국의 의

사들과 철학자 존 로크•, 윌리엄 카도간•, 장 자크 루소• 같은 인문학자들이었다. 특히 루소는《에밀》을 통해서 스와들링의 풍습을 맹렬히 공격하였고, 실제로 영향을 미쳐 당대의 식자나 귀족 부인들은 스와들을 하지 않는 것으로 교양인 행세를 하는 유행도 생겨난다.↗ 윌리엄 카도간은 "경련을 일으킬 만큼 꽉 조인 아이의 장기는 숨 쉴 자리가 없으며, 사지는 자유롭게 움직일 수 없다. 이것은 매우 위험한 상황"이라며 스와들링을 거부했다. 주로 의료 문제에서 점차 문화 사회의 문제나 철학적 문명론적 쟁점이 된다. 자유의 문제, 인권 문제, 아동의 지위 문제 등이다. (아무 저항도 할 수 없는 약자에 대한 폭력이다. 자연에 반하는 것이다.이 말을 뒤집으면 스와들링을 해온 서구 문명의 비판이 된다.)

• Felix Würtz | John Locke | William Cadogan | Jean Jacques Rousseau
↗ 5 기저귀 고개 2-샛길

**23** 의료 문제가 아니라 문화 문제로 접근했던 것이다. 이에 루소는 스와들링의 문제를 다음과 같이 지적한다. "어머니들은 자녀를 직접 돌보기를 꺼린 탓에 보수를 목적으로 하는 다른 여성들에게 아이를 맡겨야 했다. 그렇게 고용된 유모들은 아이들에게 낯선 엄마가 된다. …… 그들은 수고를 덜 방법만을 모색한다. 스와들링하지 않은 아기는 잠시도 눈을 떼는 일 없이 계속 지켜봐야 하지만, 스와들링한 아기의 경우 구석에 던져진 채 울음소리가 무시되곤 한다."• 이들 인문학자들의 비판은 아이의 문제가 아니었다. 그것은 문명의 문제였다.

• Jean Jacques Rousseau, 'Essay upon Nursing', Emile: Or, On Education

# 스와들링을 비판한 루소의《에밀》읽기

루소의《에밀》은 5부로 되어 있다. 1부는 거의 전부가 태어나자마자 천으로 아기의 팔다리를 묶어 미라처럼 만드는 스와들링 풍습을 비판한 내용으로 되어 있다. 그 생생한 모습을 가감없이 본문 그대로 소개함으로써 '한국인 이야기'와 '프랑스인 이야기', 크게는 '서양 사람의 이야기'가 얼마나 다른지를 보여주려고 한다. 특히 한국처럼 스와들링하지 않는 페루의 예를 든 것을 눈여겨볼 필요가 있다. 육아의 문제가 곧 교육이요, 사상의 영역이라는 것을 테마별로 정리하였다. 동서문화사 판 정병희 역을 택했으며, '스와들링 클로즈'가 우리말로는 배내옷이라고 되어 있는데, 영어의 'Swaddling' 프랑스말로 'emmailloter'임을 밝혀둔다.

• 아기가 어머니의 배 속에서 나와 몸을 움직이고 손발을 뻗고 하는 자유를 얻자마자 사람들은 그 아기에게 새로운 속박을 준다. 배내옷으로 싸고, 머리를 고정시키고, 다리를 곧게 하고, 팔을 몸 옆에 꼭 붙여놓고, 반듯이 눕게 한다. 여러 종류의 헝겊이나 끈으로 몸을 감아주어 그것 때문에 돌아누울 수도 없게 만든다. 숨도 쉴 수 없을 정도로 묶여 있지 않으면 다행인 편이다. 몸이 옆으로 눕혀져서 입에서 나오는 액체가 저절로 흘러내릴 수 있게 돼 있으면 다행이다. 아기는 침이 흘러내리게끔 머리를 돌릴 자유도 없을 테니까.

• 태어난 아기는 손발을 뻗거나 움직일 필요가 있다. 오랫동안 실뭉치처럼 꽁꽁 묶여 있던 마비 상태에서 손발을 해방시킬 필요가 있다. 과연 아기는 손발을 뻗칠 수 있게끔 허용되긴 했으나, 그것을 움직일 수는 없게 돼 있다. 머리도 모자로 죄어져 있다. 마치 아기가 살아 있는 것처럼 보일까 봐 걱정하는 것 같다.

• 사회인은 노예 상태 속에서 태어나 살고 죽어간다. 세상 밖에 나오면 스와들(배내옷)이 입혀진다. 죽으면 관 속에 넣어진다. 사람의 형태를 하고 있는 동안은 사회 제도에 매여 있다.

머리부터 발끝까지 묶여 있으며, 끈으로 묶인 고리가 있는 옷을 입힌 다음 단단히 스와들링하였다. 영아의 가족력 연구에 따르면 쌍둥이였으며, 얼마 살지 못했다고 한다.(1671년)

2개월 된 영아(Cornelia Burch)의 초상으로 작자 미상의 작품이다.(1581년)

• 이러한 참혹한 구속이 기질이나 체질에 영향을 끼치지 않을 수 있을까? 아기들이 최초로 느끼는 감정은 고통의 감정이다. 아기는 하고자 하는 모든 운동을 방해하는 장애물을 발견할 뿐이다. 쇠사슬에 묶인 죄인보다 더욱 비참한 그들은 헛된 노력을 하다가 화가 나서 부르짖는다. 그들이 지르는 최초의 소리가 울음이다, 라고 당신들은 말하는가?

과연 옳은 말이다. 당신들은 아기가 탄생하자마자 그들에게 거역하는 일을 하는 것이다. 그들이 당신들에게 최초로 받는 선물은 몸을 묶는 쇠줄이다.

• 배내옷으로 꽁꽁 묶어 놓지 않으면 아기는 좋지 못한 자세를 취하여 손발의 건전한 발육을 저지하는 운동을 하게 된다고 주장하는 자가 있다. 이것도 우리들의 얕은 지혜에서 우러나온 하나의 논란에 불과하며 여하한 경험에 의해서도 확인된 바가 없다. 우리들보다 더욱 분별이 있는 민족 중에는 아기의 손발을 완전히 자유롭게 할 수 있는 상태로 양육하고 있으나, 그 많은 아기 속에서 단 하나라도 상처를 입거나 장애를 얻은 아기는 없다.

• 애들처럼 묶여진다면 당신들은 그들보다 더욱 큰 소리로 부르짖지 않고서는 배기지 못할 게다. 이러한 옳지 못한 습관은 어디서 생겨난 것일까. 자연을 거역하는 습관에서 온 것이다. 어머니들의 으뜸가는 의무인 자녀 양육을 기피하게 되자 아기는 돈으로 산 여자에게 맡겨지게 됐다. 그래서 전혀 애정을 느낄 수 없는 타인의 아기의 어머니가 된 여자는 오로지 힘든 일에서 벗어나려는 생각만 하게 된다. 아기

를 자유롭게 해두면 항상 들여다봐야 한다. 그와 반대로 꽁꽁 묶어 두면 울어도 상관없이 구석에 처박아 둘 수 있다. 유모의 태만이 증명되는 일만 없다면, 젖먹이 아기의 팔이나 다리가 부러지는 일만 없다면, 나중에야 죽어버리거나, 일생 동안 병약한 인간이 되거나 상관없는 일이다. 그래서 아기의 몸을 희생시켜가며 손발을 묶어놓아 나중에 무슨 일이 생기건 유모에게는 책임이 없는 것이다.

• 귀찮은 아기를 쫓아버리고 나서 도회의 향락에 날이 새는 줄 모르며 지내는 상냥한 어머니들은 배내옷에 싸여진 아기가 그동안 시골에서 어떤 취급을 당했는지 알고 있을까? 조금이라도 말썽을 부리면 아기는 넝마나 뭐 그런 것과 비슷한 물건처럼 기둥에 묶여진다. 유모가 유유히 일을 끝마칠 때까지 아기는 기둥에 묶여 있다. 이런 상태에 놓인 아기의 안색은 한결같이 보랏빛이 되고 만다.

가슴이 꽁꽁 묶여 있기 때문에 혈액 순환이 잘 되지 않아 피가 머리로 올라간다. 그리고 모두 아기가 대단히 조용해졌다고 생각하지만 아기는 소리를 지를 기운조차도 없어진 것이다. 그러한 상태 속에 얼마나 오래 있을 수 있을는지는 모르겠으나 아마 무사하지는 않았을 게다. 배내옷을 입힌 효용이 모두 이런 데서 나타나는 것이다.

* 장자크 루소, 정병희 옮김, 《에밀》, 동서문화사

셋째 꼬부랑길

# 기저귀 없는 세상

**01** 부르는 언어가 다르고, 믿는 종교가 다르고, 감고 두르는 방법
이 저마다 다르더라도 유럽의 스와들링 풍습만은 어디를 가나
똑같았다. 공간적으로 모두 스와들 문화권에 속하는 유럽권 지역이다. 멀
리 4,500년 전 고대로부터 17세기 이후 스와들링에 관한 비판이 이뤄지
기 이전까지 스와들링은 아무런 문제 제기 없이 모두가 공유하는 육아 방
식이었다. 그리고 여전히 스와들링 풍습은 전 세계적으로 뿌리 깊게 남아
행해지고 있다. 가장 대표적으로 터키만 해도 93.1퍼센트의 아기들을 전
통적인 스와들링 방식으로 감싼다고 한다. 미국 예일대학교의 민족학 연
구 기관인 HRAF *에 따르면, '산업화되지 않은 현대의 모든 문화권' 중 39
퍼센트가 스와들링 관습이 있다고 한다.

• The Human Relation Area Files, Inc.

**02** 아프리카나 동남아 지역에는 기저귀란 말이 아예 존재하지 않
는다. 그렇다면 스와들링의 경우처럼 당연한 의문이 생긴다.
아이의 배설물은 어떻게 처리되는가. 아프리카인들도 우리처럼 애를 업

어키운다는데 아이들이 싸는 똥오줌이 업고 있는 어머니의 옷에 묻어날 게 아닌가. 하지만 이상스럽게도 아프리카의 시골 지방에서는 그런 일이 절대 일어나지 않는다고 한다. 아기가 오줌을 싸기 전에 미리 그 기색을 알아채고 재빨리 밖으로 누게 하는 것이다. 외지 사람이 보기에는 귀신 곡할 일이지만, 현지 사람들에게는 너무나 당연한 일이어서 생후 일주일 된 갓난애라고 하더라도 엄마 옷에 오줌을 지릴 경우 주변 사람들의 비웃음을 산다. 어머니 자격이 없다는 게다.

**03** 따지고 보면 신기한 일이 아니다. 스와들링 문명권에서 살아온 사람과는 달리 아이들을 살피는 관찰력, 직관력이 훨씬 발달해 있기 때문일 것이라고 한다. 아프리카만이 아니라 기저귀 없이 애를 키우는 지역에서는 공통적인 현상일 것이다. 인도네시아만 해도 어머니들은 아이들이 배설할 기미가 보이면, 전광석화처럼 놀라운 타이밍으로 똥오줌을 받아 씻어낸다고 하지 않던가. 젖은 기저귀가 아니라 변화하는 아이의 표정을 읽는 것이다. 확실히 기저귀가 없는 지역에서는 일방적 의존이나 지배가 아닌 모자 상호성이 이루어진다. 인터넷 용어로 하자면 쌍방향의 상호작용인 게다.

기저귀는 모자 사이를 가로막는 단절의 벽이기도 한 것이다. 기저귀에 의존하듯이 모든 육아를 도구화하고 자동화하는 과정에서 우리는 천부의 감성과 직관력을 잃게 된다. 편한 것만큼 그 대가도 크다. 태내에서부터 기저귀를 차고 나오는 아이는 없다. 기저귀는 아이가 아니라 어른들의 편의를 위해 만들어진 것이다. 기저귀 의존증이 심한 선진국의 아이들일수록 기저귀 떼는 시기가 4~5세까지 걸리는 기현상이 벌어진다. '싸는 상태'에서 '누는 상태'로 그 과정이 자연스럽게 옮겨지지 않을 경우 트라우마가 발생한다. 생겨나는 것이 아프리카나 동남아시아의 생활로 되돌아 가자는 이야기가 아니다. 하지만 지금 미미하기는 하지만 서서히 기저귀 혁명이 일어나는 것만은 부정할 수 없다.

**04** 일회용 기저귀를 발명했던 미국 사회에서는 지금 '기저귀 없는 육아법'인 EC 운동이 각광을 받는다. 배설물을 뜻하는 영어의 'Elimination'과 소통을 의미하는 'Communication'의 두 문자에서 딴 약 자로 '배설 소통'을 가리키는 의료 용어인 게다. '기저귀학'보다 더 신기한 용어지만, 가까운 일본만 해도 '기저귀 없는 육아 연구소'가 설립되어 있 어 그 홈페이지를 방문할 수 있다.* 한마디로 기저귀 없이 애 키우는 아프 리카의 어머니들에게 배우자는 것으로, 그것이 여러 면에 서 효과적이라는 게다. 기저귀 없는 양육법은 애고 어른이고 인위적인 기저귀 의존증에서 벗 어나 배설의 본능을 자연의 힘에 내맡기는 방법인 게다.

• https://omutsunashi.org

**05** 그 기본은 "아기에게 기분 좋은 배설을 시켜주고 싶은 부모 의 마음과 관심에서 비롯된 것이다. 배설 소통 방법은 아주 간 단하다. 아이가 배설할 기미를 보이면 얼른 채웠던 기저귀를 풀어줘 밖 에다 오줌과 똥을 누게 하는 것이다. 이미 우리는 삼신 고개에서 기저귀 를 떼는 한국인의 육아 방식에 대해서 이야기한 적이 있다. 태명으로 태 담을 하던 한국 특유의 배냇말(옹알이)의 소통력으로 오줌을 눌 때는 '쉬 쉬' 똥을 눌 때는 '응가'와 '끙가'로 분별을 유도한다. 판소리의 추임새 같 은 장단으로 애가 저절로 터득하여 '싸는 단계'에서 '누는 단계'로 발전하 다. (일본도 EC 육아법으로 작은 것은 '시시シ シ ', 큰 것은 '웅웅うんうん' 같은

의성어를 쓰지만 응가, 끙가에는 미치지 못한다.˙) 그러다 보면 아기의 거동과 낯빛을 감지하는 부모의 감과 관찰력도 점점 늘게 되고, 아이는 아이대로 기저귀에 싸는 것보다 밖에 누는 것이 훨씬 기분도 시원하다는 사실을 알게 된다.↪

• https://www.happy-note.com/shine/127/post_5.html ↪ 4 삼신고개 5-03

**06** 기저귀로부터 아이를 해방시키는 EC 육아로 모자간의 공감력이 향상되면서 사소한 마음의 변화까지 읽을 수 있게 된다. 당연히 애 기르기도 편하고, 애는 애대로 대소변을 빨리 가리게 되어 기저귀를 빨리 뗄 수 있다. 미국 뉴욕의 경우 EC 트레이닝으로 생후 2개월이면 기저귀를 뗄 수 있었다는 조산원의 보고도 있다. 모자간의 정은 한결 두터워지고 기저귀 값은 절약되고, 기저귀에서 해방된 아이는 4, 5년씩 기저귀를 차고 다니는 아이들보다 정신도 몸도 모두가 건강하다는 거다. 기저귀 문화의 진화는 바로 기저귀를 없애는 것이라는 역설을 통해서 우리는 세계의 이야기가 어떻게 변했는지를 짐작할 수 있다. 그렇다. 18세기 전에는 기저귀라는 말도 기저귀라는 실체도 없었던 것 같다.

**07** 기저귀와 기저귀를 사용하는 방식에 따라서 아이에게 어떤 변화를 가져올지 짐작이 간다. 기저귀학을 발생시킨 서양 기저귀는 우리와 어떻게 다르며, 그것을 어떻게 아이에게 채우고 처리하는지에 따라 육아론과 의료 위생학이 아닌 심리학, 문화인류학 그리고 철학과 같은 인문학으로 승화한다.
스와들링 지역과 정반대의 극에 있는 것이 기저귀 없는 아프리카와 동남아시아 지역이다. 스와들링으로 동서양을 가르는 육아 문화 지도를 그려낼 수 있다. 그 안에서 한국은 단연 돋보인다. 시공간의 역사 속에서 태중의 아기를 위해 배내옷을 짓고 입히는, 어느 곳에서도 흉내 내지 못한 배내옷 문화를 갖고 있는 거다. 천 하나가 시공을 초월한다. 이건 아주 드문 일이다. 그때그때 시대에 따라 달라지는 것이 문화가 아닌가. 그런데 생명의 탄생 문화에서는 달라진 것이 없다. 여성이 아이를 낳는 일이 모든 생명체와 다르지 않듯이, 엄마의 태중에서 아기가 열 달 동안 자라는 것 역시 4,500년 전과 다를 바 없다. 그런데 이 문명의 차이를 서구에서는 아직도 모르는 것 같다.

**08** 범유럽권은 언어와 종교, 풍습과 기후, 그리고 지정학적인 면에서 다양성을 자랑한다. 그러나 이 모든 차이와 관계없이 지난 4,500여 년간 유럽을 실질적으로 지배해온 공통점이 하나 있다. 바로 아기를 매고 묶는 '스와들링' 문화권이란 점이다. 세게 매느냐 느슨하게 채우느냐 혹은 전신이냐 일정 부분이냐의 차이는 있어도 유라시아 전역에 있었던 관습이라는 것을 여러 문헌을 통해서 확인할 수 있다. 그렇다면 순응적이면서도 공격적이고 저항적이면서 유화적인 러시아인의 그 복합성은 어쩌면 서양 사람 전체에게 적용되는 이중적 특성일 수 있다. 도저히 우리 상식으로는 상상조차 할 수 없는 번역조차 불가능한 스와들링의 풍습이 수천 년 동안 유럽과 그 주변의 지역까지 지배해왔다는 이야기다. 세계의 역사와 그 문화 문명이 기저귀 천 하나로 양분할 수 있지 않겠는가. 스와들링 문화권과 비스와들링 문화권으로 말이다. 그리고 그 차이점은 어떤 종교적 분류나 언어적, 사회적 특성보다도 훨씬 유의미하리라 생각한다.

**09** 기저귀 채우는 방식을 통해 러시아의 수수께끼 같은 국민성을
밝히려고 한 고러는 좌우 진영 논리의 냉전 바람을 타고 찢어
진 깃발이 되고 말았다. 하지만 요즈음에 와서 그의 기저귀학은 비웃음의
대상이 아니라, 유럽 문명 전반을 해석하는 데 핵심적인 키워드가 된 거
다. 거기에서 한 페미니즘 이론의 불쏘시개 역할도 한다. 만약 오늘날에도
그가 비난받을 이유가 있다면, 그것은 후진적인 러시아의 농촌에 남아 있
던 스와들링 육아 문화가 유라시아 전역에 그것도 4,000년 전부터 내려온
풍습이라는 사실을 간과했다는 점일 것이다.

**10** 《근대가족의 형성》*을 쓴 에드워드 쇼터가 두 살 아래 유아의
성장이나 행복에는 전연 관심을 두지 않았던 유럽의 전통 사회
에서는 모성애가 존재하지 않았다고 선언한 것이다. 오늘처럼 아이들이
부모 곁에서 사랑과 보호를 받으며 자라게 된 것은 핵가족이 대두된 아주
최근의 현상이라는 주장이다. 그리고 그 증거로 내세운 것이 다름 아닌
'스와들링', 서양 기저귀다. 모성애가 존재했다면 어떻게 갓난아이를 미라
처럼 묶어 관속 같은 요람 안에 가두어 키울 수 있었겠느냐 하는 반문이
다. 단순명쾌한 이론이다.

• Edward Shorter, *Making Modern Family*, 1975

**11** 그런데 그랬다. 프랑스의 페미니스트 역사학자 엘리자베트 바
뎅테르 역시 모성애L'amour maternel, Maternal Love라는 말은
루소에 의해서 조작된 환상이요, 신화라는 거다.* 그 증거로 내세운 것이
바로 루소 자신이 비판한 스와들링의 육아 풍속이요, 7,000명에 달하는
당시 파리의 기아棄兒자 수다. 세례를 받는 신생아 수가 2만 명 정도였다

니 3분의 1 정도가 버림을 받았다는 계산이다. 버려지지 않은 아이는 돈을 얹어 시골 농가에 맡겨졌는데, 그 수가 1만 9,000명이나 된다. 전체 태어난 아이의 90퍼센트가 어머니의 품을 모르고 자라났다는 이야기다. 그리고 90퍼센트의 어머니가 아기의 배냇웃음이 무엇인지 모른다는 이야기다. 당시에 유튜브가 있어 바댕테르가 이런 내용을 올렸다면, 가짜뉴스로 당장 노란 딱지가 붙었을 것이다. 하지만 이것은 1780년 파리의 경찰청장이 헝가리 여왕에게 보낸 보고서에 적힌 숫자라고 했다.

• Élisabeth Badinter, *L'Amour en plus: histoire de l'amour maternel(XVlle-XXe siècle)*, 1981

**12** 이러한 육아제도를 일컫는 프랑스어\*의 경우나 그와 비슷한 사토고\*라는 일본말도 한국어로는 옮기기 힘들다. 시골 농가에 맡겨진 아이들의 사정을 살펴보면, 그 정체를 알 수 있다. 먼 시골로 이송되는 마차 안에서 무력한 갓난아기들은 숨 막혀 죽거나, 떨어져 죽고, 무사히 도착한다 해도 즉시 죄인처럼 사지가 묶여 소쿠리에 담겨진다. 집을 비울 때는 천장이나 기둥에 매달아 놓는다. 그렇지 않으면 들쥐나 돼지의 먹잇감이 된다. 울지도 못하고 뒹굴지도 못하니 애가 있어도 없는 것이나 다름없다. 애 키우는 데 스와들링을 하는 것보다 더 편한 게 이 세상 어디에 또 있겠는가. '모성애'나 최소한 맹자의 '측은지심'이라는 단어만 없다면 말이다. 일반적으로 유럽에서는 아이를 목욕시키는 일이 없고, 기저귀를 빨래하는 일도 없어 그대로 기저귀천을 말려 다시 쓴다. 거기에 오줌은 약이 된다는 속신까지 있어서 아이는 똥오줌에 범벅이 될 수밖에 없다. 이러한 결과는 어떤가. 유아 사망률이 친어머니 밑에서 자란 아이보다 배 가까이 더 많다는 수치가 말해준다.

• Enfant en famille d'accuei | 里子

**13** 스와들링이 있는 곳에 모성애란 없다. 쇼터와 바댕테르의 명료한 논리 그리고 그 통계 숫자로 기저귀학의 마지막 장을 넘긴다. 뭐랬 는가. 기저귀 고개를 넘는 것이 가장 힘들다고 하지 않았나. 그래야 배내옷과 가랑이가 터진 바지를 입고 자란 우리의 선조들, 하회탈처럼 웃는 그 민낯과 도 만날 수 있다. 베네딕트가 남긴 명언처럼 서양과 일본(동아시아)의 육아법 이 정반대로 되어 있는 이유도 알 것 같다. 서양의 젖먹이 아이들은 어른들이 정한 일정한 시간에 젖을 먹고, 일정한 시간에 잠을 자야 하고, 정해진 곳에서 배설하는 엄격한 질서에 따라 양육된다. 아무리 떼를 써도 그것은 소쿠리 속 이요, 요람이요, 베이비 베드요, 베이비 룸의 부모와는 격리된 외딴 공간이다.

**14** 베네딕트는 일본의 문화적 특성을 미국(유럽)의 육아법과 정반대 로 어린이에게는 관대하고, 커서는 엄격한 규율이 적용되는 사회 현상을 통해서 규명하려고 한다. 아이의 욕망과는 관계 없이 정해놓은 일정 시간과 규율에 따라서 잠을 재우고 젖을 먹이고 울고 보채도 그대로 방치한 다. 낭떠러지로 떨어뜨려 기어오른 새끼만 기르는 사자와 같은 스파르타식 교 육이 그 원형인 게다. "어린아이는 밤에 일찍 자고 아침에 늦게 일어나고 원하 는 대로 행동한다. 아무 때나 먹어도 된다"는 《예기禮記》에서 정한 육아 지침 과 정면으로 충돌한다. 아이가 원하는 대로의 '유소욕唯所欲'의 전통으로 한중 일 삼국에서만 통하는 말이 생겨난다. 한국말의 응석, 중국어의 '撒娇sājiāo'와 자기네만의 고유어라고 주장하다가 망신당한 일본어의 아마에あまえ가 그것 이다. 그것이 아이를 묶어두는 스와들링 없이 헐렁한 배냇저고리를 입고 자 란 한국의 옛 아이들 모습이다. ↪

• 《禮記》內則, 孺子蚤寢晏起 唯所欲食無時 ↪ 6 어부바 고개 1-샛길

**15** 이제야 스와들링을 하고 어머니의 품이 뭔지 모르고 자란 외로운 아이들이 세계를 지배하고 인류 문명을 여기까지 이끌어왔는지 그 비밀을 알 것 같다. 반대로 스와들링을 모르고 기저귀라는 말조차 모르는 아이들이 자라나 어째서 후진국이나 개발국의 이름 아래 기아와 폭력에 시달려야 하는지. 그 이유와 역설을 말이다. 그리고 알겠다. 전 세계가 이제는 일회용 화학 섬유의 기저귀를 차고 자라는 아이들에 의해서 획일화한 글로벌 문명을 만들어내는 기뻐해야 할지 울어야 할지. 그야말로 웃픈 세상이다. 늦기 전에 어서 어부바 고개를 향해서 가봐야겠다.

# 6

## 어부바 고개

### 업고 업히는 세상 이야기

첫째 꼬부랑길

# 스와들과 배내옷

**01** 요람이란 한자로 '흔들 요搖', '바구니 람籃'이다. 어머니가 아이를 가슴에 안고 흔들어주는 것을, 바구니에 넣어 흔들어준다고 해서 요람이 생겨난 거다. 요람을 뜻하는 영어의 크래들cradle 역시 바구니에서 온 말이다. 등 뒤에 매는 바스켓을 의미한 독일어의 크라토kratto에서 유래된 것이라고 한다. 이를테면 망태에 아이를 넣고 다닌 것이 오늘날의 요람이 된 것이고 생각하면 될 것 같다. 결국 요람이란 어머니의 가슴에서 아이를 떼놓는 것. 분리해서 기르는 것으로 스와들과 맥을 같이한다. 중국에도 요차搖車라는 것이 있었고, 일본만 해도 에지코ェジコ라는 것이 있었다고 앞서 말하지 않았나. 하지만 개화기 이전의 한국만은 요람에 해당될 만한 것이 없다. 그래. '분리형'이 아닌 '애착형' 한국의 육아문화를 상징하는 것이 바로 배내옷이다. 같은 천인데도 서양의 스와들과는 정반대의 산물이었던 거다.

**02** 우리의 배내옷은 신생아가 맨 처음 입는 옷이다. 깃과 섶을 달지 않고 솔기가 없는 것이 특징이다. 신생아의 목에 거친 깃이

210 너 어디에서 왔니

닿거나 등에 솔기가 배기지 않도록 배려한 것이다. 옷고름 대신 길게 실 끈을 달아 아기의 무병장수를 기원했다. 삿된 기운의 침범을 막기 위해, 염색한 천은 사용하지 않았다. 오히려 명주나 무명 같은 흰색 옷감으로 겨울에는 누비로, 봄가을에는 얇은 누비나 겹으로 만들었다. 한여름이면 빨아서 풀기를 뺀 모시를 사용하기도 했다. 배내옷은 입히고 벗기기 쉬울 뿐 아니라 미라처럼 꽁꽁 싸매는 스와들링과 달리 넉넉하게 만들어져 아 기가 자유롭게 움직이며 활동할 수 있는 것이 특징이다*.

• 《한국일생의례사전》 참조

**03**　　배내옷은 이처럼 기능적인 면만 배려한 것이 아니다. 배내옷은 집안에서 건강하게 장수하신 어르신이 입던 옷으로 짓는 것이 특징이다. 유아 사망률이 높던 시절, 갓 태어난 아기가 장수하신 어르신의 옷을 입음으로써 건강하게 잘 자라기를 소망했던 풍속이다. 또한 입던 옷 으로 지은 배내옷은, 새 옷과 달리 부드러운 질감이라서 신생아에게는 장 점으로 작용한다. 갓 태어난 아기가 장수하신 어르신의 냄새가 깃든 옷을 입는다는 것은 문화의 피부를 입는 일이다. 그리고 보면 우리는 배내옷 하나로 할아버지와 할머니의 복을 이어받고, 천을 통해 조상과 유대감을 나누던 민족이었다. 더러 수의를 만들고 남은 천으로 배내옷을 지었다고 한다. 미리 만들어두면 장수한다는 믿음으로 수의를 만들고, 남은 천으로 갓 태어난 신생아의 배내옷을 만든 기저에는 역시 무병장수에 대한 기원 이 함께했을 것이다. 세상에 처음 나온 아기가 죽음을 위해 만든 수의 천 으로 생애 첫 옷을 입는다. 생과 사가 하나가 되는 일이다.

**04**  새 생명이 입었던 배내옷은 '운수 좋은 옷'으로 인식되었다. 그
래서 빨지 않고 두었다가 과거 시험이나 전쟁에 나갈 때 겉옷
의 등판 속에 꿰매어 입을 정도였다. 행운을 가져다주는 상징물이었던 것
이다. 또한 소중히 입었으며 아무리 낡아도 함부로 다루지 않았다고 한
다. 배내옷을 어떻게 다루는지에 따라 아이가 존중받는 큰 인물이 될 수
도, 쓸모없는 천한 인물이 될 수도 있다는 믿음 때문이었다. 그런 까닭에
왕의 배내옷, 사대부의 배내옷들이 오늘날까지 남아 전해지고 있다. 현대
에도 배내옷은 아기 탄생을 기다리는 가정에서 가장 먼저 챙겨놓는 신생
아 용품이다. 배내옷은 갓 태어나 몸을 씻은 아기가 가장 먼저 만나는 대
상이자, 태중에서 나온 아기를 감싸는 최초의 옷인 것이다.

• 《한국일생의례사전》 참조


**05**  그저 바구니를 만드는 경제력과 기술만 있으면, 아이를 요람에
넣어 키우는 것은 아주 쉬운 일이다. 훌륭한 바구니를 만들었
던 우리나라에 요람이 없었던 것은 철저한 모자 애착愛着주의 원리가 있
었기 때문이다. 물질하던 제주도를 제외하면 아무리 바빠도 아이를 구덕
(바구니)☛에 넣는 것을 허락하지 않았던 것이 우리의 전통적인 어머니였
다. 업는 문화는 몸 전체로 소통한다. 앞가슴과 등 뒤의 밀착은 단순한 소
통이 아니라 합일이다. '몰아일체 의' 문화다.

• 沒我一體 ☛ 6 어부바 고개 1-샛길


**06**  가천대학교 이길여 총장과 '세살마을'을 만들고 육아 문화의
실천으로 꼽은 것 가운데 하나가 배내옷이었고, 이수복 교수의
전시회에도 참여하게 된다.☛ 그 덕으로 둥근 액자에 넣은 배내옷 한 벌

을 선물로 받기도 했다. 한국에 태어났으니 망정이지 하마터면 소쿠리를 선물로 받을 뻔하지 않았는가. 엄지족 아이들이 'ㅎㅎㅎ, ㅋㅋㅋ'의 모음 없는 웃음을 문자로 찍는 이유를 알 만하다. 이규태 칼럼에서도 지적한 것을 보았지만, 지금도 고산족은 아이들을 소쿠리에 담아 나무에 매달아 놓고 일을 한단다. 하지만 나물 바구니밖에는 몰랐던 배내옷 후손들에게도 요람에, 아기 침대에, 이제는 사라졌다가 다시 부활한 서양의 스와들까지 직진하는 모습을 볼 수 있다. 하지만 선조들이 입었던 몸 냄새가 밴 배내옷의 따뜻한 온기가 어디로 갔겠는가. '한국인 이야기'의 한구석에 반드시 전해 올 것으로 생각하며 나야말로 소쿠리 하나 들고 인터넷들판으로……

↱ 6 어부바 고개 1-샛길

**07** 한국인이 달라지고 있다. 세상에서 유일하게 아기를 조이지 않고 넉넉하게 기르던 전통적인 배내옷 문화를 지녀온 한국인들이다. 그 틈새로 서구의 개량 스와들링 제품이 인기 높은 '신생아 출산 선물'로 자리 잡았다. 물론 현대의 스와들링은 한국화된 속싸개의 일종이다. 이름조차 '스와들'로 불리며 인터넷을 뜨겁게 달군다. 서구의 '스와들' 제품은 종류도 다양하다. 기본적인 사각 담요 스타일에서부터 목까지 지퍼를 채워서 나비잠 자세를 만들어주는 디자인에, 엄마 배 속에서 익숙하던 웅크린 자세 그대로를 재현해주는 제품까지 종류도 다양하다. 빠르게 빠르게를 지향하는 요즘 산모들을 위해 재빨리 감싸주는 '10초 스와들' 제품도 등장했다.

**08** 제품마다 공통적으로 아기의 '모로 반사를 잡아주고' '아기의 안정감'을 위해 꼭 필요한 제품이라고 강조한다. 저마다 10달 동안 엄마 자궁 속에 있는 것 같은 편안함을 느끼면서, 낯선 환경에 적응

해가는 스트레스를 덜어줄 수 있다는 점을 부각한다. 심지어 스와들링으로 인한 서구의 고관절 탈구 문제를 인식했는지 '국제 고관절 이형성증협회로부터 고관절 탈구를 방지하고 엉덩이가 건강하게 자라도록 돕는 제품으로 추천'받았다는 문구가 등장하는 제품도 있다. 속싸개를 안 한 아이보다 놀라거나 깨는 회수가 적고, 잠을 깊게 잘 수 있다는 조사 결과도 내세운다. 산모들이 즐겨 찾는 인터넷 사이트마다 체험기도 성시를 이룬다. 그런데 스와들 제품을 사용했더니 '정말 좋더라'라는 반응 대신 '안 하는 것보다 낫다'•는 반응이다.

• https://goo.gl/h1HSJi

**09** 늘 하듯이 이번에도 호미를 들고 인터넷 들판으로 간다. 정말 뜻하지 않게 산삼과 같은 이야기를 꺼낸다. "심봤다!" 소리가 절로 나온다. 제목부터 "스와들, 바운서, 치발기…… 도대체 무슨 뜻?"이다. 인터넷 매체에 〈손자 바보 꽃할배 일기〉를 연재 중인 서준이 할아버지의 글이다.

"스와들, 바운서, 치발기, 닥터링 튜브, 맘보 수영장 …… 유모차, 보행기, 카시트 정도는 저도 잘 알고 있답니다. 그러나 앞서 열거한 놈들은 그 이름조차도 생소합니다. 참 많기도 하네요. 요즘 어린아이 키우는 분들은 이런 게 뭔지 다 아시겠지요? 하나 둘, 서준이의 용품을 사들이는 딸내미를 보며 참 유난스럽다 싶었습니다. 세대 차이인가요? 이미 두 세대를 간격으로 두고 있으니 세대 차이가 안 나는 게 이상하겠죠."

그 이야기는 이렇게 시작한다. 잡초밭에서 찾아낸 약초 같은 이야기라 가슴이 찡하다. 한국의 막이야기 속에서 태어나는 새로운 한국인 이야기의 재미인 것이다.

**10**  "그러고 보니 제가 자랄 때는 아무것도 없었던 것 같습니다. 광목을 길게 잘라 아이를 둘러업고 아이 엉덩이를 고정해서 허리에 질끈 묶으면 다 통했으니까요. 그걸 '띠'라고 불렀던 것 같습니다. 요즘에는 '벨트'라고 하는 것 같더라고요. 한글을 영어로 바꾼 건데 대단히 유식한 것처럼 들리는 건 뭔 착각일까요. 띠 하나 질끈 동여 업고 다니면서 논일이며 밭일이며를 거침없이 해내던 우리 어머니 세대가 참 위대해 보입니다. 딸아이는 아이 하나 돌보는 일도 버거워 보입니다. 제 딸내미요? 서준이 낳기 두 달 전부터 출산 휴가를 냈답니다. 1년을 육아 휴가로 쓴다나요. 옛날 우리 어머니 세대들이 다시 살아 나오신다면 기겁을 할 겁니다. 이런 이야기하는 애비 보며 기겁을 하겠죠. 딸내미는 오직 서준이 돌보는 걸로 하루를 보낸답니다. 때가 돼도 밥도 못합니다. 힘든 모습이 이 애비 눈에도 들어올 정도로 역력하죠. 내 참."

옛날 아이들을 서넛씩 키우면서도 우렁각시처럼 살림살이를 하던 그 슬기는 뭣이었을까. 아이 키우는 것도 도구나 기기에 의존하게 되면 편안한 게 아니라 오히려 애 기르는 일이 서툴러 일손이 더 많아진다. 뒤에 나오는 어부바 문화에서 애 기르기 슈퍼우먼의 이야기를 들어보면, 옛날 우리 어머니들의 모습이 떠오르게 될 것이다.


**11**  "광목의 용도가 다양했다는 거, 아세요? 뒤로 묶으면 포대기가 되는 겁니다. 아이를 앞으로 해서 묶으면 안는 띠가 됩니다. 또 이놈을 이쪽 벽과 저쪽 벽에 못을 단단히 박고 양쪽 가를 못에 고정하면 그네가 됩니다. 어린아이를 재울 때 참 유용했죠. 실은 그네 태우다 떨어져 다치는 경우도 왕왕 있었습니다. 아이가 땅바닥에서 자면 살포시 배 위에 띠를 접어서 얹어줍니다. 그러면 이불이 되는 거죠. 요즘 벨트는 아

이를 안으면 아이 엉덩이가 편하도록 깔판이 달려 있고, 띠처럼 그냥 한 줄이 아니더군요. 배낭처럼 편하게 메게 되어 있습니다. 요즘 엄마들은 아이를 잘 업지 않는다는 얘길 들었습니다. 허리 건강에 안 좋다나요. 그래서 대부분 안는다고요."

은근히 '원 소스 멀티태스킹'의 다용도의 전통 육아 도구가 서양에서 들어온 그것보다 훨씬 유용한 예지의 상물인지를 보여준다.

**12** 무엇보다도 놀라운 것은 서양의 스와들링 문화에 대한 직관적 비평이다. 천군만마의 우군을 만난 느낌이다. 그 꽃할배의 끝말은 이 고개를 넘는 이정표로 삼아도 좋을 것 같다.

"딸내미는 요새 서준이 용품 사들이는 재미가 쏠쏠한 모양입니다. …… 'Swaddle'이군요. '아기를 포대기 등으로 단단히 싸다'는 뜻이네요. 잠잘 때 입혀서 재우더군요. '더운데 왜 답답하게 아이를 그 안에 넣느냐'는 내 물음에 딸아이가 퉁명스레 대답해요. '이거 입혀 재우면 놀라지 않아요.' 답이 꽤나 쿨하네요. '스와들'이란 놈이 참 신기해요. 꼭 나비 모양을 하곤 가운데 머리부터 발끝까지 지퍼가 달려 있어요. 아랫도리만 내놓고 잘 수도 있게 아래 지퍼와 위 지퍼가 따로 노네요. 아무리 더워도 서준이가 잠투정을 하면 딸내미는 여지없이 그놈의 '스와들' 속으로 아이를 넣어요. '경기驚氣가 어쩌구저쩌구…' 하면서 말입니다. 손을 스와들 속으로 쏙 집어넣으면 크게 움직여지지 않으니 팔놀림 때문에 놀라는 아이들에겐 제격이네요. 답답한 게 좀 안쓰럽지만•."

• 김학현, 〈손자 바보 꽃할배 일기: 할아버지 '멘붕' 나게 한 아기용품 이름들〉, 《오마이뉴스》, 2015. 2. 24

**13** "답답한 게 좀 안쓰럽지만"이라는 마지막 짧은 말 속에서 우리는 한국의 전통 육아와 서구식 현대 육아의 틈 사이에서 생긴 문화 갈등의 현상을 느낄 수 있다. 무엇보다 우리는 수천 년간 악명 높았던 유럽 문명의 스와들 문화의 흔적을 직관적으로 느낀 한 할아버지의 무심하게 남긴 한마디 "답답하고 좀 안쓰러운 마음"에 주목해야 한다. 잠투정만 하면 아무리 더워도 넣고 팔다리를 마음대로 움직이지도 못하게 하는 스와들 속의 아이들을 보면서 우리는 헐렁한 배내옷이나 이불 위에서 자유롭게 뒹굴던 옛날의 자신의 얼굴을 떠올릴 것이다. 비록 개량되었다고 하지만 루소의 《에밀》에서 통렬하게 비판했던, 그리고 톨스토이가 유년 시절을 회고하면서 외쳤던 유아 속박의 상징인 스와들이 한국에 와서 부활하는 점이 안쓰럽다. ➦ 육아를 통해서 서양과 동양의 뒤바뀐 문화 현상에 대하여 손자 바보라고 자처하는 한 할아버지는 잠든 아이의 얼굴을 바라보며 마지막 메시지를 남기고 있다. 영화 〈죽은 시인의 사회〉의 한 대사다. "그 누구도 아닌 자기 걸음을 걸어라. 나는 독특하다는 것을 믿어라. 누구나 몰려가는 줄에 나 또한 설 필요는 없다. 자신만의 걸음으로 자기 길을 가거라. 바보 같은 사람들이 무어라 비웃든 간에……."

➦ 5 기저귀 고개 2-07~09, 2-샛길

**14** 영국 출신의 서울시 글로벌센터 폴 카버 팀장은 일간지에 "한국에서 아이를 키우면서 놀라는 일"들에 관해 이야기했다.* "영국에서는 아이를 낳자마자 엄마가 최대한 빨리 샤워하고 아이와 최대한 많은 스킨십을 하기 위해서 아이를 계속 옆에 둔다. 한국에서는 보통 아이를 신생아실로 데려가고 수유할 때만 다시 데려다주는 경우가 많다. 아빠는 3일이나 일주일 동안 아예 못 안아주게 하는 병원도 꽤 많아 외국

인 아빠들은 많이 아쉽다고 한다. 한국에선 아이를 낳으면 산후조리원으로 많이 가는데, 영국에선 부유층을 빼고는 보통 병원에서 1박만 하고 바로 집으로 온다." 최대한 스킨십을 많이 하고, 아이의 곁에 있는 영국 상황은 불과 20년 전 우리 모습이었다. 우리는 그 시절, 안아주고 업어주지 않는 서구의 육아 문화를 얼마나 안타깝게 바라보았던가.

• 〈[카버의 한국 블로그] '극한 노동', 한국에서 아이 키우기〉, 《동아일보》 2018. 12. 18

**15**　우리가 간직해온 오랜 문화적 전통이 사라진 자리에 서구의 문화가 중심을 이루고 있다. 답답한 심정으로 영국인 팀장의 글을 계속 읽어본다. "안고 재우는 것은 서양과 더 큰 차이다. 영국에서 재우는 과정은 아기를 눕히고 책을 같이 읽고 인사하고 방을 나가는 정도. 같이 눕고 잘 때까지 안아주는 것은 거의 안 한다. 게다가 영국에선 아기를 일찍 재우는 편이다. 미취학 아동은 보통 가능하면 오후 7시쯤에 재우려고 한다. 건강을 지키며 뇌를 회복할 시간이 필요하기 때문이다. 한국에서는 늦은 밤에도 자지 않고 밖에 있는 아이들을 쉽게 볼 수 있다. 한국 거주 '신참 외국인'들은 항상 이 점을 신기해한다."

**16**　한국인만의 독특한, 안고 업어 재우는 밀착형 육아의 스킨십 문화가 서구로 옮아가버렸다.⮕ 대신 이제는 한국인이 서양의 스와들과 분리형 육아로 나간다. 그래서 외국인에게 정반대의 이야기를 전해 듣고 있으니 밤과 낮이 바뀌고, 땅과 하늘이 뒤집어지는 듯한 현실이다. 이젠 서구에서조차 낯설어하는 육아법이 21세기 한국의 육아 방식이 되었다. 그렇다고 긴 세월 이어져온 문화 유전자 밈이 사라지는 것은 아니다. 꼬부랑 할머니 이야기를 들으면서 잠들던 한국인들이 아닌가. 깊

은 동굴에서 갑자기 밖으로 나오면 눈이 부셔서 앞이 잘 보이지 않는 것처럼 문화적 유전자의 망막이 터진 것에 불과하다. 그 어떤 육아 교육 방식이 선호되고, 그 어떤 육아 관련 제품이 유행처럼 번지더라도, 한국인은 한국인답게 문화 원형에 새로운 것들을 접목하면서, 한국인 이야기를 이어갈 것이다.

➦ 6 어부바 고개 2-샛길

## 제주도 아기 구덕

요람搖籃도 아기를 기르는 노동에서 일손을 해방시키기 위한 구속 기구拘束器具로 전 세계에 널리 분포돼 있다.

우리나라에는 '아기 구덕'이라 하여 제주도에만 이 요람이 있을 뿐, 이 세상에서 요 람이 없는 아주 희귀한 육아 문화를 지닌 나라로 학자들의 주목을 받고 있다. 이 같 은 모자 이탈母子離脫 기구가 없었다는 것은 어머니와 아기의 피부 접촉 시간이나 접 촉 공간이 이 세상에서 가장 길고 큰 여건 속에 한국인은 자라는 것이다. 이것이 한 국인의 의식 구조나 민족성 형성에 주요 인자가 되고 있는 것이다.

* 이규태 칼럼

## 출생의 첫 옷, 배냇저고리

신생아의 첫 옷 배냇저고리는 처음 생명을 받아들이는 옷으로서 일생일대 무병장 수無病長壽와 부귀영화富貴榮華를 기원하는 데 있어 지상에서 가장 소중한 집안의 가 보家寶였던 것이다.

집 안의 웃 어르신이나 어머니는 길 좋은 날을 잡아 정성스럽게 백 땀으로 꿰매어 백 살까지의 무병장수의 염원도 담았으며, 또한 가급적 솔기도 삼가하여 여린 맨 살결을 보호하려는 선조의 과학적인 지혜와 고결한 정신도 깃들어 있었다. 깃, 섶을 달지 않는다고 하여 불완전한 옷으로서 무령의無領衣 또는 깃 저고리라고도 불렀으 며, 깃이 없는 의미는 아직 완전한 사람의 옷이 아니라는 뜻도 있지만, 신생아에게 는 머리와 몸 사이, 즉 목이 짧고 몸의 열이 많아 살이 짓무르기 쉽기 때문이라는 지 혜도 전해지고 있다.

이 옷은 아래 바지가 따로 구별함이 없으며, 긴 저고리로서 옷의 의미를 완성하였다. 또한 호주머니를 달지 않아 빈손으로 온다는 옛 구전의 설을 부각하고 있으며, 제주 도에서는 배냇저고리를 입지 못하면 이승의 관문을 통과하지 못한다 하여 저승에서 도 이 옷을 입지 않으면 사람으로 인정하지 않는다는 구전설화도 있었다. 배냇저고리 대한 모든 것을 중히 여겼다. 천상으로부터 이별하는 의미와 지상에서 첫 만남이 이어진 천상과 지상이 닿아 천인의 영혼이 스며 있다고 할 수 있는 배냇저고리는 천년의 역사와 함께한 생명의 값진 유물로서 소장되었으며, 신생아가 입었던 첫 옷은 낡을 때까지 물려 입히기도 하였다.

## 배냇저고리의 옷감과 형태

옷감에 있어서 새 천과 입던 옷을 다시 활용했던 것으로 나타나고 있다. 새 직물로는 주로 면, 삼베, 융, 명주, 광목 등을 사용했는데, 그 당시에 물건들을 구입하기도 어려웠지만 갓 태어난 아이에게 해가 될 수도 있다는 두려움이 있었다고 한다. 또한 새 천으로 하면 아기의 몸이 배기고 자라면서 옷 샘이 많으며, 가장 중요한 것은 병귀액귀病鬼厄鬼가 좋아하여 생명을 잃게 된다는 것이었다.

그 당시 가장 중시하던 옷감으로는 무병장수하고 출세하신 조상이 입었던 '우티, 상의, 외의'이다. 우티 중에서도 의례나 외출의 입던 도포道袍 및 두루마기 등 큰 옷을 선호하였지만, 귀하기 때문에 일반적으로 적삼으로 만들어 입혔다고 한다. 또한 오래 입어 낡아진 옷으로 장수하신 할아버지. 아버지, 덕이 많은 이웃 어르신, 형제가 많았던 맏형. 또는 혼인식에서 폐백드릴 때 다多 자손을 염원하며 던져주신 밤. 대추 받던 절수건 등 시대와 지역 문화에 따라 다르게 나타났으며, 모두가 남자의 옷 중에서도 상의를 선택하고 있었다. 조상이 입던 옷을 중요하게 여긴 것은 사람의 체온과 체취가 스민 옷을 입으면 그 사람처럼 된다는 속설 때문으로 본다. 그래

우리나라의 배내옷 전문가 이수복이 만든 배내옷 작품. 50년 작가생활(2009)을 기념하는 행사 자리에서 저자에게 직접 선물로 준 것이다(좌). 우리 전통 배내옷(우)

서 부유한 사람도 헌 천으로 옷을 만들었으며,《규합총서閨閤叢書》에도 "아가 옷은 반드시 칠팔십 세 노인의 살이 닿던 옷이거나 그 부모의 헌옷으로 해야 한다. 비단으로 새 옷을 지으면 복을 아끼는 도리를 어길 뿐 아니라, 반드시 아기가 병이 난다고 하였다" 한다.

이 옷은 정형화된 형태는 없었으나 저고리와 유사한 부분도 있었으며, 지방의 풍습, 가정의 형편, 만드는 사람 따라 다르게 나타난다. 이 배냇저고리를 사람의 얼굴에 비유해 눈도 없고, 코도 없는 옷이라고도 했다. 형태도 제대로 갖추지 못하였고, 바느질도 엉성한 채 대충 만들어 입힌 경우도 있었다. 백일 전까지 살아남아서 사람 구실을 할지 모르기 때문이라서 아무렇게나 만들어 입혔다고도 하는데, 아기의 수명과 관계 있던 배냇저고리는 최상의 지혜와 정성과 방법을 깃들여 만들었다.

새 천으로는 명주나 고운 무명, 융 등으로 부드러운 옷감을 선택하여 겨울에는 누비로, 봄과 가을에는 얇은 누비나 겹으로 만들었으며, 한여름에는 빨아서 풀기를 뺀 모시나 베를 사용하기도 하였다. 배냇저고리의 소매는 대부분 길게 만들어 아기 손이 보이지 않게 하였으며, 소매를 길게 하는 것은 신생아가 움직이면서 손을 저어 몸이나 얼굴을 할퀴어 상처 내는 것을 방지하는 지혜였다. 이러한 실용성 외에, 경상도에서는 '손은 도둑질할 수 있기 때문에 죄의 의미를 상징하여 손을 감추기 위해 충분한 길이로 만들었으며, 소매가 짧으면 커서 퇴박맞기 때문이라는 것으로 성품과 일치시키는 주술성도 있다고 한다. 일반적으로 배냇저고리의 전체적인 형태는 길이와 품을 넉넉하게 만들었고, 처음 입혀지는 신생아의 옷으로서 보온과 위생 그리고 자유로운 활동성을 중시하였으며, 동시에 입히고 벗기는 데 불편함이 없도록 만들어 입혔다.

또한 상의와 하의를 겸하는 옷으로 보온성에도 중점을 두었다.

* 이수복, 〈천의 가치로서 배냇저고리의 게시 표현에 대한 연구: 본인작품 전시를 중심으로〉, 가천 대학교 디자인대학원, 2011. 8

# 포대기는 한류다

**01** "'소낙비는 내리고요 허리띠는 풀렸고요 업은 애기 보채구요
광우리는 이었구요 소코팽이 놓치구요 논의 뚝은 터지구요 치
마쪽은 밟히구요 시어머니 부르구요 똥오줌은 마렵구요⋯⋯.' 어떤 날 보
채는 아기 포대기로 업고 요리 갔다 저리 갔다 얼러대는데 문득 거울에
비친 내 모습이 영락없는 이 노래의 엄마 꼴이다." 하성란 작가의 소설
〈그 여름의 수사〉에 나오는 한 장면이다.↪ 농촌에서 아기를 포대기로 업
고 숨이 가쁘도록 일하는 시골 아낙네의 모습과 집에서 아이를 돌보는 자
신의 모습이 여실하게 그려져 있다. 이 글에 나오는 두 엄마는 시대도 사
회도 하는 일도 다른데 모두 아기를 등에 업고 있다. 포대기로 업은 거다.

↪ 12 이야기 고개 2-06

**02** 안을 때도 포대기로 안아주고, 업을 때도 포대기로 업을 수 있
다. 안겨도 업혀도 품는 문화고, 포대기를 둘러 등으로 업으면
어부바가 된다. 포대기 하나로 깔고 덮고 안고 업는다. 포대기 천은 끈까
지 달려 그야말로 원 소스 멀티 유스*의 융통성 있는 디자인으로 되어 있

다. 도둑이 들어올 때에는 '쓰고' 와서, 나갈 때에는 '싸' 가지고 나가는 보자기 문화의 연장이다.

• One Source Multi Use


**03** "엄마 등에 업혀 잠든 아이의 표정이 더할 수 없이 평온하다. 조금 전까지 집안이 떠나갈듯 울며 보채던 아이가 금세 잠드는 모습이 신기할 따름이다. 마치 마법이라도 부린 것 같다. 요즘 해외 엄마들 사이에 유행하는 육아법이 있다는데, 바로 한국의 포대기를 활용한 '포대기 육아법'이다. 불편하고 보기에 예쁘지 않다는 이유로 한국 엄마들한테 외면당한 한국의 '포대기'가 서양 엄마들 사이에서 각광받고 있다는 것이다. 포대기의 어떤 점이 한국을 넘어 세계의 많은 엄마들

미국의 한 일기 예보관이 잠든 아이를 등에 업고 방송을 진행해 화제를 모은 적이 있다. 아이를 맡길 곳이 없어서가 아니라 국제 베이비웨어링 주간International Babywearing Week을 기념해 '포대기'를 권장하기 위해서였다고 한다.
*출처: 〈女일기예보관, 아들 업고 방송 진행한 이유는?〉,《동아일보》, 2018. 10. 15

을 매료시키며 한류의 새로운 바람을 일으키고 있는지 살펴보자*."

•《글마루》 2012년 10월호


**04** 〈한국 전통 육아법 포대기: 세계를 매료시키다〉라는 제목으로 올라온 어느 기자의 글이다. 인터넷 숲 속에서 호미 대신 마우스를 들고 찾아낸 산삼이다. '기저귀학'을 넘어 '포대기학'으로 발전시켜야

한다고 농담 반 진담 반으로 했던 내 이야기가 무색해지는 순간이다. 그 어떤 미디어도 관심을 보이지 않던 '포대기'가 젊은 세대의 한국 엄마들 사이에 인기를 끌며 세계적으로 '포대기 한류 바람'을 일으켰던 거다.

포대기를 판매하는 쇼핑몰이 생겨나고 직접 만들어 파는 사람들도 있다. 포대기 매는 법이나 포대기 활용법에 대한 사진을 찍어 자신의 블로그에 올리는 사례도 볼 수 있다. 영문 표기는 포대기의 한국어 발음을 그대로 옮긴 'Podaegi'다.

**05** 그냥 재미 삼아 지나가는 이야기가 아니다. "포대기에 싸인 아기가 울거나 칭얼거리는 비율이 유모차에 탄 아기보다 51퍼센트 정도 낮게 나타났다"는 소아학과 연구 결과도 나와 있다. "포대기로 몸을 감싸는 자체로 아기는 엄마와 밀착되는 느낌을 받고 정서적 안정감을 갖게 된다"는 전문가의 이야기도 있다. 그것이 내가 발의해 설립한 '세살마을연구소'의 정미라 원장의 글이었으니 내 입이 벌어질 수밖에 없다.

**06** 그중에서도 내 무릎을 치게 하는 것이 있다. 미국 소아과학회의 전문가들을 비롯해 한국의 포대기 육아법 예찬론자들이 하나같이 말하는, 바로 '엄마와의 상호작용'이다. 다시 말해, "엄마가 아이를 등에 업은 채 단순히 자기 일을 하는 것처럼 보일지 모르지만, 엄마가 아기를 인식하면서 일하는 동안 아이 또한 엄마와 상호작용을 한다"는 대목이다. "엄마와 아기의 상호작용", 내가 줄곧 주장해온 바로 그 핵심을 말하고 있지 않은가.↪

↪ 1 태명 고개 3-04

**07**     지금까지 우리는 기르는 어머니나 어른들 입장에서만 아이 문
        제를 다루었다. 일방통행의 사랑이요, 주입식 교육이다. 아기는
그냥 수동적으로 스펀지처럼 사랑을 흡수하고 교육을 받기만 하면 되는
줄 알았다. 하지만 이미 언급한 대로 아기에게서 풍기는 그 묘한 냄새를 맡
고, 엔젤 스마일이라는 신비한 아기의 미소를 본 사람이라면 금세 매료되
고 만다. 산모는 물론이고 누구라도 애정의 샘물이 솟는다. 모성애는 엄마
가 일방적으로 아기에게 쏟는 감정이 아니라, 아기가 그 사랑을 끌어내는
상호작용의 산물이다. 업어주는 사람의 마음과 업힌 사람의 마음의 상호
작용 속에서 비로소 '업는 문화'의 의미가 열매를 맺는 것이다.

**08**     이제 '포대기'는 육아법을 넘어 법고창신*의 문화론에 이르게
        된다. 한국의 문화 유전자와 그 이야기를 만들어내는 '포대기'
를 훌륭한 학문의 차원으로까지 끌어올린 한국의 엄마들. '포대기'를 사
용하는 여러 나라 부모들의 모습이 담긴 사진, 포대기 매는 법이 담긴 영
상을 유튜브에 올려 포대기 한류 바람을 일으킨 디지로그 시대의 엄마들,
치맛바람을 포대기 바람으로 바꾼 엄마들의 모습에서 새로운 한국인 이
야기의 싱싱한 미래를 보는 것이다. 이것이야말로 요즘 유행하는 '오래된
미래'가 아닌가.

• 法古創新

**09**     역시 내가 마우스의 호미로 인터넷 숲에 숨겨진 산삼처럼 찾
        아낸 이야기들이다. "첫째 아이를 낳았을 때는 포대기의 장점
을 잘 알지 못했다. 나도 다른 신세대 엄마들처럼 주로 유모차에 아이를
태우고 다녔고, 아기띠나 슬링을 이용해 아이를 안았다. 비싼 돈을 들여서

슬링, 아기띠 모두 샀다. 회사 선배가 '아이 업을 때 가장 잘 활용했다'는 포대기는 집안 구석에 처박아 놓았다. 포대기는 촌스럽다는 생각이 강했다. 포대기는 시대에 뒤처지는 것 같고, 나도 예쁜 아기띠에 아이를 안고 폼나게 걷고 싶었다. 그런데 첫째를 쩔쩔 매며 키운 뒤 나는 나중에야 포대기의 진면목을 알게 되었다. 서양인들이 '애착 육아'에 관심을 가지게 되면서, 엄마의 품 같은 포대기에 열광했다는 것을 알게 되었다. 그리고 조선족 이모들과 함께 아이를 키우면서 포대기로 업는 법을 제대로 배웠다. 포대기가 아이를 업기에 훨씬 편하고 어깨와 허리도 덜 아프다는 것을 몸소 체험했다. 아이도 훨씬 안정감 있게 엄마 등에 기댔다. 그래서 둘째는 육아 휴직을 했을 때 주로 포대기로 업어 키웠다. 훨씬 업어 키우기 편했다."

**10** 현장에서 듣는 이야기는 같은 말이라도 새롭고 믿음이 간다. 아픔을 아는 데는 전문가인 의사 쪽이 아니라 제 몸으로 아는 환자 쪽이다. 그러나 이 경우는 직접 몸으로 체험만 한 것이 아니라《잃어버린 육아의 원형을 찾아서》라는 책까지 구해서 읽는다. 아마존 예콰나족의 육아 방식을 다룬 진 리들로프Jean Liedloff가 최근에 쓴 책이다. 거기에서 품는 문화를 발견하고, 그것과 포대기의 연관성을 찾는다. 먼 석기 시대로 향하는 육아 방식에서 인간 본성에 가까운 선조의 지혜를 본 것이다. 그래 바로 그거야. '심봤다' 소리가 절로 나온다.

**11** '한국인 이야기'의 탄생, "너 어디에서 왔느냐"의 해답은 개인으로는 어머니의 '모태', 문명으로는 '채집기'에 두고 있다. 우리가 기억할 수 없는 먼 그곳에서 온 것이다. 존 볼비의 애착이론*의 근

원지가 그곳에 있다. 그리고 그것을 한국말 한마디로 줄인다면 애를 업는 한국의 포대기가 상징하는 '품는 문화'라는 것이다. 배내 고개의 '태동, 발의 반란' 꼬부랑길에서도 말한 것처럼 채집 시대의 인간들은 하루 동안 30킬로미터 이상을 걸었다고 한다. 침팬지든 고릴라든 기껏 걸어봤자 3킬로미터 밖을 벗어나지 못한다. 그때 걷지 못하는 애들은 어떻게 데리고 다녔겠는가. 상상해봐도 알 수 있듯이, 등에 업는 수밖에 없다. 그래야 아이들과 함께 이동하면서 두 손으로 이동할 수도 있다.

• J. Bowlby, Attachment theory


**12** 마거릿 미드의 '문두구머'족과 '아라페시'족의 필드워크가 생각나지 않는가. 애를 어떻게 업었는가. 품었나 떼어놓았나. 여기에서 문화 문명이 바뀐다. 아이를 떼놓고 키운 '아라페시'족처럼 공격적이고 배타적인 호전적 종족은 승자가 되고, 품고 업어서 키운 밀착형 '문두구머'족들은 유순하고 평화적이지만 패자가 될 수도 있다. 착하고 어진 한국인들의 수난을 생각하게 한다. 그러나 현대 서구 문명이 파탄에 이르면서 승자의 역사는 붕괴하기 시작하고, 그 대신 포대기 문화가 빛을 보는 역전의 시대가 오고 있다고 한다면, 신채집 문명의 생명화 시대가 문 앞에 와 있다고 한다면, 지나친 장밋빛 미래관일까.


**13** 양선아 기자의 〈사랑의 자궁 포대기〉' 역시 예콰나족을 통해서 이런 결론을 얻지 않았는가. "나는 이 책을 읽으며 현대 사회를 찾아가는 우리가 아이들에게서 '품의 경험'을 박탈하지 않으려면 포대기를 활용하는 게 좋겠다고 생각했다." 이 말에서 나는 든든한 한국의 '오래된 미래Ancient Futures'를 볼 수 있었다. 특히 '품다'라는 우리의 따뜻

한 그 말 속에서. '품다'라는 말. 닭이 병아리를 품는다. 왕을 사모하는 여인의 이야기를 담은 사극 제목으로 '해를 품다'는 말까지 등장했다. 이렇게 따뜻하고 포근한 말, 태내의 말을 잊고 나는 줄곧 영어로 된 학술어인 'inclusive'를 사용했다. 번역하면 '포함'이라는 말이 되기 때문에 어색해서 영어 그대로 쓴 것이다. 포함의 반대말은 뭘까. 'exclusive'는 '배제하다'이다. '품다'의 반대말은? 언뜻 생각나지 않는다.

• 양선아 기자의 육아의 재발견, 〈사랑의 자궁 포대기, 다 큰 아이도 어부바〉, 한겨레 베이비트리, 2014. 1. 6

**14**  한국의 옛날 어머니들은 포대기 하나로 아기를 가슴에 품고 등으로 업는다. 아기들은 낯선 세상 밖으로 나와도 이 포대기의, 한국 특유의 '품는 문화'와 '업는 문화' 안에서 양수와 다름없는 따스한 환경 속에서 지낸다. "안아줘도 깽깽, 업어줘도 깽깽, 어쩌라고 깽깽"이라고 애 업고 꾸짖듯이 부르던 노랫말이 생각난다. 아이들은 철이 없다. 말이 통하지도, 힘이 통하지도 않는다. 그저 우는 아이 앞에 장사 없다. 이 노래를 뒤집어 해석하면 아무리 깽깽대던 아이라 해도 가슴에 안고 등에 업으면 금세 잠잠해지고 거짓말처럼 잠이 든다는 거다. 아기는 본래의 천사로 돌아간다. 우는 아이를 그치게 하는 방법은 딱 하나, 안아주고 업어주는 수밖에 없다는 이야기다. 그런데 말이다. 안아주고 업어주는 한국의 그 포대기 문화가 없다면 아이가 '깽깽'거릴 때 어떻게 할까.

**15**  "어머니의 피부 온기가 아이를 편안하게 키운다는 관점에서, 이미 본 대로 서양에서 어부바가 크게 장려되고 있다. 미국의 발달심리학자이며 생물행동연구소 소장 J. W. 프레스콧• 박사도 어부바

지지파의 한 사람이다. 박사는 동물 실험과 인간의 행동을 통해 인간 폭력의 뿌리를 연구하던 중 어부바에 관한 충격적인 의견을 발표했다. '전후의 일본은, 어부바를 잃어버렸다. 그 훌륭한 전통적인 육아 방식을 버리고, 미국의 육아법을 따랐다. 그 보답이 지금 폭력과 비행으로 나타나기 시작하고 있다. 이 현실은 앞으로도 더욱 커져서 일본의 발전에도 큰 위기를 가져올 수도 있다.'"• 세계적으로 일어난 68학생 시위가 제2차 세계대전 전후, 부모의 애정을 모르고 자란 세대인 것과 깊은 관련이 있다고 하지 않던가.➜ 스와들링에서도 서구의 모자 격리 육아법이 어떤 결과를 낳았는지 서구 문명의 그늘을 따져보았다. 서양이 버린 것을 우리가 주워 오고 우리가 버린 것을 서양이 주워간다. 어부바 역시 막문화➜와 마찬가지로 한류를 통해서 각광을 받고 있다. 어서 고개를 넘어 꼬부랑 할머니가 어디까지 가는지 길을 재촉해야겠다.

• J. W. Prescott | 内藤 寿七郎/ 新「育児の原理」あたたかい心を育てる 幼児編 /角川ソフィア文庫, 2017. 4. 25 ➜ 9 세 살 고개 3-샛길 | 1 태명 고개 1-샛길

# 스킨십과 품는 문화

'스킨십'이라는 말은 원래 영어에는 없는 말인데 1953년에 개최된 WHO의 세미나에서 미국인 여성이 우연히 말하게 된 조어였다. 그때 그 자리에 참석했던 일본의 히라이 노부요시平井信義가 퍼뜨린 일본식 영어로 알려져 있다. 한국에서도 일본 영향으로 상용어가 되었다.

영어권에서도 SNS 사이트 등을 중심으로 '스킨십skin ship'이라는 말이 등장하고 있지만, 정확하게는 좀 어려운 말로 피지컬 인티머시Physical Intimacy라는 말을 사용한다. 우리와 같은 맥락에서 자주 쓰는 말이 아니다. 특히 모자 관계를 통해 이루어지는 신체적 접촉은 바디 컨택Body contact이나 터칭touching이라고 한다. 그것을 세분화해서 쓰다듬고 애무하는 것은 핸들링handling, 안아주는 것은 홀딩holding이라고 한다.

오히려 우리의 언어 감각으로 보면 핸들링은 축구에서의 반칙을, 홀딩은 농구 경기에서의 벌칙같아 실감이 나지 않는다. 그만큼 스킨십은 비록 영어에서 온 말이기는 하나 동북 아시아인들의 육아 문화와 깊이 연관되어 있다는 것을 함축한다. 출산하자마자 갓난아기의 온몸을 나무로 된 물통에 넣어 씻기고 마사지하는 전통적인 육아법에 나타나 있듯이 육아 방식의 특성은 스킨십처럼 피부를 자극하는 것이라 할 수 있다.

그에 비해 한국의 경우는 어머니의 품속에 넣어 품고 감싸주는 포근한 온몸의 접촉이라 하겠다. 일본식 영어이기는 하나 '스킨십'의 'S(시옷)' 음과 '품다'의 'p(피)' 음의 그 미묘한 울림의 차이가 한일 문화 전반에 걸쳐서 엿볼 수 있는 특성이라고 말할 수 있다.

셋째 꼬부랑길

# 어깨너머로 본 세상

**01** 일본의 한 소아보건학자는 아이를 업어 기르는 것은 일본과 미국의 인디언뿐이라고 말한 적이 있다. 그리고 일본 특유의 스킨십을 자랑하면서 아이들을 떼놓고 기르는 서양 문화와의 차이점을 강조했다. 하지만 아이를 업는 데 있어 둘째가라면 서러운 한국인들이 바로 이웃에 산다는 사실을 모르고 하는 소

일본 온부히모(おんぶ紐)

리다. 오히려 아이를 '온부히모'˙라고 부르는 띠로 '매는' 일본보다 '포대기'로 '둘러서' 업는 문화의 특성을 제대로 보여주는 것은 한국 쪽이다.

˙おんぶ紐

**02**　한국은 물론이고 스와들링을 하는 유럽 지역을 제외하면 세계 각처에 '업는 문화'가 없는 곳은 거의 없다. 중국에서도 아프리카에서도 북극권 이누이트족[*]에 이르기까지 방법은 조금씩 달라도 모두 아이를 업어 키운다. 다만 예외가 있었다면 유럽과 미국, 그러니까 앞 고개에서 이야기한 천으로 아이의 손발을 동여매 소쿠리나 궤짝 같은 곳에 따로 떼놓고 기른 '스와들링 문화'다. 그런데 서양 문화가 글로벌 스탠

이누이트족 포대기

더드의 위치를 점하면서 서양의 요람형 분리의 육아 방식을 따르게 되었고 업는 문화가 점차 사라지고 있다. 한국, 일본의 경우 어린애를 업고 나온 어머니가 있다면 구경감이다. 거꾸로 동아시아에서 업는 문화가 사라진 것을 아쉬워하고 업는 문화가 생겨나는 것은 오히려 서양 사회다.

* Innuit. 에스키모Eskimo와 동의어로 쓰일 때도 있음.

**03**　북극권에 거주하는 이누이트족은 특이한 생활 문화로 서양 연구가들의 많은 관심을 끌어왔다. 그중에 최근 왜 이누이트족의 아이들은 울지 않는가 하는 별난 연구를 한 것도 있다. 미국 아이들에 비해 이누이트족의 아기들은 거의 우는 법이 없어 그 원인을 조사한 결과 업어 기르기 때문이라는 결론을 얻게 된 거다. 아기 엄마들은 아이에게 기저귀를 채우고 순록 모피로 싸서 등에 업는다. 한국의 포대기로 업

은 모양과 똑같다. 어머니의 등에 업힌 아이는 어머니의 자궁으로 돌아간 것처럼 포근한 느낌에 싸이게 된다. 모태의 양수 속에 싸여 있던 때와 다름없이 순환기를 비롯하여 비뇨기나 면역계, 신경계, 호흡기관 그리고 소화기관까지도 모두 자극을 받아 매우 편안한 상태가 된다.

**04**  태胎 속에서 우는 아기의 울음소리를 들은 적이 있는가. 양수 속이라 울지 못한 것이 아니다. 모자가 태로 이어져 있어서 일체감을 이루어 울 일이 없다. 하지만 밖으로 나가면 온도의 차이, 불편한 자세, 갑작스러운 변화로 어느 하나 낯설지 않은 것이 없다. 하지만 등에 업힌 아이는 모태에 있었을 때와 가장 가까운 느낌을 갖기 때문에 울 필요가 없다는 거다. 짐승들이 애를 낳자마자 혀로 아기의 전신을 깨끗이 핥는 것도 모자의 일체감을 주기 위한 일종의 스킨십이라고 볼 수 있다.➥ 이누이트족의 등에 업힌 아이들처럼 울지 않는 것은 아니지만. 역시 개화기 때 일본에 온 외국인들의 기록에는 아이들이 유순하다는 것과 아이를 업고 다니는 것에 대해 인상 깊은 기록을 남겼다. 그중 업는 문화를 통해서 일본인(아시아인)의 특성을 학술적으로 밝힌 것이 바로《국화와 칼》*➥로 유명한 루스 베네딕트의 글이다.

• Ruth Benedict, *The Chrysanthemum and the Sword*, 1946 ➥ 6 어부바 고개 2-샛길 | 5 기저귀 고개 1-01

**05**  "아기는 생후 한두 달이 지나 목을 조금씩 가눌 수 있으면 어머니의 등에 업힌다. 이중으로 된 띠로 아이의 겨드랑이 밑과 엉덩이를 받친 다음, 어머니의 어깨를 거쳐 허리 앞에서 띠를 묶는 것이다. 집안의 손위 남자아이나 여자아이가 아기를 업기도 하는데, 그들은 놀

때도 아기를 업은 채 뛰어다니기도 한다. 특히 농가나 가난한 집에서는 큰 아이한테 아기 돌보는 일을 맡기는 경우가 많다. 이처럼 일본의 아기는 '사람들과 어울려 생활하기 때문에 빨리 영리해지고 표정도 풍부하다. 또한 자기를 업고 있는 손위 아이들이 노는 걸 보며, 당사자처럼 즐기는 듯한 모습도 보인다'고 적었다.

**06** "아기를 업을 때, 아이의 사지를 벌린 자세로 띠로 묶는 방법은 일본만의 고유한 풍습이 아니다. 태평양의 여러 섬이나 다른 곳에서도 일반적으로 행해지는, 아기를 목도리 같은 데 싸서 어깨에 걸고 다니는 풍습과 상당히 닮아 있다. 그런 자세는 아이를 수동적으로 만든다. 그러나 띠로 업는 일본의 관습은 목도리나 주머니에 넣어 업는 것처럼 전적으로 수동적인 것은 아니다. 아기는 자신을 업어주는 사람의 등에 새끼고양이처럼 매달리는 법을 배운다. …… 띠로 등에 묶여 있는 아기는 스스로 몸을 움직이면서 편안한 자세를 취하려 부단히 애를 쓴다. 그리하여 어깨에 묶인 짐 꾸러미가 아니라 교묘하게, 업은 사람의 등을 타는 법을 터득한다."

**07** 기저귀 고개에서 이야기한 대로 서양 사람들은 아이들을 낳자마자 요람이나 아기 침대로 떼내어 따로 키운다.↪ 이동할 때도 유모차에 태워 끌고 다닌다. 모자 분리형이기 때문에 모자간에 스킨십이 부족하다. 대신 아이들은 일찍부터 독립된 인격체로 성장하게 된다. 업은 사람의 뒤통수만 보는 문화가 아니라, 눈과 눈을 서로 마주 보는 대면 문화*다. 문제는, 업는 문화는 스킨십만으로 평가되는 게 아니라는 점이다. 아이를 업으면 두 손이 자유로워져서 부엌일·바깥일을 가리지 않고 할 수 있다. '업은 아이 3년 찾는다'는 속담이 생길 정도로 업은 것조차 모

르는 일체감이다. 포대기가 바로 요람이요, 유모차기에 아기들은 어머니
와 떨어질 걱정 없이 온종일 업혀 다닌다.

• 對面文化 ↪ 5 기저귀 고개 1-09


**08** 어깨너머로 요리하는 것, 세탁하는 것, 바느질하고 청소하는 어
　　　　머니의 가사와 집안 구석구석을 다 구경한다. 나들이를 갈 때면
바깥 풍경은 기본이요, 동네 아주머니의 얼굴과 목소리도 익힌다. 서양 아
기들이 요람에 누운 채 아무것도 없는 천장을 바라볼 때, 우리 아이들은 엄
마 등에 업혀 세상을 보고 듣는다. 앞으로 살아갈 세상을 어머니의 어깨너
머로 미리 느끼고 배우는 현장 학습이다. 새 소리를 듣고, 꽃을 보고, 바람
을 타고 오는 모든 생활의 냄새를 어머니의 땀내와 함께 맡는다. 그래서 누
군가의 등에 업혀 자라는 아이는 베네딕트의 말대로 두뇌가 일찍 발달한
다. 그리고 또 프로이트의 지론인 '출생 트라우마'에서 벗어나게 된다.


**09** 엄마가 보는 것을 아이가 본다. 같은 시선이다. 굴러가는 유모차
　　　　의 바퀴가 아니다. 어머니의 한 걸음 한 걸음의 보행이 어렸을
적 태내에서 기억했던 심장소리의 리듬과 어울린다. 등에 업혀 어머니가
듣는 것을 듣고 보는 것을 본다. 낯선 냄새와 소음과 제대로 통합되지 않는
풍경의 조각이 하늘과 땅 사이로 펼쳐진다. 닭이나 개나 말을 업을 수 있는
가? 업을 수 있는 것은 오직 살아 있는 인간뿐이다. 업히려는 의지와 마음
이 있어야 한다. 애를 업으려면 묶어야 한다. 자신의 몸과 결합시켜야 한다.
끈으로 묶거나 포대기로 싸야 한다. 묶으면 물건이 된다. 포대기로 싸면 생
명체는 그 안에서 자유롭게 꿈틀대고 움직이고 자세를 바꿀 수 있다.

**10**  '어깨너머로 배운다'는 말이 있다. 학교에서 교과서를 펴들고 본격적으로 배우는 것과는 다르다. 보고 들은 경험으로 배운다. 체험을 통해 세상을 익혀가는 것이다. 어깨너머 세상은 '먹고 먹히는 생존 경쟁의 원리'를, '업고 업히는 상생 원리'로 바꿔놓는다. 한국의 어머니들도 서양 사람들처럼 아이들을 '베이비 슬링'˚으로 묶어 매달고 다니는 세상이지만, 업는 문화는 한국인의 의식 속에 그대로 따라다닌다. 영화나 텔레비전에서는 그 흔한 키스 신보다 업어주는 연기를 최고의 애정 표현으로 꼽는다.

˚ baby sling


**11**  업히는 사람만 기분 좋은 게 아니다. 업어주는 사람도 좋다. 단순한 노역에 고통스러워하는 게 아니라 기쁨을 맛본다. 정말 사랑하고 정을 표현할 때 우리는 상대를 업어주고 싶어한다. 업어준다는 것은 애정의 표현이며 상호작용인 것이다. "장난삼아 어머니를 업고 보니/ 너무도 가벼워 왈칵 눈물이 솟구치니/ 세 발짝도 못 걷네."˚ 일본 시인 이시카와 다쿠보쿠˚의 단가˚다. 나이 드신 어머니를 업고 너무도 가벼워진 어머니의 무게에 서너 발짝도 걷지 못했다는 이 짧은 시에는 국경을 초월하는 깊은 울림이 있다. 그러나 이 시는 어머니를 업은 시인의 심정만을 묘사할 뿐 업힌 어머니의 심정은 그려져 있지 않다.

˚ たはむれに 母を背負ひて そのあまり 軽きに泣きて 三歩あゆまず | 石川啄木 | 短歌


**12**  《춘향전》에서 첫날밤 몽룡은 춘향을 업고 〈사랑가〉를 부른다. "이애 춘향아 이리 와 업히거라" 하고 몽룡이 묻자 춘향이 부끄러워하니 몽룡은 "부끄럽기는 무엇이 부끄러워. 이왕에 다 아는 바니

어서 와 업히어라." 재촉한 뒤, 업힌 춘향에게 묻는다. "네가 내 등에 업히니까 마음이 어떠하냐?" "엄청나게(한껏나게) 좋소이다." "좋냐?"
"좋아요." "나도 좋다." 이렇듯 이도령은 춘향이를 업어줌으로써 깊은 사랑의 마음을 보여주고 춘향 또한 이도령에게 부끄러운 듯 업히어 좋아하는 마음을 표현한다. 업어도 업혀도 좋은 것이 바로 어부바 문화의 특성이다. 윈윈이다. 한쪽이 얻으면 한쪽이 잃는 윈 로스트의 게임이 아니다. 이렇듯 두 사람의 업고 노는 장면은 사랑하는 남녀 사이니까 그렇지 일반적인 경우 업어주는 사람이 손해고 업히는 쪽이 이득이라고 반론을 제기할 것이다.

**13** 남녀의 경우라면 에로티시즘으로 볼 수도 있지만, 국민 소설이 되어버린 《메밀꽃 필 무렵》↪의 라스트 신을 보라. 단 한 번의 사랑으로 얻은 동이의 등에 업혀 냇물을 건너는 허생원의, 그 행복 절정의 장면 말이다. "동이는 물 속에서 어른을 해깝게 업을 수 있었다. 젖었다고는 하여도 여윈 몸이라 장정 등에는 오히려 가벼웠다. '이렇게까지 해서 안됐네. 내 오늘은 정신이 빠진 모양이야.' '염려하실 것 없어요.' '그래 모친은 애비를 찾지 않는 눈치지?' '늘 한 번 만나고 싶다고는 하는데요.' '지금 어디 계신가?' '의부와도 갈라져 제천에 있죠. 가을에는 봉평에 모셔 오려고 생각 중인데요. 이를 물고 벌면 이럭저럭 살아갈 수 있겠죠.' '아무렴, 기특한 생각이야. 가을이랬다.' 동이의 탐탁한 등허리가 뼈에 사무쳐 따뜻하다. 물을 다 건넜을 때에는 도리어 서글픈 생각에 좀 더 업혔으면 하였다."•

• 이효석, 《메밀꽃 필 무렵》, 1936 ↪ 2 배내 고개 4-13

**14**　업은 동이와 업힌 허생원, 이들의 마음이 업고 업히며 서로 교감한다. 그야말로 요즘 인터넷에서 자주 나오는 표현, 인터랙션*이다. 업는 이도령이나 동이의 마음이 업히는 춘향이나 허생원과 상호작용을 하는 거다. 업는 사람과 업히는 사람의 관계가 일방적이지 않다. '갑'과 '을'의 관계가 아닌 것이다. 정이 오고 가는 인간적인 관계. 업는 사람도 힘든 줄을 모르고 업히는 사람 또한 업어준 사람의 따스한 체온을 가슴으로 느끼는 거다.

• interaction

**15**　동이가 허생원을 업듯 어부바 문화에서 자란 아이들은, 성장하면 나이들어 거동이 불편해진 부모를 등에 업는다. 도시의 전설처럼 돌아다니는 일본의 사야가* 장군 이야기가 있다. 그는 임진왜란 때, 선봉장이 되어 남원으로 쳐들어온다. 그런데 왜군의 칼을 피해 쫓겨가는 와중에도 조선인들이 등에 하나씩 뭔가를 업고 뛰는 게다. 먹을 쌀, 보리 자루가 아니라 늙으신 어머니, 아버지였다. 이것을 본 사야가 장군은 "야만한 국가가 문화의 나라를 쳤구나" 했단다. 일본에 한국이 쳐들어오면 지 애미, 애비를 업고 뛸 놈이 몇 놈이나 있겠냐 이거다. 그래서 한국으로 귀화해 김해 김씨 집안의 김충선*이 되었다. 확실한 전거는 없지만, 비록 전설일지라도 업는 문화가 한국의 효를 상징한다는 뜻에서는 변함이 없다.

• 沙也可 ｜ 金忠善

**16**　최근 한 금융기관의 광고가 눈길을 끈다. 대학 새내기 딸을 업고 가는 아빠, 노모를 업고 가는 딸, 장바구니를 든 아내를 업는

남편, 어린 동생을 업은 누나, 아이를 업은 아빠……. 다양한 어부바를 통해 업는 사람의 따뜻한 마음과 업히는 사람의 고마움과 행복을 담은 광고다. '평생 어부바'라는 슬로건 아래 금융 소외 계층에게 언제든 따뜻한 등을 내주겠다는 철학을 한국적 정서로 담아낸 것이다. 결혼식은 서구식 웨딩 문화 형식으로 거행되지만, 한국식 폐백은 어김없이 거행된다. 이 자리에서 신랑의 신부 업어주기는 빠지지 않는다. 칠순 잔치, 팔순 잔치 현장에서도 자녀들의 부모님 업어드리기 이벤트는 단골 메뉴다. '어부바'의 문화 유전자에는 세월이 없다.

**17** '업는다'는 것은 무엇이며 '업힌다'는 것은 무엇인가. 약자가 강자를 업는 것은 어부바 문화가 아니다. 가마꾼이 가마 탄 사람을 메는 관계도 아니다. 그것은 이해 관계에 불과하다. 업혀서 미안하고, 업어서 힘겨운 관계가 아니라는 거다. 갑과 을의 관계에서 어부바 문화는 존재하지 않는다. 어부바 문화의 원형은 모자 관계에서 생겨났다. 그것은 어른이 아이를 업어주는 관계다. 강한 자가 약한 자를 업어주는 거다. 엄마가 아이를 업고, 장성한 자녀가 연로한 부모님을 업는다. 이는 생명에 대한 배려이자 상대에 대한 사랑이다. 업어서 좋고, 업혀서 좋다. 아이를 업는 건 보릿자루를 메고 다니는 것과는 다르다. 보릿자루는 그저 무거운 짐일 뿐이다. 어부바 문화에는 사랑과 정이 서로 오간다. 지배와 의존이 아니라 사랑과 애정 속에 업고 업히는 관계, 이것이 상생이다. 수렵 채집 시절부터 우리의 어부바 문화는 상생 관계였다.

샛길

## 일본의 자장가, 고모리(高知県)

일본에서는 '고모리高知県'라고 해서 가난한 집 아이에게 밥만 먹여주면, 애를 돌봐주는 '애업이'가 따로 있었다는 거다. 이 '애업이'들이 부르던 자장가를 보라.

자장자장 해서 자는 애는 귀여워
깨서 우는 애는 보기도 싫어
꼴보기 싫은 녀석은 도마에 올려놓고
무 다지듯 잘게 다져두었다가
뒤란의 수채로 흘려보내고 싶어

〈高知県 土佐清水市〉

이 노래는 일본 에도 시대의 어느 지방에서 불리던 자장가다. 어떤 노래보다도 부드럽고 따뜻해야 할 자장가 가사가 어찌 이리도 섬뜩할까. 노래로 부르기는커녕 눈으로 읽기에도 겁이 난다. 물론 일본의 자장가가 모두 이렇지는 않지만, 비슷한 내용을 담은 자장가가 일본 전 지역에 걸쳐 나타난다. 애를 업고 다니는 것이 얼마나 부담스럽고 어려운 일인지를 극명하게 보여주는 노래다. 애정 없이 애를 업는다는 것은 죽이고 싶을 만큼 고달프다는 이야기다.

한국과 같은 업는 문화권이라도 일본의 그것은 업고 업히는 모자의 상호작용이 약하다. 그 이유는 한국의 포대기처럼 '두르는' 것이 아닌, 끈으로 조여 '매는' 형태의 온부히모おんぶ紐이기 때문이다. 애가 아닌 짐을 진 것처럼 꽉 조여 매기 때문에 애가 옴짝달싹하지 못한다. 이는 오히려 서구의 스와들링 문화에 가깝다.

자장가는 엄마와 아기의 소리를 통한 스킨십이다. 그러나 자장가를 아무런 애정 없이, 잠을 재우기 위한 수단으로만 쓰려 한다면 그런 스킨십으로는 상호 소통도 교감도 이루기 어렵다. 애정 없이 업어주는 행위가 아이에게 의존성만 키우고 폭력 성향을 조장하듯, 아이에 대한 어른들의 일방통행식 베풀기는 오히려 아이에게 해악을 끼치는 결과를 가져올지도 모른다.

## 한국 어부바 문화의 특성

보부상褓負商은 봇짐장수와 등짐장수를 아울러 이르던 말이다. 신라 · 고려 시대에도 이들의 활동이 있었으나, 조선 시대에 들어와 조직적인 형태를 이룬다. 임진왜란 · 병자호란 때에 양식 조달에 공헌하기도 했다. 보부상에서 '부'는 승부에서 지는 것, 부채, 마이너스를 의미한다. 어부바 문화의 상호작용이 없으면 보부상들이 등에 봇짐을 지고 다니는 것과 같은 완전한 고역이다.

한국의 어부바 문화는 단순히 육아의 한 방식이라기보다 문화 전반의 상징성을 지닌다. 가령 세계은행 총재 김용Jim Yong Kim이 2017년 테드Ted 강연에 나와 어머니가 자신의 어린 동생을 등에 업고 전쟁에서 피난하는 얘기를 통해 한국인으로서의 자신을 소개하며 한 소녀의 어부바 사진을 보여주었다.

"자세한 내용을 이해하기 위해 여러분께 제 개인적인 이야기를 들려드릴까 합니다. 이분은 제 어머니는 아니지만, 한국전쟁 당시 제 어머니는 자기 어린 동생을 등에 업고 한국전쟁 당시 걸어서 서울을 떠나 피난하셨습니다."

# 7
## 옹알이 고개
배냇말을 하는 우주인

첫째 꼬부랑길

# 환한 밥 깜깜한 밥

**01** "전쟁 후 끼니를 거르며 살던 때였지요. 하루는 아이가 '환한 밥! 환한 밥!' 하면서 우는 거예요. 제 처에게 무슨 말이냐고 물었더니 쌀밥이 먹고 싶다는 거래요. 아직 말을 잘 몰라서 꽁보리밥을 깜깜한 밥, 흰 쌀밥을 환한 밥이라고 했던 거죠." 그러고는 안경을 벗어 눈물을 닦더니 노 기업인은 말을 이었다. "아이가 병으로 죽고 난 뒤, 환한 밥 환한 밥 하며 울던 애 울음소리가 들려 이를 악물고 일하며 돈을 벌었어요. 그런데 돈을 얼마를 더 벌어야 그 한이 풀릴 수 있을까요."

**02** 그동안 수도 없이 들어온 한국인의 '한 이야기'였지만, 울며 박수치며 한 것은 이번이 처음이다. 그까짓 쌀밥이 뭔데! 분한 눈물이 나다가도 쌀밥과 보리밥을 빛과 어둠으로 나타낸 말에 대해서는 무릎을 치지 않을 수 없었다. 한국 말고 어디에서 그런 말을 들을 수 있으랴. 셰익스피어, 이태백이도 울고 갈 일이다. 명이 길었더라면 그 아이는 흰쌀이 조금씩 섞여 깜깜한 밥이 껌껌한 밥이 되고 껌껌한 밥이 점점 환한 밥이 되다가 이윽고 어느 날 아침 햇살처럼 환한 밥과 만난다. 그리고 밥이

아니라 그 찬란한 햇살을 먹는 거다. 한강의 기적이 일어나고 환한 밥을 먹은 그 아이가 크면 백남준 같은 전위 예술가가 되거나 방탄소년단처럼 한류 스타가 된다. 아니면 유엔 사무총장이나 세계은행 총재 같은 글로벌 리더가 되어 자랑스러운 '한국인 이야기'의 꽃을 피웠을 것이다.

**03** 옹알이말, 유아어란 의미 이전에 소리만으로 어느 대상이나 느낌을 전달하는 일종의 태생적 '배꼽말'이라고 할 수 있다. 배꼽 친구처럼 커서도 관계를 유지해오는 것이 '오노마토피아'*라고 하는 '의성어'다. 언어학자들은 이 의성어가 가장 발달한 말로 한국어를 꼽는다. 일본의 언어학자 무라모토의 연구 논문*에서 자세히 언급된 것처럼, 우리가 전 세계에서 가장 의성어를 많이 쓴다는 건 이미 객관적 통계로도 밝혀진 바 있다. 정식으로 사전에 나와 있는 것만 8,000개다. 일본은 2,200개, 독일은 우리의 7퍼센트 수준인 541개이니 말할 것도 없다.

• Onomatopoeia | 村元麻衣,〈ドイツ語のオノマトペに する一考察_音韻特 と意味特 を中心に)〉,《人文文化研究》6호(2006)

**04** 일본 역시도 서양의 다른 언어에 비하면 의성어를 많이 쓰는 편이다. 안데르센의《인어공주》를 각국어로 번역한 것 중에서 의성어를 살펴보면 영어에서는 6개, 독일어에는 7개, 프랑스어에는 3개밖에 되지 않는다. 그런데 일본어 번역에는 무려 34개의 의성어가 등장한다는 히타미야* 교수의 놀라운 조사도 있다. 하지만 일본어로 코고는 소리는 얼굴 문자(˘ ˘)로 표시되는 '스야스야ｽﾔーｽﾔ'다. 기껏 야단스럽게 골아봤자. '구구'로 영어의 'snore'와 다를 게 없다. 한국어로는 '색색'과 '콜콜', 어른이면 '쿨쿨'과 '드렁드렁', 그것도 모자라면 '드르렁드르렁'이다.

•下宮忠雄

**05**    한국의 의성·의태어는 반드시 콜콜과 쿨쿨처럼 'ㅗ'는 'ㅜ', 'ㅏ'는 'ㅓ'의 양모음 대 음모음의 모음 조화로 구성되어 있다. 앞에서 본 대로 '깜깜한 밤'은 '껌껌한 밤'과 '환한 밤'은 '훤한 밤'으로 빛의 밝기가 양성 모음과 음성 모음에 의해 대응된다. 그래서 바람이 살랑살랑 불면 깃발은 팔랑팔랑 휘날리고, 설렁설렁 불면 그것은 펄럭펄럭 나부낀다. 여기에 자음의 음성 상징까지 겹치면 수돗물이 나오다 끊어지는 물줄기를 7단계로 표현할 수 있는 놀라운 마법을 보여준다. 콸콸 흐르던 물줄기가 촬촬로, 촬촬에서 줄줄로, 줄줄에서 졸졸로 점점 물줄기가 줄어들다가 촐촐 흐르게 되면 물줄기가 가늘어지기 시작한다. 드디어 유음'이었던 'ㄹ'의 종성이 'ㄱ'의 폐색음으로 바뀌면 조록조록 끊기기 시작하다가 그 횟수가 빨라지면서 조로록 조로록으로 끊길락 말락 한다. 그러다가 수돗물은 결국 '뚝' 끊기고 만다.

  • 流音, liquid sound


**06**    모음 조화만이 아니라 자음까지 어울려 흐르는 물에는 'ㄹ'이 붙고, 막히고 끊기는 것엔 'ㄱ' 'ㄲ'의 폐색음이 따른다. 응가에 힘을 줘야 나오는 대변이 '끙가'↪이고 어른이 되어도 힘주어 일할 때는 '끙끙거린다'고 한다. 그리고 보면 한국인의 성공 법칙으로 꿈, 깡, 꾀, 끼, 꼴, 끈의 쌍기역 시리즈는 모두가 끙가의 배꼽 친구였던가 보다. 맞다. 태명부터 아이들에게 제일 소통되는 음이 된소리의 반복으로 쑥쑥이, 튼튼이에 까꿍인 게다.

  ↪ 4 삼신 고개 5-03

**07**  처음에는 아무 뜻도 없는 소리를 내다가 조금 크면 혼자 내던 소리에 뜻을 실어 소통하려고 한다. 그것을 우리말로는 아기들이 옹알옹알한다고 해서 '옹알이'라 하고, 영어로는 '배브배브' 한다고 해서 '배블링'[*]이라고 한다. 한때 텔레비전의 CF로 선보인 한 장면이 있다. 양말을 신고 기저귀를 찬 쌍둥이 아이들이 부엌에서 앙증맞게 손짓발짓하면서 단지 옹알이 하나로 이야기를 주고받는다. 겨우 붙잡고 일어난 그 조그만 아기들이 '다다다' '다다다다' '다다다다다' 하면서 얘기하는데, 소리를 높이기도 하고 웃기도 하면서 외계인 같은 옹알이말로 서로 통하는 거다. 그런데 만약 이 아이들이 한국 애였다면 과연 '다다다다'로 통했을까. 모르면 몰라도 '옹알옹알'이라고 했을 것 같다.

• Babbling

**08**  언어학자 베네딕트 드 부아송 바르디에[*]는 태어나서 두 살까지의 영아들에게 어떻게 언어가 시작됐는지를 실험한 적이 있다. 그 연구 결과에서 아기들은 선천적으로 모국어로 옹알이를 한다는 놀라운 사실을 밝혀냈다. 프랑스어를 하는 피실험자에게 여덟 달 된 아기들의 프랑스어, 아랍어, 광둥어 옹알이 샘플들을 들려준 결과 그 가운데 70퍼센트의 성인들이 프랑스 아기가 하는 옹알이말을 식별해냈다는 것이다. 아이들의 옹알이에 모국어와 동일한 리듬, 동일한 억양, 동일한 음소의 특성이 내포되었다는 이야기다.[*]

• Benedicte de Boysson-Bardies | How Language Comes to Children: From Birth to Two Years

**09**  "아랍의 아기들은 프랑스 아기들은 모르는 혀끝에서 굴리는 [r] 발음을 사용하고, 광둥의 아기들은 광둥어 톤을 미리 보여주는 다양한 짧은 성조를 만들어낸다는 것이다. 그는 또 다른 실험을 통해 프랑스어 옹알이가 'ba, ba, ba'와 같이 '자음+모음'으로 구성되어 있는 데 비해서 요루바어를 말하는 나이지리아 아기의 옹알이는 'aba-aba-aba'처럼 '모음-자음-모음'으로 구성되었다는 것도 밝혀냈다. 요루바어 단어는 대부분 모음으로 시작하기 때문입니다!"* (그 점에서는 우리의 경우와 비슷하다.) 옹알이는 마치 강아지가 낑낑거리는 것이나 다름없는 소리일 것 같은데, 녹음해서 분석해보면 그 소리마다 그 나라의 모든 음절과 음소의 특성이 들어 있다는 결론인 게다.

• 파스칼 피크 외,《가장 아름다운 언어 이야기》, 알마, 2011

**10**  신생아의 울음소리도 마찬가지다. 프랑스 부모가 낳은 아기 30명과 독일 부모가 낳은 아기 30명의 울음을 비교 분석한 결과, 이르면 생후 2일째부터 아기 울음에 부모가 말하는 언어의 '운율'이 드러났다고 한다.* 이 실험을 한 독일 연구진은 프랑스 아기의 울음 끝에는 상승조가, 독일 아기의 울음에는 하강조가 뚜렷했다고 주장했다. 이 같은 결과는 아기가 자궁에서 듣고 익힌 부모 발음의 억양을 울음으로 모방해 표현할 줄 아는 능력이 있다는 천부의 사실을 알려준다.

• 〈프랑스와 독일 아기 울음소리 비교 '뱃속에서 부모 억양 배워'〉,《조선일보》, 2009. 11. 9

**11**  유아어의 특성은 오바마 같은 이름처럼 단순한 모음, 그리고 구순음* 같은 것들로 구성된다는 점이다. 나라마다 언어가 다른데도 엄마·아빠의 어린이 말은 에스페란토*와도 같다. 우리의 '엄마'

와 '맘마'는 세계 어디에서나 번역할 필요 없이 '마마' '마미' '마망'으로 통한다. 거의 모두가 'M' 계열의 부드러운 구순음인 것이다. 그리고 아빠는 'P' 계열의 강한 파열음으로 인도–유러피언의 조어˚에서는 우리와 똑같이 '아빠appa'다. 거기에서 영어의 '파더father', 독일어의 '파터Vater', 프랑스어의 '페르père'가 태어난 것이다.

˚ 口脣音 | Esperanto | 祖語

**12** 유아 언어의 소구력이 얼마나 큰지는 오바마의 선거전에서도 나타난다. 오바마란 이름은 힐러리 클린턴이나 매케인처럼 까다롭지 않아 젖먹이들도 따라 할 수 있다. 이 점을 이용해 오바마라고 말하는 젖먹이들 장면을 비디오로 찍어 유튜브에 올린 것이다. 귀엽고 신기한 장면은 호기심을 유발하여 하루에도 비슷한 동영상이 수백 건씩 늘어나고 내려받기 수는 기하급수로 폭발해 쓰나미 효과를 일으켰다.

**13** 우리에게는 태어날 때부터 쓰던 옹알이말이 있다. 오늘날 트위터나 카카오톡이나 라인에서 문자를 보내는 아이들에게도 '이응' 자가 남아 있다. 하승 가승. 너랑 나랑 지금도 그 말이 쓰이듯이 의성어, 의태어를 무한히 만들어낼 수 있다. 응애, 까꿍, 잼잼, 짝꿍, 응가, 끙가. 이게 바로 이응 첨미소의 랑 효과. 알기 쉽게 '랑 효과'라고 하겠다.

**14** 사람은 죽어가고 옛날 사람들은 역사 책에서나 볼 수 있지만, 언어는 우리 피를 통해서 마치 유전자처럼, 한국인의 얼굴처럼, 한국인의 눈빛처럼, 그렇게 땅속의 수맥처럼 이어져왔다. 언어는 살아 있는 생명이다. 생물학적 유전자 속에 한국말의 씨앗이 들어 있다면, 우리는

엉덩이에 몽고반점을 찍고 나온 것처럼 혀 속에 이미 옹알이의 성문을 달고 나왔다는 이야기다. 그것을 앞서 인용한 부아송 바르디에는 이렇게 말한다. "아이들은 구두끈을 매기 전부터 제 나라말을 배웠다."

**15** 이러한 우리 옹알이말에서 발생한 의성어의 음성 묘사로 노랫말을 지어 한류 바람을 일으킨 것이 지금 지구를 뜨겁게 달구는 그 〈상어 가족〉이다. 빌보드 차트까지 오르고, 이 유튜브 영상으로 회사 주가가 70퍼센트나 급등했다는 이야기다. 노래가 기막힌 것도 아니고 애니메이션이 특별한 것도 아닌데, 세계적으로 히트한 이유가 뭘까. 〈상어 가족〉은 영어권의 너즈리 라임(자장가)＊에서 따왔다고 표절 시비가 붙었다고도 하던데, 그렇다면 왜 진작에 그 노래가 세계인의 관심을 끌지 못했는가. 여기 〈상어 가족〉의 특성은 한국 특유의 의성어 음성 묘사의 매력, 그 곡에 붙는 '뚜 루루 뚜루'라는 의미 없는 옹알이 소리인 게다. 〈청산별곡〉의 후렴인 '얄리얄리 얄라성얄라리랐다'와 같은 효과다. 그 증거로 영어로 번역된 가사와 원문을 비교해보라. '아기 상어 뚜 루루 뚜루'가 'Baby shark, doo doo doo doo doo doo'로 변화 없는 성음으로 되어 있다. 싸이의 말춤이 일으키는 원초적인 생명의 리듬 신가락이 작위적인 인공의 틀 속에 갇혀 있던 모태의 생명기억을 깨어나게 한 것이 아니겠는가.

**16** 의성어로 구성된 옹알이는 인류의 원초적인 말이다. 최초의 인간의 언어는 다 옹알이 같은 말들이다. '뚜 루루 뚜루' 하는 소리가 사람들에게는 낯설게 들리면서도 거기에서 새로운 배냇말, 자기네들이 어렸을 때 들었던 자연의 잠자던 언어가 깨어난다. 이 세계의 문명인들이 거의 상실한 옹알이말의 의성어들을 한국인들은 용케도 막문화를

통해 지금까지 지켜왔던 것이다. 막문화 속에 남아 있는 원초적인 문화↪
막사발에 미역국을 먹듯이 그 힘이 세계의 한류를 만드는 원동력이 된다.

↪ 1 태명 고개 1-샛길

**17** 〈상어 가족〉의 노랫말은 옹알이 같은 노랫말만이 아니라 그 내용도 먹는 것이다. '먹는다'는 말처럼 막 쓰는 말도 한국말밖에는 없을 것 같다. 밥도 먹고 욕도 먹고 나이도 먹는다. 축구에서 점수를 잃어도 한 꼴 먹었다고 하는 사람들. 〈상어 가족〉도 모두 잡아먹는 이야기다. 따지고 보면 들어서는 안 될 정도로 엽기적이다. 그런데 따지고 보면 〈마더구스〉처럼 세계적으로 전래되는 아이들 동요치고 잔인하고 엽기적이 아닌 것이 없다. 애를 잠재우는 자장가들을 보더라도 자다가도 벌떡 깨어날 정도로 무시무시한 노랫말이 많다.↪ 엄마 잡아먹고 형님 잡아먹고 동생 잡아먹고 그 뼈가 책상 밑에 있다는 내용 같은 것이 한둘이 아니다. 한마디로 자연에 가깝다는 것 야성의 세계와 어린이가 통해 있다는 것이다. 반문명 반문화 이 막문화↪가 합쳐져 한류를 만들어내는 공식이 〈상어 가족〉에서도 그대로 남아 있다.

↪ 10 나들이 고개 1-샛길 | 1 태명 고개 1-샛길

**18** 그래서 풀장에서 수영 연습을 하는 어린이들이 으레 〈상어 가족〉 노래에 맞춰 준비 운동을 하는 유튜브를 본 적이 있다. "아기 상어 뚜 루루 뚜루, 귀여운 뚜 루루 뚜루, 바닷속 뚜 루루 뚜루"라. 그 좁은 풀장이 넓은 바다로 확장되기도 하고 모태의 양수처럼 수축되기도 한다. 그 녀석들의 팔다리가 지느러미로 변하면서 아기 상어가 되는 환상 속에서.↪

• Nursery rhyme ↪ 10 나들이 고개 1-샛길

## 아기울음 읽기

우리 집에는
닭도 없단다.
다만
애기가 젖 달라 울어서
새벽이 된다.
우리 집에는
시계도 없단다.
다만
애기가 젖 달라 보채어
새벽이 된다.
-윤동주, 〈애기의 새벽〉(1938년 추정)

윤동주 시인이 연희전문 시절(1930년대 말)에 쓴 동시가 있다. "우리 집에는 닭도 없단다." "우리집에는 시계도 없단다"라는 단순한 시 한 줄 사이에 "다만"이란 말을 끼워 넣고 "애기가 젖 달라 울어서 새벽이 된다" "애기가 젖 달라 보채어 새벽이 된다"라는 말을 반복한다. 닭도 시계도 없는 집이라면 가난한 집일 것이다. "다만" 그 집에는 아기밖에 없기에 아이의 울음소리가 새벽을 알린다. 젖 달라고 보채는 울음소리가 잠들어 있는 온 식구를 깨운다. 아무것도 모르는 그 애의 울음소리가 어두운 밤에서 밝은 아침으로 향하는 새벽의 언어가 되고 그 빛의 약속이 되는 것이다. 이때 "다만"이라는 말이 이렇게 단호하고 결의에 찬 말로 들리는 것은 그것이 깃발처럼 우뚝 서 있는 것은 그 보채는 아이가 바로 윤동주이고 시인이고 저항하는 한국인이기 때문이다. 젖 달라고 우는 아기의 보채는 울음소리는 자유를 달라고 외치는 빼앗긴 민족 전체의 미래의 소리이며 그 광명의 시그널인 게다.

〈애기의 새벽〉이라는 제목이 말해주듯이, 새벽을 알리는 것은 닭도 시계도 아니라 애 울음이 있는 가난한 집이다. 그 집에는 아기가 있어서 내일의 희망이 있는 것이다. 우리에게 진정한 새벽을 알리는 소리와 존재는 우리가 알고 있는 것 같은 그런 닭이나 시계가 아니라 생명의 아기 울음소리라는 뜻이다.

태어날 때 '응애' 하고 태어난 갓난아기는 우는 것이 자신의 존재를 알리고 욕망을 표시하는 유일한 소통 수단이다. 말을 배우기 전의 아기의 첫 단계 언어가 바로 울음소리다. 시적 상징으로 읽지 않아도 된다. 실제로 애의 울음소리를 듣고 동이 트기 전인데도 온 식구가 잠에서 깨어나는 수가 많다. 사지를 제대로 움직일 수도 없고 말을 할 수도 없는 아기가 뭔가 불편과 불만을 호소하고 도움을 청하는 길은 시끄럽게 우는 방법밖에 없다. 울고 보채는 것이 불편과 불만을 표시하는 행위이고 기쁨과 만족을 나타내는 것이 웃음이다.

메조소프라노 가수 출신인 호주의 던스탠Priscila Dunstan은 애 응알이 연구의 전문가라고 한다. 그런데 재미있는 것은 애 울음소리가 무엇을 의미하는지를 다섯 가지 패턴으로 분석하여 알아낸 것이다.

Neh(네응): N의 소리가 포인트. '배고파'

Owh(아웅): 하품 같은 소리. 의미 '졸려'

Heh(헿): H의 소리가 포인트. '기저귀 갈아줘' '기분 나빠'

Eairh(애응): 낮은 소리. '배에 가스 찼어' '배 아파'

Eh(엥): 짧은 소리. 의미 '트림을 내고 싶어'

생후 3개월까지 아이는 세계 시민이라고 말해진다. 그 나라의 언어 체계나 문화에 영향을 받지 않아 세계 공통이라는 거다. 물론 과학적 근거가 있는지는 의문이지만, 확실히 상황에 따라서 애 울음소리가 달라지는 것은 사실이다.

## 공당과 아리랑

둘째 꼬부랑길

**01** 종으로 그어진 시간으로 보자면 몇백 년 전 조선 시대 어린아이의 옹알이나 지금 태어나는 아이의 옹알이는 똑같다. 횡으로 그어진 시간 축에서도 동일하다. 어렸을 때 했던 옹알이의 흔적이 커서도 그대로 남아 있다. 요즘 아이들이 트윗이나 문자를 보낼 때 마지막에 '이응 자'를 붙이는 것이 그 대표적 증거다. '감사합니당' '나둥~' 이렇게 끄트머리에 'ㅇ'을 붙인다. 트윗이나 문자에서도 우리는 옹알이를 하는 것이다.

**02** 고불 맹사성은 청렴하고 검소하여 매일 소를 타고 조정에 출입했는데, 사람들은 그가 재상임을 알아보지 못했다고 한다. 그 때문에 후세에 많은 이야기를 남긴다. 그중 하나가 널리 퍼져 있는 '공당문답'*이다. 여러 버전이 전해지지만 그 오리지널은 한문으로 된《연려실기술》*이다. 그것을 바탕으로 이해하기 쉽게 윤색해 옮겨보자. 맹사성이 고향 온양에서 한양으로 올라가던 중 용인에서 비를 만나 여관에 들어갔을 때의 이야기라고 한다. 역시 그날도 허름한 차림이었을 것이다. 그때

254 너 어디에서 왔니

미리 와 누상을 차지하던 사람이 맹사성을 올라오라고 하여 심심풀이로 우스개 놀이를 제의한다. '공公' 자와 '당堂' 자를 하나씩 넣어 문답을 해보 자는 것이다. 맹사성이 "어찌하여 상경하려는공" 하고 묻자 그 사람은 말을 받아 "벼슬을 하러 가는 **당**" 하고 대답한다. "무슨 벼슬인공" "녹사자 리 시험이**당**" "내가 붙여줄공" "그러면 안 된**당**(부당)"˙ 두 사람은 이렇게 공당 놀이로 즐겁게 이야기를 나누다 헤어진다.

• 公堂問答 | 《燃藜室記述》 | 且問曰 何爲上京乎公 曰'求官上去堂' 曰'何官公' 曰'綠事取才堂' 公曰'我當差除公' 其人曰'不堂'


**03** 뒷날 시험장에 나온 그 사람을 보자 맹사성은 "어떻게 지내는 **공**" 하고 묻는다. 그제서야 그가 누구인가를 알고 황급히 대답 하기를 "죽여지이**당**"이라고 대답한다.˙ 영문을 모르던 주위 사람들이 그 실상을 알고 폭소한다. 그냥 웃으면 되는 이야기가 아니다. 왜 하필 공당 인가. 한국말로 무언가를 물을 때는 의문부처럼 '고' 자가 붙고 대답할 때 는 '다'로 끝난다. 왜 상경하느냐. 무슨 벼슬이냐. 신문에 가까운 무뚝뚝한 질문이요 사무적인 대답인데 왜 웃음이 나오나. 왜 갑자기 그 어른들이 장난꾸러기 어린애들처럼 귀엽게 보이나. 어디에나 종결어미의 그 끝말 에 '이응(ㅇ)' 자를 붙이기만 하면 서먹했던 낯선 사람들도 배꼽 친구처럼 가깝게 느껴진다.

• 公曰'何如公' 曰'死去之堂'


**04** 내가 이 공당 놀이를 알게 된 것은 국보라고 하던 양주동 선생 의 《여요전주》˙를 통해서다. 〈청산별곡〉˙에는 "머루랑 다래랑 먹고 청산에 살어리랏다"˙와 "이렁공 저리공 하여 낮으란 지내와 손져"

라는 접속 조사에 '랑'과 '공'의 보조사로 이응 소리가 들어가 있다. 양주 동 선생은 그것을 목소리 가락, 성조˙를 유려˙하게 하는 첨미소添尾素라 고 설명하면서 맹사성의 공당문답을 주해에 붙여 두었다. 이 밖에도 "사 람사람 마당"이라는 죽계지의 군자가와 "오명가명하거든"의 〈도산 12곡〉 의 예도 첨가했다. 천재요, 국보라고 일컫던 선생이시지만 과연 스마트폰을 끼고 사는 엄지족들이 문자 메시지 보낼 때 말끝마다 동그라미의 첨미소를 달아 한국적 정을 붙여 보내는 오늘의 그 현상을 어림짐작이나 하셨을까.

•《麗謠箋注》, 1947 | 〈靑山別曲〉| 멀위랑 ᄃ래랑 먹고 청산(靑山)애 살어리랏다/ 이링공 뎌링 공 ᄒ야 나즈란 디내와손뎌 | 聲調 | 流麗


**05**  아버지와 싸우고 가출한 소녀가 서로 부녀의 연을 끊고 몇 해 동안 살아간다. 소녀는 조금 나이가 들면서 후회하기 시작하지 만, 자존심 때문에 몇 번이고 스마트폰을 누르려던 손을 멈춘다. 그러던 어느 날 목사님 설교를 듣고 아버지가 그리워진다. 음성으로 하기는 그렇 고 몰래 "아빠 보고싶어요. 감사합니당"이라고 문자 메시지를 보냈다. 그 러자 바로 "나둥"이라는 단 두 글자가 날아왔다. '나두'에 붙여진 그 첨미 소 하나가 오랜 시간의 앙금을 일격에 씻어버린다.

미투 운동˙이 한참인데 그게 바로 '나두(나도)'가 아니냐. 그러나 '미투'를 '미퉁'이라고 해서 서로 용서할 수 있겠는가. 영어만이 아니라 나잘(콧소 리)˙ 음이 많은 프랑스라고 할지라도 '무어오시Moi Aussi'를 '무어오시 옹'이라고 해봤자 미친 소리다. 어디에선가 말했던가. 하지만 한불 수교 130주년에 유행한 건배사에는 '드시옹 마시옹'이었다. 이게 다 '한국인 이 야기'가 아니면 상상할 수 없는 일들이다.

• MeToo movement | nazal

**06**  갓 태어난 아기의 첫 울음소리를 한자로 '고고의 성'*이라고 하지 않았나. '呱呱'*는 중국어의 의성어다. 우리는 아기가 울 때 '응애' 하고 운다고 표현한다. 그러나 중국에서는 거꾸로 센 자음을 써서, '구아구아'라고 한다. 원래 이 '구아구아'는 꽥꽥 소리를 내는 오리나 개구리 소리를 뜻한 것이라고 한다. 굳이 의성어, 의태어로 트집 잡으려는 것이 아니라, 우리는 옹알옹알 옹알이처럼 아기들이 내는 소리를 부드러운 '이응' 자로 표현하는데 다른 문화권에서는 대체로 중국의 경우처럼 개구리 소리 같은 아주 시끄러운 소리로 묘사한다. 일본에선 '오갸-'* 라 하고 영어권에서는 '와와'* 라고 한다.

• 呱呱의 聲 | Guāguā | おぎゃあ | Wah Wah


**07**  조선 후기 고전 소설 《구운몽》⤴* 은 김만중이 적적하신 어머니를 위해 쓴 작품이다. 육관대사의 제자 성진은 여덟 선녀들과 어울려 놀다가 인간 세상에 다시 태어나는 벌을 받는다. 이때 김만중은 대청 위에 약탕이 놓이고 방 안에선 여인이 신음하는 출생 장면을 귄터 그라스보다 훨씬 생생하게 묘사한다. 성진이 꺼려서 머뭇머뭇하자 사자가 뒤에서 힘주어 밀친다. 이때 성진은 공중에서 추락하면서 살려달라고 외친다.

"소리 질러 나를 '구하라(求我求我)' 하더니 소리가 목구멍에서 나오며 말을 이루지 못하고 다만 아기 울음소리를 할 뿐이라*."

환생 과정에서 '헬프 미'를 외쳤다. 그런데 그 순간 환생한 아기는 고고의 성을 울리며 태어났던 것이다. 중국의 시끄러운 소리 구아구아와 다른, 구해달라는 의미의 구아구아이자, 갓 태어난 아기의 신선한 첫 울음소리인 구아구아인 거다.

• 김만중, 《구운몽》 세계문학전집 72, 민음사, 2003 ⤴ 2 배내 고개 1-05

**08**　　우리가 좋아하는 '이응' 붙은 단어가 또 있다. 바로 한국인의 정
　　　　체성을 나타내는 '아리랑'이다. 막상 아리랑이 무슨 뜻이냐고 물
으면 여러 대답이 나올 게다. 이를 궁금히 여긴 외국인 신부 리처드 러트*
는 지금까지 알려진 아리랑의 의미를 모아서 정리했다. 무려 아홉 가지나
된다. 신라 시조 박혁거세의 부인 알영閼英이 곧 아리랑이라는 설이 있나 하
면, 밀양 부사의 딸 아랑阿娘이 아리랑이라는 학설도 있다. 흥선 대원군이 경
복궁을 중수할 때 노역으로 끌려온 인부들이 '내 귀는 먹었소'라며 '아이롱
我耳聾'이라 한 데서 나왔다는 설도 소개한다. 그 밖에 우리의 주목을 끄는 건
한국 피리의 장전타음長前打音을 흉내낸 의성어라는 설이다.

* Cecil Richard Rutt(한국명 노대영)


**09**　　시가의 발생론으로 보면 아리랑은 무의미한 후렴구, 샤우트하
　　　　는 타잔처럼 의성어로 보는 게 맞다. 특히 아리랑이라는 말은
앞서 말한 '공당 놀이'처럼 '옹알이'말이다. 옹알이에는 의미가 없지만 인
간이 느끼는 가장 원초적인 생명의 기쁨, 슬픔, 분노 등이 담겨 있다. 최초
로 '옹알옹알' 하면서 어머니한테 '나 슬퍼, 나 배고파, 나 즐거워'라고 이
야기하는 것이다. 이것이 수백 년 내려온, 생명의 근원인 옹알이고 이것이
아리랑이다.

아리랑은 비어 있는 잔처럼 특정한 뜻을 담고 있지 않기에 아리랑인 게
다. 아무 생각 없이 그냥 아리랑이라는 말만 들어도 한민족의 정서와 애
환이 아련하게 피어오른다. 이것이 바로 성문*, 소리의 무늬다. 아리랑은
지방이 다르고 계층이 달라도 추임새나 악기 소리의 의성어처럼 함께 부
를 수 있다. 시대가 바뀌고 풍속이 변해도 아리랑을 부르면 우리는 하나
가 된다. 우리 태내에는 원초적인 한국인의 성문, 소리(聲)의 문양(紋)이 찍

혀 있는 거다.

• 聲紋

**10** 아리랑은 살아 있다. 그 뜻이 무엇인지는 몰라도 옹알이처럼 한국인의 정서가 깊게 스며 있다.↱ 아리랑이라는 소리만 들어도 어떤 때는 슬프고 어떤 때는 기쁘지 않은가? 특히 빨리 부르면 행진곡이 되고 느리게 부르면 슬픔의 눈물이 된다. 우리만이 아니라 한국어를 전혀 모르는 외국인들도 소리만으로 우리와 같은 정서를 갖는다. 가사의 의미를 알지 못해도, 아리랑 선율만으로 우리가 느끼는 감정을 함께 공감한다. 2016년 스페인 마드리드의 소극장에서 열린 난장 무대에서 아리랑을 들은 한 40대 중년 남성은 소감을 묻자 이렇게 답했다. "왠지 신났는데도 슬펐다"˙ 이런 복합감정이 잘 드러나는 것이 '아리랑 쓰리랑'이다.

• https://news.joins.com/article/20272704 ↱ 7 옹알이 고개 2-샛길

**11** '아리 아리랑, 쓰리 쓰리랑', 왜 아리랑만이 아니라 쓰리랑을 더했을까? 아리랑은 원래 슬픈 말도 기쁜 말도 아닌 그저 정서를 담고 있는 하나의 그릇인데, 사람들이 그 그릇에 자꾸 의미를 담으려 한다. 그러다 보니 '아리랑 쓰리랑'이 '아리다, 쓰리다'는 의미를 입기도 한다. 억압받은 세월이 길었고 힘들고 어려운 시절을 겪어내다 보니 아리고 쓰린 기억이 많아서인가 보다. '아리 아리랑, 쓰리 쓰리랑' 하는 이것을 베리언트˙라고 한다. 즉 원형에서 무한히 파생적인 '아리랑'으로 진화되어간다는 것이다. 지방마다 가사는 다 다르고 선율조차 달라지지만 절대 불변의 것이 있다. 아리랑이라는 후렴구다. 자장가도 마찬가지다. 지역별로 지역 특유의 정서와 감정을 담은 다양한 자장가가 존재하지만, 자장자장만큼은 변

함이 없다. 꼬부랑 버전이 부지기수인 꼬부랑길 이야기와 똑같다. ↪

• Variant ↪ 7 옹알이 고개 2-샛길

**12**   '아리다, 쓰리다'라는 단어는 아픈 감정을 소리로 드러내는 말
중 하나다. '아리다'는 말과 '쓰리다'란 말을 이어주는 접속 조
사에 이응(ㅇ)을 첨가한 '랑'이 들어 있다. '너랑 나랑', '머루랑 다래랑'처
럼 서로를 응집시켜고, 서로를 가깝게 하고, 태내의 그 정서로 돌아가게
만드는 것. 천 년을 가는 문화적 밈, 바로 꼬부랑 할머니의, 꼬부랑 고개의
그 '랑 효과'다.

# 천리의 강물처럼 흐르는 아리랑

아리랑을 부를 때 한국인은 한국인이 됩니다. 시대가 바뀌고 풍속이 달라져도 아리랑을 부를 때 한국인은 하나가 됩니다. 그런데 아리랑의 뜻이 무엇이냐고 물으면 아는 사람이 없습니다. 아리랑은 '내 귀가 먹었다(我耳聾)'에서 온 말이라고도 하고, 밀양 군수 딸 아랑이의 이름에서 비롯된 것이라고 주장하는 사람도 있습니다. 이 밖에도 아리랑의 어원이나 유래에 대한 여러 설을 대충 추려도 9개가 넘습니다. 아리랑은 비어 있는 단처럼 특정한 뜻을 담고 있지 않기에 아리랑인 것입니다. 아무 생각 없이 그냥 아리랑이라고 말만 들어도 한민족의 정서와 애환이 아련하게 피어오릅니다. 지방이 다르고 계층이 달라도 추임새나 악기 소리의 의성어처럼 함께 부를 수가 있는 것입니다.

나라를 잃었을 때의 아리랑은 항거의 매서운 가사가 되지만 님을 그리워하며 부를 때의 아리랑은 바위틈에 숨은 진달래꽃입니다. 그래서 가사와 곡조가 서로 다른 여러 종류의 버전이 있지만 아리랑이라는 한마디 말 속에서 하나로 용해됩니다. 다르면서도 같고, '따로'이면서도 '함께'인 한국 특유의 공동체적 성격을 드러냅니다. 서로 미워하고 헐뜯고 싸움하다가도 '아리랑' 소리에 갈등을 풀고 한마당 신바람에 어깨춤을 추는 것이 한국인의 모습이며 그 마음입니다. 아리랑에는 낯선 사람이 없습니다. 밖에 있어도 안에 있어도 우리는 모두가 한 가족이 되고 같은 고향 사람이 됩니다. 오늘도 너와 나의 가슴을 적시며 아리랑은 흐릅니다. 천 리의 강물처럼.

\* 이어령, 〈2013년 서울 아리랑 페스티벌의 축사〉

# 너희들이 물불을 아느냐

**01** 이비인후과*병원에 가서 "이가 아파서 왔는데요"라고 말해보
라. 간호사는 틀림없이 "여기 치과 아네요"라고 할 것이다. 간
판에는 귀를 이耳라고 써놓았는데 말이다. 역시 안과*에 가서 "안眼이 거
북해서 왔다"고 하면 내과로 가라고 할 것이고 "목目이 아파서 왔다"고
하면 이비인후과로 가라고 할 것이다. 그동안 한자말을 그렇게 많이 써왔는
데도 역시 한국인은 세 살 때 배운 한국말로 해야 통한다는 것을 알 수 있다.

• 耳鼻咽喉科 | 眼科

**02** 사전 내의 한자어는 전체 어휘 수의 52.11퍼센트 내지 69.32퍼
센트다. 그런데도 사용 빈도가 높은 100개의 말 가운데 한자어
는 고작 16개밖에 안 된다는 통계다.* 내 몸부터 살펴보라. 눈·코·입·
귀·목·손·발·배 등 모두가 단음절로 된 순수한 우리 토박이말이다.
한자바이러스를 막는 면역체가 내 몸 안에 있었다는 증거다. 같은 한자
문화권인데도 일본 사람들은 동해를 통째로 한자말에 넘겨주었지만 우리
는 그렇지 않다. 말끝에 끝내 토박이말을 붙여 '동해 바다'라고 불렀다. 한

두 개라면 틀린 말이라고 하겠지만 초가집, 처갓집, 역전앞, 황토흙, 거기에 일본말에서 온 '모찌떡', 외국어와 결합한 '빵떡'에 '라인 선상'까지, 겹친 말의 예를 들자면 끝이 없다.

• 강신항, 〈한국의 문자 정책과 한자 교육〉, 《한자 민족의 결단》, 大修館書店, 1987

**03**  옹알이와 같은 소리만이 아니라, 의미의 세계에서도 한국말은 매우 구조적이다. 천지인 삼재˚처럼 인체어도 '머리' '허리' '다리'의 '리' 자 돌림의 삼원 구조로 되어 있고 머리에서 갈라진 머리카락, 손에서 갈라진 손가락 그리고 발에서 갈라진 발가락의 파생어까지도 절묘한 삼분 구조다. 제각기 따로 노는 영어의 '헤어' '핑거' '토우'와 비교해보면 알 것이다.➦

세 살 때 몸에 밴 토박이말들은 배꼽 힘이 들어 있어 강하다. 최근 발견된 정조대왕의 어찰에서도 '뒤죽박죽'이란 말만은 한글로 적혀 있지 않던가.

• 三才 ➦ 11 호미 고개 2-12

**04**  동양에서는 음양사상이, 서양(희랍)에서는 수성설˚과 화성설˚이 '물'과 '불'로 철학의 기간을 삼아왔다. 그런데 아무리 살펴봐도 한국말의 '물'과 '불'처럼 짝을 이루는 말은 찾아볼 수 없다. '아빠와 엄마' 그리고 서구의 '파파와 마마'의 유아 언어처럼 한국어의 물과 불은 선명한 M(ㅁ)과 P(ㅂ) 대응의 짝을 이루고 있다. 아버지는 불이고 어머니는 물이다. 그리고 물은 맑다고 하고 불은 밝다고 한다. 글자 모양까지 대비를 이루어, 물에 뿔 난 것이 불이다. 그 자리에서 짜 맞추기라도 한 듯이 물불은 절묘한 세트로 접합돼 있다. 한국말처럼 음과 양의 모음조화로 이룬 의성어 체계, 머리·허리·다리처럼 삼분관계로 구조화한 신체어˚,

거기에 물불처럼 선명한 대칭을 나타낸말이 이 세상 어디에 있을까.

•水成說 | 火成說 | 身體語

**05** 한국말과 유사점이 많은 일본말에서도 물과 불의 대비 관계는 찾아볼 수 없다. 물은 '미즈ﾐ彡', 불은 '히ひ'이다. 음절도 다르고 두음도 'm/h'로 전연 다르다. 중국은 어떤가. 물水은 'Shuǐ'이고, 불은 'Huǒ'로 'm/s'로 대비될 만한 구조를 찾아보기 힘들다. 유럽 역시 영어의 'water'와 'fire'의 두 말 사이에는 마마와 파파 같은 m/p의 어떤 공통점을 찾기 힘들다. 라틴말 역시 물은 'aqua'요, 불은 'ignis', 그리스 말로는 물은 'neró(νερό)'이고 불은 'Fotiá(Φωτιά)'로 어떤 대칭성도 찾아보기 힘들다.

**06** 물과 불은 분명히 상극한다. 물은 차갑고 불은 뜨겁다. 물은 하강하고 불은 거꾸로 상승한다. 그런데 물의 영혼은 반대로 김이 되어 하늘로 승천하고 불의 영혼은 재가 되어 거꾸로 땅속에 묻힌다. 그런데 이렇게 대립하고 갈등하던 물불이 조왕님이 계신 부엌에 들어오면 놀라운 조화의 힘으로 밥을 짓고 국과 찌개를 끓인다. 프로메테우스에 대한 일방적인 믿음은 지구온난화라는 재앙을 일으켰지만, 불과 물이 같이 있으면 이와는 다른 현상이 벌어진다. 상극은 상생으로 변해 날것도 아니요 탄 것도 아닌 맛있는 문명의 밥상이 차려진다.↪

↪ 11 호미 고개 2-12

**07** 한자말이 막말로 천시되던 토박이말을 압도해온 것이 사실이지만, 그 한자말에 먹힌 것이 아니라 오히려 한자말을 우리말 속에 융합해버린다. 한자가 한국에 들어온 지 천 년 이상 사용해온 것으

로 한국말이 된 것이다. 김삿갓은 단순한 방랑 시인이 아니라, 한자말을 우리 고유어로 녹여 확장시킨 언어의 방랑자이기도 했다. 물고기가 물속에서 무리지어 노는 것을 보고 시를 지을 때 한자로 수물수물水物水物이라고 묘사한다. 한자의 훈(뜻)으로 읽으면 당연히 물고기들은 물속에 있는 생물들로 '水물物'이지만, 음으로 읽으면서 수물수물 물고기떼가 물에서 움직이는 우리 고유어의 의태어가 되는 것이다.

此竹彼竹化去竹
飯飯粥粥生此竹
賓客接待家勢竹
萬事不如吾心竹
風打之竹浪打竹
是是非非付彼竹
市井賣買歲月竹
然然然世過然竹

**08** 한자 문맹인 젊은이들이 김삿갓의 이 시를 보면 얼굴색이 노래질 것이다. 들여다볼 엄두도 내지 않고 말이다. 하지만 그림으로 봐라. 한자 끝에 대나무 죽竹 자가 늘어서 있다. 이 글자 하나만 가지면 이 시를 우리 토착어로 녹여버릴 수가 있는 거다. 죽을 우리 고유어로는 읽으면 대나무의 "대"이다. 이 시행끝에는 8개의 죽자가 있고 그 안에도 두 개의 죽자가 더 있어 10개의 죽이 나온다. 우리 말로 모두 옮기면 '대대대대대대대대'로 바뀐다. 그런데 어디서 들은 적이 있을 것이다. "이대로 한 세상, 저대로 한 세상." 옛날 유행가 가사에 곧 잘 나오는 그 "대" 말이다. 그래서 한자의 '죽'을 우리 말 '대' 자로 풀어보면, 그 어려운 한자들이 눈녹듯이 녹아 나무꾼이 부르는 노랫가락처럼 된다.

**09** "이대로 저대로 되어가는 대로/ 바람쳐 가는 대로 물결쳐 가는 대로/ 밥이면 밥, 죽이면 죽 이대로 살아가고/ 옳은 것 옳고 그런 것은 그르고 저대로 부처 두세/ 손님 접대는 제 집안 형세대로 하고/ 시장 흥정은 시세대로 하세/ 모든 일은 내 마음대로 같지 못하니/ 그렇고

그런 세상 그런대로 살아가세."*

놀랍지 않는가. 더욱 놀라운 것은 우리가 처음 배운 물/불의 분별마저도 탈구축되어버린다. 대나무는 선비를 상징한다. 마디가 있는 올곧은 특성으로 선악을 분별하고, 의와 불의를 가리고, 타협하지 않고, 꼿꼿하게 살아간다. 하지만 동시에 김삿갓의 대처럼 그 분별의 마디를 넘어서 초탈하고자 하는 죽림칠현의 도교적 삶의 양식을 상징한다.

• 최승범, 《시조로 본 풍류 24경》, 시간의 물레, 2012

**10** 물과 불은 갈등과 대립을 나타내는 상극이 아니라, 서로의 특성을 넘어 융합하고 조화하는 상생의 특성을 나타낸다. 유교적인 대와 도교적인 대가 어울린다. 여기에 불교 죽림사竹林寺의 대나무까지 함께 어울린다. 이항대립으로 치열한 대립과 갈등을 나타내는 물과 불의 상극 관계가 그 사이에 솥을 놓아 밥을 지어 주는 상생의 힘으로 바뀐다. 아기가 말문을 연 그때부터 우리는 물불이라는 말을 통해서 상생과 상극의 어려운 사상을 몸에 익힌다.

**11** 옹알이말에서 엄마와 아빠로 그리고 그것이 물과 불로 이어지면서, 우주론의 음양 이론으로 거침없이 발전해간다. 그러나 세계 공통적으로 나타나는 미음 대 비읍(m/p)에 앞서 한국말에는 자음 이전의 모음에 바탕을 두고 있다는 데 주목할 필요가 있다. 마마와 파파가 아니라 엄마와 아빠로 모음이 먼저 나오고 그것도 엄마는 음성 모음, 아빠는 양성 모음으로 대비된다. 이 태초의 발음, 모음 때문에 입술이나 구개의 모든 마찰음을 통합하는 힘을 갖는다. 옹알이를 하면서 말을 배우던 나의 한국말 속에는 배내 세상까지 들어 있다. 한자가 들어와도, 일본말이

들어와도, 그리고 알파벳이 들어와도 배냇말의 원초적인 모음, 하늘처럼 동그란 그 '이응' 자의 힘으로 물불을 가리는 세상 이치를 알고 분열을 하나로 녹이는 조화를 터득한다. 누가 그것을 모음(어머니의 소리)이라고 이름 지었는가.

말문을 떼면 이제 일어서 발을 뗄 차례다. 걸음마를 시작하는 돌잡이 고개로 가자.

# 8

## 돌잡이 고개

돌잡이는 꿈잡이

첫째 꼬부랑길

# 보행기에 갇힌 아이

**01** 콩나물시루가 된 만원 엘리베이터 속에서 이따금 엉뚱한 생각을 해본다. 만약 인간이 다른 짐승들처럼 네발로 돌아다닌다면 지금 이 엘리베이터는 어떻게 되었을까. 컨테이너처럼 길게 눕혀져 있는 모양을 했겠지. 사람들은 양 떼 모양처럼 아주 거북하고 민망한 자세로 늘어서 있었을 것이다. 웃음이 나오다가도 아찔한 생각이 든다.

그러면서 인간의 직립 자세의 기원에 대한 프로이트 박사의 가설이 떠오른다. 그것은 항문과 생식기가 있는 엉덩이와 얼굴이 있는 머리 사이를 되도록 멀리 떨어뜨리기 위한 자세라는 것이다.

**02** 물론 나도 이미 앞 글에서 기저귀에 대한 이야기를 했다. 그리고 아이들이 자연 상태에서 인간적 문화 영역으로 진입하기 위해 제일 먼저 하는 것이 대소변 가리는 일이라고 했다. 하지만 나는 결단코 프로이트 박사와 같은 산문적이고 건조한 상상력에는 동의할 수 없다. 내 기억을 비디오처럼 리와인딩하면 처음 일어서서 웃는 한국 아이들의 모습이 너무나도 생생하게 비쳐지기 때문이다. 말투부터 다르다. 한국 사

람들은 임신하는 것을 '아이가 선다'고 하지 않는가. 말의 이미지를 통해서 보면 한국의 아이들은 어머니 배 속으로 강아지처럼 기어 들어온 게 아니라 당당히 선 채로 아장아장 걸어 들어온 것이다.

**03** 실제로 한국 애들은 엎어 재운 서양 아이들과는 다르다(엎어 재운 아이들이 질식사로 죽는 사고가 잇따르자 요즘 서양에서도 한국식으로 눕혀 재운다).➦ 한국 애들은 누워 지내던 태에서 엎어지는 운동을 하고 다음에는 고개를 들고 누에 벌레처럼 배로 기어가는 단계에 이른다. 1년 가까이 그런 과정을 제 힘과 의지로 자연스럽게 통과해야만 두 발로 일어서는 마지막 봉우리에 오르게 된다. 중력의 법칙에 따르면 엎드려 기어 다니는 이상으로 편한 자세는 없다. 이 세상 어떤 의자나 책상도 두 다리로 서 있는 것은 본 적이 없다. 그런데 왜 아이들은 누가 시키지도 않는데 모험을 자청하는가. 더구나 한국의 장판은 양탄자가 깔린 서양이나 일본의 다다미 방과는 다르다. 한번 넘어지면 콘크리트 바닥이나 다름없다.

➦ 6 어부바 고개 1-06

**04** 아이들은 무릎을 찧고 머리를 부딪쳐 울면서도 다시 일어선다. 유난히 정이 많은 한국의 어머니, 아버지들인데도 애가 일어나 걸음마를 배우는 순간만은 옆에 떨어져서 추임새만 한다. '따로~ 따로~ 따로~'라고 외치면서 손뼉을 친다. 아이는 다시 일어섰다가는 쓰러지고 쓰러졌다가는 또 일어선다. 그러다가 보라, 이윽고 어느 날 아이는 제 발로 일어선다. 아직 눈물 자국이 마르지 않은 눈에, 볼 위에, 입술 위에 은은하게 어리는 미소를 보았는가. 등뼈를 꼿꼿이 세우고 이 땅의 지평 위에 우뚝 선다. '한 일一' 자의 땅바닥 위에 사람 형상을 딴 '큰 대大' 자를

세워놓은 한자의 그 '설 입立' 자처럼. 혹은 한 폭의 깃발처럼. 그런데 서양 아이들은 거의 대부분이 최초로 일어선 순간의 감동을 잘 모른다. 라이스 유크리드라는 사람이 '베이비점퍼'라는 보행기를 만들어 특허(US 8478)를 낸 1851년부터의 일이다.

**05** 2002년 아일랜드의 매터 병원에서 가레트 박사 팀이 190명의 부모를 상대로 조사한 보고서를 보면 이들 가운데 102명(54퍼센트)이 보행기를 사용했다. 그 사용 기간을 중간치로 계산하면 생후 26주에서 54주까지 반년 이상이다. 무엇보다 놀라운 것은 아이들에게 운동을 시키고 빨리 일어나 걷도록 하기 위해 만들어진 장치인데, 실제로는 보통 애들보다도 오히려 서너 달 더 늦어진다는 조사 결과다. 거기에 보행기가 굴러떨어지는 사고도 많이 발생하여 캐나다에서는 이미 10여 년 전부터 법으로 판매가 금지되어 있다.* 미국에서도 그런 움직임을 보이고 있다.

*2004년 4월 7일 세계 최초로 금지

**06** 심각한 것은 제왕절개 수술로 탄생의 자유와 그 권리를 빼앗긴 것처럼 이번에도 일어서고자 하는 자율의 의지와 훈련이 보행기에 의해 무너지고 말았다는 점이다. 호사스러운 보행기 위에서 기기도 전에 먼저 걷는 우리 아이들도 이제는 서양 애들과 마찬가지가 되었다. 언제 일어나서 걷기 시작했는지 아이도 부모들도 모른다. 그래서 요즘 아버지, 어머니들은 '따로 따로 따로'라는 전통적인 추임새의 말조차 모른다. 그것은 곧 첫발을 떼고 아직 눈물이 마르지 않은 얼굴에 은은히 미소 짓는 한국인의 모습도 모른다는 이야기다.

**07** "처음 이 세상에 태어났을 때/ 아이는 짐승처럼 네발로 기었습니다./ 넘어져 무릎을 깨는 일도 없었지요.// 그런데 보세요 시키지 않았는데도/ 기던 아이가 두 발로 일어섰어요./ 가르쳐주지 않았는데도/ 혼자서 위태롭게 발을 떼놓는 것을.// 주저앉으면 다시 일어서고/ 넘어지면 다시 무릎을 일으킵니다./ 이윽고 두 발로 걷기 시작할 때/ 얼굴의 미소를 보셨습니까.//큰다는 것은/ 네 발에서 두 발로 선다는 것/ 안전에서 위험으로 나간다는 것/ 낮은 곳에서 높은 곳으로 옮겨간다는 것.// 어떤 짐승이 발레리나처럼 춤을 추고/ 어떤 짐승이 축구 선수처럼 볼을 차고/ 어떤 짐승이 두 발로 일어서서 널을 뛰나요.// 세발자전거를 타던 아이가/ 두발자전거를 배우던 날/ 무릎을 깨뜨리는 아픔 속에서/ 자전거 바퀴가 처음 굴러갈 때/ 자전거 살이 아침 햇살처럼 눈부실 때// 보세요, 상기한 얼굴에 떠오르는 미소/ 처음 두 발로 섰을 때처럼/ 보세요, 갑자기 커진 키의 높이를."*

• 이어령, 〈두 발로 일어설 때〉

**08** 아기 보행기는 유럽에서 이미 15세기에 알려졌다. 네덜란드의 기도서《The Hours of Catherine of Cleves》에는 나무 보행기를 탄 아기 예수가 묘사되어 있다.
고 카트Go-cart는 바퀴 달린 버전의 공통적인 역사적 이름

보행기를 탄 예수,《The Hours of Catherine of Cleves》(1440)

이다. 베이비 러너는 바닥과 천장에 고
정된 기둥이 있고 아기의 허리 높이에
나무 링이 설치되어 있다. 아기는 그 링
안에서 움직일 수 있었고, 그것은 아기
가 뜨거운 오븐과 같은 위험한 장소에
다가가지 못하게 막아주었다.

렘브란트가 스케치한 나무로 된 보행기

캐나다의 전문 병원 부상 보고 및 예방
프로그램CHIRPP에 의하면 1990년 4월
부터 2002년 4월까지 캐나다 전역의 16
개 병원 보고서에서 아기 보행기 사고
로 1,935건의 부상이 발생한 것을 알 수
있다. 이로 인해 캐나다에서는 2004년 4
월 7일 베이비 워커의 판매가 금지되었
다. 캐나다는 아기 보행기의 판매, 수입
및 광고를 금지한 세계 최초의 국가이
다. 이 금지는 야드 판매 또는 벼룩시장
에서 판매되는 아기 보행기를 포함하여
중고 보행기로 확대된다.

보행기와 같은 크래들 보드

아메리카 인디언들은 서구의 스와들링과 거의 같은 풍습으로 베이비 보
드에 사지를 묶어 키운다. 심지어 눕혀놓지도 않고 수직으로 세워서 기른
다. 스와들링을 민족성, 국민성과 연관시키는 '스와들링 가설'의 반론으로
이와 같은 현상을 제시하기도 한다.

# 네 손으로 운명을 잡아라

**01** 출생 전 태중의 아이와 출생 후 갓난아이의 변화 가운데 하나
가 손과 발의 관계다. 갓 태어난 아기는 어른들이 상상할 수 없
을 만큼 아귀힘이 세다. 끈을 잡은 아이를 들어올리면 대롱대롱 공중에
매달린다. 그만큼 손힘이 세다. 그리고 젖을 먹을 때나 뭘 할 때 꼭 손으로
쥐는데 그에 비해서 다리, 발은 돌쯤이나 돼야 힘이 붙어 비로소 일어난
다. 기는 것도 무릎으로 긴다. 인간이 진화하는 과정에서 제일 늦게 꼿꼿
이 설 수 있는 직립 동물이 된 거와 마찬가지로 태내에서 나온 아이의 성
장 과정에서도 제일 마지막이 서는 단계다. 다른 짐승과 마찬가지로 네발
로 기다가 두 발로 일어선다.

**02** 아이는 청각적으로 울거나 시각적으로 손을 써서 의사 표시를
할 수 있다. 그러나 다리와 발로는 소통할 수 없다. 아이들은 언
어를 알기 이전에 온몸으로 의사 표시를 하는데 다리로는 하지 못한다.
물론 더 크면 떼를 쓸 때 발을 구른다든지 하는 식으로 다리를 쓰기는 하
지만 보통 경우에는 거의 다리를 사용하지 않는다. 그렇기 때문에 두 발

로 일어서는 건 아이에게 가장 중요한 전환기를 가져오는 거다. 그래서 돌의 의미는 단지 한 바퀴 돌아서 생일이 됐다는 의미만이 아니다. 돌만 지나도 수족이나 몸 이런 것들이 인간의 기능이나 모습을 다 갖추었기 때문에 하나의 통과의례와도 같다. 이 세상으로 나와서 한 성원이 되는 첫발이 될 수 있는 것이다.📱

📱 7 옹알이 고개 1-샛길

**03**  '돌'은 주周, 회回와 같은 뜻이다. 열두 달을 한 바퀴 돌았다는 의미다. 첫돌은 태어나서 맞는 첫 번째 생일을 축하하는 자리다. 의학이 발달하지 않았던 시절에는 영아 사망률이 높았다. 첫돌을 맞은 것은 죽음의 고비를 넘겼다는 것을 뜻했다. 그러니 잔치를 벌여 축하할 일이 아니었겠는가. 자연히 돌은 아이가 살아남은 것을 축하하는 잔치였다. 거기에 덧붙여 '얘야, 네가 이제 죽음의 고비를 넘겼으니 이제부터는 한 사람으로 대우해주겠다'는 의미도 담겨 있다. 그래서 아이의 첫돌은 특별하다.

**04**  오랜만에 돌잔치에 초대를 받았다. 색동옷과 복건을 쓴 돌잡이를 보면서 처음으로 거기 의젓하게 앉아 있는 한국인의 모습을 보았다. 눈물이 흔해진 나이라 그런지 경사스러운 날에 하마터면 눈물을 보일 뻔했다. 색 바랜 사진 한 장, 그나마 전쟁으로 불타버린 내 돌 사진이 생각나서 그런 것만은 아니다. 모든 것이 변했는데 장례식에 가도 곡소리를 들을 수 없고 결혼식장에 가도 웃음소리를 들을 수 없게 된 세상인데, 돌잡이만은 옛날 모습처럼 돌상 앞에 앉아 있다. 하늘의 별들이 일제히 내려와 앉은 것 같은 돌상 차림이 아닌가.

**05**   그래, 나도 돌상 앞에 저렇게 앉아 있었겠지. 아주 작고 반짝이는 그 많은 것들, 이름은 몰랐지만 분명 그것은 붓이고 책이고 무지개 같은 활이었을 거야. 무한대의 기호 모양을 한 것은 장수를 한다는 무명 실타래고 진주알처럼 쌓여 있는 것은 만석꾼이 되라는 흰쌀이었을 것이다. "얼른 잡아! 저게 다 너의 꿈인 거야. 좋은 걸 골라잡기만 하면 돼." 누군가 속삭인다. 그러나 그것은 환상이었고, 현실 속에서 내 기억을 일깨워주신 것은 어머니의 목소리다. "네가 돌상에서 맨 먼저 잡은 건 붓이었단다. 그리고 낡고 해어진 천자문 책을 집으려고 했지." 그때의 말을 나는 정확하게 기억할 수 없지만, 흡족한 표정으로 날 바라보시던 어머니의 미소만은 분명히 기억한다.

**06**   부귀영화의 쌀과 돈, 권력의 활을 잡지 않고 붓 한 자루 잡았던 나를 기뻐하시고 칭찬해주신 어머니, 남의 나라처럼 그냥 'First birthday'라고 부르지 않고 유별난 돌잡이 풍습을 만들어준 나의 조국, 그런 어머니의 아들과 그런 한국 땅에 태어난 것이 고맙고 자랑스러웠다. 어머니의 말씀대로 돌날 붓을 잡은 나는 정말 평생을 글 쓰는 사람으로 살아왔고, 칭기즈 칸도 아인슈타인도 없는 땅에 태어났으면서도 자랑스러운 마음으로 지금 '한국인 이야기'를 쓰고 있다.↪

↪ 8 돌잡이 고개 2-샛길, 3-샛길

**07**   잠시 흐려졌던 눈이 맑아지자 돌상 위에 놓인 낯선 물건 하나가 눈에 띄었다. "저건 컴퓨터 마우스 아닌가." "예, 맞아요. 빌 게이츠가 되라고요." 돌잡이 아빠는 IT 벤처회사의 간부 사원이었다. 의아해하는 내 표정을 읽은 그는 변명하듯 말을 이었다.

"요즘 마우스는 명함도 못 내밀지요. 박찬호가 뜨면 야구공, 박세리가 이길 땐 골프공이 오르지요. 뭐 사라 장이 한국에 와서 연주를 하면 장난감 바이올린까지 등장한답니다. 그런데 요새는 스케이트래요. 유나 킴, 아시잖아요. 김연아 말이에요."

**08** "어차피 책을 잡아도 판검사 되라고 법전일 테고 CEO 되라고 경영책일 텐데 무엇이면 어떠냐. 나처럼 붓을 잡지 않아도 세계에서 제일가는 사람이 되거라." 폰 카메라 같은 것으로 누군가 100년 전부터 돌상을 찍었더라면 아마 한국인의 다양한 꿈 사전이, 시대를 읽는 욕망의 역사책이 생겨났을 것이다. 어느 화가가 말한 것처럼 한국의 밥상을 부감 촬영하면 아름다운 그림이 된다. 밥상의 테두리는 액자가 되고 오방색 음식 그릇들은 추상화가 된다. 더구나 돌상은 먹는 음식이 아니라 꿈을 담은 물건들이니 우리 미래를 검색하는 데이터베이스의 창처럼 눈부실 거다.

**09** 돌잔치의 하이라이트는 단연 돌잡이 순간이다. 돌상 위에는 돌잡이 용품으로 쌀, 붓, 책, 활, 돈, 국수, 무명실 등이 올려져 있다. 아버지는 아이를 안아서 돌상 주위를 돌다가 아이가 원하는 물건을 집게 한다. 어떤 것을 집느냐에 따라 장차 어떤 사람이 될 것인지를 알아볼 수 있다고 생각했다. 돌날은 그야말로 아이의 미래가 본격적으로 열리는 날이다. '돌잡이는 꿈잡이'라는 것도 그런 의미라 할 수 있다.↪

↪ 8 돌잡이 고개 2-샛길, 3-샛길

**10**  그러나 요즘에는 무엇을 잡아도 플라스틱 세트다. 더욱 놀라운 것은 꿈도 플라스틱이다. 플라스틱 마이크나 청진기 같은 것이 나온다. 마이크는 연예인이 되고, 청진기는 의사가 되라는 것이다. 망치도 나오는데, 이는 법관이 되라는 의미다. 의사, 법관, 연예인이 되라는 꿈도 이렇게 플라스틱 세트로 나온다. 그러나 항상 '한국인 이야기'에는 반전이 있다고 하지 않았나. 꽤 인기 있는 어떤 동영상을 보면 어머니가 클레이로 리본이나 연필을 직접 만들고, 아이의 꿈도 직접 만든다. 어머니가 만든 연필을 예전에도 없던 세상에서 유일한 것으로, 이렇게 직접 아이의 꿈을 만드는 것이다.↪

↪ 8 돌잡이 고개 2-샛길, 3-샛길

# 돌 잡히기

돌상 앞에서 돌쟁이가 자기의 자유의사에 따라 가지고 싶은 물건을 집는 것을 보고 그 장래를 점占하는 행사인데 시수試晬 · 시주試周 · 시아試兒라고도 하며 돌잔치의 가장 흥미 있는 행사다. 돌상 앞에 무명피륙 한 필을 접어서 깔아놓거나 포대기를 접어서 깔고 그 위에 아이의 앉혀놓고 아버지가 돌잡이가 되어 아이가 돌상 주위를 돌면서 물건을 집게 하는데, 제일 먼저 집는 것과 두 번째로 집는 것을 가장 중요하게 여긴다.

이것은 그 집는 것으로 보아 그 아기가 장차 어떤 사람이 될 것인가를 미리 점쳐보는 면과 아이의 교육에 도움이 될 것을 알아보고자 하는 뜻이 담겨 있다.

아기가 집은 물건에 따라 다음과 같은 속언俗信이 있다.

- 활 · 화살: 무인武人이 된다.
- 국수: 수명이 길다.
- 실: 수명이 길다.
- 대추(棗): 자손이 번창한다.
- 책 · 지필연묵(紙筆硯墨): 문장文章으로 크게 된다.
- 쌀: 재물을 모아 부자가 된다.
- 척尺, 침針: 재봉裁縫을 잘하게 된다. 또는 손재주가 좋은 사람이 된다.
- 칼(刀): 음식 솜씨가 뛰어나게 된다.
- 떡: 미련하다.

돌날에는 친척과 이웃에게 음식을 대접하는 하연賀筵이 있으며 돌떡은 친척과 동리 여러 집에 돌린다.

*《한국민속대관 1. 사회구조 · 관혼상제》, 고려대학교 민속문화연구소

# 달라지는 돌상 삼국지

**01**   2013년 7월, 책의 해 도쿄국제도서전에서 나는 다치바나 다카
시 *와 '디지털 시대, 왜 책인가'라는 주제로 발표와 대담을 했
다. 그날 나의 첫 마디는 "나는 한 살 때부터 책을 손에 잡은 사람"이었다.
나는 80년 동안 책과 함께 살아왔다. 내 인생의 첫 번째 책은 돌상에서 집
은 책이고, 책을 읽어주신 어머니가 나의 두 번째 책이다. 어머니의 말, 어
머니가 읽어주셨던 그 많은 모음과 자음에서 상상력을 길렀다. 내 최초의
책은 어머니의 몸이었다. 어머니의 품에 안겨 돌잡이로 집어 들던 그 책,
어머니의 품에 안겨 어머니의 음성으로 듣던 책. 그 책이 내 창조력의 씨
앗이다.

  • 立花隆

**02**   처음엔 '한 살짜리가 무슨 책이야'라고 비웃었지만, 돌날 '책을
잡았다'는 말에 일본 사람들은 숨을 죽였다. 일본의 돌잡이는
평생 먹을 양식을 상징하는 '떡'을 짊어지고 다다미 위의 돌 차림을 향해
걸어가야 한다. 잇쇼모찌 *는 인간의 일생을 상징하는 떡이다. 일생一生이

란 말과 잇쇼모찌를 만들 때 쓰는 쌀 1홉의 발음이 같다. 오른쪽 어깨에서 왼쪽 허리로 둘러맨 배낭이나 자루에 떡을 넣어주면 아이는 뒤뚱뒤뚱 돌잡이용품을 향해 걸어간다. 아이가 걸어가는 쪽 물건으로 미래를 점친다.

• 一升餠

**03**  일본도 옛날에는 같은 한자 문화권으로 돌잡이 문화가 같았지만, 그것을 보유하고 발전시켜 지금까지 지속하는 것은 한국뿐이다. 요즘 일본에서는 책을 잡는 풍속이 없다. 지금은 한국인이 일본인보다 책을 덜 읽는지는 모르지만, 한국어를 보면 책과 연관된 단어가 많다. 일본 사람은 '쓰꾸에'*라고 하지만 한국 사람은 '책상'이라고 한다. 우리는 남편을 서방書房, 'Library Man'이라고 부르지 않는가. 자기 남편을 '책방'이라고 부르는 나라가 또 어디 있겠는가? 그만큼 책을 귀하게 여긴 민족인 거다. 물론 서방의 어원에 관해서는 여러 가지 설이 있다. 서쪽이 있다고 해서 서방西房이라고도 한다. 어원에 관계없이 지금은 서방님이라는 호칭에서 '서쪽 서'보다는 '책 서'를 떠올리는 것이 자연스럽다.

• 机

**04**  예나 지금이나 돌상 앞에 앉아 고사리 같은 손으로 미래의 비전을 잡는 한국인의 모습, 그 시작 속에 우리 문화를 읽는 암호가 숨어 있다. 우리와 비슷한 일본의 돌잡이 풍속과 비교해보면 알 것이다. 첫째는 상床 문화다. 한국인의 일생은 '요람에서 무덤까지'가 아니라 '돌상에서 제상까지'다. 그 사이에 초례청, 결혼상이 있고 환갑상이 있다. 그런데 일본은 상이 아니라 다다미방에 돌잔치 물건을 진열한다. 한국에서는 절대로 돌상에 오를 수 없는 칼(사무라이 문화)이나 주판(상인 문화) 같은 것들이다.

**05**    둘째는 앉는 문화다. 상 앞에서는 서도 안 되고 누워도 안 된다. 한국의 좌식 문화를 상징하는 것이 바로 앉아서 받는 돌상이다. 우리 돌잡이는 앉아 있고, 일본의 돌잡이는 같은 좌식 문화인데도 돌상을 앉아서 받지 않고, 서서 걷는다. '앉다'와 '서다'는 어떤 차이가 있을까? 미국 미술사학자 파노프스키*에 따르면 비록 의자에 앉아 있는 것이기는 하나 중세에 만들어진 버질의 동상은 좌상*이었다. 그런데 르네상스에서 그것이 입상*으로 바뀌게 된다. 중세의 '앉은 자세'와 르네상스기의 '선 자세'는 대립된 시대정신을 반영한다. 서 있는 자세가 전투적, 행동적, 외향적인 데 반해, 앉아 있는 자세는 평화적, 명상적, 내향적인 것에 가깝다.

• Erwin Panofsky ǀ 坐像 ǀ 立像


**06**    한국 문화와 서양 문화를 가르는 잣대 중의 하나가 좌식坐式과 입식立式의 생활 양식이다. 돌상을 받는다는 것은 아이가 좌식 문화의 기본을 배우는 의식이기도 하다. 그러나 스와들링에서 보았듯이, 서양 사람들은 네발로 기어다니는 것을 극도로 기피하여 간난애부터 세워 기른다. 이따금 기차 간에서 의자 위에 올라 앉아 있는 한국 노인들을 보고 서양 사람들이 의아해 하는 것처럼 우리는 벌을 받듯이 맨바닥에 앉지 못하고 벌받는 사람처럼 발을 뻗고 있는 서양 사람들이 모습을 이상하게 본다. 그래서 돌잡이는 곧 당당하게 앉아서 상을 받는 의식을 치르는 돌상받이이기도 한 것이다.

**07**  셋째는 잡는 문화다. '잡다'와 '집다'의 행위를 나타내는 용언들을 살펴보자. '잡다'는 '손잡이' '손잡고'처럼 손 전체를 사용한다. 그러나 '집다'는 손이 아니라 손가락이나 다른 물건으로 쥐는 것을 가리킨다. 붓은 '잡'지만 음식은 '집'어 먹는다. 고기는 '잡'지만 콩은 '집'는다. 같은 젓가락 문화권이라고 해도 일본에는 돌잡이 개념이 없다. 걷지 못하는 아이들은 돌떡을 발로 밟게 한다. 한국에서는 '잼잼'과 '곤지곤지' 같은 애들 놀이에서 쇠젓가락으로 콩알을 집는 손기술까지 모두가 돌잡이의 '잡는 문화'로 상징된다. 돌잡이는 '꿈잡이'다. 한국인은 꿈을 꾸지 않고 손으로 잡는다.↪

↪ 8 돌잡이 고개 3−샛길

**08**  손이란 뜻의 영어 단어 'hand'는 '잡다'라는 'hend'에서 모음이 변한 글자다. 여기에 '앞'을 뜻하는 'pre'가 붙으면 '앞에 있는 것을 잡다'라는 의미에서 '이해하다'라는 뜻을 지닌다. 영어의 '이해' '아는 것' '생각하는 것'을 나타내는 말들은 이처럼 모두 '손으로 잡는다'에서 온 말이다. '이해한다'는 의미의 불어 'comprendre' 역시, '함께'라는 뜻의 'com'과 '잡는다'는 의미인 'prendre'의 합성어다. 함께 잡아야 고통도 나누고 생각도 나눌 수 있다.

**09**  글쓰기의 시작은 잡는 것이다. 우리는 돌잡이 때 이 훈련과 준비를 했다. 돌잡이는 최초의 생각하는 법과 글쓰기의 몸짓이었다는 게다. 가장 아름다운 인간이 되는 입문*이다. '잡다'가 명사형으로 된 이름들을 생각해보면 칼잡이, 바람잡이처럼 그 사람의 직업명이 된다. 일본 무사의 문화를 한국인들이 속칭 '칼잡이의 문화'라고 표현한다. 선

비의 문화는 '붓잡이'라 할 수 있다. 돌날 아이들이 붓을 잡으면 커서 문사가 된다고 한다. 책잡이는 저술가와 출판업을 하는 직업의 속칭이다. 모두 생활에서 우러나온 말이다.

• initiation

**10** 로마 시인 호라티우스는 "오늘을 잡아라!"*라고 했다. '지금 이 순간을 쥐라'는 뜻이다. 우리는 기회를 잡고, 사랑을 잡고, 운명을 잡는다. 더 나아가 세계를 잡기도 한다. '받는다'는 수동적 의미가 아니라 제 손을 뻗어서 제 손에 넣는 것이 잡는 것이다. 이 세상에서 한국인만큼 잡는 것의 의미를 제대로 아는 민족도 드물다. 첫 생일을 맞은 아이를 '돌잡이'라고 부르는 것도 그 때문이다. 우리는 돌상 앞에서 무엇인가를 잡는 것으로 인생을 출발한다. 내 운명을 내가 잡는 것이다.↪

• Carpe diem ↪ 8 돌잡이 고개 3-샛길

# 돌잡이 유래

돌잡이는 중국 육조시대六朝時代부터 있었던 풍속으로 조선시대에는 왕실에서부터 사대부와 서민층에 이르기까지 널리 확산하였다. 중국의《안씨가훈顔氏家訓》에는 "강남 풍속에 아이가 태어나 한 돌이 되면 새 옷을 짓고 목욕을 시키고 장식을 단다. 남자는 활과 화살과 종이와 붓을, 여자는 칼과 자와 바늘과 실을 쓴다. 또한, 음식물과 진귀한 옷, 장난감을 아이 앞에 차려 놓고 아이의 선택에 따라 장래를 시험한다."라는 기록이 있다.《지봉유설芝峯類說》의 저자 이수광李睟光은 이를 인용하여 돌잡이의 역사가 매우 오래되었다고 설명했다. 조선 중기 사대부가의 돌잡이 모습은 이문건李文楗의《양아록養兒錄》과 오희문吳希文의《쇄미록瑣尾錄》에 남아 있다. 이문건은 "임자년(1552년) 정월 5일 손자 숙길이 태어난 지 1년이 되었다. 잡다한 물건을 진열하여 무엇을 잡는지 보는 것은 옛사람들이 모두 이렇게 했기 때문이다."라는 기록을 남겼으며, 오희문은 "효립孝立의 생일이어서 장난감을 놓고 먼저 집는 물건을 보았다"라고 썼다. 사대부가뿐만 아니라 왕실에서도 원자元子나 세자의 돌을 기념하여 돌잡이를 했다.《국조보감國朝寶鑑》의 1791년(정조 15) 6월 신유일(18일)의 기사에는 훗날 순조純祖가 된 원자의 돌을 기념하여 집복헌集福軒에 여러 가지 물건을 차려 놓고 무엇을 집는지 확인했다는 내용이 실려 있다.《조선상식문답朝鮮常識問答》을 쓴 최남선崔南善은 돌잡이를 하는 까닭에 대해, 아이가 태어나 1년쯤 되면 앉고 서서 움직이며 슬기와 염량이 발달하니 이를 기회로 삼아 갖가지 물건을 놓고 생각 돌아가는 것을 보기 위해서라고 설명한 뒤, 돌잡이가 중국의 '시아試兒' 또는 '시주試周'와 유사하다는 견해를 밝혔다.

* 조희진趙熙眞,〈돌잡이(抓周)〉,《한국일생의례사전》

# 9
# 세 살 고개
### 공자님의 삼 년 이야기

# 숫자 셋의 마법

**01** 드디어 세 살 고개에 이르렀다. 태내에서 생활하던 생명이 아기집을 떠나 삼을 가른 뒤 배꼽을 떼고 젖떼고 기저귀 떼고 홀로 일어서 발을 떼고 말을 배워 입을 떼고 드디어 세 살배기로 한 인간으로서 자격을 갖추게 된다. 근대 사상을 지배한 프로이트는 바로 이 젖떼고 기저귀 떼는 상태가 원활치 않을 경우 트라우마˚가 생겨 일생 동안 그 정신에 영향을 입는다고 했다. 우리도 어느새 트라우마라는 말을 많이 쓰지만, 원래 '상처'를 의미하는 그리스말이었던 게다. 프로이트는 마음속에 상처를 입는다는 심리용어로 '트라우마'☞라는 말을 썼지만, 우리말로 쉽게 하면 '속(內)상(傷)'한 것을 의미한다. 정신적 외상이라기보다 심리적 상처이니 속이 상한다는 말이 더 쉽게 와닿는다. 요란한 말로 포장하지 않아도 말 못하는 아이가 젖 떨어지면서 속상해하는 것, 그것을 풀어주지 않으면 평생 마음에 맺힌다. 뭐 이런 게 아니겠는가. 그리고 유아의 트라우마를 "세 살 버릇 여든까지 간다"는 우리 속담으로 하면 대충 프로이트가 말하고 싶은 웬만한 것은 다 풀린다. 문제는 이 '세 살'이라고 할 때 그 삼 자를 유난히도 한국인들이 즐겨 쓰는 숫자에서 많은 '한국인 이야기'

가 나온다는 점이다.

• trauma 🔗 2 배내 고개 3-샛길

**02** 　어렸을 때 읽은 쥘 르나르*의 《박물지》* 생각이 난다. 그중에
　　서도 "개미 많기도! 많기도! 끝없이 33333333333……"이라는
글이 기억에 생생하다. 처음에는 무슨 뜻인지 잘 몰랐지만 3을 왼쪽으로
눕혀놓고 보면 허리가 잘록하니 영락없는 개미다. 시대가 변해서인지 요
즘 아이들은 3자를 오른쪽 방향으로 돌려서 본다. 그래서 1자는 깃대고 2
는 물 위에 떠 있는 우아한 백조인데 3만은 발가벗은 엉덩이의 두 볼기
모양이 되어 이미지가 좋지 않다.

• Jules Renard | *Histories Naturelles*

**03** 　하지만 한자로 쓰면 이야기는 달라진다. '내 천川' 자밖에 모르
　　던 시골 농부가 편지글을 읽을 줄 몰라 애쓰다가 '삼三'이라는
날짜를 발견하고는 "천川 자가 여기에 누워 있는 걸 몰랐구나"라고 한 서
당 아이들의 유머, 한자의 삼三 자는 어느 방향으로 돌려놓든지 냇물이 되
어 백조쯤은 거뜬히 띄울 수 있다.

**04** 　삼三 자를 세워봐라. 그게 로마의 숫자 표기로는 'Ⅲ'이 된다.
　　로마의 열주랑*, 우람한 석조기둥이 늘어서 있는 회랑 말이다.
개미의 행렬이 삽시간에 로마 군단의 행렬로 바뀌어버린 게다. 그냥 작대
기를 그어 숫자를 표기한 것인데도 세워서 쓰면 판테온이나 엠파이어스테
이트 빌딩처럼 직선으로 솟은 도시가 보이고, 눕혀서 쓰면 끝없이 수평으로
뻗어가는 자금성 궁성들이 펼쳐진다. 동과 서, 밤과 낮만 거꾸로 된 게 아니

다. 그래서 그런 거다. 아라비아 숫자로 쓰면 아라비아의 이야기가 나오고, 로마의 숫자로 쓰면 로마의 이야기가 생긴다. 그리고 한자로 쓰면 우리 귀에 익숙한 중국의 왕서방 이야기들이 들려온다. 천지인 '三'을 한 줄로 꿴 것이 '왕王' 자라고 유교 국교화의 길을 연 동중서˙가 말하지 않았던가.

˙列柱廊 | 董仲舒

**05**  우리가 삼천리三千里 금수강산에 태어나게 된 것도 삼신할머니 덕분인데, 이때의 삼신三神은 유교·불교·도교의 삼교를 어우른다. 어느 종교와 관계없이 그 중심에는 하늘·땅·사람이 하나가 되는 삼재三才 사상이 있다. 그래서 한국의 국기에는 태극기가 그려져 있지만, 일상생활 속의 부채에는 삼태극三太極 모양이 그려진다. 세계에 널리 알려진 서울올림픽 엠블럼도 삼태극이 아닌가. 서양에서 기독교가 들어와도 낯설지가 않다. 삼위일체의 그 교리는 우리가 먼저 안다.

**06**  "도에서 하나가 생기고, 하나에서 둘이 생기고, 둘에서 셋이 생겼다. 셋에서 만물이 생겼느니라."˙ 노자가 《도덕경》에서 한 이 말도 일찍이 터득한 한국인들이 아니었나. 천하나의 수에서 《아라비안나이트》⤷가 나왔다면 셋에서 발생한 것이 코리안 나이트의 건국 이야기다. 삼위태백˙에 천부인˙ 3개, 환웅이 거느리고 내려온 3,000명의 무리 그리고 거기에 또 풍백·우사·운사˙ …… 끝없는 3자 행렬이다. 이 이야기의 하이라이트인 곰이 쑥과 마늘만 먹고 금기한 끝에 삼칠일 만에 아리따운 웅녀로 현신한 것도 3자로 계산한 시간이 아닌가. 삼칠일이란 3에 7을 곱한 수로 21일이라는 뜻이다. 시간도 3을 단위로 쪼개어 기술했다는 것을 알 수 있다. 그 3자 밈이 수천 년 동안 내려와 산모가 아이를 낳으면

문에 금줄을 치고 삼칠일을 금기한 것이 바로 엊그제의 일이다.

• 道生一, 一生二, 二生三, 三生萬物. 萬物負陰而抱陽 沖氣以爲和 | 三危太白 | 天符印 | 風
伯·雨師·雲師 📩 12 이야기 고개 4-16

**07** '3'이란 숫자는 세계 어디에서나 특별한 의미가 있지만, 한국인
만큼 셋을 좋아하는 사람들도 드물다. 그건 그냥 돈이나 물건
을 세는 수의 단순한 수사가 아니다. 우리가 세상에 태어나서 맨 처음 수
를 알고 그것을 손가락으로 보여준 것이 바로 셋이라는 수다. 서양 아이
들이 동전 던지기로 승부를 결정할 때, 동쪽 아시아의 아이들은 가위바위
보로 내기를 한다. 이항대립이 아니라 삼항순환의 오묘한 사고 체계를 공
유하는 거다. 그것도 일본 아이들은 동전 던지기처럼 단판으로 하는데 한
국의 애들은 보통 삼세판이다.

**08** 그러고 보면 웅녀 이야기는 신화라기보다 핏덩어리로 태어난
한 생명체가 어떻게 사람이 되고 한국인이 되어가는지를 보여
주는 실험보고서라고 해도 좋다. 우리는 날것을 '생生'이라고도 한다. 흙
에서 막 뽑은 무를 '생무'라고 하고, 익히지 않은 쌀을 '생쌀'이라고 한다.
그런 말투가 남아서 '생쑈'라는 점잖지 않은 말까지 나왔다. 그러기 때문
에 곰과 같은 생물生物을 순수한 우리말로 옮기면 날(生) 것(物)이 된다. 이
날것이 김장독 같은 동굴 속에서 발효돼 잘 익어야 비로소 맛이 든다. 그
러면 '생' 자에 '사람인' 자가 붙어 인생人生이 되는 것이다.

**09** 곰이 사람이 되듯 세 살이 지나면 아이는 생물의 상태에서 사람
이 된다. 그리고 곰이 기忌하는 것같이 스스로 자신을 억제하고

다스리는 '버릇'을 통해 한국인이 되어간다. 생각해보면 버릇처럼 양의성을 가진 말도 드물다. '버릇을 고친다'고 할 때의 그 '버릇'은 나쁜 습관을 뜻하고, '버릇없다'고 할 때의 '버릇'은 예의범절처럼 좋은 의미다. 좋은 버릇, 이상한 버릇, 못된 버릇. 버릇은 자기도 모르게 문화 유전자 밈으로 몸에 배어 있다가 남에게도 전파한다. 우리는 인간으로, 한국인으로 태어나는 것이 아니라 세 살의 냇물을 건너 하나의 인간이, 한국인이 되어가는 존재인 것이다. 삼자와 같은 무수한 문화 유전자의 영향을 받으면서 세 살 때 버릇을 잘 익히지 않으면 생떼를 부리는 한국인, 젊은이들의 막말로 '생쑈'를 부리는 오늘의 신한국인이 생기게 된다.

# 우리 아기 몇 살

**01**  "우리 아기 몇 살?" 엄마가 물으면 아기는 어렵게 세 손가락을
펴 보이면서 "세~살"이라고 말한다. 그냥 재롱으로 보이지만
실은 한국인이 되는 첫 문턱의 시험이다. '세 살 버릇 여든까지 간다'는 속
담 그대로 세 살의 문턱만 넘으면 거기 일생의 길이 열리는 거다. 그런데
왜 그것이 하필 세 살인가? 그렇게 삼세 번 속에서 살아온 한국인들인데
도 그 비밀을 아는 사람이 흔치 않다.

**02**  《논어》를 끼고 산 옛날 선비라도 잘 몰랐을 아주 낯설고 어색
한 장면이 《논어》의 〈양화〉*편 21장을 펴보면 나온다. 공자님
과 제자인 재아*가 한판 붙는, 요즘 같아도 보기 힘든 계급장 떼고 맞장
뜨는 일이 벌어진 거다. 골자는 '부모님의 삼년상이 너무 길다'는 것이었
다. 군자도 삼년상을 지내다 보면 일반 예법을 잊게 되고, 음악 연주자도
삼년상을 치르고 나면 몸에 밴 음악을 모르게 될 것이 아니냐. 해마다 묵
은 곡식이 없어지고 새 곡식이 나오며, 불을 지피는 나무도 바뀌어진다.
공자가 정한 예법을 정면에서 비판하고 나선 게다.

• 陽貨 | 宰我

**03**    공자님은 따지는 재아에게 묻는다. "그래, 자신은 얼마면 된다고 생각하느냐?" 재아는 서슴지 않고 대답한다. 1년이면 족하다는 게다. "그러면 그리 하거라." 재아가 나가자 공자님은 한숨을 쉬듯 말씀하신다. "재아는 어질지 못한 자로다. 어린애는 세상에 태어나서 3년이 지나야 겨우 부모의 품속 생활에서 벗어날 수 있다. 그러니 누구에게나 부모가 돌아가시면 이번에는 자신이 3년 동안 그 곁을 지켜야 된다는 생각이 들 것이다. 재아인들 3년 동안 부모 품에 안겨 자라지 않았겠는가."• 왜 삼년상인가. 왜 세 살인가. 그에 대한 공자님의 생각은 확고하고 아주 명쾌하다.↪

• 予之不仁也 子生三年然後 免於父母之懷 夫三年之喪 天下之通喪也 予也 有三年之愛於其
父母乎 ↪ 9 세 살 고개 2-05

**04**    부모의 삼년상을 인륜적 시각에서라기보다 생물학적 관점에서 논하는 것이 놀랍다. 배 속에서 나오자마자 벌판을 뛰어다니는 망아지도 있고, 알에서 깨어 나오기 무섭게 하늘로 곧장 날아오르는 알바트로스 같은 새도 있다. 하지만 인간은 다른 짐승과 달리 3년 동안 우는 것 말고는 한순간도 부모의 도움 없이는 고개 하나 제대로 가누지 못한다. 속수무책, 천둥벌거숭이 미숙아로 이 세상에 떨어진 결함 원숭이, 이것이 바로 인간이라고 한 '겔렌'• 의 이론을 2,000년 전에 선취한 거다. 그래서 삼년상의 예법이 사라진 오늘날에도 공자의 혜안이 삼세아三歲兒 교육의 첨단 쟁점으로 떠오르는 거다.

• Arnold Gehlen

**05**    어찌하랴. 공자님 말씀대로 천하의 모든 아이가 태어난 순간부터 3년 동안 부모의 사랑과 보호를 받고 자란 것은 아니다. 그리

고 세계의 모든 사람이 부모가 돌아가시면 삼년상을 치르는 문화를 갖고 있었던 것도 아니다. 현실은 그 반대다. 왜냐하면 서양 아이들은 태어나자마자 스와들링에 묶여 따로 분리되고, 보행기에 갇혀 모든 것이 모자분리 원칙에 따라 자랐기 때문이다. 3년 동안 부모 곁에서 잠시도 눈 떼지 않고 자란 유교 문화권과는 근본적으로 다르다. 특히 한국에서는 배 속 아이처럼 태어나서 서로 밀착한 상태에서 3년간 부모의 보호를 받고 자랐다. 그래서 부모가 돌아가시면 우리도 부모 곁을 지키는 삼년상의 의무가 있었다.

**06** 일본의 경우 유교가 들어오기 전에는 아이를 죽이는 일이 다반사였다. 유교가 들어오면서, 도쿠가와 시대에 법으로 금지하였다. 공자의 기역 자도 모르는 농촌에서는 흉년이 들거나 가정 형편이 어렵거나 하면 낳은 아이를 제 손으로 죽이는 풍습이 있었다. 그것을 그들은 아이를 내리신 신에게 되돌려준다고 해서 '고가에시'* 라고 불렀고, 푸성귀를 솎아낸다는 뜻으로 '마비키'* 라고도 했다. 죽이는 방법도 비정하기 짝이 없다. 맷돌로 눌러 죽이기도 하고, 때로는 물을 묻힌 창호지를 코에 붙여 질식시켜 죽이거나, 증거를 남기지 않기 위해 굶겨 죽이기도 했다. 일본의 산파는 역시 분만만 도운 것은 아니었던 것 같다. 애를 받자마자 하는 일이 "애를 무를까요(返し)?" 하고 묻는 일이었다고 한다. 택배 기사가 "반품하시겠습니까?"라고 묻는 것처럼 말이다. "예, 무르세요." 눈짓하면 아이를 프로다운 솜씨로 그 자리에서 감쪽같이 처치한다. 추운 지역의 마을에서 태어난 아기를 죽이기는 식은 죽 먹기라고 했다. 그냥 밖에다 내놓으면 된다.↪

• 子返し | 間引き ↪ 9 세 살 고개 2-13

**07** 　일본만 갓난애를 죽이는 풍습이 있었던 것은 아니다. 여러 번 이 글에서 인용한 필립 아리에스가 편찬한 《사생활의 역사》* 에는 로마제국부터 천 년까지의 첫째 권, 첫 장을 펴면 아주 끔찍한 이야기 나온다. 어머니 배 속에서부터 죽을 때까지 로마인의 일생을 요약한 것이다. 하지만 '한국인 이야기'의 탄생과는 달리 진짜 배 속이 아니라 출산하는 데서부터 이야기가 시작한다. 그것도 배 속에서 곧바로 죽음으로 말이다. 영어의 'tomb(무덤)'과 'womb(자궁)'이 비슷하다는 것은 이미 말한 대로이지만, 이게 그리스 로마에 오면 완전히 언어학적으로도 한통속이라는 것이다. 말만 그런 것이 아니라 많은 아이의 생일날이 제삿날이었던 거다.

• 《사생활의 역사 1: 로마제국부터 천 년까지》, 새물결, 2002

**08** 　그랬다. 유럽 문화와 문명의 위대한 원조인 그리스나 로마 시민들은 태어난 제 자식을 자기 손으로 죽이는 충격적인 이야기에서 시작한 셈이다. "로마인의 탄생은 단순한 생물학적 사실이 아니었다. 신생아는 태어난다기보다는 차라리 가장의 결정에 따라 사회 속에 받아들여졌다고 해야 옳을 것이다. 피임, 유산, 자유민으로 태어난 아이를 버리는 일, 그리고 여자 노예의 몸에서 태어난 아기를 죽이는 일은 늘 있었고 또 완전히 합법적인 일이었다. …… 아무튼 로마에서 시민은 아들을 낳지 않았다. 아들을 잡고, 쳐들었다tollere"라고 적고 있다. "아버지는 자식이 태어나면 곧 아기를 친자로 인정하고 버리지 않겠다는 뜻을 표시하기 위해 산파가 땅에 내려놓은 아기를 들어 올리는 특권을 행사했다"는 것이다. 산모는 의자에 앉아 분만한 그 자리에서 특별한 판결을 기다렸다는 말도 괄호 안에 꼼꼼하게 첨부되어 있다.

**09**　로마 문화는 그리스 문화를 본받은 짝퉁 문화라 하지 않던가. 그리스에서는 사내아이보다는 계집아이를 더 많이 버렸다는 것만 다를 뿐 이하 동문이다. "남자애를 낳으면 훌륭하게 잘 기르고 여자애면 소쿠리에 담아 강물에 띄우시오"라고 한 편지가 발견돼 여러 문헌의 단골 메뉴로 인용되고 있다. 그리스의 여아 살해의 짝퉁 문화는 그 반대편에 위치한 동북아시아로 와도 낯설지 않다.

**10**　일본의 여자애들이 공을 치며 무심히 부르는 옛 민요의 노랫말이 똑같다. "애를 배걸랑 주인님께 여쭤보라지. 어쩔 거냐고, 좋지 좋아, 애를 낳아야지. 계집애면 거적에 말아 냇물에 버려. 사내애면 절간에 보내 글 배워 동승이 되라."

또 아리에스의 그 책에는 무심히 적은 한 줄이 있는데, 이게 나에게는 경천동지의 벼락소리처럼 들렸던 거다. 그리스·로마 사람들은 낳은 애를 모두 다 기르는 유대인이나 이집트 사람들을 보고 이상하게 생각했다는 정말 이상한 대목 말이다. 이 말을 뒤집어보면 그들은 애를 낳아 다 기른 게 아니라 필요에 따라 마음대로 죽이고 살리고 한 것이 정상적이었다는 말과 다름없지 않는가.

**11**　서구 문화를 좀 더 거슬러 올라가면 더 기막힌 광경이 떠오를 것이다. 그리스인에게 알파벳을 가르쳐주고 지중해변의 도시를 번성케 한 페니키아인들 말이다. 지중해 문화의 원조인 페니키아의 문화는 로마인들의 철저한 보복으로 완전히 지구상에서 자취가 지워진다. 그런데도 그들이 영아 살해의 원조라는 것은 오늘날까지 남아 전해진다. 그들이 믿던 '바알신'*은 아이를 제물로 요구하는 신이다. 그래서 '토페테'

라는 곳에서는 제물로 바친 아이의 미라가 줄줄이 출토되고 있다는 게다.

• Baal

**12** 신라 때의 봉덕사 신종을 '에밀레종'이라고 부른 이야기는 그 애절한 종소리의 여운을 타고 천 년도 넘게 오늘의 우리 가슴을 적시지 않는가. 우리인들 아이를 인주人柱로 바치는 일이 왜 없었겠는가. 심청이 공양미 300석 이야기도 효 지상주의 시대에 사람을 시주로 바친 이야기가 아닌가. 하지만 그것이 유불선 3교가 일상의 문화로 자리 잡으면 한 가닥 슬픈 이야깃거리로 남는다. 하지만 그리스 · 로마 신화를 읽고 비교해보면 알 거다. 어미가 자식을 낳으면 잡아 삼켜버리고 또 살아남은 자식이 이번에는 아비를 죽이는 이야기, 이것이 올림포스 동산의 주신 제우스의 탄생 이야기인 게다. 그리고 의사로서는 돌팔이 수준이었던 프로이트가 어떻게 그 영광의 자리를 누려왔는지 그 비밀도 바로 아비를 죽이고 생모를 범하는 신화, 오이디푸스 왕* 이야기 덕분이 아니었는가.

• Oedipus rex

**13** 그토록 우리가 선망의 눈으로 바라본 개화 문명인들의 얼굴이 다름 아닌 저 일본 에마* 에 감춰진 뿔 달린 도깨비, 제 자식을 목 졸라 '마비키'하는 일본 여성의 모습이었던 게다. 그래, 내가 만약 그때의 그리스인이나 로마인으로 태어났다고 가정한다면, 아니면 내가 갓난아이의 목숨을 좌지우지하던 아버지였다고 상상해본다면, 나는 과연 플라톤처럼 그리스의 자유시민으로 태어난 것을 하나님에게 감사드렸을까. 내 젊은 시절이 아무리 가난하고 지질했다고 해도, 요즘 젊은이들처럼 '헬조선'이라고 외쳤을까.

• 繪馬

샛길

# 《태교신기》와 행복유전자

한국의 '아이'에 대한 생각은 '도교'에서 왔고, 아이를 키우는 것은 '유교'에서, 그리고 아이의 탄생과 죽음에 대한 것은 '불교'에서 왔다. 이것은 유불선 3교가 합쳐진 것으로 유교의 영향은 태교에 잘 나타나 있으며, 삼세아를 중요시하는 것은 공자에 의해 생긴 것이다.

태교는 서양에서는 볼 수 없던 것으로 중국에서는 2,000여 년 전부터 이어져 내려온 전통이다. 사주당 이씨師堂李氏가 1800년에 저술한 태교지침서《태교신기》만 봐도 한국 육아에서 태교를 얼마나 중요하게 생각하는지 알 수 있다.

《태교신기》는 태교의 고전이지만, 사실은 태아 교육 이전의 건강한 임신부터 다루고 있다. 태아를 대상으로 한 태아 교육에 들어가기 전에 태아를 낳고 기르는 부모 교육에서 시작한다. "아비가 낳는 것과 아내가 기른 것과 스승이 가르치는 것, 이 세 가지가 합하여야 완전한 일개 인격자를 만들 수 있는데 세 사람이 다 같이 최선을 다할 것"을 가장 먼저 강조한다. 그러면서 "스승의 10년 교육보다 어머니 배 속의 열 달 교육이 중요하고, 어머니의 열 달 배 속 교육이 하룻밤 부부 교합 시에 아버지의 정심正心만 못하다(父生之, 母育之, 師教之 一也 乾醫者, 治於未病, 善般者 般於未生, 師教 十年 未若母 十月之育, 母育十月 未若父一日之生)"고 했다. 교육 이전에 아기씨를 심는 아버지의 바른 마음을 가장 중요하게 설정한 것이다. 태교가 곧 부모 교육이었다.

태교의 이치보다 태아 생명의 포착에 더 주목할 필요가 있다. 우리는 아기를 낳은 주체를 어머니라 생각하는데, 이 책에서는 아버지라고 했다.

서양의 경우에도 태교가 전혀 없었던 것은 아니다. 토마스 버니Thomas Verny의《태아의 감춰진 생명The Secret Life of the Unborn Child》을 보면, '생전 심리학prenatal psychology'이라 하여 레오나르도 다빈치의 예를 들고 있다. 그의 수고본手稿本 속에서는 현대의 어떤 의학 문헌보다도 모친이 태아에 미치는 영향이 크다고 날카롭게 지적하고 있다고 말하며 그 일부를 소개한다.

"같은 영혼이 두 개의 육체를 지배한다. …… 모친이 원하는 것은 그 욕망을 품었을 때 몸에 잉태한 태아에 이따금 영향을 준다. 모친이 품은 의지, 희망, 공포, 그리고 정신적 고통은 어머니 자신보다도 그 태아에 중대한 영향을 끼치지 않을 수 없기 때문에 태아의 생명까지도 좌우하는 일이 많다." 그리고 현대에 와서 이 같은 태교를 본격화한 것으로 프로이트를 들고 있으나, 그 자신의 연구를 보면 막상 태아에 대한 부분은 조금만 언급되었을 뿐이다. 아이가 생후 2, 3년까지는 무엇을 느끼고 체험할 수 있는 능력이 생기지 않는다고 생각한 모든 생물학자의 생각과 별로 다를 게 없다. 그러므로 이 책을 번역하여 일본에 소개한 일본 소아과의 최고 권위자라 말해지는 고바야시 노보루小林 晙가 적은 서문에는 동서의 태교를 날카롭게 비교한다.

앞서《태교신기》같은 것에서도 알 수 있듯이, 우리나라는 태교의 전통을 몇천 년에 걸쳐 간직해왔다. 한때 미신으로 여겨지기도 했지만, 1960년부터 시작한 태아를 관찰할 수 있는 연구가 지속적으로 발달하면서부터 그리고 과학적으로 유전학, 산의학 등이 발달하면서 과학적으로 증명하게 된다. 특히 태아가 수정되는 하룻밤 아버지의 마음이 애의 성격, 특질에 큰 영향을 미친다는 것이 터무니없는 이야기로, 부권주의를 강조한 억지소리로 들렸으나, 최근 행복 유전자의 가설이 등장하면서 각광을 받는다고 한다.

행복은 유전적으로 상속될 수 있을까? 하라베 부카이Halabe Bucay 박사는 우리가 다른 감정에 있을 때 두뇌가 생성하는 다양한 범위의 화학 물질이 '생식 세포(정자와 난자)'에 영향을 줄 수 있음을 제시한다.

행복과 불행, 또는 다른 정신적 상태의 결과로 나타난 호르몬과 화학물은 우리의 난자와 정자에 영향을 주어서 어린아이의 태아 시기에 변화를 주게 된다고 한다. 엔도르핀, 약, 마리화나, 헤로인과 같은 두뇌화학물들은 정자와 난자에서 활성화되는 유전자의 패턴을 바꾸는 데 큰 영향을 주는 것으로 알려져 있다.

물론 부모의 행동이 어린이에게 영향을 주며, 부모에게 물려받은 유전자가 어린이의 성격을 형성한다. 나의 연구 논문은 임신 이전의 부모의 정신 상태가 어린이의 유전자에 영향을 줄 수 있다는 것을 제시한다.

* http://www.sciencedaily.com/releases/2009/05/090514101937.html

# 세살마을로 가는 길

**01**  내가 문학을 하고 여러 국가 행사도 기획하고 별의별 일을 다 했지만 '세살마을'을 만든다고 했을 때는 모두 부정적 시선이었다. "아니, 무슨 육아 문제까지 하시려고 그러세요." 이 반대에는 육아 문제는 어머니만의 일, 여자만의 일 그리고 좀 더 나아간다고 해도 한 가족의 일로만 생각하는 사회의 인식이 깔려 있다. 내가 '세살마을'을 시작하게 된 것은 어느 날 우연히 들은 이야기 때문이다. 캐나다의 유학생 한 명이 어린아이를 낳았는데, 시청에서 나와 아이 체중을 달아주고 건강을 체크해주더란다. 그때 처음으로 공동체란 말의 진정한 의미를 깨달았단다. 자국의 국민도 아닌 외국 유학생이 아이를 낳았는데도 내 나라에서 탄생한 생명이니 똑같이 귀하게 여겨주는 것이다. 이것이 국가고 사회다. 이것이 우리가 함께 사는 방식이다. 대한민국의 생명체, 캐나다의 생명체가 따로 있는 것이 아니라 지구 공동체는 모든 생명체가 연결되어 있는 것이다.

**02**   위스콘신대학교의 발달심리학자 해리 할로우﹡는 1958년에 갓
태어난 원숭이를 대상으로 실험을 했다.🔗 철사로 만든 인형에
는 새끼들이 빨아먹을 수 있는 우유병이 달려 있었다. 나무 위에 부드러운
천을 덧씌운 인형은 모습은 어미를 닮았지만, 새끼들에게 물질적인 자양분
은 전혀 줄 수 없었다. 새끼들이라면 영양을 공급하는 철사 엄마에게 매달
릴 것이라고 예상했지만, 실험결과는 정반대였다. 젖도 주지 않는 헝겊 엄
마 품에서 지내는 걸 더 좋아했다. 할로우 부부는 이 실험을 바탕으로 "아
이들을 가정과 어머니 곁에서 떼어내 시설에서 키우더라도 어머니를 대신
할 포대기 엄마와 음식을 잘 주는 사람만 있으면 어머니의 애정을 대신할
수 있다"는 결론을 내렸다.﹡ 이후로 이 실험 결과를 고스란히 육아에 적용
하는 붐이 일어났다. 인간도 좋은 시설에서 인위적으로 스킨십을 해주고,
제때 먹을 것을 주면 열악한 환경의 어미 곁에서 성장하는 것보다 오히려
심신이 건강하고 안정되게 잘 자랄 것이라는 믿음이 확산된 것이다.

﹡Harry Harlow | 비투스 드뢰셔, 《휴머니즘의 동물심리학》, 이마고, 2003 🔗 9 세 살 고개 3-
샛길


**03**   실험이 진행된 지 17년이 지난 뒤 할로우 부부는 그동안 원숭
이들에게 어떤 변화가 있었는지 재실험을 했다. 스킨십 대리모
가 키운 원숭이들을 공동체 우리에 넣자 원숭이들은 사나운 성질에 노이
로제 증세와 자폐증, 불안증 등의 병리적 현상을 나타냈다. 성적으로 성숙
했을 때도 암수가 서로 죽도록 물어뜯기만 했다. 수컷은 부정적이고 반항
적이었고, 암컷은 수컷이 근처에 오지 못하게 했다. 암컷은 모성애라곤 없
었다. 인공수정으로 낳은 새끼는 바닥에 내팽개쳐졌다. 엄마 원숭이의 사
랑을 받고 자라지 못해 공격적이고 폭력적인 괴물이 된 이 원숭이의 실상

이 알려진 뒤 미국에선 원숭이 실험을 금지했다.

**04**    18, 19세기 서구의 고아원의 경우도 크게 다르지 않다. 아이들이 시설 생활을 채 1년을 못 넘기고 사망할 때가 많았다. 어머니의 사랑을 받지 못한 아이들은 극심한 심리적 고통을 견디지 못했다. 또한 아이들은 모든 종류의 병에 무기력하게 노출되어 있었다. 의학 기술이 발달한 오늘날, 시설에서 자라는 아이들의 사망률은 낮다. 하지만 심리적 고통만큼은 평생 안고 살아야 한다. 메마른 정서, 통제 불가능한 정서적 균형 상실, 범죄적 성향까지도 이들에게서 공통적으로 보여지는 모습이다.↪

↪ 9 세 살 고개 3-샛길

**05**    나는 이 결과가 발표된 1975년 무렵, 이 연구 보고서를 읽고 큰 충격을 받았다. 그때부터 육아에 관한 글을 쓰고 강연도 했다. 여자대학에 몸담고 있어서 그랬던 것만은 아니다. 앞으로의 시대는 생명자본의 시대라는 생각에서였다. 우리 민족을 끌고 온 원동력이 산업화와 민주화였다면, 미래 시대는 생명화 시대, 생명이 자본이 되는 시대라 여겼다. '세 살 버릇 여든까지 간다'는 속담은 한국뿐 아니라 중국˙과 일본˙에도 비슷한 속담이 있다. 전통적으로 태어나 세 살까지가 얼마나 중요한지를 이미 잘 안다는 이야기다. 따라서 아시아의 생명사상, 자연사상을 어떻게 융합하며 새 길을 찾을 수 있을까를 가장 큰 화두로 삼아왔다.

˙三歲之習至于八十 | 三つ子の魂百まで

**06**　새천년준비위원장을 맡았을 때의 일이다. 2000년 1월 1일 밀
레니엄의 첫날, 전 세계를 향해 메시지를 전하는 이벤트가 있
었다. 한국인으로서 무엇을 보여주고 어떤 메시지를 전해야 할까, 고심 끝
에 선택한 것은 아기의 첫 울음소리였다. 전 인류가 맞이하는 첫 새벽에
새로운 미래, 새로운 천 년을 향해 대한민국 즈믄둥이의 우렁찬 첫 울음
소리가 울려 퍼지게 하자는 취지였다.↱ 무수한 위험 부담이 있었지만,
마침내 카운트다운 직후 0.1초 차이로 즈믄둥이의 탄생을 알렸다. 새천년
최초의 이 고귀한 생명은 이 소중한 숨결보다 그 이상의 가치가 없음을
전 세계에 보여주었던 것이다. 88서울올림픽 때 정적 속에 굴렁쇠 소년의
모습을 선보였던 것처럼 새천년에는 갓 태어난 즈믄둥이를 세계 대축제
의 이벤트로 내보였다. 다른 나라가 군사력과 경제력을 앞세워 눈에 보이
는 거대한 조형물을 세울 때, 우리는 눈에 보이지 않는 몇조의 가치와도
바꿀 수 없는, 인간에게 가장 고귀한 생명의 울음으로 새천년을 열었다.

↱ 1 태명 고개 3-02

**07**　"사람 마음의 원형은 태어나서 1~2년 안에 거의 다 만들어진
다. 그러므로 그 시기가 결정적으로 중요하다. 이 시기에 엄마
가 아이를 제대로 보듬어주지 않으면 안 된다. 그 시기에 아이를 탁아소
에 맡기거나 병원에 내버려두면 유아의 내부에서 외부 세계에 반응하는
배선이 제대로 만들어지지 않는다. 그리고 평생 돌이킬 수 없게 된다." 전
문가가 아닌 내가 알기로는 부정확한 점도 있겠지만, 국립소아병원장인
고바야시 노부로* 교수 등은 이와 비슷한 취지를 강조한다.

* 小林登

**08** 부모의 품 안에서 길러진 습관이나 버릇은 고스란히 한 사람의 인생을 결정할 만큼 중요한 의미를 지닌다. 그래서 두 살도 아닌 세 살이 인간의 인생에서 새로운 시작을 의미하는 것이다. 뇌과학에서 밝혀진 이야기지만, 한국 나이로 세 살이 되면 거의 80퍼센트 이상의 뇌 발달이 이루어진다. 한 사람의 미래가 세 살에 결정된다고 해도 과언이 아니다. 80년 뒤의 한국을 보려면, 오늘 우리는 세 살 먹은 아이들이 어떻게 자라는지 보면 된다. 아이를 잉태해서 출산해 키우는 3년 동안 80년의 한국 미래를 품고 있는 것이다. 3년만 투자하면 80년이 달라진다.

**09** 제대로 된 육아법을 아는 것이 얼마나 중요한가. 본능과 애정 만으로는 아이를 키울 수 없다. 자동차를 운전할 때도 면허가 필요한데 하물며 부모가 되는 데는 훈련을 반드시 거쳐야 한다. 그런데 아이 키우는 면허증은 없지 않은가. 내가 2008년 가천대학교, 서울시, 경기도와 손잡고 시작한 '세살마을'은 세계적으로도 처음 시도하는 일이다. 처음 행사를 할 때, 나의 탄생 시 〈너 어디에서 왔니?〉를 서예가가 쓴 한지 두루마리에 직접 서명해서 태어나는 아이들에게 전달해주었다.

"아가야, 우리 아가야./ 너 어느 먼 별에서 걸어왔느냐?/ 넓은 땅 하고많은 나라 다 제쳐두고/ 엄마 아빠 사는 예까지 찾아왔느냐?// 이곳이 그리도 좋아 보이더냐./ 대궐 같은 집 저리 많은데/ 어찌 초가삼간 이 작은 집이/ 네 마음에 들었느냐.// 작은 손가락에 걸고 맹세하마./ 네가 잠든 방네가 자랄 마당/ 마음 놓고 뛰어다닐 놀이터/ 꼭 만들어줄게.// 어깨동무하고 배울 학교/ "우리나라 좋은 나라"/ 백 번이고 천 번이고 외쳐도 될/ 부끄럽지 않은 나라 만들어줄게.// 네가 마실 물 네가 숨 쉴 공기/ 이래서야 되겠느냐./ 엄마 아빠, 네 이웃이 모여/ 다 함께 팔을 걷어붙였다.// 반갑다. 아가야, 어서 오너라./ 엄마의 살 아빠의 뼈/ 사랑의 이름으로/ 생명의 이름으로/ 오늘 너를 맞는다."

임신과 출산, 세 살까지 교육에서 우리나라가 최고가 될 것이다. 세살마을의 겉모습은 육아 문제 같지만 생명에 대한 존중과 사랑을 퍼뜨리는 새 문명의 방아쇠 역할을 할 게다. 이런 것이 쌓이면 국가와 민족의 경쟁력이 된다.

**10** 박완서✦ 작가의 산바가지가 그 답이다. 사설 양노원에 망령이 난 시어머니를 보내려 남편과 함께 시골길을 찾아가다가 바가지가 열려 있는 광경을 본다. 그것을 보면서 자신이 아이를 낳을 때마다 정갈한 바가지를 구하다 정성껏 손주를 맞이할 준비를 하던 시어머니의 모습을 생각한다. 아이를 몇을 낳던 그게 아들이든 딸이든 새로운 생명을 맞이하는 지복의 경지와 경건함은 종교와도 같은 것이다. 시대가 바뀌어 여성의 지위가 상승하고 학식이 생겨도 아이를 낳고 기르는 그 생명의 줄기는 변하지 않는다. 며느리와 시어머니의 관계가 산바가지 때문에 달라진다. 바가지는 노자가 이야기하는 바로 그 박撲의 자연인 것이다. 사람은 땅을 따르고, 땅은 하늘을 따르고, 하늘은 도를 따르고, 도는 자연을 따른다고 한 그 자연, 산바가지가 바로 그 자연인 게다. 흥부의 박이 놀부의 박이 된 한국인, 그 한국인이 다시 산바가지가 되는 이야기. 그것이 세 살 마을로 가는 생명의 꼬부랑 길이다. 꼬부랑 할머니가 열두 고개를 넘는 한국인 이야기다.

➡ 10 나들이 고개 3-19

샛길

## 할로우 부부의 원숭이 실험

모성애를 인공적인 대리모로 대체할 수 있을까? 생물의 주관적 욕구는 무시하면서 객관적 욕구만 잘 챙기면 된다는 이론이 옳다는 사실은 1950년대 이래 알려졌다. 미국 심리학자 해리 할로우Harry F. Harlow가 레수스 원숭이의 발달을 연구한 덕분이었다. 해리 할로우와 그의 아내 마거릿 쿠엔 할로우는 갓 태어난 원숭이들을 출생 몇 시간 만에 어미와 떼어놓았다. 새끼들은 우리에 갇혀진 채 인형 어미의 젖을 먹었다. 생명을 준 엄마 없이도 충분히 새끼를 기를 수 있다는 생각으로 실험한 것이다. 할로우는 두 종류의 인형을 배치했는데, 하나는 철사로 만들어졌고 새끼들이 빨아먹을 수 있는 우유병이 달려 있었다. 또 하나는 속은 나무로 되어 있고 겉은 부드러운 천을 씌운 것으로 진짜 어미 원숭이를 닮았지만, 새끼들에게 물질적인 자양분은 전혀 줄 수 없었다.

새끼들은 아무것도 주지 않는 천으로 된 엄마보다 영양을 공급하는 철사로 된 엄마에게 매달릴 것으로 예상했다. 그런데 놀랍게도 새끼 원숭이들은 천으로 된 엄마를 훨씬 더 좋아했고, 대부분 시간을 함께 보냈다. 두 엄마가 가까이 놓여 있으면 심지어 철사로 된 엄마에게서 우유를 빨기 위해 목을 뻗으면서도 천 엄마에게 매달려 있었다. 할로우는 새끼들이 추워서 그러는 것은 아닐까 싶어서 철사로 된 엄마의 내부에 전구를 집어넣어서 열을 내게 했다. 그러나 아주 어린 새끼들을 제외한 대부분의 새끼는 계속 천으로 된 엄마를 좋아했다.

후속 연구 결과 결론은 뚜렷했다. 원숭이는 물질적 필요를 넘어서는 심리적 필요와 욕구가 있음이 틀림없다는 것이다. 만일 이런 욕구가 충족되지 않으면 매우 큰 고통을 받는다는 것이다. 할로우의 새끼 원숭이들이 젖도 안 주는 천으로 된 엄마의 품에서 지내는 것을 더 좋아한 것은 이들이 젖만이 아니라 감정적인 유대도 찾기 때문이었다.

10여 년 이상 실험하면서 할로우 부부는 인공 엄마의 가능성은 따뜻하고 부드러운 모성의 속성, 즉 스킨십에 있다고 중간 결과를 세상에 발표하여 충격을 주었다. 즉 친어미 원숭이를 대신할 어떤 인공 스킨십만 있으면 된다고 생각한 거다. 즉 할로우 부부는 인간의 아기들에게도 인격적인 보살핌을 스킨십 기구와 같은 대리모로 대체할 수 있을 거라는 가능성을 열었다.

그런데 17년 뒤 어떤 일이 벌어졌나. 스킨십 기구와 같은 인공 엄마가 키운 원숭이들을 공동 우리에 넣자 그들은 성질이 사나워지고 노이로제 증세와 자폐증, 불안증을 호소하며 병리적 현상을 나타냈다. 성적으로 성숙했을 때도 부드러운 애무는커녕 서로 죽도록 물어뜯기만 했다. 암컷에게 인공 수정하여 낳은 새끼를 곁에 데려다 놓아도 걸레처럼 바닥을 닦아버리고 내팽개쳤다. 그들은 점차 공격적이고 폭력성을 드러내며 처절한 고통을 드러냈다.

결과적으로, 이 연구자들이 17년 뒤에 사과하면서 아이들에게는 반드시 어머니가 필요하다고 했다. 포대기나 우유만으로는 어머니를 대신할 수 없다. 뭔지는 몰라도 이게 생명지다. 젖 따로 떼어내고 살 따로 떼어내서 하나는 젖으로 주고 하나는 포대기로 주면 어머니 역할을 할 수 있다는 게 완전히 깨진 거다.

그러면 이 실패한 실험이 사람에게는 또 어떤 영향을 주었나? 인간도 마찬가지다. 예를 들어 18~19세기의 고아원에서는 갓난아이를 포함한 거의 모든 어린아이가 고아원에 들어온 지 1년을 넘기지 못하고 죽었다. 사망의 원인은 아이들이 겪었던 극심한 심리적 고통 때문이었다. 그 고통 때문에 아이들은 모든 종류의 병에 무기력하게 노출되었다.

드뢰셔는 제2차 세계대전 후에 출생한 아이들은 부모와 떨어져 지내 68세대의 학생 운동을 낳았다고 증언한다. 아이에게서 어머니를 떼어내어 애들의 정신을 황폐하게 만드는 불길한 조짐은 제2차 세계대전이 끝난 뒤, 독일에서 굶주림과 가난을 몰아내려는 경제 기적이 시작되면서 나타났다.

* 비투스 B. 드뢰셔,《휴머니즘의 동물학》, 이마고, 2003

# 10

## 나들이 고개

### 집을 나가야 크는 아이

첫째 꼬부랑길

# 자장가의 끝, 일어나거라

**01** "당신은 몇 살 때부터의 일을 기억하는가." 세상 밖으로 태어
나는 순간 환한 전기 불빛을 보고 전구의 상표까지 기억했다는
귄터 그라스의 허풍스러운 소설➘이 아니라면 그 대답은 뻔할 것 같다.
출생 전 기억은 덮어두고라도 돌날 자신이 무엇을 집었는지 기억하는 사
람을 나는 이 나이에도 아직 만나본 적이 없다. 유아의 인지 능력을 무시
해서가 아니다. 출생 후 최초의 기억은 뇌가 알아서 모두 깨끗이 지워버
린다고 한다. 전문 용어로 유년건망현상*이라는 거다. 건망증은 노인네
들만의 것인 줄 알았는데 아기들 머릿속에 그런 지우개 장치가 있었다니
충격이다.

• childhood amnesia ➘ 2 배내 고개 1-01

**02** 너무 걱정할 것 없다. 퍼너 연구팀의 오심 실험* 결과를 보면
아이들은 세 살의 문턱을 넘어 네댓 살이 되면 어머니가 들려
준 이야기를 제대로 기억하고, 그 전후 내용에 잘못된 것까지 가려낼 수
있게 된다니 말이다. 사실 과학자들은 뻔한 걸 가지고 힘 빼는 실험을 하

는 경우도 없지 않다. 남에게 묻지 않아도 된다. 자신이 언제 자명종 소리가 아닌, 어머니의 목소리를 듣고 눈떠 일어났는지 기억해보면 된다. 정확한 날짜는 알 수 없어도 '일어나라'는 엄마의 목소리를 듣고 일어나던 날아침이 바로 의식의 햇빛이 최초로 내 어두운 뇌 속에 들어와 꽂히던 순간일 게다.

• J. Perner and H. Wimmer, 〈유아심리의 발달과정을 탐색하기 위한 오심 실험(False Belief Test)〉, 1983

**03** 그건 자장가를 불러주시던 엄마의 부드럽던 목소리와는 또 다른 목소리다. 날 깨우려 흔드는 엄마의 손은 포대기 위로 토닥거리던 그 손과는 또 다른 손인 거다. '일어나라'는 그 말은 탯줄을 끊던 또 하나의 명주실, 부드러우면서도 칼날 같은 언어인 거다. '일어나라'는 그 말 속에 담긴 깊고 신비한 힘을 알려면, 나이를 먹어가면서 죽을 때까지 그 순간마다 겪는 종생*의 경험이 필요할 것이다. 그게 한밤중에 불을 꺼놓고 떡가래를 썰던 한석봉의 어머니, 짜던 베를 잘라 보이고 공부하다 말고 돌아온 아이를 쫓아낸 맹자의 어머니. 어떤 현모보다 많은 이야기가 이 짤막한 한마디 말 속에 숨어 있다는 것을 끝내 모른 채로 죽을 수도 있다.

• 終生

**04** '일어나다'라는 한국 고유의 말 속에는 단순히 '눈뜨고 깨라'는 뜻만 있는 게 아니다. '눈뜨고 일어나서 나가라'는 말이 숨겨져 있다는 거다. 그 말을 자세히 뜯어보면 '일어서다'와 '나가다'의 두 동사가 한데 합쳐진 말이라는 것을 알 수 있다. 그래서 일제 침략 밑에서 우리의 가슴을 뜨겁게 했던 '독립'*'이란 말, 민족 '궐기'*'란 한자어보다도 '일

어나라'고 외치는 이 토박이말이 더 실감 있고 힘차게 들렸던 이유다. 중국어에서 '일어나'에 해당하는 말을 찾아보라. '씽이씽'˚으로 '나가라'는 뜻은 없다. 일본말도 그저 '오키나사이'˚, '나가라'는 의미는 없다. 영어도 마찬가지다. '현실을 직시하고 정신차리라'는 말로 미국의 유명한 칼럼니스트 앤 랜더스˚가 입버릇처럼 자주 썼다는 'Wake up and smell the coffee!'란 말도 '아침에 일어나 커피 냄새 맡으라' 정도. 한국어 '일어나라'의 말 뿌리까지 억지로 번역하면, 아마도 'wake up and go out'이라고 해야 할 거다.

• 獨立 | 蹶起 | 醒一醒 | 起おきなさい | Ann Landers

**05** 　우리는 듣는다. 방 안에 누워서 천장만 올려다볼 때, 넘어져 무릎이 깨졌을 때, 길 가다 주저앉고 엎어지는 위태로운 순간마다 최초의 기억 속에 꽂혔던 어머니의 말 "일어나라! 일어서서 나가라"는 그 목소리다. 이미 귄터 그라스의 소설과 "한 살 때 났다"는 장용학의 소설을 비교한 적이 있지만,[➡] 포로수용소의 그 극한 상황에서 누혜˚에게 들려온 "일어나거라! 일어서서 나가거라"는 한 살 때 태어나 호적에 자신의 이름이 등록되기 닷새 전에 들었을 어머니의 목소리였을 거다. 그 소리가 더 이상 들리지 않을 때 누혜는 철조망에 목을 매단다.

• 장용학, 〈요한 시집〉의 주인공 [➡] 2 배내 고개 1-03

**06** 　'일어서는 것'과 '나가는 것'의 반대말을 한데 결합한 동사가 바로 '일어나다'다. 이야기는 여기에서 끝나지 않는다. 그것이 '들어오다'와 '눕다'가 한데 합쳐진 '드러눕다'란 말과 절묘한 반대 교합의 짝을 이룰 때 '일어나다'라는 한국 특유의 그 말이 완성된다. 잠에서 깨면

일어서 밖으로 나가고, 다시 안으로 들어와 누워 잠잔다. 나감과 돌아옴, 바깥과 안, 노동과 휴식, 대낮과 한밤의 반대 개념이 함께 등을 맞대고 한 몸이 되는 마법의 말이다.

**07**   또 끝이 아니다. 이번에는 '일어나다'와 '드러눕다'를 또다시 합쳐 '나들이'라는 말이 탄생한다. 나들이! 나가고 들어오는 것이 하나가 되어 마치 살아 있는 생명체처럼 이어가 숨을 쉰다. 그렇게 해서 한국말 가운데 가장 아름답고 뜻이 깊은 말 하나만 고르라고 하면, 나는 서슴지 않고 이 '나들이'라는 말을 고를 것이다. 뜻 이전에 그 소리부터가 한국인이 좋아하는 삼 음절의 세 글자다. 어머니, 아버지, 할머니의 혈족에서부터 진달래, 살구꽃, 아리랑, 쓰리랑, 꼬부랑, 보리밭, 오솔길, 나그네의 꽃과 노래와 풍경까지 그리고 그리움이란 말까지. 하지만 그 가운데에서도 이것 아니면 저것의 이자택일이 아니라 이자병합↪의 마술적 힘을 가진 것이 '나들이'인 게다. 이분법적인 배제적 사고 시스템 속에서 끝없이 이자택일의 선택을 강요받는 세상에서, 어렸을 때 잘 쓰던 '나들이'란 말을 만나면 반갑고 그립다.

↪ 9 세 살 고개 1-07

**08**   어머니가 밖에 나가면 서양 아이들은 엄청난 스트레스를 받는다. 어린 시절의 기억을  회상하는 그 방대한 마르셀 푸르스트의 소설《잃어버린 시간을 찾아서》의 맨 첫머리가 그렇게 시작한다. 한국의 소설에서는 눈 씻고 보려고 해도 그런 이야기를 쓴 소설을 찾아보기 힘들다. 이유는 아주 단순하다. 한국의 아이들은 '나들이'란 말을 알기 때문이다. 나들이의 집합 기억이 그와는 다른 이야기를 들려주는 거다.

**09**  이미 '까꿍'[➜]에서 말한 적이 있지만, 프로이트\*의 그 유명한 외손자의 '포르트-다(Fort-Da)' 놀이\*를 다시 한번 생각해보자. 털실 뭉치를 던지면 "어-어- 포르트(fort-없다)"라고 소리 지르다가 그 끈을 끌어 털실뭉치가 나타나면 "다(Da-있다)"라고 한다. 그 아이에게 있어 털실은 그의 엄마(프로이트의 딸 소피\*)의 상징일 것이라고 말하면서 '포르트'는 외출한 엄마의 '사라짐'이며 '다'는 엄마의 돌아옴을 뜻하는 것이라고 풀이한다. 뭐 여기까지는 귀동냥으로도 들어서 아는 이야기지만 중요한 것은 그 놀이가 사라진 엄마에 대한 불안을 나타낸 것이냐, 아니면 돌아온 엄마에 대한 기쁨을 보여주는 것이냐의 해석이다. 프로이트답게 그는 전자로 해석한다. 실뭉치를 던질 때 '엄마 꺼져버려'의 복수 충동을 보이는 것이라고 본 것이다. 한마디로 '포르트'냐, '다'냐의 이자택일밖에 모르는 서양인의 비극적 시선이다. 그러고도 정신병에 걸리지 않는 게 이상한 일이 아니겠는가. 하지만 나가고 들어오는 것이 하나로 된 '나들이'라는 말을 쓰면, 아이들은 걱정할 필요가 없다. 엄마가 나간다는 것은 곧 들어온다는 의미니까 말이다. 아이들은 택일이 아니라 병존 속에서 큰다.

• Sigmund Freud | Pleasure Principle | Sophy [➜] 1 태명 고개 4-09

**10**  한국의 아이들은 프로이트의 외손자처럼 말을 만들어놓고 괴상한 놀이를 하지 않아도 긴장과 불안증을 피할 수 있다. 엄마의 '나들이'가 바로 '포르트-다.' "너의 어머니 어디 갔니?"라고 물으면 "나들이 가셨어요"라고 대답하는 어린애들의 얼굴에는 어떤 근심의 빛도 없다. 나간 어머니는 들어오기 전부터 이미 들어온 것으로 되어 있는 것이 '나들이'란 말인 게다. 프랑스, 독일, 먼 데 갈 것 없이 가까운 일본의 아

이들이 부르는 동요를 들어보라. 무언가 분명 손에 잡히는 것이 있을 것이다.

**11** "엄마야 엄마야 어디로 갔나/ 빨간 금붕어하고 놀아야지/ 엄마는 왜 안 오나 쓸쓸하구나/ 금붕어 한 마리를 찔러 죽인다." 금붕어와 놀며 엄마를 기다리던 아이는 시간이 지나면서 점점 스트레스가 쌓이기 시작한다. 쓸쓸하고 화나고 배가 고파지면 그럴 때마다 아이는 한 마리, 두 마리 금붕어를 잡아 칼로 찔러 죽인다. 그리고 마지막에는 뻔득이는 금붕어 눈을 마주 보며 무서움에 오들오들 떤다. "눈물이 진다/ 해가 진다/ 빨간 금붕어도 죽고 죽는다/ 엄마 나 무서워/ 눈이 뻔득여/ 뻔득 뻔득 금붕어의 눈이 뻔득여."• 다리에 피가 통하지 않을 정도로 기저귀를 바짝 조여 맨 아이들의 그 모습이 죽인 금붕어의 번뜩이는 무섭고 차가운 눈이 되어 돌아온 거다.

• 기타하라 하쿠슈(北原白秋) , 〈금붕어〉

**12** 1930년대 거의 같은 무렵의 한국 아이들이 부르던 민요는 어떤가. "아버지는 나귀 타고 장에 가시고/ 어머니는 건넛마을 아저씨 댁에/ 고추 먹고 맴맴 담배 먹고 맴맴." 나귀를 타고 가는 거리면 결코 가까운 장터는 아닐 것이다. 어쩌면 한 사흘 장 본다는 핑계로 집을 비울 수도 있다. 그런데 또 어머니는 왜 이웃 마을도 아닌 먼 건넛마을로 가고 그것도 아주머니, 할머니 댁이 아닌 아저씨 댁으로 간 것일까. 아이들이 불안해할 요인이 충분하다. 어쩌면 영영 빈집을 지키고 아빠, 엄마를 기다리게 될지 모를 일이다. 그런데도 애들은 개미 한 마리 죽이지 않고 오히려 어른들이 없는 틈을 타서 자유를 즐기는 것 같다. 그러기에 어른

들이 피우는 담배와 고추를 먹고 맴맴하고 노는 게다.

**13**  엄마도 아빠도 나들이 간 것이니까, 나들이란 나갔다 들어오는 것이니까, 기다리면 된다는 믿음이 있는 게다. 금붕어를 죽일 필요도, '포르트-다'라는 말을 만들어 실타래를 못살게 굴 까닭도 없다. 포대기 문화, 기저귀 문화에서 말한 것처럼 유아기에 이미 어머니의 품과 등의 온도를 알고 지낸 아이들은 빈집에서도 무서워하지 않고 어른 행세를 한다. 담배 먹고 고추 먹고.

**14**  세상은 변한다. 이제는 한국의 아이들도 '빈 둥지' 현상 속에서 자라고 있다. 이제는 '나들이'라는 말도 좀처럼 아이들 말에서 들을 수 없는 사어˙가 되었다. 하지만 한국인의 토박이말과 한국인 이야기의 집합 기억 속에 '일어나다'와 '드러눕다'의 말이 짝을 이루며 절묘한 조화를 이루는 한, 그리고 '나들이'라는 말이 끝없이 반복하고 순환하는 한, 한국의 아이들은 금붕어 눈을 찔러 죽이거나 털실을 던지며 '포르트-다'의 옹알이말을 하지 않아도 된다. 그리고 그것은 단순한 도연명의 〈귀거래사〉나 항수를 노래한 소설과 시가 아닌 게다. 그것이 지금 내가 최초의 '나들이'를 한 기억을 상기하기 위해 고향 땅으로 가보는 이유인 거다. 유아건망의 세 살 때 경계선을 지나 대여섯 살의 그 잃어버린 시절을 찾아서 나들이를 간다.

˙ 死語

**15**  새로 지은 벽돌집과 고층 아파트 사이에 섬처럼 남아 있는 고택이 있다. 그곳에 가면 솟을대문과 사랑채, 바깥채가 모두 헐

려 나간 채 섬처럼 남아 있다. 조금 기웃거리면 낯선 사람이 나와 "어디에서 오셨슈?"라고 말할 것 같아 언제나 먼 발치에서 바라본다. 시간이 멈춰 버린 기억 상자 속의 집은 늘 조용하다.

**16**　태어난 집 밖으로 나가야 비로소 고향이라는 것이 생겨난다. 시간이 멈춰버린 고향집 사랑채는 허물리고 안채만 겨우 남아 있는 옛날 집을 향해 '어이' 하고 부르면 뚜껑머리를 한 소년이 달려 나온다. 두레박줄보다 언제나 더 깊었던 우물, 맨드라미꽃과 고추잠자리가 날던 장독대, 뒤꼍 문으로 나가 설화산 골짝 안으로 들어가면 거기 외갓집이 있다. 엄마 손을 잡고 처음으로 나들이를 떠났던 곳이다. 온돌이 있는 안방이 겨울이라면 대청마루는 여름이다. 안방이 어머니의 공간이라면 사랑방은 아버지의 공간이다. 앞마당이 도시로 나가는 열린 문명의 공간이라면 뒤꼍은 외가로 가는 산골짝의 닫힌 자연의 공간이다.

# 무서운 내용의 자장가들

이탈리아 자장가 〈Ninna Nanne〉에서는 마귀할멈, 유령, 흰 늑대가 찾아오지만, 반드시 아이를 몰고 가는 것은 아니다. 그렇지 않아도 어머니가 갓난아이를 그들에게 전달하려 하고 있다.

"이 애를 누구에게 주면 좋지?/ 마녀에게 주면 이레 동안 살려두겠지./ 귀신에게 주면 한 해 동안 살려두겠지./ 하얀 늑대에게 주면 오랫동안 살려두겠지./ 자장가는 요정들을 잠재우고/ 내 애도 잠들게 하겠지."

여러 가지 버전이 있다. 아이를 누구에게 맡기면 되나. 결국은 어느 곳에도 맡길 수 없다. 흰 늑대가 검은 곰이 되기도 하고 고양이가 되기도 하지만, 가장 안전한 것은 아이의 어머니에게 주어야 한다는 버전이 표준일 것 같다.

러시아의 자장가 〈Bayu Bayushki Bayu〉에서는 아이를 늑대가 잡아간다. 자장, 자장, 자장 침대 가에서 자지 마라. 그러면 작은 회색 늑대가 와서 네 옆구리를 덥석 물고 숲으로 가 버드나무 뿌리 밑에 묻어버린다.

아이티의 자장가 〈Dodo Titit〉는 아이를 잡아가는 게다. 애가 잠자지 않으면 게가 잡아간다. 엄마는 시장에 물건을 사러 가고 아버지는 냇가로 고기 잡으러 가고 네가 잠자지 않으면 게가 와서 잡아먹는다.

스페인의 자장가 〈Duermete Niño〉에서는 '코코'라는 괴물이 브라질의 자장가 〈Nana nenem, Bicho Papo e Boi da cara preta〉에서는 '쿠카'라는 전설의 악어 귀신이 나와서 애를 잡아먹는다. 잠자지 않으면 황소의 괴물 '부기만'이라는 지붕에 숨어 사는 귀신한테 널 재우라고 할 것이다. 협박이다. 애의 돌보기를 인간 아닌 짐승 유령들에게 맡긴다는 가사가 주류를 이룬다.

터키의 자장가 〈Incili Bebek Ninnisi〉는 독수리가 하늘에서 내려와 아이를 채간다. 아버지는 코 골며 자는데 독수리가 채간 아이는 검은 새들이 높이 날아 내 애의 살을 찢는다. 제발 자거라. 우리 아가야. 자라고 통 사정을 하는 절실한 마음으로 애를 재우려고 기를 쓴다.

둘째 꼬부랑길

# 외갓집으로 가는 길

**01** "병아리 떼 종종종 봄나들이 갑니다." 알에서 깨어난 병아리들은 어미 닭을 쫓아서 바깥세상으로 나간다. 우리도 그랬다. 한국인의 삶은 노란 햇병아리들처럼 어머니의 손을 잡고 처음 바깥세상과 만난다. 그리고 그것을 우리는 '나들이'라고 불렀다. 이 말 역시 나가고 들어오는 반대어가 하나로 융합된, 한국 아니면 어디에서도 들을 수 없는 신비한 토박이말이다.

**02** 나의 삶도 예외 없이 그랬다. 어머니는 나의 작은 손을 잡으신다. 그때마다 어머니의 몸에서는 레몬 파파야나 박하분 냄새가 났다. 나들이가 시작되는 순간이다. 보리밭 사잇길과 산모롱이 마찻길, 신작로 이렇게 작은 길에서 점점 나들이 길은 넓어진다. 아버지가 서울에서 사다주신 작은 가죽구두를 신고 종종걸음으로 따라가면 이상한 소리가 난다. 그것은 가죽구두가 구겨지는 소리가 아니라 눈부신 바깥 공간으로 나가는 내 작은 심장이 뛰는 소리다. 길가의 뱀풀도 땅개비가 뛰는 것도, 하늘에 높이 떠서 원을 그리는 솔개도 모두 어머니의 손을 잡고 처음 본 풍경들이다.

**03**   역시 나들이의 절정은 10리쯤 떨어진 외갓집을 찾아갈 때다. 그곳에 가려면 장승이 서 있는 서낭당고개를 넘어야 한다. 설화산 뒤쪽에 자리한 작은 그 골짜기에는 유난히 대추나무와 감나무가 많았고, 그 나무가 우거진 곳에 외가가 있었다. 긴 돌담을 돌아 솟을대문과 십장생이 그려진 어머니의 장롱 속 같은 안채로 들어가면 정말 믿기지 않도록 늙으신 외할머니가 앉아 계셨다.

**04**   미숫가루도 외가에서 타주는 맛은 달랐다. 사랑채를 지나 일각 대문 너머에는 인기척이 없는 남새밭이 있었고, 한 구석 빈터에는 양 모양을 새긴 이상한 돌들이 널려 있었다. 외할아버지가 돌아가시면 무덤에 쓸 석물이라고 했다. 나는 어머니의 어머니가 외할머니라는 것, 그리고 외할머니만이 아니라 이상하게도 외갓집 사람들에게는 할아버지도 삼촌도 사촌누이와 동생도 모두 다 '외' 자가 붙는다는 것을 알게 됐다.

**05**   외갓집은 시간도 달랐다. 벽시계의 모양이 그렇고 시간마다 치는 종소리도 다른 소리를 냈다. 종소리는 깊은 우물 속에서 들려오는 것 같았고, 나중에 안 것이지만 문자판에는 12지의 동물들이 그려져 있었다. 외갓집 시간은 기왓골의 이끼처럼 훨씬 오래된 시간이라 이곳에 오면 어머니도 나처럼 작은 신발을 신은 아이가 되는 것 같았다. 떠날 때가 되면 어머니와 외할머니는 우신다. 외할머니는 긴 돌담을 돌아 서낭당고개를 넘어갈 때까지 서 계시고 뒤돌아볼 때마다 빨리 가라고 손짓하신다. 한국 사람들은 대체로 이런 방식으로 이별한다.

**06**　늦은 날에는 집에 돌아가기도 전에 그림책에서 본 것 같은 큰 달이 뜨고 나들이로 나의 장딴지에는 조금 알이 밴다. 키도 한 치가 더 자랐으리라. 나들이에서는 떠나는 것과 돌아오는 것, 만나는 것과 헤어지는 것이 다 같다. 번쩍이는 비늘을 세우고 먼 바다로 헤엄쳐 나갔다가 다시 모천*으로 회귀하는 연어 떼처럼 외갓집 나들이는 가는 것이 곧 들어가는것이다.

• 母川

**07**　외갓집이 끝없이 과거로 향해 가는 나들이 길의 종착지였다면, 지금은 서낭당 부적 대신 '주의! 광케이블 매몰지'라는 팻말이 붙어 있는 청당이고개는 한없이 미래로 뻗어 있는 역 철길이다.

**08**　뒤꼍으로 향한 외갓집 나들이와 달리 앞대문을 통해 아버지를 따라가는 나들이는 그 반대 방향의 도시로 향한다. 아버지와의 나들이는 낯선 손님들의 신발이 놓인 사랑채 댓돌에서 시작한다. 그리고 나는 여러 신발 가운데 어떤 것이 아버지의 가죽 신인지 구별할 줄 알고, 그것을 몰래 신고 밖으로 나와 식구들을 놀래킨 적도 있다. 실은 그게 아버지와 함께 떠나는 가공의 내 나들이기도 했던 거다. 그런데 그날 진짜 아버지를 따라 서울 구경을 하는 나들이가 실현된 것이다.

**09**　서울로 가려면 냇물을 건너 구 읍내 행길로 가야 한다. 내 집합 기억에는 몇 번이나 변한 온주아문*의 모습이 겹쳐져 있다. 옛날 원님이 있었다는 곳인데, 한때 일본 순사들이 드나드는 주재소였다가 지금은 지방 문화재로 복원되었다. 아버지와 첫 서울 나들이를 한 그 읍

내 길목에는 이따금 반 세기만에 만나는 국민학교(초등학교) 친구들이 나온다. '아오야마' '가네마루' '도쿠가와', 이렇게 창씨개명으로 불러야 겨우 기억이 되살아나는 슬프고 슬픈 '식민지의 아이들'. 고향의 고목나무처럼 마디 굵은 그들의 손을 잡고 흔드는 내 입에서는 세 살 때 배운 충청도 사투리가 거침없이 흘러나온다.

• 溫州衛門

**10**  외갓집에 가려면 장승이 서 있는 서낭당고개를 지나야 하지만 아버지를 따라가는 도시 나들이는 청당이고개를 넘어가야 한다.《흙 속에 저 바람 속에》의 맨 첫 장에 나오는 그 장면을 기억하는 사람들은 이 고갯길의 의미를 알 것이다. 차를 비킬 줄 모르는 시골 노부부가 지프의 경적 소리에 놀라 오리들처럼 앞만 보고 달리던 모습, 위급한 상황에서도 서로 놓치지 않으려고 꼭 움켜잡은 손, 천 년을 그렇게 쫓기며 살아온 한국인의 뒷모습을 보았다고 한, 바로 그 고갯길이다. 그 고개를 넘으면 뾰족하고 빨간 삼각형 지붕이 하늘로 솟은 저금통 같은 작은 역사驛숨가 있고, 거기에는 많은 도시와 서울로 이어져 있는 검은 철길이 있다. "기차는 떠나간다. 보슬비를 헤치고……." 어른들 앞에서 늘 부르던 노래였지만, 처음 타보는 기차 여행이었다.

**11**  떠나는 날 어머니는 나에게 여행용 트렁크 모양의 작은 가죽가방을 주셨다. "엄마가 없어도 이 요술가방만 있으면 되지요. 여기다 대고 말만 하면 뭐든지 다 나오는 요술상자니까." 그래도 시무룩한 나를 웃기시려고 마술사 흉내를 내신다. "칫솔 나와라, 뚝딱! 여기 칫솔 나왔네! 손수건 나와라, 손수건 나왔다! 자 이번엔 인단! 영신환! 지리

가미……." 빈 모자에서 물건을 꺼내는 마술사처럼 어머니는 트렁크 가방에서 차려둔 물건들을 하나씩 꺼내 보이시면서 내 얼굴 기색을 살피신다. 눈물을 겨우 참고 있는 나를 어머니는 벌써 눈치채고 계셨던 거다.

**12**  객기를 부리다 막상 어머니 곁을 떠날 생각을 하니 울음이 터져 나올 것만 같다. "엄마 보고 싶으면 여기다 대고 말해요. 엄마 나와라, 뚝딱!" 어머니는 장난감 여행 가방을 들려주시며 등을 떠밀었다. 한마디만 더 하면 서울이고 뭐고 그 자리에 주저앉아 울음을 터뜨리고 말았을 일이다. 너무 어린 나이였으니까. 객기를 부린 것을 후회하고 있었으니까. 아버지하고만 떠나는 나들이가 너무 먼 여행이었으니까.

**13**  화신백화점에서 목마를 탈 때도, 사람에 뒤섞여 길을 건널 때마다 나는 꾸중을 들으면서도 무슨 일이 생길 때마다 가방을 꼭 가슴에 안고 다녔다. 그러다가 아버지의 손을 놓치고 끝내 길을 잃고 만다. 아버지는 아저씨들과 전차를 기다리면서 이야기하고 계셨다. 그때 누군가 "저기 오는 전차를 타시죠" 하고 말했다. 나는 그 말만 듣고 전차가 내 앞에 서자마자 재빨리 올라탔다. 조금은 익숙해진 신기한 전차 안을 둘러보다가 내가 혼자라는 것을 안 것은 그것이 움직이고 난 뒤의 일이다.

**14**  아버지가 없다. 아저씨들도 없다. 그동안 참았던 울음이 한꺼번에 터져 나오려고 했지만 속으로만 훌쩍거린다. 아버지를 찾아야 하는데도 나는 계속 작은 소리로 엄마를 부른다. 눈치챈 아줌마들이 다가와 말을 걸어왔지만 난 그들을 뿌리치고 손에 들었던 가방을 가슴에

꼭 끌어안고 소리 내어 울기 시작했다. "인단 나와라! 영심환 나와라! 지리가미 나와라!" 먼 데서 어머니의 목소리가 들려온다. 나는 드디어 내놓고 유리창 밖을 향해 엄마를 부르며 엉엉 울기 시작한다.

**15**    제복을 입은 차장이 달려와 몸부림치는 날 안아주면서 말했다. "아가야, 괜찮다. 곧 너희 엄마가 찾으러 올 게다." 그러고는 전차가 정거장에 설 때마다 내 겨드랑이를 붙잡고 번쩍 들어 차문 밖으로 내보이면서 큰 소리로 외친다. "누구 이 애 찾는 사람 없어요?" "이 애 아는 사람 없어요?" 아빠의 얼굴은 없었다. 전찻간의 손잡이들마냥 하얗게 허공에 떠 있는 얼굴의 윤곽선만 보인다. 매번 전차가 설 때마다 같은 일을 되풀이하는 차장과 조금은 낯이 익숙해진 승객들이 말을 걸어오고 눈깔사탕(캔디)을 주며 누군가가 물었다. "아가야, 너 몇 살?" "어디서 살아?" "이름이 뭐야?"

**16**    "길을 잃으면 꼭 아버지 성함부터 대고 주소를 말해야 한다." 조건 반사였다. 훌쩍거리던 울음을 멈추고 어머니 말을 따라 연습하던 대로 꼬박꼬박 "아-산-군- 온-양-면- 좌-부-리-" 큰 소리로 번지수까지 한 자 틀리지 않고 외웠다. 한 자, 한 자 도장을 찍듯이. "그 녀석 참 똘똘하네." "귀엽게 생겼네." 온통 전차 안의 시선이 내게로 몰리면서 칭찬 한마디씩 한다. 그 바람에 미아* 라는 사실마저 잠시 잊고 우쭐했던 것 같다. 한술 더 떠 노래까지 부르라고 했다. 그것 역시 조건 반사였다. 손님들 앞에서 늘 재롱으로 하던 버릇대로 〈기차는 떠나간다〉를 부른다.

• 迷兒

**17** "기차는 떠나간다. 보슬비를 헤치고/ 정든 땅 뒤에 두고 떠나는 님이여!" 노래를 시키면 나는 으레 이 노래를 불렀다. 손뼉을 치면서도 왠지 쓸쓸한 표정을 짓는 사랑방에 모인 손님들 앞에서, 한국인들 앞에서 나는 가사의 뜻도 모르면서 형이 시키는 대로 구성지게, 아주 구성지게 노래를 꺾고 흔들어 부른다. 그래야 칭찬을 많이 받는다. 이번에는 그 곡조를 저절로 슬프게 불렀나 보다. 당연하다, 내가 슬펐으니까. 박수 소리가 요란하자 미아는 졸지에 스타가 되어 조금은 웃기도 했다. 그러다 또 아버지와 엄마 생각이 나면 다시 운다.

**18** 전차는 몇 바퀴를 돌았는지 다시 종점에 도착했고, 으스름한 가로등이 켜진 그곳에 아버지의 일행이 기다리고 계셨다. 아버지 얼굴을 보자마자 반가움보다 혼이 날까 겁나 손가방을 더 힘껏 껴안고 울음 뒤끝을 참았다. 그런데 아버지의 얼굴에 금이 간다. 그 근엄한 얼굴이 무너지고 아주 어색한 웃음을 지으신다. 자신의 무력함을 감추려고 짓는 멋쩍은 표정 말이다. 그리고 혼잣말처럼 한마디 하셨다. "그러기에 내 뭐랬니. 손 놓지 말고 꼭 잡고 다니라고 이르지 않더냐." 혼잣말처럼 하시다 말끝을 흐리시고 한숨을 짓는다. 그 뒤에도 나는 몇 번인가 아버지의 멋쩍어하는 표정과 짧은 한숨을 쉬는 소리를 들은 적이 있다. 온 식솔을 거느리고 무작정 피난길에 올랐을 때, 양식이 떨어져 굴뚝에 연기가 나오지 않을 때 아버지의 근엄한 얼굴에 금이 가고 무너지는 것을.

**19** 도시는 쥐의 시행착오를 실험하는 미로의 상자였다. 나는 아버지의 손을 놓았고 도시는 날 미아로 만들었다. 도시에는 견딜 수 없을 만큼 너무나 많은 길과 너무나 많은 사람과 집과 전등불이 켜

져 있다. 아무리 나이를 먹어도 도시 사람들의 낯선 얼굴들은 전차 간의 손잡이같이 하얀 윤곽선으로 허공에 떠 있다. 그리고 도시의 소음 소리에 섞여 "칫솔 나와라!" "손수건 나와라!" 빈 가방 속에서 물건을 하나씩 꺼내 보이던 어머니의 하얀 손이 보인다. 울음을 참아야 한다. 아버지를 찾아야 한다. 억지로 울음을 참고 전차가 종점에 닿기를 기다린다. 정말 그곳에서 아버지가 기다리고 계실까.

**20** 미로에서 미아가 되는 것은 당연한 일이다. 길 잃은 미아는 집으로 돌아갈 수 없을 것이다. 미아는 고아가 되고 고아는 돌아올 곳을 찾지 못하고 헤매야 한다. 우리는 집을 나간 사람을 '나간이'라는 뜻으로 '나그네'라 부르고 돌아올 곳을 찾지 못하고 떠도는 나그네를 '방랑자'라고 한다. 도시는 대체로 나그네와 방랑자들이 모여 사는 곳이고 성문처럼 늘 문은 있어도 닫혀 있는 곳이다.

**21** "호마는 언제나 북쪽 바람을 향해 서고 남쪽 월나라에서 온 새는 나무에 앉아도 남쪽으로 향한 가지를 골라 앉는다"*고 했다. 또 여우는 죽을 때 자기가 태어난 쪽을 향해 머리를 둔다는 낯익은 수구초심*이라는 사자성어가 있다. 하지만 한번 떠난 고향은 한 방향의 가지에 앉는 것으로는 돌아가기 힘들다. 도연명의 〈귀거래사〉도 장차 황폐하게 될 고향을 노래했고, 횔덜린*은 기쁨에 넘쳐나야 할 귀향에서 우려Sorge를 발견했다. 그가 남긴 이 말 한마디를 풀기 위해서 철학자 하이데거는 팔을 걷어붙이고 장문의 글을 써야 했다. 〈향수〉를 쓴 정지용 역시 "고향에 돌아와도 그리던 고향은 아니러뇨*"라고 탄식하지 않았는가.

• 胡馬依北風 越鳥巢南枝 首丘初心 | Johann Christian Friedrich Hölderlin | 정지용, 〈고향〉

**22**　반대편으로 향한 어머니와 아버지의 서로 다른 나들이길이 하
　　　나로 만날 때 진정한 귀향은 가능해진다. 그것이 유년 시절에
배운 나들이의 원체험이다. 그때 아버지가 전차 종점에서 기다리고 계시
지 않았더라면, 외갓집 나들이에서 돌아오던 그날 저녁처럼 달덩어리 같
은 큰 가로등불이 가는 길을 비추지 않았더라면, '나들이'라는 말은 내 기
억 속에서 영영 지워지고 말았을 거다. 이 세상에 새로운 땅이란 없다. 그
곳에 뿌린 씨앗은 이미 옛날의 어느 땅에서 자란 묵은 씨앗이기 때문이
다. '나들이'라는 오래된 말, 어렸을 때 얻은 그 말이 사방으로 흩어지면
낯선 외지도 고향의 묵은 땅으로 증식한다. 데리다*의 그 어려운 산종*
이란 어휘를 알기 전에 나는 다섯 살 때 나들이라는 말을 배웠고, 나가고
들어오는 방법을 유아의 나들이 기억 속에서 연습했다. 그 덕분에 외갓집
나들이길과는 정반대 방향으로 난 아버지와의 나들이길에서도 내 집으
로, 고향으로 언제고 돌아올 수 있었던 것이다.

• Jacques Derrida | 散種, Dissemination

셋째 꼬부랑길

# 달래마늘의 향기

**01**     '프루스트 효과' * 라는 말이 있다. 읽지 않은 사람도 제목만은 다 알고 있을 《잃어버린 시간을 찾아서》라는 소설에서 생겨난 말이다. 그 소설의 작가 프루스트는 마들렌(과자)을 적신 홍차를 한 모금 마시다가 별안간 자신도 모를 이상한 쾌감과 희열에 싸인다. 온 가족과 함께 여름방학 휴가를 지냈던 콩브레* 마을의 기억들이 되살아난 거다. 그때에도 숙모가 홍차나 보리수 엽차에 우린 프티 마들렌을 먹었던 적이 있기 때문이다. 이 별난 경험이 어린 시절의 기억을 일깨우고 그것들이 장장 3,000쪽이나 되는, 한국 원고지로 치면 2만 매가 넘는 방대한 소설로 태어난다.

    • The Proust Effect | Combray

**02**     프루스트는 그것을 "한 잔의 찻잔 속에서 나온 도시와 뜰"이라고 표현한다. 그 대목이 너무나 유명해지자 그런 현상을 두고 학자들은 '프루스트 효과'라고 이름 짓고 실험도 하고 연구 논문도 써서 유행어가 된 거다. 고맙다. 나도 이 프루스트 효과 덕분에 내 유년 시절

의 기억을 되찾았고, 콩브레가 아니라 내 고향의 들판과 아지랑이 속에서 나물 캐는 여인들 모습을 쉽게 찾아낼 수 있었다. 나에게 가리비 조개 모양을 한 마들렌은 하얀 힘줄 같은 가느다란 달래 나물의 줄기였고 홍차의 찻잔은 달래가 든 양념간장 종지였다. 그러니까 나의 프루스트 효과는 다른 말로는 절대 번역 불가능한 매콤하고 쌉쌀한 달래마늘의 향기이고 그 맛이었던 거다.

**03** 프루스트 효과가 아니라도 한국인이라면 누구에게나 일어나는 현상이다. 오래전 한흑구 작가도 그랬다. "마늘같이 냄새는 없어도 매운 듯한 달래만이 가지고 있는 맛을 씹으면서 채 녹지 않은 벌판에 나가 달래를 캐는 처녀애들을 연상하였다."* 그리고 미당 역시 "밤이 깊으면 너를 생각한다. 숙아! 달래마늘처럼 쬐그만 숙아!"*라고 노래불렀다. 달래마늘의 향기 속에서 아내의 이름과 그 모습을 보고 야생의 들판을 생각하는 것은 한국인의 집합 기억의 하나요, 문화 원형의 하나였던 거다. 그건 내게 누나와의 봄나들이에서 얻은 프루스트 효과보다도 더 멀고 아득한 시간 여행이었다.

• 한흑구, 〈화단의 봄〉 | 서정주, 〈밤이 깊으면〉

**04** 얼었던 냇물이 풀리고 논밭에 쌓였던 눈이 녹으면 꽃보다 먼저 나물 캐는 아가씨들이 아지랑이가 오르는 들판을 수놓는다. 호미와 바구니를 들었지만 울긋불긋한 옷을 입고 곱게 단장한 여인들의 모습을 보면 그건 분명 밭매는 노동과는 다른 나들이요, 축제인 거다. 특히 바깥출입이 어려웠던 옛날 봉건 시대의 처녀들에게는 나물 캐는 풍습이 야말로 유일하게 허락된 봄의 로맨스이고, 젊음을 표출할 수 있는 열려진

들판은 야생적 무대 공간이었다.

**05**  정말이다. 기억 속 내 누이의 몸에서는 온통 쑥과 달래마늘의
향내가 났다. 누나는 나물 캐러 다니기에는 아직 어린 나이였
다. 하지만 책가방을 들었던 손에 호미와 바구니를 든 모습은 쫓아 나오
기를 잘했다 싶을 만큼 어른스럽다. "이것은 쑥이고 이건 씀바귀 그리고
이게 달래마늘이란다." 잡초 속에서 먹는 나물을 가르쳐주던 누나의 목소
리는 "맘마, 지지"라고 말하는 어머니 목소리 그대로다.

**06**  눈이 녹는 파릇파릇한 논둑을 따라 나도 작은 꽃삽으로 흔한
쑥을 캤다. 바구니가 없어서 빈 상자에 잡초인지 나물인지 모
를 풀들을 흙과 함께 담는다. 몸에 닿거나 옷에 묻기만 해도 징그러운 벌
레처럼 털어내던 흙이 아닌가. 그런데 처음으로 들판 나들이로 나물을 캐
려면 흙과 풀과 따스한 태양빛도 함께 친해야 한다는 것을 몸으로 배운
다. 누이는 네잎클로버를 찾아다녔을 때처럼 달래마늘을 찾아다녔다. 그
러다 그것을 캐면 큰 소리로 외쳤다. "찾았다!" 만세를 부르듯이 한 손에
는 호미를 들고, 또 한 손엔 뿌리에 흙이 묻어 있는 달래마늘을 들고 내 눈
앞에 흔들어 보인다.

**07**  내 기억 속에서 재구성된 달래마늘은 아지랑이처럼 하얗게 아
른거린다. 맞다, 그거다. 분명히 코끝에 그냥 흙냄새도 풀냄새
도 아닌 매콤한 향기, 양념간장 종지에서 풍기던 바로 그 냄새였다. 아! 저
렇게도 가늘고 쬐그만 실낱같은 것이 무슨 힘으로 얼음장같이 차고 딱딱
한 흙바닥을 뚫고 솟아났는가. 다른 풀들이 모두 잘 때 일찍 세상 밖으로

나들이를 나왔는가. 물론 의식이 들고 난 뒤의 이야기요, 의미 부여지만 그것은 분명 다섯 살배기의 나들이 경험과 달래마늘의 향기를 맡지 않고서는 절대로 탄생할 수 없는 생각이요, 이야기일 것이다.

**08** 한국인은 봄소식을 눈으로 보고 귀로 듣는 게 아니다. 아직 덜 녹은 차가운 흙 속에서 막 돋아나는 봄나물들을 코로, 입으로 미리 감지한다. 하지만 달래 향기가 전하는 프루스트 효과는 계절의 변화나 유년 시절의 잃어버린 시간보다 훨씬 더 먼 석기 시대까지 올라간다. 나물은 인간의 손으로 가꾸고 기른 농경 시대의 산물이 아닌 까닭이다. 곡식을 심는 논밭이 그 이전의 야생의 벌판으로 회귀하면 나물 캐는 들판인 게다. 누이에게 달래마늘은 행운을 가져다준다는 네잎클로버와 같은 것이다. 하지만 서양 사람들의 눈에는 한낱 잡초일 뿐이다. 그냥 잡초도 아니다. 쉽게 번져 정원의 화초를 망치는 위험한 기피 식물로 잡초 중에서도 가장 미운털 박힌 잡초인 게다.

**09** 서양에서는 독초로 분류되는 고사리도 한국에 오면 나물 중의 나물이 되고, 같은 콩도 한국의 방 안에 들어오면 시루 속의 콩나물로 변신한다. 콩잎까지 먹는다. 중국 사람은 네발 달린 것이면 책상만 빼놓고 무엇이든 요리할 수 있다고 자랑하지만, 한국 사람은 풀이름에 '나물' 자만 붙이면 못 먹는 것이 없다. 물로 씻고, 우려내고, 데치고, 무치고, 지지고 볶아 모든 것을 요리할 수 있다. 《국어대사전》에서 '나물' 자가 붙은 낱말을 검색해보면 무려 300종 가까이 나온다. 물론 그중에는 못 먹는 것도 섞여 있지만, 이만 하면 가히 우리를 '나물 민족'이라고 불러도 시비할 사람은 없다.

**10**   전국에 퍼져 있는 나물 타령을 들어보면, 그게 초근목피로 연
명하던 기아의 산물이 아니라 한국인의 문화적 특성과 한국인
의 이야기를 만들어내는 원천이라는 점을 알 수 있다. 그렇지 않다면 어
떻게 나물 타령 같은 즐거운 민요의 흥가락이 전국 각지 방방곡곡에 울려
퍼졌겠는가. "칩다 꺾어 고사리/ 나립 꺾어 고사리/ 이영꾸부정 활나물/
한 푼 두 푼 돈나물/ 매끈매끈 기름나물/ 돌돌 말아 고비나물/ 칭칭 감아
감둘레/ 집어 뜯어 꽃다지/ 쏙쏙 뽑아 나생이/ 어영 저영 말맹이/ 이개 저
개 지치기/ 진미백승 잣나물/ 만병통치 삽주나물/ 향기 만구 시금치/ 사
시 장춘 대나물." 나물 하나하나의 특성과 그 효험이 귀한 선약의 약초
와 다를 게 없다.

• 서울, 전북 김제 지방 〈나물타령〉

**11**   가장 신성하고 지성으로 올리는 조상님들 제상에 누가 잡초를
뽑아 제물로 올리겠는가. 한국인에게 나물의 품격이 기름진 육
류보다 높은 것은 그것이 단순한 먹을거리가 아니라, 인간의 생명을 이어
가는 시간의 의미가 있기 때문이다. 냉이 · 씀바귀 · 도라지 같은 뿌리 나
물은 할아버지, 고사리 · 벼룩나물 · 돌나물 같은 줄기 나물은 아버지, 곰
취 · 미나리 · 자운영 같은 이파리 나물은 손자, 이렇게 세 세대를 상징한
다. 과거 · 현재 · 미래의 祖-부父-손孫 삼세三世의 의미로 대대손손 만
세를 누리는 타임터널인 거다.

**12**   제상에 오른 나물이 조상들의 옛 시간을 불러오듯이, 쑥과 달
래마늘의 나물을 올린 밥상은 웅녀와 만나는 신화 시대의 시간
으로 굴러간다. 조그마한 간장종지에서 누나의 나물바구니의 쑥과 달래

마을이 나오면 그 향기와 맛이 프루스트 효과를 일으켜 태초의 동굴이 출현한다. 나물 캐던 누나는 쑥과 마늘을 먹으며 어둠 속에 나물 캐는 자세로 쪼그리고 앉아 있는 곰의 모습이 된다. 어두운 동굴 속에서 인간이 되고 싶어 곰이 먹어야 했던 것이 누이의 나물바구니에서 나온 그 쑥과 달래마늘이 아니었는가. 동물의 상태이던 인간들이 돌멩이를 들어 표적을 향해 던지는 순간 그 돌은 돌도끼와 다름없는 문화의 돌로 바뀐다. 야생의 풀을 뜯어 나물로 무치는 순간 그 풀은 사람이 먹는 나물이 된다. 그때가 곰이 여느 풀과 다름없는 쑥과 달래마늘을 먹고 인간이 되는 순간이다.

**13** 산과 들에서 캐오는 나물들은 사람이 가꾼 재배 식물이 아니다. 야생의 자연 그대로 하늘이 주신 식물들이다. 우리가 지금도 나물을 즐겨 먹는다는 것은 만 년 전 농사를 짓기 이전의 채집 시대의 문화를 버리지 않고 시루떡처럼 문화의 한 켜로 간직했다는 이야기다. 누이를 따라 나물 바구니를 잡고 봄나들이를 하면 단군 신화 때의 풍경까지 거슬러 올라간다. 동과 서 가리지 않고 인류는 모두 나물을 캐 먹고 살았을 거다. 그러나 농경 문화와 산업 시대를 지나면서 서양 사람들은 채집 문화를 깨끗이 버리거나 망각해버렸지만, 유독 한국인만은 수렵 채집에서 농경, 산업, 정보의 문명의 고비를 넘어오면서도 자연의 향기 달래마늘의 풀 냄새를 간장종지에 담아서 밥상머리에 앉힌다.↪

↪ 3 출산 고개 1-08

**14** 아지랑이가 피어오르는 들판을 울긋불긋한 원색 치마저고리로 수놓은 누이들이야말로 다름 아닌 웅녀의 모습이 아니겠는가. 프루스트의 작위적인 메타포가 아니라 자연에 가까운 환유법이다. 바

깔출입이 자유롭지 않던 누이들에게 겨우내 갇혀 있던 그 골방은 바로 그 곰의 어두운 동굴이 아니었겠는가. 쑥과 마늘은 눈부신 봄 들판으로 뛰쳐 나온 누이들의 나물바구니의 바로 그 쑥이요, 달래마늘이었기 때문이다.

**15** 왜 마늘을 달래마늘이라고 하는가? 반론을 제기하는 사람들도 많겠지만 그만한 이유가 있다. 사람이 재배한 그냥 마늘이 아니라 야생의 달래마늘이라야 그 신화의 이야기와 아귀가 맞는다. 《삼국유사》의 그 대목에도 곰이 먹은 것은 애艾와 산蒜이라고 되어 있다. 사전을 찾아보면 '애'는 쑥이라 되어 있고, '산'은 달래, 작은 마늘, 냄새나는 나물이라고 풀이되어 있다. 한국에 마늘이 들어온 것은 통일신라 시대라고 하니 더욱 그렇다. 원래 야생의 달래마늘은 곰보다도 더 먼저 나물 캐는 이 벌판에 자생했을 것이다. 신화 속의 달래마늘을 내가 그날 누이와 나물 캐고 돌아오던 날 밥상머리에서 맡았고, 검은 간장종지 속에서 침묵하는 동굴의 어둠과 달래의 향기를 맡았다. 그것이 쓴맛이 나는 쑥과 씀바귀 그리고 매운맛이 나는 달래마늘, 이 야생의 나물 맛이다. 그 후각과 미각이야말로 언어를 초월해 웅녀의 신화 시대까지 올라가는 한국인특유의 집단 기억을 만들어낸 거다.

**16** 그 손에 든 호미와 바구니의 의미도 달라진다. 나물 캐는 호미는 밭을 매고 모를 심고 김을 매던 농경 시대의 노동과 고통의 호미가 아니다. 같은 호미지만 나물 캐는 호미는 논밭의 잡초를 제거하는 도구가 아닌 거다. 그 흙을 향한 화살표 같은 호미날은 잡초가 아니라 잡초 속에 가려진 선약의 약초를 찾아내는 탐색이요, 구도˚의 기도 같은 것이다. 잡초를 캐서 버리는 호미에서 나물을 골라 정성스레 캐어 바구니에

담는 정반대의 작업이 이루어진다. 그것도 남이 시켜서 억지로 하는 일이 아니다. 스스로 좋아서 기쁨과 해방과 자유로운 마음으로 택한 노동이요, 놀이요, 오락인 것이다. '나물 캐기'는 원예와도 같다.

• 求道

**17**    농경 시대의 호미는 한국인이 만든 최악의 농기구로 저주의 대상이었다. 한국인을 망친 망국의 농구라고 저주하는 이 글을 잠깐만 들여다보라. ˙ 서양은 말할 것도 없고 일본도 중국도 자루가 긴 괭이로 밭일을 한다. 호미로 밭을 매려면 쪼그리고 앉아서 일할 수밖에는 없어 능률도 행동의 폭도 제한된다. 논밭은 지옥일 수밖에 없는 거다.

• YORWON 블로그, 〈호미의 죄〉, 2007. 7. 16

**18**    그런데 나물을 캘 때는 어떤가. 그 괭이나 삽으로 나물을 캘 수 있을까. 절대로 불가능하다. 농업을 하는 데는 최악의 도구지만 채집을 하는 데는 최상의 도구가 된다. 그래서 호미는 정원을 가꾸는 서양인들에게 지금까지 보고 듣지 못한 편리한 도구로 명품 대우를 받는다. 아마존닷컴에서 한국 호미는 고유어 'ho-mi'로 통한다. 대박이다. 바깥 시장에서 국내 가격의 17배로 거래되는 상품은 호미 말고는 없다. 샤벨, 스콥, 별의별 도구가 있어도 콕 찔러 원하는 것만 뿌리를 다치지 않고 옮겨 심고 또 흙을 북돋아 식물을 자식 키우듯 정성스레 가꿀 수 있는 섬세한 도구는 오직 달래마을의 향기가 묻은 호미날밖에는 없다. 정원일을 하는데 트랙터가 무슨 소용이며 드론 같은 첨단 기기가 무슨 소용이겠는가. 기도하듯이 앉아 땅을 들여다보며 사랑하는 식물을 가꾸려면 제초제로 풀을 섬멸하는 그런 방식으로는 안 된다.

**19** 나물 캐는 한국 여인의 손길을 닮은 호미다. 날이 있으나 낫처럼 날이 서 살생하는 게 아니다. 뭉툭하면서도 동시에 섬세한 호미날로 생명을 기르는 생명화 시대의 도구 모델을 알아야 한다. 트랙터로 나물을 캐랴. 드론을 띄워 나물을 찾으랴. 제초제로 잡초를 제거해 나물을 얻으랴. 잡초가 약초가 되는 한류, 나물 문화의 호미에서 우리는 '오래된 미래'의 21세기를 본다. 우리가 버린 오래된 호미가 신발명 상품의 목록에 오를 수 있는 의미를 알려면, 박완서 작가가 외국에서 수입한 모든 기구를 다 제치고 대장간에서 두들겨 만든 호미를 평생 곁에 두고 썼다는 글을 읽어보면 된다. 의미론적으로 보면 호미는 농경 시대의 도구가 아니라, 채집 시대의 도구가 농경 시대에 와서 쇠로 둔갑한 것이다. 나물을 캐던 손이 그리고 그 막대기가 연장된 것이다.↪

↪ 11 호미 고개 2-06, 3-03

# 11

## 호미 고개

호미냐 도끼냐 어디로 가나

첫째 꼬부랑길

# 빼앗긴 들에도

**01** 어린애들의 울음을 멈추게 하는 방법은 여러 가지다. 그것도 시대에 따라 제각기 다르다. 원조는 '에비'라는 말일 것이다. 정체가 무엇인지는 몰라도 '에비'라고 하면 울던 아이들의 울음을 멈추게 하는 위력이 있다. 호환이 그치지 않던 옛날에는 '호랑이'가 그 에비였고, 부권이 강했던 시절에는 '아비'가 바로 에비였다. 아버지 무등을 타고 동물원 호랑이 구경을 다니는 자유 대한의 아이들, 그들에겐 무슨 에비가 있는가. "의사 선생이 와서 꼬한다"라고 해야 겨우 약발이 든는 요즘 아이들이 부럽다. 왜냐하면 내가 자랄 때만 해도 엄청나게 무서운 에비가 꿈자리까지 쫓아와 가위눌림으로 괴로워했으니까.

**02** 누이와 자유롭게 나물을 캐던 그날 그 들판에도 에비가 나타난 거다. 지천으로 널려 있는 나물을 뜯는데 누이가 기겁을 해서 소리쳤다. "캐지 마!" 내 꽃삽을 갑자기 세게 빼앗는 바람에 팔목이 시큰하다. "먹는 풀이야?"라고 묻고 캔 것인데 야단맞은 게 억울하고 야속해서 울음이 터져 나오려고 하는 순간 '순사'란 말이 튀어나온 거다. "순사

에게 잡혀가." 눈물방울 뒤에 금테 두른 검은 모자와 검은 옷을 입은 순사가 허리에 찬 긴 칼자루가 내는 쩔그럭 소리와 함께 날 향해서 걸어온다. 그렇다. 그 시절 사람들은 일본 경찰(요즘의 순경)을 '순사'라 불렀고, 그들이 차고 다니는 긴 칼을 '사베르'라고 불렀다.

**03** 내가 캐려 했던 나물은 자운영*이었다. 그건 오래전부터 초근목피로 연명해온 농촌의 비상 식량 품목에 드는 나물이었다. 그러던 것이 비료가 부족하여 식량 증산이 어려워지자 일본 관료들은 자운영을 녹비로 활용하는 정책을 수립해 채취를 금하는 단속령을 내렸던 것이다. 소문만이 아니라 정말로 겁을 주기 위해 자운영을 뜯다가 들키면 오랏줄로 묶어 용수를 씌운 채 주재소로 끌고 간다는 거다. 실제로 그런 광경을 보았는지 어른들 이야기를 어깨너머로 듣다 멋대로 상상한 것인지 알 수 없어도 분명한 것은 자운영을 버리고 누이와 함께 허둥지둥 집으로 도망쳐 왔다는 사실이다.

• 紫雲英

**04** 순사에게 잡혀갈 수도 있는 자운영을 캔 것이다. 나는 누나에게 아무에게도 자운영을 캤다는 사실을 이르지 말라고 했고 손가락을 걸어 약속했을 것이다. 숨바꼭질할 때처럼 일본 순사가 집으로 오면 숨어 있을 곳을 생각해 두기도 했다. 벽장, 마루방 밑 그리고 헛간과 뒤꼍의 장독대도 있다. 그러나 아무리 숨고 잊으려고 해도 안전한 곳이 없다. 나의 꿈은 슬프게도 에비의 꿈이었다. 밤마다 자운영이 빨갛게 피어 있는 들판 저편에서 나를 잡으러 까만 제복을 입은 일본 순사가 쩔그럭쩔그럭 칼자루의 쇳소리를 울리며 오는 가위눌림 속에서 바깥세상의 무서움을 안 거다.

**05**　　그때 '순사 온다'는 말만 듣지 않았더라면 누나와의 봄나들이, 내 나물 캐기의 봄나들이는 완벽한 해피엔딩이 되었을 것이다. 내 작은 손금의 생명선에는 흙냄새와 달래 향기가 묻어 있었을 것이고, 누나의 나물 바구니에는 봄날의 아지랑이가 그리고 나물 캐던 그 호미에는 채집 시대 초원의 빛이 오래도록 반짝였을 거다. 그날의 들판이 신성한 선사 시대의 벌판이었는지 아니면 〈빼앗긴 들에도 봄은 오는가〉의 들판이었는지 혼란스러운 갈등으로 나타나게 된 것은 해방되고 난 한참 뒤의 일이다. 학교에서 한국 역사와 한국 시를 배운 뒤의 이야기다.

**06**　　이상화의 시 〈빼앗긴 들에도 봄은 오는가〉의 시를 처음 읽었을 때 그 "가르마 같은 논길을 따라 꿈속을 가듯 걸어가는" 봄 들판은 바로 그날 내가 금지된 자운영을 캐고 두려움에 떨었던 그 들판이었던 것을 알았다. "내 손에 호미를 쥐어다오"라는 시 구절에서는 이슬갱이가 묻은 풀 사이로 햇빛처럼 꽂히는 누나의 호미날이 보였다.

**07**　　들판의 잡초와 나물 한 포기까지 빼앗긴 들판은 그 시를 읽기 훨씬 전부터 알았던 게다. 일본 순사의 '사베르' 소리에서 글자도 읽을 줄 모르던 아이가 이미 그 시의 운율을 듣고 있었던 거다. 그리고 대학에 가서 프랑스 말을 배우다가 그 '사베르'란 것이 실은 긴 칼을 의미하는 프랑스어 '사브르'˙의 우스꽝스러운 일본식 발음이었다는 것을 알게 된다. 그 '사브르'란 말에는 갈치라는 다른 뜻도 있었다는 것도 말이다. 근엄한 제복에 갈치를 허리에 매달고 다니는 순사의 모습을 생각하며 혼자서 낄낄거리며 웃는다. 비로소 자운영의 트라우마에서 벗어난 순간이다.

˙ sabre

# 격물치지의 호미

**01** 나물 캐기의 중요한 의미 변화는 환갑이 지난 한참 뒤에도 일어난다. 융희 3년 구한말의 수신(도덕)˚ 교과서를 손에 넣었을 때다. 거기에는 뜻밖에도 화담 서경덕˚ 선생의 어린 시절 이야기가 실려 있었다. 가난한 집에서 태어난 화담 선생은 어린 시절 매일 호미와 바구니를 들고 들판에 나가 나물을 캐러 다녔다. 그런데 번번이 늦게 돌아오면서도 바구니는 늘 반쯤 비어 있었다. 부모님이 그것을 보고 꾸중을 하고 문책을 하자 "들판에 새들이 있어 보았는데 1일에는 1촌, 2일에는 2촌, 3일에는 3촌으로 점점 나는 높이가 달라졌습니다. 그것을 자세히 보고 그 이치를

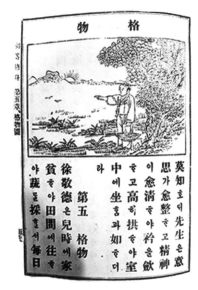
구한말의 수신 교과서

알려고 궁리하느라 나물 바구니를 다 채우질 못했습니다"라고 대답했다.

• 修身 | 徐敬德

**02** 교과서에는 그 새가 종달새였다는 것과 그것들이 점점 높이 날아다닌 이유는 봄의 땅 기운˚이 상승했기 때문이라는 설명이 붙어 있다. 그런데 웬일인지 그 말을 들은 부모님의 반응에 대해서는 한마디 언급도 없다. 나물밖에 보지 못하는 부모들이라면 틀림없이 이렇게 구박을 주었을 일이다. "새가 밥 먹여주냐? 나물 캐다 말고 왜 한눈팔아. 1촌이고 2촌이고 종다리가 높이 날면 밥이 생기냐 돈이 생기냐. 그게 너와 무슨 상관이여."

• 地氣

**03** 그런데 상관이 있었던 거다. 나물로 다 채우지 못한 바구니의 빈 구석에는 종달새가 날던 허공과 아지랑이의 생각이 가득 채워져 있었던 거다. 그 수신 교과서에 '격물'이라는 표제가 달려 있었던 것도 그 때문이다. 화담이 어린 시절 아지랑이가 피어오르는 들판에서 나물을 캐다가 종달새를 관찰하고 궁리하던 것. 그것이야말로 성리학의 바탕이 된 맹자의 가르침 '격물치지' 사상과 관련이 깊은 이야기다. '수신제가 치국평천하'˚ 한자의 까막눈 세대들도 다 알 정도로 유명한 말인데 바로 그 앞에 나오는 '격물치지 성의정심˚˚'을 아는 사람이 드물다.

• 修身齊家 治國平天下 | 格物致知 誠意正心

**04** 서화담의 나물 캐는 격물치지의 이야기가 사람들 입에 황진이와 화담의 아슬아슬한 로맨스만큼 오르내렸더라면, 그리고 그

이야기가 수신책이 아니라 국어책이나 과학책에만 올랐더라도 한국인의 지적 풍토는 물론, 민족의 역사까지 바꿔놓았을지도 모른다. "사물을 객관적으로 관찰하여 이지*의 세계에 이른다"는 사문자* 화두를 일구어 나갔다면 어쩌면 우리는 서구의 이성주의, 과학주의와 어깨를 나란히 하는 독자적인 근대화의 길, —서구문명과는 좀 더 다르게—생동하는 들판에서 미래의 나물 문명을 캐낼 수 있었을 것이다.

• 理知 | 思文字

**05** 호미는 남녀의 젠더를 뛰어넘는다. 노동과 휴식을 횡단한다. 여성의 나물 캐기가 들판의 봄축제라면, 남성의 호미 씻기 제례는 남성들의 가을맞이 축제다. 바쁜 농사일을 마치면 농민들은 일제히 호미를 씻어 나무에 걸고 휴식과 놀이의 축제를 연다. 일을 가장 잘한 일꾼에겐 장원급제자처럼 갓을 씌우고 황소 등에 태워 동네방네 한 바퀴를 돌게 한다.

**06** 고려가요인 〈사모곡〉↗에 호미와 낫으로 부모의 사랑을 견주던 습관이 오늘에도 남아 소설가 박완서는 호미가 남녀 양성의 산물이라는 것을 인상적으로 기술했다. "호미는 남성용 농기구는 아니다. 주로 여자들이 김맬 때 쓰는 도구이지만 만든 것은 대장장이니까 남자들의 작품일 터이나 고개를 살짝 비튼 것 같은 유려한 선과, 팔과 손아귀의 힘을 낭비 없이 날 끝으로 모으는 기능의 완벽한 조화는 단순 소박하면서도 여성적이고 미적이다. 호미질은 김맬 때 기능적일 뿐 아니라 손으로 만지는 것처럼 흙을 느끼게 해준다."* 맞다. 흙일을 하는 어느 도구가 이렇게까지 흙과 풀뿌리에 가까이 다가갈 수 있게 하겠는가. 호미 자루 길이

만큼 다가온 땅의 숨소리를 들을 수 있다. 나물 캐는 여인의 호미는 농경 시대의 논밭을 문명 문화 이전 태초의 자연공간으로 되돌리는 마법의 방망이인 게다.

• 박완서, 〈호미예찬〉 [↗] 11 호미 고개 3-02

**07** 선비 화담의 손에 들렸던 호미는 무엇인가. 그의 손에 호미가 있었기에 나물을 캐며 지기˚를 느낄 수 있었다. 그러나 땅만 보고 나물만 캤다면 어찌 허공에 떠 있는 종달새를 볼 수 있었겠는가. 땅도 보고 하늘도 보았을 때 비로소 종달새가 하루하루 높이 떠서 나는 변화를 관찰하고 격물치지의 지적 세계를 넘나들게 된다. 호미가 붓이 되고 붓으로 밭을 가는 필경˚의 생동하는 은유가 탄생한다. 나물 캐는 노동의 격물이 하늘의 치지에 이르게 한 것이 종달새의 비행(저공에서 고공으로 비행하는)법이요, 그 시선이었던 거다.

• 地氣 | 筆耕

**08** 땅만 보고 나물만 캐는 사람에게는 노동만 있고, 하늘만 바라보고 종달새만 바라보는 사람에게는 궁리만 있다. 그런데 땅의 나물과 하늘의 새는 상호작용하면서 벌판의 지평에 변화를 준다. 이윽고 땅의 한 치 위를 날던 새는 고천자˚, 운작˚이라는 별칭대로 하늘의 정상에 올라 더 이상 볼 수 없게 된다. 지기가 천기로 변한 거다. 여성의 호미가 채집 시대를 만들었고 남성의 호미가 농경과 산업 시대를 열었다면, 화담 서경덕의 호미는 지식 정보 시대의 선비의 바탕을 만들었다. 격물치지의 그 호미는 훗날 컴퓨터가 되고 바구니의 빈 공간은 사이버 공간으로 발전할 것이다.

• 告天子 | 雲雀

**09** 무슨 근거로 말인가. 간단하지 않는가. 먹는 나물로 반쯤 채워진 바구니는 격물의 그 물物이고 물리학적으로 말하면 아톰*이다. 아날로그*의 세계인 거다. 그리고 반쯤 비어 있는 공간은 눈에 보이지 않는 수리의 디지털 세계다. 고로 화담의 나물 바구니는 디지털과 아날로그를 함께 담은 디지로그*의 상징적 용기인 거다. 그게 요즘 4차 산업혁명의 기반이 된 사이버 피지컬 시스템* 줄여서 CPS라는 거다. 그리고 서화담의 손에 들려 있던 호미는 치지致知의 지知를 캐는 도구적 상징물이라고 했다. 화담의 호미가 21세기로 오면 알파고와 같은 인공 지능의 역할을 하게 되는 거다. 돋아 나오는 무수한 생명의 비슷한 풀들 사이에서 쑥, 씀바귀, 냉이 그리고 달래마을을 식별, 인지하고 지능화한 호미는 'AI-인공 지능'*보다 훨씬 더 역동적이고 생동하는 'AW-인공 지혜'**의 형태로 나타나게 될 것이다.

• Atom | Analog | Digilog | Cyber Physical System | Artificial Intelligence | Artificial Wisdom

**10** '격물'은 아톰의 아날로그 세계 그리고 '치지'는 디지로그다. 들고 있던 호미 자루를 재생시켜 지금까지 써온 디지로그나 생명 자본과 같은 나물을 캐라고 하면 조금도 망설이지 않을 것이다. 반은 먹는 나물의 물物로, 반은 보이지 않는 궁리의 지知로 채웠던 서경덕의 특이한 바구니를 모델로 21세기의 들판으로 가져올 수도 있다. 그래서 간장종지의 달래마을 향기를 맡고 프루스트의 소설 못지않은 긴 이야기를 만들어낼 수 있을지도 모른다. 화담을 개성삼절이 아니라 글로벌리즘의 삼절로 만들어 수신책이 아니라 과학책에 올릴 수도 있다. 정보화 시대가 생명화 시대로 전회하고 'AI-인공 지능' 기술이 'AW-인공 지혜'의 디지로

그 기술로 바뀌는 미래 문명의 담론을 펼 수도 있다.

**11** 　그래서 하는 소리다. 호미가 한국밖에 없었으니 어떤 대단한
사람이라도 채집 문화를 직접 체험하고 그것을 바탕으로 제대
로 된 글을 쓰기 힘들다. 쓴 적이 없었을 것이다. 《제3의 물결》을 쓴 토플
러가 제3의 물결 속에서도 여전히 채집 시대적 문화를 바탕으로 한 한국
인 이야기의 특성에 눈을 돌렸더라면, 그의 많은 정보 시대의 글은 달라
졌을지도 모른다. 한국이 아니라도 《석기 시대 경제학》*을 쓴 마셜 살린
스*에 관심을 두었더라면, 한 발짝 다가가면 두 발짝 물러나는 마법의 성
을 좇아가는 현대 문명의 아이러니에 대해 더 많은 성찰을 했을 일이다.
채집 시대에 더 많은 눈길을 주었을 거라는 이야기다. 토플러는 당연히
《제3의 물결》을 썼으니 정보화 시대 다음에 오는 CPS – 디지로그나 생명
화의 제4의 물결을 써야 했을 것이 아닌가.

• *Stone Age Economics*, 1971 | Marshall Sahlins

**12** 　서구중심주의에서 벗어나 '야생의 사고'를 중시했던 레비 스트
로스*도 한국의 나물 이야기가 무엇인지 몰랐다. 만약 그가 달
래마늘의 향기를 맡을 수 있었다면, 그가 문화 구조의 분석 모델로 만든
인류의 요리 코드는 좀 더 달라졌을 것이다. 구체적으로 말하면 날 것*과
익힌 것* 그리고 미국 선주민의 이야기를 분석해서 얻어낸 '꿀과 담배'의
이항대립 구조를 적어도 삼항순환의 역동적 관계로, 또 한국적 발효 문화
의 특성으로 발전시킬 수도 있었을 것이다.↪ 꿀은 요리하지 않고 자연
상태의 날것으로 먹는 것이고, 담배는 반드시 불로 태워야 인간이 피울
수 있는 용물이다. 그래서 날것은 야생의 자연, 불로 익힌 것은 인간의 문

명, 이렇게 양극 구조가 드러나지만, 나물은 꿀과 담배 어느 틀에도 들어가기 힘든 먹을거리다. 날것의 자연 상태 그대로 무쳐 먹기도 하고 삭혀서(발효) 먹기도 한다. 그런가 하면 불로 지지고, 볶고, 데치고, 부치고, 끓이고, 삶아 먹는 모든 요리 양식을 횡단한다. 나물 구조의 문화 모델을 만든다면 모르면 몰라도 21세기의 새 문화 구조의 양상을 읽을 수 있을지 누가 아는가.

• Claude Levi Strauss | 生食 | 火食 ⤴ 9 세 살 고개 1-07

**13** 그런데 만약 드러커˙가 쑥과 달래마늘의 나물을 먹어보았더라면, 그리고 인간이 되려고 그것을 먹고 참고 견디며 그 소원을 이루었는지 한국인의 이야기를 들었더라면, 그 수수께끼를 풀 수 있었을지도 모른다. 그리고 어쩌면 밀레니엄 베이비의 탄생 장면을 리얼타임 방송으로 보여준 그 기적 같은 영상에서, 그 생명력을 바탕으로 한 후기 자본주의의 문명을 발견했을지 모른다. "내 손에 호미를 쥐어다오." 산업 혁명으로 "빼앗긴 생명의 들에도 봄은 오는가." 이제 당신들이 그 시를 부를 차례다.

• Peter Ferdinand Drucker

**14** 자연에 가장 가까운 채집 문명에 바탕을 둔 한국의 식생활을 극적으로 보여주는 것이, 서양 사람들의 눈을 둥그렇게 하는 김이고 미역이고 고사리 나물 같은 것들이다. 그중에서도 토끼도 외면하는 콩잎까지 삭혀서 먹는 경상도 장아찌를 보면 어떻게 반응할까. 미니멀 아티스트 저드˙가 경상남도의 시골을 방문하여 바로 그 콩잎을 본 이야기를 들어보자.

• Donald Judd

**15**  "삭힌 콩잎장아찌가 나왔을 때 저드는 각별한 관심을 보였다. 경상도 사람들은 왜 낙엽을 반찬으로 먹는가 하고 서울 사람들이 고개를 갸우뚱거리기 마련인 콩잎장아찌였다. 서울 사람에게도 뉴욕의 저드에게도 콩잎장아찌가 이상하긴 마찬가지였다. 그는 콩잎장아찌 한 이파리를 들어 흐린 백열등 불빛에 비추어가며 한참을 바라보았다. 영양분을 담을 만한 최소한의 두께마저 탈거되고 거친 엽맥에 관념에 가까운 얇은 막만이 간신히 걸쳐진 상태의 이파리였다."·

·《중앙선데이》, 635호, 2019

**16**  "식도를 거쳐 위로 들어가서 포만을 약속하는 물질이라기보다는 눈에서 정신으로 흡수되어야 할, 극한의 빈약함에 도달해서야 비로소 부풀어 오르기 시작하는 정신성의 어떤 지극한 경지였던 것. 경북 내륙에는 재료의 빈약함에 유교의 정신성이 더해져 지나치게 화려하게 먹는 걸 멀리하는 문화가 있다. 재료의 빈약을 정신의 숭고로 역전시키는 문화다. 저드가 추구했던 미니멀리즘도 최소한의 장소성을 역전시켜 최대한의 공간성을 끌어내는 작업이 아니었던가. 흐늘흐늘 얇게 삭은 콩잎장아찌 한 이파리에서 그가 평생을 추구했던 미니멀리즘의 새로운 국면을 상상했을지도 모른다."·

·《중앙선데이》, 635호, 2019

**17**  미술평론가 황인이 쓴 〈미니멀 아티스트 저드, 콩잎장아찌 '미니멀'과 통하다〉라는 충격적인 글이다. 한국인의 이야기에는 그것이 먹는 것이든 사는 집이든 그리고 입는 옷이나 흥얼거리는 노랫가락과 춤 그리고 무엇보다 정신의 영역까지든 저드가 본 콩잎장아찌의 극한

에까지 얇아진 모노크롬의 절제된 정신의 켜가 존재한다. 나야말로 미니멀리즘으로 하자. 저드의 말, 황인의 평에 한 자 보탤 것도 뺄 것도 없다.

하지만 말이다. 조금 더 욕심을 내면 콩잎의 미니멀리즘은 달래마늘의 향기가 된다는 거다. 시각적인 그 공간에서 이제 보이지도 않는 후각의 세계로 들어간다. 그게 진짜 궁극의 한국인이 보여준 미니멀리즘이라는 거다.

## 셋째 꼬부랑길

# 호미보다 도끼

**01** 호미도 늘히어신 마ᄅᆞᄂᆞᆫ/ 날ᄀᆞ티 들리도 어쓰섀라/ 아바님도
어ᅀᅵ어신 마ᄅᆞᄂᆞᆫ/ 위 덩더둥셩/ 어마님 ᄀᆞ티 괴시리 어ᄈᆞ라/
아소 님하 어마님 ᄀᆞ티/ 괴시리 어ᄈᆞ라.

• 〈사모곡〉

**02** 〈사모곡思母曲〉은 천 년 전 고려 때의 노래다. 그런데도 특별한
고어가 없어 지금 읽어도 막히는 곳이 없다. 그 내용도 어머니
와 아버지를 낫과 호미로 비유하여 누가 읽어도 쉽게 이해할 수 있다. 하
지만 〈사모곡〉은 흡사 호도 속 같아 깨고 속으로 들어가 보면 그 구조가
여간한 복잡계가 아니다. 우선 그 표제만 보면 어머니의 사랑을 노래한
것 같지만 실은 어머니가 아닌 아버지에게 그 초점이 맞춰져 있다. "어머
니처럼 사랑(괴시리)해주지 않는다"는 게 이 노래의 결구다. 같은 부모인
데도 왜 어머니처럼 사랑해주지 않느냐는 아버지에 대한 푸념이요, 원망
인 게다. 원뜻대로라면 〈사모곡〉을 〈원부곡怨父曲〉이라고 해야 옳다.

**03** 　그 비유도 헷갈린다. 원래는 어머니의 사랑이 낫이고 아버지의 사랑이 호미로 되어 있는데, 그것을 거꾸로 착각하는 사람이 많다. 호미 애호가요 예찬자인 박완서 작가도 그 혼돈을 피하지 못하고 이렇게 썼다. "낫처럼 예리하지 않은 호미의 날을 아버지의 자식 사랑보다 더 깊은 어머니 사랑과 빗댄 것은 고려가사치고는 세련미는 좀 떨어지지만 그 촌스러움이 오히려 돋보인다"라고.˙ 작가의 잘못이 아니다. 당연히 낫은 꼴을 베고 나무하는 남자들 것이고, 호미는 김매고 나물 캐는 여자의 연장이다. 그런데 이런 통념화한 이미지를 뒤바꿔놓은 〈사모곡〉의 유별난 텍스트성에 문제가 있는 게다.⤴

• 박완서, 〈호미예찬〉 ⤴ 11 호미 고개 2-06

**04** 　만약 〈사모곡〉이 어머니의 사랑을 예찬한 것이라면, 그런 노래는 발에 차일 정도로 쌓이고 쌓였을 것이다. 그리고 또 아버지를 낫, 어머니를 호미로 비유했다면, 그것 역시 한번 읽고 다시 뒤돌아보지 않은 진부한 노래가 되었을 일이다. 그런데 예상 밖으로 어머니를 낫으로 아버지를 호미로 비기는 환유법˙을 은유법˙으로 바꿔 깜짝 놀랄 고려인의 레토릭˙을 만들어 우리의 봉사 눈을 뜨게 한 것이다. 어머니의 사랑을 잘 드는 낫의 날(刃)에 비기고 아버지의 사랑을 무딘 호미 날에 비유한 이 놀라운 은유법으로 〈청산별곡〉의 "잉무던 장글랑 가지고"의 풀리지 않던 난제까지도 덩달아 풀리게 된다. 머루 다래 따 먹고 사는 채집 인간의 손에 들려 있었던 것은 바로 "날이 무딘 호미"였던 게다. 여자의 손에 들려 있던 호미가 남자 그것도 서화담이라는 선비의 손에 쥐어진다.

• metonymy | metaphor | rhetoric

**05** 거기에서 끝날 일이 아니다. 프로이트에서 라캉에 이르는 서구 사상의 주류들 그리고 포스트모던의 그 난삽한 새 담론들에도 출구가 보이는 거다. 환유체계로 읽으면 어머니는 호미요, 아버지는 낫이 지만 은유체계로 하면 정반대로 어머니가 '낫'이 되고 아버지가 '호미'로 바뀐다. 지금까지 모성 원리와 부성 원리의 이분법이 교체되고 무너지고 탈구축되면서 바흐친의 카니발 패러독스가, 데리다의 파르마콘이, 그리고 크리스테바의 코라*가 사모곡의 노래 속에서 춤추는 광경이 보인다.

*chora

**06** 김소월의 시 〈엄마야 누나야 강변 살자〉를 〈사모곡〉의 변주곡으로 생각하면 지금껏 들리지 않던 새로운 소리가 들린다. 이 시 역시 눈에 띄지 않게 아버지와 어머니의 삶터를 비교하기 때문이다. "엄마야 누나야 강변 살자"라는 첫 구절부터 이상하다. 아빠, 형은 대체 어디 있기에 엄마, 누나의 여성들만 찾는가. 그렇다. 그것은 모성 공간, 아이를 낳을 수 있는 여성의 자궁을 상징하는 모태 공간일 것이다.

**07** "강변 살자"고 한 자연 공간은 직접적으로 표현되었으니 더 말할 필요가 없을 것이다. 그런데 그전의 "엄마야 누나야"는 그게 "아빠야 형님아"와 대립하는 여성 공간이라는 것을 암시한다. "뜰에는 반짝이는 금모래 빛"과 "뒷문 밖에는 갈잎의 노래"에서 우리는 앞뜰과 뒷문의 전후 공간성을 발견한다. 그리고 그 앞 공간에는 반짝이는 빛의 시각 공간이 있고 뒷문의 후방 공간에는 갈잎의 노래가 들려오는 청각 공간이 대칭을 이룬다. 금모래는 무기물의 입자요, 갈잎은 황금색과 대조를 이루는 초록색 유기물의 평면성이다. 빛과 바람소리로 진동하는 이 방향, 감

각, 물질로 이루어진 공간은 뜰 앞에 흐르는 강물과 뒷문 밖을 에워싼 산의 전체적 경관을 보여준다.

**08**  뒤에는 산이 있고 앞에는 강이 흐르는, 어디에서 많이 보고 들어본 경관 같지 않은가. 그것은 우리 먼 조상에서 오늘의 부동산업자까지 목마르게 추구해온 '배산임수'• 라는 집터다. 산 사람도, 죽은 사람도, 고향에 사는 사람도, 타향에서 사는 사람도 정지용이 "차마 꿈엔들 잊힐리야"라고 노래 부른 그 공간이다. 그게 기와집인지, 초가집인지, 하얀 집인지, 푸른 집인지는 몰라도 산과 강 사이의 경계에 있는 집터의 경관만은 산수화처럼 분명하게 떠오른다.

• 背山臨水

**09**  우리가 어릴 적에 "엄마야 누나야"라고 부르던 모성 공간이다. 우리가 '모국'• 이라고 부르는 곳이지만 '디아스포라(실향민)'• 로서의 한국인에게는 다만 가슴속에만 존재하는 '부재의 공간'이다. 현존하는 그 장소는 적어도 그 아이가 살고 싶다고 노래한 강변은 아닐 것이다. 반짝이는 금모래가 아니다. 바람에 살랑거리는 나뭇잎 소리가 아니다. 아스팔트의 길에서 위급한 구급차의 경보음처럼 외치며 경쟁하고 투쟁하고 땀 흘리면서 살아가는 남들(他者)의 공간, 아니면 실향민으로 살아가는 이국의 땅일지도 모른다.

• 母國 | Diaspora

**10**  그 아이는 모든 어른들의 과거 속의 나다. 그 강변의 집은 기와집이든 초가집이든 관계없는 집단 기억을 불러일으키는 장소

다. 아이가 목 터지게 "엄마야, 누나야"를 부를수록 숨겨져 있던 아버지
와 형님의 부성 공간이 현존화하고 전경화*한다. 잠시도 멈추지 않는 경
쟁과 투쟁의 장이다. 사냥꾼처럼 먹잇감을 잡아 죽이지 않으면 살아갈 수
없는 수렵의 터요, 전쟁의 장인 게다. 뜰에는 반짝이는 금모래 빛이 아니
라 아버지의 손에 든 번쩍이는 낫이다. 그리고 그 낫을 강화하고 보다 증
폭시킨 이미지가 도끼일 것이다.

• 全景化

**11**  도끼는 남자가 사냥꾼이요, 전사라는 것을 보여준다. 헤겔의 정
의였던가. 최초의 인간은 싸우는 전사다. 도끼는 주인이 되느냐
노예가 되느냐의 운명을 결정한다. 그것은 힘이고 지배이고 그 자체가 성
벽인 거다. 도끼가 숲의 나무를 찍는 데서부터 인간의 지배 공간이 생겨
나고 모성 공간은 붕괴한다. 그것을 아이의 기억 속에 남아 있는 강변의
모태 공간을 통해서 부성 공간의 무서운 도끼의 모습을 드러낸다. 그것은
호미에서 낫으로, 낫에서 도끼로 옮겨가는 아이들의 무의식 속에 각인된
아버지의 이마고*다.

• imago

**12**  '도끼 부斧' 자에는 아버지를 뜻하는 부父 자가 들어 있다. 원래
남자가 두 손에 도끼를 들고 서 있는 형상을 본떠서 만든 것이
아버지 부父 자의 유래라고 한다. 어머니 모母 자에 있는 두 점이 두 젖꼭
지를 표시하는 것처럼, 어머니는 자식에게 젖을 먹여 기른다. 그리고 아
버지는 도끼를 들고 먹을 것을 잡고 때로는 가족을 위협하는 외적을 물리
치기도 한다. 다른 말로 하자면 아들을 학습시켜 가족 집단이나 공동체를

방어하는 힘을 길러주는 것이 아버지라는 존재다. 가족보다 더 큰 공동체로 나아가기 위해서는 아버지의 도끼와 그 힘이 필요했던 거다. 고고학자들의 발굴을 통해서 증명되었듯이 인간의 조상이 제일 먼저 만들고 사용한 도구가 바로 돌칼이요, 돌도끼였다.

**13** 아버지는 아버지 신발만큼 크다. 그 주먹만큼 크다. 아버지는 대문 앞에 문지기처럼 혹은 큰 계목나무처럼 서 있다. 아이들에게 도끼를 든 아버지는 영웅이다. 울다가도 "아버지 온다" "아버지한테 혼난다"고 하면 울음을 그친다. 아이가 울 때, 아버지는 회초리를 들기 전에 "뚝!"이라고 한마디 말만 하신다. 그 한마디 말에 대체로 아이의 울음은 멈춘다. 아버지가 도끼를 가지고 있다. 도끼눈으로 바라본다. 그러던 아버지가 어느 날 갑자기 출타한다. "애 아빠 어디 가셨대유!" 어렸을 때 너무나 많이 들었던 말이다. 이런저런 이유로 아버지들은 지금 출타 중이시다.

**14** 아버지가 떠난 곳이 어딘지 소문으로 들은 그곳은 아이들의 마을보다 언제나 넓고 크다. 바다 너머거나 기찻길이 끝나는 도시거나 만주벌판 아니면 석탄, 백탄 타는 대판大板\*일 것이다. 그러는 사이 몇 번이나 뒷마당의 앵두는 빨갛게 익어가고, 맨드라미 꽃은 닭볏처럼 홰를 치며 피어난다. 그러다가 어느 날 아버지가 문득 돌아온다. 아버지의 손은 빈손이다. 도끼 없는 빈손이다. 'HERO(영웅)'의 끝은 'ZERO(영)'라는 말이 있다. H자를 알파벳의 끝자인 Z로 바꾸면 '영웅'은 아무것도 없는 '공'이 된다는 뜻이다. 이것이 대체로 아이들의 기억 가장 밑바닥에 응어리진 채로 남아 있는 이야기다.

• 오사카

**15**  1939년 제2차 세계대전이 일어나고 중국과 일본이 전면전으로 달아 일손이 부족했던 일본은 국민 징용령을 공포한다. 조선인 강제 징용으로 우리 아버지들이 일본 탄광으로, 공장으로 끌려가기 시작했다. 그때 내가 들은 말이 바로 그것이었다. "애 아빠 어디 가셨대유." "기차는 떠나간다. 보슬비를 헤치며/ 정든 땅 뒤에 두고 떠나는 님이여!" 노래를 시키면 나는 으레 이 노래를 불렀다. 손뼉을 치면서도 왠지 쓸쓸한 표정을 짓는 아버지 손님들 앞에서, 한국인들 앞에서. "엄마야 누나야 강변 살자"고 노래한 김소월의 아이처럼, 나는 가사의 뜻도 모르면서 구성지게, 아주 구성지게 노래를 부른다. 그래야 칭찬을 많이 받는다.

**16**  아버지 이야기는 끝나지 않는다. 도끼 이야기는 끝나지 않는다. 옛날이야기에는 상상의 나들이 공간이 있기 때문이다. 이야기 속으로 들어간 아이들은 도끼를 든 아버지가 여전히 영웅으로 하늘을 날아다니는 것을 본다. 아무리 못 되어도 나무꾼이 된다. 지팡이로 금덩어리를 만드는 신선과 만나고 호랑이를 타고 다니는 산신령 그리고 하늘옷의 선녀와 만나서 돌아오기도 한다. 도끼가 산속의 깊은 연못에 빠져도 걱정 없다. 물속에서 도끼를 들고 나온다. 나무꾼은 금도끼도 은도끼도 아니라고 한다. 산신령에게 쇠도끼를 잃어버렸노라고 정직하게 말하지 않나. 나무꾼의 정직함에 감탄한 산신령은 나무꾼에게 금도끼와 은도끼를 모두 준다. 이러한 이야기를 전해 들은 욕심쟁이는 일부러 도끼를 빠뜨리고 오히려 화를 당하지 않나.

# 호미 한류

호미는 채집 시대의 유산이
다. 농경 시대에는 밭에서 잡
초를 제거하는 것으로 뿌리
째 캐낸다. 농업 시대의 동
사는 '파다, 갈다, 뿌리다' 등
이지만, 채집 시대의 동사는
'캐다, 따다' 등이다. 나물 캐
기는 인간이 기른 재배 식물
이 아니라 고사리나 달래마
늘처럼 잡초 속에서 절로 자

한국의 전통 농기구 호미가 미국 아마존에서 인기리에 판매
중이다.

란 식물을 캐는 일이다. 채집 문화와 단절된 오늘의 산업 사회를 대표하는 것이 트
랙터다. 그러나 정원의 꽃을 가꾸고 북돋고 잡초를 삼제芟除하려면 앉아서 흙과 대
화하는 호미밖에는 없다.

한국 농기구 '호미'가 해외에서 널리 쓰인다는 사실이 알려져 화제가 된 것도 그 때
문이다. 캐나다에 사는 한 할머니도 30년 전부터 이 호미를 써왔다고 하는데, 외국
인이 호미를 좋아하는 이유는 무엇일까? 한 미디어에서 인터뷰한 것을 들어보자.

"전 호우미를 써요. Ho-mi. 1980년쯤부터 쓰기 시작했으니까 거의 30년이 다 되
어가네요."

"이게 뭐가 좋냐고요? 너무 많아서 설명하기 힘든데, 땅에 작은 홈을 파거나 화단
고랑을 만들 때, 또 잡초를 뽑을 때 좋죠."

"이 호미, 거짓말 하나도 안 보태고 정말 사랑해요. 근데 이게 한국 거였어요? 코리
아?"

* 캐나다 미시소거시에 사는 루이스 피콕(76)과의 인터뷰, 〈없으면 못 살겠음"…해외에서 주목받는
'호미'〉, SBS 2017. 9. 26

미국 쇼핑몰 아마존에서도 호미의 인기는 남다르단다. 가격은 보통 약 23달러(약 2만 6,000원)로 한국보다 무려 17배나 비싸지만, 불평하는 사람은 하나도 없고, 칭찬 일색이다. 호미에 대한 극찬은 120건이 넘는다. "최고임. 딱 내가 원하던 거." "없으면 못 살겠음" "와우! 그냥 하나 사세요!" 소비자들이 남긴 댓글이다.

호미에 대한 이런저런 풍문이 돈다고 한다. "조선총독부가 농기구 개량사업을 하려고 조선의 농기구를 조사하고 일본에서 가져온 농기구를 보급하려고 했는데, 되려 조선에서 농기구를 수입하게 되었고 그 와중에 호미를 찬양했다는 얘기"말이다.
이 기록이 있는지 확실하지는 않지만 가능한 이야기라고 박호석 교수(전 농협대)는 말한다. 실제로 일본은 조선 농기구를 가져다가 개량했다는 거다. 실제로 1900년대 초반 일본이 조선의 쟁기를 들여갔다고 한다. 일본에서는 그걸 '스키'라고 부른단다. 이미 100년 전부터 호미와 같은 우리 농기구가 해외에서 인기가 있었다는 게다.

넷째 꼬부랑길

# 아버지 없는 사회

**01** 골프장에서 일어난 일이라고 했다. 앞 팀이 내기를 하는지 너무 플레이가 느려 뒤 팀 손님들이 화를 냈다. "대체 뭐하는 사람들이야." "형제들이래요." "아니, 돈을 얼마나 걸었기에 형제들이라면서 저렇게 죽기 살기로 쳐." 그러자 캐디 아가씨가 말했다. "돈이 아니라요, 진 사람이 아버지를 모시는 내기를 하는 거래요." 꾸민 말일 것이다. 그런데도 웃음 끝이 서글퍼진다. 골프를 칠 정도면 여유 있는 집안일 터인데, 요즘엔 오히려 잘사는 사람일수록 부자간의 관계가 매서운가 보다.

**02** 제비를 노래한 백거이의 시*를 보면 자식이 부모를 버리는 일은 옛날에도 드문 일은 아니었던 것 같다. 제비 한 쌍이 새끼 네 마리를 낳고 부리와 발톱이 다 닳도록 정성껏 길렀다. 어느 날 다 자라서 하루아침에 날아오르다가 뒤도 돌아보지 않고 날아가버렸다. 슬퍼하는 제비 부모를 향해 시인은 노래한다. 너무 슬퍼하지 말고 돌아보라고. 그대 또한 그렇게 어미 곁을 떠나오지 않았느냐고. 전설에서는 까마귀가 부모를 모시는 효자 새로 알려졌지만, 실제 동물의 세계에서는 부모를 공

양하는 반포지효˙란 없다. 그리고 정확하게 말하자면 버리는 것은 자식
쪽이 아니라 어미 쪽이다. 일정한 양육 기간이 지나면 새끼와 정을 끊고
무자비하게 내쫓는다. 어미 곰들은 애지중지 기르던 새끼 곰이 크면 먼
숲으로 데려가 딸기를 따 먹는 동안 버리고 온다. 자립시키기 위해서다.
그나마도 어미가 하는 짓이지 동물의 세계에는 '부자父子 관계'란 것이 거
의 없다.

˙白居易,〈燕詩示劉叟〉| 反哺之孝

**03** 다른 동물과 마찬가지로 자기 몸으로 자식을 낳아 기르는 어머
니와 달리 아버지와 자식의 관계는 애매하다. 혈액형이나 유전
자 감식을 통하지 않고서는 생물학적으로 증명할 길이 없다. 그래서 모자
母子 관계가 본능적인 것이라면, 부자 관계는 문화적인 것이라고 한다. 인
류학자는 인간이 인간다운 것은, 그리고 인간만이 본능에 의존하지 않고
문화를 창조하게 된 것은 부父-자子 관계의 특수성에서 비롯되었다고 풀
이한다. 아버지의 성을 따르는 법률적 장치나 가부장적인 가족제도 같은
것들이 모두 그렇다.

**04** 동물 중에서 가장 미숙한 채로 태어나는 것이 바로 인간이다.
다른 짐승들은 태어나자마자 걸어다니고 제 힘으로 먹이를 구
한다. 그에 비해서 인간은 태어나서 1년이 지나야 겨우 일어서서 걸음마
를 배우고 최소 3년이 지나야 제대로 숟가락질을 한다.
그러기 때문에 어머니는 혼자서 아이를 키울 수 없다. 누군가 옆에서 도
와주지 않으면 살아남지 못한다. 인간의 미숙한 출산 때문에 다른 짐승에
는 없는 부-자 관계가 생겨난 것이라는 해석이 그렇게 황당한 것은 아닌

것 같다. 그러니 라캉의 정의대로 '부父-모母-자子'의 가족 삼각형의 독특한 인간의 문화적 조건과 환경이 나타나게 된다.

**05** 선사 시대 남성은 여성보다 몸집이 배나 컸다고 한다. 남자의 힘, 도끼를 든 손이 바로 문명과 문화의 기점이다. 그러나 시대가 바뀌면서 오이디푸스의 아버지 죽이기 신화, 그리고 부권父權이 약해지면 '아버지 부재不在와 아버지 찾기의 사회'가 나타나기 시작한다. 바로 우리가 살고 있는 현대 문명과 그 문화의 특성이다.

아버지 지위의 붕괴와 궤를 같이하여 나타난 것이 프란시스 후쿠야마의 말대로 '문명의 대붕괴' 현상이다. 숭배할 영웅이 없는 시대, 아버지가 더 이상 아이들의 모델이 될 수 없는 '아버지 부재의 사회fatherless society'다. 한국식 육두문자로 말하자면 현대인은 모두 '아비없는 후레자식'과 다름없는 셈이다.

**06** 문화라는 학습을 거부한 무서운 10대들의 범죄가 세계적인 문제로 떠오르고 있다. 장 콕토의 《앙팡테리블(무서운 아이들)》이나 제임스 딘의 〈이유 없는 반항〉은 이미 고전이 되고 말았다. 최근 미국 소년원에서 조사한 앙케이트에는 유난히도 아버지에 대한 의견이 많다고 한다. 그중에는 되는 것과 안 되는 것을 일찍부터 가르쳐주지 못한 아버지에 대한 원망 그리고 뜻밖에도 '힘 있는 아버지 상像'을 요구하는 목소리도 많다.

**07** 부성父性 원리가 지배하는 사회와 문화는 어떤 것인가. 그것은 결코 폭력적인 것을 의미하지 않는다. 아버지는 아내와 자식을

위해 밖에서 사냥을 한다. 그때 만약 아버지에게 자제심이 없었다면 자신
이 사냥한 먹이를 사자나 늑대처럼 그 자리에서 다 먹어치웠을 것이다.
그러나 인간은, 아버지는 그렇게 하지 않았다. 허기를 참고 사냥한 먹이를
가지고 집으로 돌아온다. 가족과 함께 음식을 나눠 먹는 즐거움과 행복을
알기 때문이다. 한마디로 아버지의 원리는 '억제(참을성)'와 '동조(함께하는
것)'의 원리다. 눈앞에 있는 고깃덩이의 불타는 식욕을 억제하는 힘은 바
로 따뜻한 동굴 속에서 식구와 함께 식사하는 행복한 환상에서 온다. 상
상력이 식욕의 불꽃을 잠재운다.

**08** 슬픈 일이다. 억제와 동조 그리고 군침을 잊게 하는 행복한 상
상력, 이 공동 환상의 부자관계를 잃으면 인간은 모든 것을 잃
게 된다. 가부장 제도를 지키라는 시대 착오자의 넋두리가 아니다. 다만
이 시대의 가장 큰 명제 가운데 하나가 '부-자' 관계의 회복이다.
저 많은 퇴직자들은 머리 깎인 삼손이다. 하루하루의 시간은 그가 돌리
는 무거운 연자방아다. 그때 우리는 듣는다. 다시 분노의 도끼를 내리치
는 팔뚝의 노래를 듣는다. 나의 손에는 도끼가 있다. 25만 년 전 아프리
카에서 처음 호모 사피엔스가 태어날 때 그들의 손에 들려 있었던 최초의
돌도끼.

**09** '삼순이'가 뜨고 '삼식이'가 고개를 숙인다. 아버지 없는 사회
의 남성 이름은 모두가 다 '삼식이'가 된다. 하지만 나는 유안
진 시인의 시를 읽고 그러면 그렇지 끝판에 가면 어디에 숨었다 나왔는지
한국인의 정, 착하고 어진 성품이 '한국인 이야기'의 카타스트로피, 그 고
개를 넘어간다. 건장한 장사도 넘지 못하는 험한 고개를 우리 꼬부랑 할

머니가 용케 넘어가는 것이다.

"집밥 안 먹는 남편은 영식 님/ 한 끼만 먹으면 일식 씨/ 두 끼 먹으면 두식 군/ 세 끼 다 먹으면 삼식이 세끼/ 간식까지 먹으면 간나새끼"라고 해서 박장대소로 시작한다. 그런 이야기로 끝난다면 아버지 없는 사회는 미국이나 일본이나 다를 게 없는 이야기다. 애비 없는 사회의 특성은 글로벌한 지구촌의 이야기가 아닌가. 그런데 삼식이가 간나새끼의 박장대소로 진화하고 박장대소 끝에는 뭉클한 정이 봉덕사 신종, 에밀레 종소리처럼 맥놀이의 긴 여운으로 흐른다.

"식은 찻잔 모아놓고 다들 일어서는데/ 들려온 누군가의 한마디/ 그래도 간나새끼 데리고 살 때가 좋았지/ 그 한마디 귀에 꽂고 기일 미사 가는 길/ 생전의 목소리도 함께 걷는다/ 지아비 부자는 하늘 천자보다 높다고 소천小天이라 우겨대던-."

**10** 이러한 아버지에 대한 저항, 비판, 풍자, 이제는 연민의 단계에서 다시 수렵 채집 시대의 아버지 도끼를 든 사냥꾼의 우람한 근육과 그 툭 튀어나온 힘줄을 본다. 나는 그래서 '한국인 이야기'로 '도끼의 노래'를 쓴 적이 있다. 손에 도끼를 든 아버지들을 그리워하는 것은 복고주의가 아니라, 니체가 부른 초인의 꿈이 아니라, 다시 수염을 기르고 돌아온 아버지가 어머니와 함께 차려준 밥상에 앉아 아이들과 함께 이야기하는 광경을 위한 기도다.

**11** 보아라. 파란 정맥만 남은 아버지의 두 손에는/ 도끼가 없다./ 지금 분노의 눈을 뜨고 대문을 지키고 섰지만/ 너희들을 지킬 도끼가 없다.

어둠 속에서 너희들을 끌어안는 팔뚝에 힘이 없다고/ 겁먹지 말라./ 사냥 감을 놓치고 몰래 돌아와 훌쩍거리는/ 아버지를 비웃지 말라./ 다시 한 번 도끼를 잡는 날을 볼 것이다.

25만 년 전 아프리카에서/ 처음 호모사피엔스가 출현했을 때/ 그들의 손에 들려 있었던 최초의 돌도끼./ 멧돼지를 잡던 그 도끼날로 이제 너희들을 묶는/ 이념의 칡넝쿨을 찍어 새 길을 열 것이다.

컸다고 아버지의 손을 놓지 말거라./ 옛날 나들이길에서처럼 마디 굵은 내 손을 잡아라./ 그래야 집으로 돌아와/ 어머니가 차린 저녁상 앞에 앉을 수 있다.

등불을 켜놓고 보자/ 너희 얼굴 너희 어머니 그 옆 빈자리에/ 아버지가 앉는다./ 수염 기르고 돌아온 너희 아버지/ 도끼 한 자루.˙

• 이어령, 〈도끼 한 자루〉, 《어느 무신론자의 기도》, 2008

# 12

## 이야기 고개

### 호랑이 담배 먹던 시절

첫째 꼬부랑길

# 옛날 옛적 갓날 갓적에

**01**   장맛비가 오거나 눈이 너무 많이 내린 날, 먼 데서 늑대처럼 수
캐들이 우는 밤, 아이들은 얘기를 해달라고 조른다. 방 안에 갇
혀 심심할 때 생긴 버릇인 게다. 할아버지, 할머니에게만 성화를 부리는
게 아니다. 아무나 잡고 배고픈 아이처럼 옛날이야기를 동냥한다. 우리
는 그런 모습에서 아득한 옛날의 석기 시대 사람들을 본다. 동굴 속에 모
닥불을 피워놓고 이야기를 나누는 광경 말이다. 그들은 낮에 있었던 일
들, 놓친 사슴에 대하여, 호랑이를 만나 쫓기던 공포에 대하여, 길 없는 낭
떠러지에서 죽을 뻔했던 위험과 모험에 대하여 이야기할 것이다. 혹은 한
번도 가보지 못한 강 건너 숲에 대하여, 바다와 하늘에 대하여 없던 이야
기도 지어낼지 모른다.

**02**   그런 경험들이 기억의 장독 속에 오랜 시간 발효한 끝에 우리
가 지금, 신화니 전설이니 하는 옛날이야기로 변형된다. 그리
고 그것은 민들레 홀씨처럼 퍼져 보통 원숭이와는 다른, 말하고 이야기하
는 '호모 나랑스'의 인종으로 진화한다. 그런 내력을 모르는 아이들인데

도 겨울밤 화롯가에 둘러앉았거나 멍석 위에 누워 별자리를 보면 으레 옛이
야기에 끌려 귀 기울일 줄 안다. 까마득한 '생명기억'의 옛 시간의 문이 열
리는 것이다.

**03** "옛날 옛적 갓날 갓적에"라는 말만 떨어지면 갑자기 세상이 달
라진다. 지렁이가 용이 되고 닭이 봉황으로 바뀌는 이야기 세
상 말이다. 밭일을 하던 농부가 우렁각시를 만나고 산에 간 나무꾼이 선
녀와 산신령과 이야기한다. 마을은 어제의 마을이 아니다. '전설의 고향'
은 장꾼들이 쉬어가던 보통 바위를 장수바위로 바꿔놓고 미역 감던 개천
을 천 년 묵은 이무기가 사는 용담˙이 되게 한다. 그런 터무니없는 이야
기들이 나이를 먹고 난 뒤에도 어린 시절에 놀던 뒷동산처럼 변하지 않는
거다. 옛날이야기는 기억의 둥지 속에서 알을 까고 나온다. 화롯불은 이야
기를 낳는 불의 자궁이고 베갯모에 수놓은 십장생은 꿈의 오솔길이다.

˙ 龍潭

**04** 담배는 임진왜란 이후 들어온 것이라는데도 호랑이 담배 먹
던 시절이라고 하면 무조건 태곳적 옛날인 줄 아는 사람이 많
다. '옛날 옛적 고리짝 옛날'이라는 수상한 말도 알고 보면 '고려 적(고려
시대)'이라는 말이 와전된 게다. 그런데도 옛날이야기라고 하면 내 기억은
어릴 적 그대로 버들 고리로 엮은 할머니 궤짝 속에 들어 있는 것이라고
고집한다. 그리고 그 맨 밑바닥에는 좀약 같은 은은한 냄새를 풍기며 '꼬
부랑 할머니 이야기'가 은밀하게 개켜져 있는 거다.

**05**　왜 하필 그게 꼬부랑 할머니 이야기인가. 나와 같은 시대에 자란 아이들이라면 누구나 그 해답을 알 터이다. 세상에 태어나 맨 처음 들은 이야기가 바로 그 꼬부랑 할머니 이야기였을 테니 말이다. 그리고 그것도 한두 번이 아니라 어쩌면 매일 밤 자장가처럼 듣고 잠들었을지도 모른다. 그래. 자장가와 꼬부랑 할머니의 이야기. 둘을 놓고 생각해보면 의외로 그 궁금증이 쉬 풀릴 수도 있다. 당장 눈에 띄는 것이 자장가의 '자장~ 자장'과 꼬부랑 할머니의 '꼬부랑~ 꼬부랑'의 반복음이다.

**06**　"자장가의 뜻이 뭔지 아나?" 여자 대학에서 국문학 교수를 하다 보니 애 어머니가 된 제자들이 찾아오면 자연 그런 농담 같은 질문을 한다. 의외로 아는 학생이, 아니 애 엄마가 없어 분위기가 썰렁해진다. 만약 한국인의 탄생 이야기를 쓰는 지금 같았으면 침 튀는 열강이 시작되었을 거다. "잠투정하는 아기에게 '자자' '자자'라고 달래겠지. 그런데 애가 '자자'라는 말 알아듣겠어? 계속 보채면 카톡 같은 게 없었던 시절인데도 우리 슬기로운 어머니, 할머니들은 '나둥' '감사합니당'이라고 하듯 끝말에 '이응' 자를 붙였던 거지. 그 순간 짜잔! '자자'가 '자장'으로 변해 자장자장 자장가가 생겨나고 아이들은 그 옹알이 배냇말에 안심하고 잠이 드는 거다."

**07**　애를 키우는 엄마가 된 제자의 눈빛을 위해서 나는 한국말의 끝말에 붙어 다니는 첨미소 '이응'의 힘이 무엇인지 이야기할 것이다. 서로를 당기고 어울리게 하는 그 신비한 울림이 무엇인지를. 배내 아이까지 꿈틀거리게 하는 태초의 소리가 어떻게 자장가와 옛날이야기를 만들어 애를 키워왔는지, 그래서 농담처럼 시작된 자장가의 사소한 담

론은 〈꼬부랑 할머니〉의 이야기로 이어지게 되었을 것이다. 나는 〈청산별곡〉의 '머루랑 다래랑'에서 맹사성의 공당 놀이로, 다시 요즘 애들의 문자 메시지에 쓰는 끝말에 '이응' 자 붙이는 유행까지 천 년의 시간을 단숨에 달음박질할 것이다.➦ 급기야는 한국인의 '이야기 홀씨'가 인류가 탄생하는 호모 나랑스의 문화 유전자론으로 마무리짓게 될 것이다. 이를테면 교수가 대학 강단에서 하면 눈총을 맞을 강의, 선녀의 옷을 훔친 나무꾼이 아니면 할 수 없는 그런 이야기 말이다. 그래서 막사발, 막걸리, 막국수, 막이름, 막춤 같은 한국인 이야기의 '막인문학' 강의가 생겨났을지도 모른다.➦

➦ 7 옹알이 고개 2-1 ∣ 1 태명 고개 1-샛길

## 08

그래. 그것은 한국인이 '옹애' 하고 태어날 때의 소리였던 거다. 일본 사람은 조금 방정맞게 오갸おぎゃあ, 중국 사람은 개구리나 거위처럼 구아구아呱呱! 그리고 영미권에서는 와Wah~ 싱겁게 운다. 출산의 첫 울음소리부터 문화에 따라 다르게 표현된다. 한국의 경우는 옹애든 웅애든 역시 끝소리에 '이응' 소리가 붙는다. 그리고 '옹애' 하고 태어나 옹알옹알 옹알이를 하며 말을 배우고 응가에서 끙가로 뒤를 보는 연습을 하다가 라캉이 말하는 경상 단계*에 이른다. 잼잼, 곤지곤지, 짝짝꿍을 따라하다가 엄마와 까꿍 놀이로 거울 속의 제 모습을 알아볼 정도의 자아가 움트기 시작하는 거다. 이 모두가 배냇말의 그 특이한 이응 소리로 소통되고 그것으로 아기들의 성장 과정을 절묘하게 나타낸다는 거다.

• 鏡像段階, stade du miroir

**09**　　그중에서도 결정적인 것이 '자장~ 자장'에서 '꼬부랑~ 꼬부랑'
　　　　으로 옮겨가는 단계다. 그것은 곧 자장가를 불러주던 어머니가
옛날이야기를 들려주는 어머니로 그 역할이 180도로 달라진 것을 의미한
다. '응애' 하고 태어난 뒤 어머니와 아이와의 그 상호성에 큰 변곡점이 생
겨난 거다. 〈꼬부랑 할머니〉의 이야기를 듣던 아이는 이제 누워서 잠만 자
던 그 애가 아니다. 말귀도 알아듣고 어머니 치마꼬리 잡고 바깥나들이도
한다. "낙엽이 우수수 떨어질 때/ 겨울의 기나긴 밤/ 어머님하고 둘이 앉
아/ 옛 이야기 들어라." 김소월의 시 한 구절 그대로 추억의 한 장면을 연
출한다.

**10**　　어머니 역시 자장가를 부를 때의 그 어머니가 아니다. 은자동
　　　　이니, 금자동이니 거기에 '수명장수'˙ 같은 한자의 사자성어까
지 어려운 말을 써서는 안 된다. 젖과 잠밖에 모르는 아이에게 금은보화
보다 귀하다고 한들 아이가 그것을 어찌 알고 기뻐하겠는가. 애초부터 아
이와의 소통은 노래 소리에 있었지 노랫말에 있었던 것은 아니다. 그것은
자신의 생각과 욕망을 일방적으로 읊는 셀프 샷이었던 게다. 시인 로르
카˙의 말대로 자장가는 애 어머니의 불안감을 해소하기 위한 사이코 테
라피˙의 일종이라고 할 수 있다.

˙壽命長壽 | Federico Garcia Lorca | Psycho Therapy

**11**　　옛날이야기는 다르다. 소리에서 뜻으로, 가락에서 줄거리로 모
　　　　자간의 소통양식이 달라진다. 하지만 아이가 막이야기를 듣는
첫 단계에서는 자장가와 옛날이야기의 두 세계를 이어주는 인터페이스가
필요하다. 거기에서 다름 아닌 꼬부랑 할머니의 독특한 이야기 원형이 생

겨난 것이라고 할 수 있다. '자자'에서 '자장'의 배냇말을 만들어낸 것처럼 이번에는 '꼬불꼬불'이라는 말에 머루랑 다래랑의 그 '랑'을 붙여 '꼬부랑'이라는 말이 태어난다. '꼬부랑'이라는 배냇말이 모든 이야기의 화소와 그 줄거리를 이끌어간다. 거기에서 심지어 '꼬부랑깽깽' 같은 의태어와 의성어를 혼합한 말까지 등장한다. 그리고 꼬부랑과 결합된 일반 명사 가운데도 그 주류를 이루는 것은 '꼬부랑 지팡이' '꼬부랑 고개' '꼬부랑 똥' '꼬부랑 강아지'처럼 모두 이응 자가 붙은 말들로 꼬부랑의 메아리처럼 울린다. ⤷

⤷ 7 옹알이 고개 1-03

**12** 그 영향으로 "옛날 옛적 고리짝 옛날에"라는 말을 들었을 때처럼 신묘한 이야기 세상이 열린다. 꼬부랑 할머니가 꼬부랑 지팡이를 짚고 꼬부랑 열두 고개를 넘어간다는 단순한 이야기인데도 말이다. 꼬부랑 할머니는 마귀할멈도, 하늘에서 내려온 선녀도 아니다. 그 지팡이는 요술 지팡이도 도깨비 방망이도 마녀가 타고 하늘을 나는 빗자루도 아니다. 그냥 지금 여기에 있는 동네의 허리 굽은 할머니요, 그 지팡이인 게다. 꼬부랑 고개와 꼬부랑 강아지 역시 우리가 시골 어디에서든 볼 수 있는 그런 고개요, 흔한 강아지다. 지팡이로 때려보라. 어느 강아지인들 꼬부랑깽깽, 그쯤 소리는 다 낼 줄 안다. 하지만 꼬부랑, 꼬부랑, 꼬부랑의 되풀이되는 '랑 효과'로 꼬부랑 할머니 이야기는 원초적인 어머니 모태로 되돌아간 듯한 환각을 일으킨다.

**13** 자장가처럼 꼬부랑 이야기 역시 오래전부터 입에서 입으로 전해 내려온 집합 기억의 산물의 하나다. 어머니는 우리에게 아

득한 옛날 선조 대대로 물려온 유전자의 핏줄을 이어주었듯이 옛날이야기의 문화 유전자의 이야기 줄(언어)을 전해주신 거다. 마치 아데닌*, 구아닌*, 시토신*, 티민* 4개 DNA의 배합으로 무수한 한국인이 탄생되었듯이 꼬부랑 할머니와 같은 이야기 화소를 육하원칙에 따라 배합함으로써 무수한 '한국인 이야기'가 생성된다. 그리고 출산의 의미처럼 꼬부랑 할머니는 그 태생기에서 출생기의 유년 시절을 마무리하는 열두 고개의 이정표가 되는 것이다.

* adenine, A | guanine, G | cytosine, C | thymine, T

**14** 원래부터 태내의 아이 입장에서 보면 이 세상에 태어난다는 것은 만남보다 이별이 먼저였다. 그래서 출생出生은 바로 종생終生이었던 게다. 어머니와의 최초의 만남은 모태와 나를 연결했던 생명줄, 그 탯줄을 끊는 가장 큰 이별이었던 게다. 이렇게 시작이 끝이고 끝이 시작인 모자의 관계는 단 한 번의 생물학적 탄생으로 끝나지 않는다. 과수체락瓜熟蒂落, 외가 익으면 저절로 그 꼭지가 떨어진다고 했던가. 아니다. 탯줄이 끊기고 꼭지가 떨어진 다음에도 나가고 들어오는 한국 특유의 나들이 이야기는 계속된다. 그 꼭지가 떨어진 흔적이 바로 배꼽이라 하지 않았는가. 그리고 무용지물의 흔적으로 남아 있으면서도 그것은 여전히 한 생명의 한복판에 있어 (어머니가 들려준) 옛이야기의 집합 기억 속에 남아 있는 게다.

**15** 탄생의 의미는 생生이 사死이고 만남이 이별이고 웃음이 눈물이 되는 현묘한 이야기의 문, 그 시작이요 끝인 12개의 이야기 고개를 넘는다. 좀처럼 어머니의 치마꼬리를 잡은 손을 놓지 않던 아이도

언젠가는 그 곁을 떠나야 한다. 어머니도 알고 아이도 안다. "애야, 밥 먹어라." 담 너머 큰 소리로 외치지 않으면 또래들과 노느라 돌아올 생각을 하지 않는다. 걱정하지 마라. 탄생의 이야기는 그렇게 끝나도 꼬부랑 할머니는 아직도 열두 고개를 넘어가야 할 것이고 아무리 아이가 커도 그 이야기는 끝나지 않을 것이기 때문이다.

샛길

# 패관과 소설의 의미

패관이라고 할 때의 그 패稗 자는 우리말로 피라고 해서 옛날 중국에서는 잡곡으로
먹은 적도 있다고 하지만, 논에 나는 일종의 잡초이다. 나도 일본 통치 하의 초등학
교 시절 근로동원으로 논의 피를 뽑으러 다녔던 기억이 있다. 그러니 패관이라고 하
면 보잘것없는 최말단 관직. 임시 고용직 같은 것을 의미했는데, 그들이 맡은 업무
가 바로 민간 마을을 돌아다니며 허접한 이야기들을 모아 조정에 정리해 올리는 일
이었다. 그래서 패관들이 모은 그 이야기들을 가리켜 '패관잡기稗官雜記' '패관소설稗官
小說'이라고 불렀다. 우리가 요즘 소설이라고 부르는 문학 장르가 바로 그 패관소설
이라는 말에서 비롯되었다. 이를테면 춘추사관들이 쓴 왕조실록의 이야기를 큰 대
자 대설이라고 한다면, 패관들이 쓴 항간에 떠도는 서민의 이야기들은 '작을 소' 자
가 붙어 소설이 되는 것이다. 오늘의 소설이 바로 그 패관소설이라는 말에서 비롯
된 것이니, 지금 노벨상을 타는 소설들이라는 것도 실은 막이야기에서 나온 것이라
고 할 수 있다.

멀리서 예를 찾을 게 아니다. 패관의 입장에서 '한국인 이야기'를 쓴다는 것은 대학
교수나 문화비평가들 그리고 칼럼니스트들도 거의 다루지 않는 비속한 것을 대상
으로 잡문을 쓰겠다는 것이다. 이 책에서는 실제로 소설이나 시와 같은 문학작품을
제외하면 거의 남들이 거들떠보지 않는 잡스러운 것들에 대한 이야기인 것이다. 심
지어 똥이나 기저귀 같은 이야기다. 영웅호걸 절세가인이 아니라 꼬부랑 할머니이
고 신이 나와도 잡신에 속하는 삼신할머니다.

하지만 소小 자가 붙어 소설이라 했던 것들이 요즘에는 노벨상을 타는 막강한 문학
장르가 된 것처럼, 막말이 랩의 가사로 뜨고 막춤이 말춤과 BTS의 춤으로 세계인들
을 매혹시키는 것도 같은 이유다.

옛날 선비들도 막이야기 속에 색다른 가치가 있다고 생각한 모양이다. 꽤 높은 벼
슬을 한 선비들도 그 문집에 잡雜 자나 한閑 자를 붙여서 항간의 이야기들을 모아 문
집을 만들기도 했다. 엄숙하고 경직된 선비 문화에 일말의 숨구멍을 터준 게다. '잡
자' 붙은 모든 것이 다 그렇듯이, 따지고 보면 이 세상에는 잡새도 잡초도 없는 것

374 너 어디에서 왔니

이다. 자기네 입장에서 관심 없는 것. 필요 없는 것들을 싸잡아 부른 것뿐이다. 옛날 사무실 문에 잡인 출입금지라고 팻말을 붙여놓았던 적이 있었는데, 사무실 사람이 보았을 때 잡인이지 가족에서 보면 거룩한 아버지이자 어머니이고 귀한 아들 딸이었다. 그래서 잡초에 대해 에머슨의 유명한 말을 남겼다. "잡초란 무엇인가. 여지껏 발견되지 않은 덕을 지닌 식물이다(What is a weed? A plant whose virtues have never been discovered)"라고 말이다. 영어권에서 사는 사람들은 우리가 소중하게 먹는 미역을 바다 잡초(see weed)라고 부르는 것을 봐도 알 수 있다. 어제까지 잡초라고 불리던 것이 갑자기 항암제로 떠오르고 독초도 그 쓰임에 따라서는 유용한 약재가 되기도 한다.

패관의 입장에서 '한국인 이야기'를 쓴다고 한 것은 잡초밭에서 약초를 발견하고, 독초를 전독위약轉毒爲藥으로 하는 작업인 게다. 조금 고상하게 이야기하면 독도 되고 약도 되는 플라톤의 코라chora와 같은 작용을 하는 묘약을 찾으러 다니는 것이다.

둘째 꼬부랑길

# 꼬부랑 할머니와 꼬부랑길 찾기

**01** 김소월[➥]은 "외워 두었던 옛이야기뿐만은 남았습니다"라고 노
래한다. 님이 사라진 뒤에도 남아 있는 것은 오로지 호롱불 밑
에서 듣던 '옛이야기'라는 거다. 사랑하는 모든 것, 믿고 꿈꾸던 모든 것이
사라져도 마지막 기억 속에는 '내가 만든 작은 세계(옛날이야기를 외운 기
억)'라고 부른다. 나의 경우도 그렇다. 많은 이야기를 듣고, 많은 책을 읽었
어도 지금 내 머리에 남아 있는 것은 아주 어렸을 때 들은 최초의 기억, 그
어렴풋한 꼬부랑 할머니 이야기다. 그래서 그 기억을 되찾고 확인하기 위
해서 민담, 민화집을 뒤져보았지만 이렇다 할 기준이 될 만한 자료도, 채
록된 믿을 만한 텍스트도 구하지 못했다. 그러다 겨우 찾아낸 것이 1929
년 《어린이》에 실린 방정환 선생의 글이다.

[➥] 1 태명 고개 3-07, 08

**02** "환갑, 진갑 다 지나서 허리가 꼬부라진 꼬부랑 할머니가 꼬불
꼬불 꼬부라진 꼬부랑 지팡이를 짚고 꼬부랑 고개를 올라갔습
니다. 고개를 넘어가다가 똥이 마려우니까 다 쓰러져가진 꼬부랑

뒷간으로 기어 들어가서 똥을 누는데 꼬부랑 똥을 눕니다.

무엇? 꼬부랑 똥이 어디 있느냐고? 할머니의 허리가 꼬부라졌으니까 똥도 꼬부라져서 꼬부랑 똥이 나오지…… 재미있지 않아요? 그래 꼬부랑 고개 위에 꼬부랑 뒷간에서 꼬부랑 할머니가 꼬부랑 똥을 누는데 그 때 마침 허리가 꼬부라진 꼬부랑 강아지가 뒷간 밑으로 들어와서 꼬부랑 똥을 먹습니다. 그러니까 꼬부랑 할머니가 그것을 보고 더러워서 꼬부랑 지팡이를 집어 들고 꼬부랑 강아지의 꼬부랑 허리를 '딱' 때렸지요. 그러니까 꼬부랑 강아지가 꼬부랑 뒷간에서 꼬부랑 할머니의 꼬부랑 똥을 먹다가 꼬부랑 지팡이에 꼬부랑 허리를 얻어맞고 '꼬부랑깽깽' '꼬부랑깽깽' 하면서 달아났습니다."

• 《어린이》 7권 3호(1929. 3.)에 발표

## 03

"재미있지 않아요?" 방정환 선생이 이렇게 반문할 때 "아니오"라고 대꾸할 사람이 많을지 모른다. 내가 처음 이 글을 접했을 때도 그랬다. 어렸을 때의 기억을 떠올려보면 꼬부랑 할머니의 이야기는 무척 재미있고 환상적이었는데, 실제 그 이야기는 재미는커녕 코를 막고 얼굴을 붉히지 않고서는 읽을 수 없다. 실망이다. 뒷간에서 똥을 누고 그 똥을 먹으러 온 강아지를 지팡이로 때리는 폭력까지 휘두른다. 정말이지 이 똥 같은 이야기를 누가 어렸을 때 밤마다 잠들며 들었던 꿈결 같은 이야기라고 생각하겠는가. 더구나 '어린이'라는 말까지 만들어주신 방정환 선생의 글이 아니냐. 티 없이 맑은 아이들에게 들려줄 깜이 아니다. 과연 나만의 생각이 아니었던 것은 요즘의 동요로 편곡된 노래 가사에는 '꼬부랑 똥'이 '꼬부랑 엿'으로 바뀌었다. 더 이상하지 않나. 강아지가 엿을 먹으러 오다니. 엿 먹는 강아지라니.

**04**  역시 한국의 정서는 똥이라야 한다. 똥을 더럽게만 생각하는 것, 오늘의 어른들 생각일 것이다. 우리가 너무나 멀리 자연에서 떨어져왔다는 증거일 것이다. 수세식 변소에 익숙한 오늘의 도시 아이들도 분명 꼬부랑 할머니의 꼬부랑 똥 이야기를 듣고 좋아했던 내 어린 시절과 다를게 없다는 것을 캘리그라퍼 강병인의 글을

강병인 글씨, 〈똥〉, 2009

보고 확신할 수 있었다. 손 글씨 수업에 무언가 소통이 안 되는 것을 느끼고 똥이라는 글씨를 써서 보여주면서 "엉덩이 두 짝에서 '또오옹~' 하고 떨어지는 똥을 그린 것이라고 했더니 순식간에 아이들 웃음소리가 터졌다"는 것이다. 아이들과 공감대가 생기면서 2시간의 수업에는 열기가 생긴 거다. 그렇다. 아이들은 꽃과 별과 마찬가지로 똥도 자연이며 생활의 일부로 생각한다. ⤷

⤷ 1 태명 고개 1-17, 6 어부바 고개 2-01

**05**  토마스 헉슬리Thomas Huxley는 인도 여행기에서 코끼리가 대로에서 배설하는 장면을 신기하게 기록하였다. "나는 코끼리를 타고 제발 지방을 여행했다. 내가 어느 호족의 저택을 출발했을 때 코끼리가 도시의 대로에서 멈추어 선 다음 배설을 했다. 코끼리다운 규모의 장대한 탈분脫糞이다. 배변이 끝나자마자 한 노파가 가까운 움막에서 뛰어나와 그 거대한 똥의 피라미드 위에 신나게 몸을 던졌다. 그리고 유유히 사라지는 코끼리를 향해 두 손을 합장하고는 감사의 인사를 올렸다. 이 배설물을 말리면 한주일 동안의 땔감이 되는 것이다."

**06**  꼬부랑 고갯길을 가다가 할머니가 꼬부랑 뒷간에서 똥을 누는
그 의미가 무엇인지 왜 그것이 우리의 마음을 뒤흔들며 엄청난
자연의 생명력과 잃어버린 아득한 옛날이야기의 생기를 일깨우는지 하
성란의 소설 〈그 여름의 수사〉 한 장면을 보자.➤ 그래, 백 가지 말이 필요
없다. 내가 어렸을 적에 들었던 꼬부랑 할머니의 옛날이야기가 오늘의 한
소설 속에서 에누리 없이 그대로 재현되었다는 이 신기하고 놀라운 충격
을 함께 나눠보면 된다. "우리 할머니는 너덧 번밖에는 만나지 못했지만
매번 강렬한 인상을 남겼다. 그중에서도 가장 강렬한 영상으로 남은 것이
다름 아닌 꼬부랑 할머니처럼 변소에서 똥을 누는 장면을 본 것이었다.
꼼꼼히 소설 대목 그대로 읽어보자.

➤ 6 어부바 고개 2-01


**07**  "역시 인기척도 없이 나타난 나를 보고도 할머니는 마치 나를
기다리고 있었던 듯 움찔하지도 않았다. 나는 할머니의 두 다
리가 만들어내는 예각에서 검고 축 늘어진 성깃성깃 털 몇 가닥 남지 않
은 할머니의 거기를 다 보고 말았다. 할머니는 놀란 내 시선을 따라가 자
기 것을 남의 것 들여다보듯 요모조모 뜯어보더니 낄낄 웃었다. '니 아배
도 고모덜도 다 이 구녕에서 뽑았다 아이가.' 그 뒤로 나는 할머니 하면 악
다구니를 쓰며 이웃집 여자와 머리끄덩이를 잡은 채 먼지 나는 길 위를
구르던 모습이나 물 좋은 생선을 받기 위해 고무 다라이를 들고 억척스럽
게 어시장을 향해 뛰던 모습 다 제쳐놓고 제일 먼저 할머니의 거기가 떠
올랐다. 할머니의 거기에서 아버지와 고모들이 국수 면발처럼 뽑아지고
있었다."•

• 하성란, 〈그 여름의 수사〉, 2008

**08**   보잘것없던 꼬부랑 할머니가 영웅 헤라클레스를 납작하게 만든다. 그래, 어떤 영웅호걸도 저 꼬부랑 열두 고개를 넘지 못할 것이다. 어떤 칼, 어떤 창으로도 꼬부랑 할머니의 꼬부랑 지팡이를 이기지 못할 것이다. 그 힘은 바로 오래전 노자의 《도덕경》 맨 첫 장에 쓰여 있다. 꼬부랑 할머니는 바로 곡신불사* 그 골짜구니의 신이며 아버지와 고모들이 국수 면발처럼 뽑아져 나오는 바로 할머니의 거기는 신비로운 암컷 '현빈玄牝'이었던 거다. 그 대목을 백 번, 천 번 되풀이해서 읽어보라. 그러면 뒷간에서 똥을 누는 그 할머니는 꼬부랑 고갯길을 가다 꼬부랑 뒷간에서 꼬부랑 똥을 누는 그 할머니와 한 치의 차이도 없다는 것을 알게 될 것이다. 처음에는 그 광경을 보고 부끄러워 움찔하며 피하려던 소녀는 방정환의 텍스트를 보고 창피해하던 내 자신의 모습이기도 하다. 꼬부랑 똥이 더럽지 않듯이 "니 아배도 고모덜도 다 이 구녕에서 뽑았다 아이가"라는 할머니의 거기도 수치스럽거나 창피한 것이 아니다.↪

• 谷神不死  ↪ 1 태명 고개 1-17, 6 어부바 고개 2-01

**09**   할머니가 간다. 그 꼬부랑길은 어떤가. 꼬부랑 할머니의 옛날 이야기의 홑씨가 현대 시인의 가슴으로 떨어지면 이준관 시인의 〈구부러진 길〉이 된다. "나는 구부러진 길이 좋다./ 구부러진 길을 가면/ 나비의 밥그릇 같은 민들레를 만날 수 있고/ 감자를 심는 사람을 만날 수 있다./ 날이 저물면 울타리 너머로 밥 먹으라고 부르는/ 어머니의 목소리도 들을 수 있다./ 구부러진 하천에 물고기가 많이 모여 살 듯이/ 들꽃도 많이 피고 볕도 많이 드는 구부러진 길/ 구부러진 길은 산을 품고 마을을 품고/ 구불구불 간다./ 그 구부러진 길처럼 살아온 사람이 나는 또한 좋다./ 반듯한 길 쉽게 살아온 사람보다/ 흙투성이 감자처럼 울퉁불퉁

살아온 사람의/ 구불구불 구부러진 삶이 좋다./ 구부러진 주름살에 가족을 품고 이웃을 품고 가는/ 구부러진 길 같은 사람이 좋다."*

• 이준관, 〈구부러진 길〉

**10**　그리고 꼬부랑 할머니의 설정을 반전시키면 〈구부러진 길〉은 뜻밖에도 그 난해하다는 이상의 〈오감도 제1호〉가 될 것이다. 꼬부랑 할머니의 등이 펴지고 늙은이는 어린아이로 변한다. 꼬불꼬불 꼬부랑 고갯길은 평탄한 도로로 바뀐다. 지팡이를 짚고 기어가듯이 걸어가는 꼬부랑 할머니의 걸음은 맹렬한 속도로 달리는 '질주'로 변할 것이다. 꼬부랑 할머니는 혼자지만 그 반대는 복수의 13인이 되어야 한다. 당연히 그 열두 고개라는 이미지는 한정되어 있거나 무한으로 열려 있거나 어느 쪽으로 보여져도 상관이 없다. 13인의 아해가 질주하는 도로는 열려 있거나 막혀 있거나 같은 것이다. 왜 할머니가 고개를 넘어가는 것인지 왜 아해들이 도로를 질주하는 것인지. 그래서 꼬부랑 할머니의 이야기는 "13인의 아해가 도로를 질주하오"의 오감도와 대비를 이룬다.

**11**　자, 꼬부랑 할머니를 반전시킨 〈오감도 제1호〉의 텍스트를 다시 한 번 오늘의 상황으로 확장, 재생성해보면 어떤 텍스트가 출현할까. 추리를 계속해보자. 도로를 질주하던 아이들은 고속도로를 달리는 자동차가 될 것이다. 두말할 것 없이 할머니가 아이로, 아이들이 기계로, 꼬부랑길이 도로로, 도로가 고속도로가 된다. 그 패러다임을 바꿔보면 13대의 자동차가 경부고속도로를 시속 150킬로미터로 달리는 위험한 광경으로 변한다. 꼬부랑 할머니가 넘는 꼬부랑 언덕과 극과 극의 대조를 이루면서 '한국인의 이야기'도 달라진다. 아이가 질주하는 도로가 아스팔

트가 갈린 더 평탄한 길, 일직선으로 뻗은 고속도로가 되면 꼬부랑 할머니의 보행을 돕는 도구는 자동차의 네 바퀴가 된다. 13인 아이들의 심장은 엔진이고 무서워하는 아이와 무서운 아이는 서로 앞다퉈 초고속으로 달리는 위험한 차체다. 고속으로 질주하기 위해 만들어진 그 길에서 제일 고통스러운 것은 꼬부랑 할머니처럼 꼬부랑길에서 멈춰서 뒷간에서 볼일을 볼 수 없다는 점이다.

**12** 여기에서 우리는 동서 문명을 가르는 잣대로 '직선'과 '곡선'의 화두를 낳는다. 임어당*은 서양과 중국의 예술을 비교한 아포리즘을 남겼다. "이 세상 살아 있는 모든 것은 곡선으로 되어 있다. 하지만 죽어 있는 것은 모두가 경직된 직선이다. 자연은 항상 곡선을 탐한다. 보아라. 초승달이 그러하지 않은가. 솜 같은 구름, 꼬부랑 언덕, 굽이굽이 흐르는 냇물이 그렇지 않은가. 한편 인간의 손으로 만들어진 것 — 마천루, 철도선로, 공장굴뚝, 모든 게 그렇듯이 언제나 직선적이고 꼿꼿이 솟아 있다. 그러나 오래 묵은 중국의 뜰은 결코 평평하고 단조롭지 않다는 점에서 자연 그대로를 닮았다. 아치형의 문, 낙타의 등과 같은 다리, 동산을 이룬 돌 정원, 이 모든 것은 자연, 그 자체 리듬의 되풀이다."

* 林語堂        .

**13** 꼬부랑 할머니 이야기는 왜 모든 것이 꼬부라져 있을까. 사람도 지팡이도 길도 고개도 강아지, 토끼, 사슴 같은 모든 짐승들, 나무와 풀까지도 왜 모두 꼬부라져 있을까. 말을 배우자마자 아이들이 듣는 이야기치고는 너무 어려운 철학적 화두라고 생각하겠지만 인공적인 문명 사회로 나가기 전 아이들은 태생적으로 직선보다 곡선에 더 친숙하

다. "직선은 인간에 곡선은 신에게 속해 있다"고 한 건축가 안토니 가우디*의 명언이 떠오르지 않는가. 신이라는 말을 생명의 원천인 자연으로 바꿔놓으면 된다. 그리고 곡선의 반대의미를 부여하기 위해서는 "낙원은 직선에 의해서 파괴된다"거나 "직선의 세계는 신과 모럴이 없는 세계"라는 훈데르트 바서*의 말을 덧붙일 수도 있을 것이다.

• Antoni Placid | GaudírHundert Wasser

**14** '직선'이란, 어떤 목적을 향해 곧게 그려진 최선의 지름길이다. '직선'은 자연계에는 존재하지 않는다. 그것은 신이 아닌 인간에 의해서 처음으로 이 세상에 만들어졌다. 더 정확하게 말하자면, 그냥 인간이 아니라 문명의 본질을 '직선'에서 발견한 서양인들이라고 말이다. 미국이 불경기 불황에 처해 어려웠을 때, 9·11테러로 절망적이었을 때 청바지 회사 리바이스의 회사 캠페인 광고의 카피가 뭔지 아는가? 바로 'Go Forth!'였다. '전진하라! 멈추지 마라! 체인지'를 내걸었던 오바마지만 대통령 취임 연설문은 역대 대통령과 조금도 다를 것이 없다. 꼬불꼬불 구부러진 한국 어디에서나 볼 수 있는 황톳길 그리고 산 고개의 꼬부랑길을 생각해보면 그런 명언들의 의미를, 우리가 오늘 살고 있는 이야기를 짐작할 수 있다. 그래. 꼬부랑 고갯길은 인간이 만든 게 아니라 '자연=신'이 만든 길이다.

**15** 꼬부랑 고갯길은 나무꾼이 만든 게 아니다. 가장 먼저 다람쥐 같은 작은 짐승들이 나무와 나무 사이를 지나고 토끼가 바위와 바위 사이를 지나간 흔적이다. 작은 짐승, 큰 짐승들이 다닌 발자국 따라 오솔길 하나가 생긴 거다. 오솔길이 열리고 노루나 사슴이 샘물 찾아온

발굽이 그것을 다져준다. 바위가 있으면 피하고 웅덩이가 있으면 돌아가고 골짜기가 있으면 넘어간다. 생물들이 만든 생명의 곡선들이다. 피하고 돌아가고 그 발자국을 따라 꼬불꼬불한 꼬부랑길을 낳은 길, 그와 정반대되는 것이 로마 가도요, 나폴레옹의 길이요, 히틀러의 아우토반 그리고 미국의 대평원을 가로지르는 하이웨이 시스템이다. 니체가 그걸 알았나 보다. "영원의 오솔길은 굽어 있다"고 말한 걸 보니 말이다.

# 직선과 곡선

**01**   지팡이도 마찬가지다. 꼬부랑 지팡이는 자연 그대로의 나뭇가지로 만든 것이지만, 이것이 한국의 개화기로 오면 인공적으로 깎아 직선으로 다듬은 스틱(단장)이 된다. 구한말 개화사상을 가진 사람을 개화꾼이라 했고, 안경을 개화경開化鏡이라고 부른 것처럼 그 단장을 개화장開化杖이라고 했다. 시골 논두렁길이 신작로의 곧은길로 바뀌고, 꼬부랑 할머니가 다니던 그 길에 개화꾼이 개화경 쓰고 개화장을 휘두르고 다녔다. 개화기의 근대소설에 단골로 등장하는 모던보이 혹은 그 지주들의 전형적인 모습이었던 게다.

**02**   이러한 꼬부랑 지팡이를 노자가 읽으면 어떻게 되는지 원문 그대로 가감 없이 읽어보자. "속세의 영화가 어떤 것인가를 알고 욕된 생활을 참고 견뎌내면 온 세상이 돌아오는 큰 골짜기가 되고 온 천하가 돌아오는 큰 골짜기가 되면 영구불변의 무위의 덕으로 가득 차 있어 손대지 않은 통나무의 소박함으로 뒤돌아가게 된다. 통나무를 쪼개어 그릇을 만들 수 있듯이 소박함을 끊어 인재를 만들 수 있지만, 성인이 그들

을 쓸 때는 고작 한 분야의 우두머리로 쓸 뿐이다. 그러므로 크게 쓸 때에는 인위적으로 손대지 않고 통나무의 소박함을 그대로 두는 것이다."•

• 樸散則爲器. 聖人用之, 則爲官長, 故大制不割

**03**  실제 길만이 아니다. 이야기에도 꼬부랑길과 곧은길이 있다. 서양에서 말하는 서구의 서사구조 스토리텔링 방식은 노자만큼 오래된 아리스토텔레스의 원리에 기대어 오늘에까지 이르게 된다. 즉 시작, 중간 그리고 마지막의 결이다. 눈치 빠른 사람은 한자로 된 이야기 구조인 '기-승-전-결'••을 떠올렸을 것이다. 동시에 서양의 이야기에는 '기-승-결'로 '전'이 빠져 있다는 사실도 알게 되었을 거다.

• 起承轉結

**04**  바로 그거다. 꼬부랑 언덕의 이야기에는 '기승결'의 그 사이에 터닝•을 뜻하는 '전'이 끼어 있기 때문이다. 그래서 아리스토텔레스의 서사 구조는 원인과 결과가 똑바로 이어지는 직선길인 데 비해서 영자의 U자 모양으로 인과에서 벗어나 돌아가는 한국의 이야기 구조는 꼬부랑길이 될 수밖에 없다.

• turning

**05**  《심청전》을 보자. 행이 불행을 낳고 불행이 행을 낳으면서 인당수에 빠져 죽었기에 거꾸로 아버지와 만나 눈을 뜨는 반전의 드라마가 펼쳐지지 않나. 경부고속도로의 직선길로는 추풍령 고개를 넘을 수 없다. 그래서 고속도로든 KTX든 굴을 뚫어야 한다. 그것을 영어로는 브레이크 스루•라고 하고 굳이 우리말로 번역하면 돌파•란 말이 될

게다. 꼬부랑 할머니의 꼬부랑 지팡이로는 자연과 맞서 산 고개를 뚫어 파괴하지 못한다. 물이 흘러가듯이 우리 시조의 한 대목처럼 구절양장 굽이굽이 꼬부라질 수밖에 없는 게다. 답답하지만 한국의 꼬부랑길 이야기에는 다이너마이트를 터뜨려 구멍을 뚫는 돌파력이 아니다. 토끼가 지나다가, 멧돼지 노루가 지나다가 그리고 나무꾼들이 나무하러 가다가 생겨난 길이다.

• Break through ｜ 突破

**06** 서양에서 꼬부랑길 이야기를 만들어낸 것은 18세기 때의 로렌스 스턴이다. 그가 쓴 소설《트리스트럼 섄디》*는 20세기 소설가인 제임스 조이스 등에서 구현된 의식의 흐름 수법 등에 결정적인 영향을 줬다. 소설 내용을 보면 끝없이 꼬부라지는 이야기다. 아무리 가도 자기 이야기인데 자기 이야기는 하나도 안 나오고 할아버지 할머니가 자기를 어떻게 낳았나 하는 아주 이상한 이야기다. 실제로 그림을 그려 넣었다. 꼬부랑꼬부랑된 이야기에, 이야기도 스트레이트로 가지 않는다. 끝없이 꼬부라진다. 이 사람은 목사였고 그 시대는 현대와 상당히 다른 양상인데도 그의 소설은 뛰어나게 현대적이다. 러시아 형식주의도 그렇지만 이야기 구조 자체가 직선으로 가지 않고 끝없이 꼬부라진다. 신사의 지팡이를 휘두르는 것처럼. 이런 것들이 결국 소설이나 서사 기법에 있어서 스턴이 한 것 같은 것이 소설적 요소에 가미되어 있다는 거다.

• Laurence Sterne, *Tristram Shandy*, 1759

**07** 마지막 정리다. 꼬부랑 할머니가 꼬부랑 지팡이를 짚고 언덕길을 가는 전체 광경을 눈을 감고 떠올려보자. 그리고 꼬불꼬불

한 고갯길을 모두 직선으로 편다. 고개는 평평한 평지가 된다. 꼬부라진 나무들은 자로 그은 것 같은 기하학적 직선과 원으로 가위손질한다. 냇물도 호수도 모두 직선들의 도형이다. 거기 큰 궁전과 정원이 만들어진다. 꼬부랑 할머니는 등뼈를 세우고 당당하게 있는 남자 모습이 된다. 그는 젊으나 늙으나 힘이 센 남자다. 꼬부랑 할머니는 왕이 아니겠나. 여왕도 아닌 왕관을 쓰고 수염을 기른 킹. 꼬부라진 지팡이가 아니라 왕권을 상징하는 홀을 들고 있다.

**08** 그게 뭐겠나. 눈앞에 그려보라. 베르사유 궁전이 나올 게다. 꼬부랑 할머니가 있었던 자리에는 태양왕 루이 14세의 당당한 모습이 서 있을 것이고, 그 발밑으로 무릎 꿇린 자연이 펼쳐질 것이다. 물이 없는 황무지에 수로를 만들고 수십 킬로미터 떨어진 센강의 강물을 양수기로 끌어온 물은 모두 직선과 거울같이 물결 하나 없는 호수와 냇물이 된다. 돌? 자연의 바위가 아니다. 전부 조각된 조각품들로 역시 기하학적 대칭으로 배치되어 있다. 조경사 앙드레 르 노트르*에 의해서 설계된 모든 자연물은 자로 잰 것처럼 직선으로 이루어진 일사불란의 도형인 게다. 인간의 의지가 배어 있지 않은 것은 베르사유 궁전과 그 정원을 스쳐가는 바람뿐인 것이다. 그러나 베르사유 궁전의 가치와 그 의미를 평가한 것은 왕후귀족과 위대한 예술가들이 아니라 바로 그 바람이었다.

• André Le Nôtre

**09** 20세기 말 겨울, 폭풍이 유럽을 강타했다. 유럽 사람이 기억한 그 어떤 폭풍보다 사나웠다. 《욕망하는 식물》의 저자 마이클 폴란*은 말한다. 그런데 그 폭풍보다 더 무섭게 인간과 도시 그리고 유럽

문명을 강타한 것은 "신神(자연)은 곡선을 만들고 인간은 직선을 만든다"
는 것을 실증하고 증명해 보였다는 것이다. 아폴론적 질서, 기하학적 질서
를 자연의 폭풍이 뭉개버렸다는 거다. 그의 말로 직접 들어보자.

**10**    이 폭풍은 앙드레 르 노트르가 300년 전에 베르사유 궁전에 심
은 나무들을 황폐하게 만들어버렸다. 인간이 자연을 지배한다
는 상징인 정원의 기하학을 불과 몇 초 사이에 뭉개버린 것이다. 산책로
가 망가지고 곧게 나 있던 선들이 들쭉날쭉하게 바뀌고 그림처럼 아름답
던 전망들이 망가져버린 사진들을 바라보자 이런 생각이 문득 들었다. 애
초에 정원을 설계할 때 질서정연함을 조금 덜 강조했더라면 그 정원은 폭
풍의 분노를 더 잘 버텨낼 수 있지 않았을까, 그리고 폭풍이 거세게 몰아
친 뒤에 원상복구를 하기도 더 쉽지 않을까, 그런데 이런 자연의 재해를
우리는 어떻게 받아들여야 할까?"•

• 마이클 폴란, 《욕망하는 식물》, 랜덤하우스, 2001

넷째 꼬부랑길

# 이야기의 힘

**01**  질화로는 TV가 되고 짚 멍석은 인터넷이 된다. 옛날이야기는 애니메이션, 판타지, 스토리텔링의 낯선 이름들로 둔갑하여 구미호처럼 사람들을 홀린다. 볼거리, 먹을거리, 놀거리, 일거리, 모두 이야 깃거리가 되는 세상이 온 거다. 달나라 로켓도 그 이름은 여전히 그리스 신들의 타이탄이고 아폴로이고 가상 현실*이니 증강 현실*이니 하는 못 보던 공간이 생겨도 포켓몬스터를 잡으러 다니는 사람들로 도시의 거리 가 곤충재집하던 숲으로 바뀐다. 아무리 신인류를 표방하는 세대가 나타 나도 변함없이 그 몸뚱이, 머릿속은 이야기로 수다 떨던 수렵인이요, 채집 인 게다. ↪

• VR-Virtual Reality | AR-Augmented Reality ↪ 3 출산 고개 1-08

**02**  대체 '옛날이야기'가 뭐길래! 김소월의 시 한 편이 그에 대해 응 답한다. "낙엽이 우수수 떨어질 때/ 겨울의 기나긴 밤/ 어머님 하고 둘이 앉아/ 옛이야기 들어라.// 나는 어쩌면 생겨 나와/ 이 이야기 듣 는가?/ 묻지도 말아라, 내일 날에/ 내가 부모 되어서 알아보랴?"• 〈진달

래꽃〉이나 〈초혼〉처럼 널리 알려진 작품이 아니다. '한국의 프랭크 시나트라'라고 불렸던 유주용이 1960년대 이 시에 곡을 붙여 부르지 않았더라면, 많은 사람이 그냥 스쳐 지나갈 뻔한 시다. 하지만 꼼꼼히 읽어보면 김소월의 어떤 시보다도 깊은 뜻이 담겨져 있을 뿐만 아니라 한국인의 탄생 이야기의 마지막 고개를 넘는 데 가장 가까운 길동무인 거다.

• 김소월, 〈부모〉

**03** 나뭇잎이 지는 가을, 기나긴 겨울밤 호롱불 아래 어린아이가 어머니와 단둘이 앉아 옛날이야기에 몰입해 있다. 이런 체험은 누구에게나 가장 그립고 행복했던 어린 시절 한 추억의 장면으로 남아 있을 것이다. 그래서 "옛이야기를 들어라"라고 말하는 시인의 목소리는 몽환적이고 뜨겁다. 하지만 바로 다음 연에 오면 "나 어쩌면 생겨나와 이 이야기를 듣는가?"로 모든 정황이 반전된다. "이야기를 들어라"의 느낌표가 "이야기를 듣는가?"의 물음표로 바뀌면서 모자일체의 유아적 세계는 일시에 무너지고 만다. 모태공간과도 같던 느낌표의 옛이야기가 이번에는 물음표를 달고 아이의 머리에 꽂힌다. 나에게로 시선이 돌아오고 탄생의 의미에 대한 물음이 생겨난다. 처음에는 정답게 들렸던 어머니와 "둘이서"라는 말이 나라는 말이 나오는 순간 하나가 둘로 떨어진 분리 상태를 보여주는 차가운 말로 느껴진다.

**04** 부모는 과거다. 내가 훗날 부모가 되면 부모의 과거였던 시간이 내 훗날 미래의 시간이 되는 것이다. 그것이 옛이야기의 의미다. 수천 년을 이어온 옛이야기, 그때 내 말이 있었고, 내 말이 또다시 수천 년을 이어 아이의 옛이야기가 되는 것이다. 어머니에게 옛이야기를

들은 아이는 이야기하는 사람으로 바뀌고, 그 아이의 아이로 또다시 이어진다. 과거가 미래가 되고, 미래가 또다시 과거가 되어 미래로 탄생한다. 요즘 잘 쓰는 말로 '오래된 미래'라는 당착어법이 생겨난다.

**05** 칼 마르크스<sup>•</sup>가 죽기 전까지 헷갈린 것도 그 알 수 없는 이야기의 힘에 대한 것이었다. 그는 그리스 로마 신화의 이야기를 끌어내 반문한다. "그리스인들의 상상력과 예술을 형성했던 자연관과 사회관계가 자동 기계, 철도, 기관차 그리고 전신의 시대에도 살아남을 수 있겠는가?" 그러니까 그의 물음은 요약해서 말하자면 제철소가 들어선 시대에 로마의 대장장이 신 불카누스<sup>•</sup>가 얼마나 더 버틸 수 있겠는가. 전기가 발명되어 발전소가 들어서고 통신 기술이 발달해도 여전히 벼락을 내리는 제우스<sup>•</sup>와 그의 전령사 헤르메스<sup>•</sup>의 신들이 살아남을 수 있을 것인가 하는 물음이었던 거다.

• Karl Marx | Vulcanus | Zeus | Hermes

**06** 내가 정말 놀란 것은 이러한 물음들이 호메로스<sup>•</sup>의 서사시에 이르면서 "그것이 과연 납으로 만든 총알'과 공존할 수 있을까?"라는 대목에서다. 그가 말하는 '납으로 만든 총알'이란 활자나 인쇄술을 의미하는 것이고, '공존할 수 있겠는가'라는 말은 그 모든 노래와 읊조림과 명상은 결국 사라져버리고 말 것이라는 부분이었다. 하지만 그보다 더 놀라운 것은 그가 자문자답을 한 다음과 같은 결론이다.

• Homeros

**07** "아직도 우리가 그런 신화와 전설에 영향을 받는 이유는 그것이 인류의 유년기의 산물이고, 유년기의 모든 매력과 소박함 그리고 조숙성을 띠기 때문"이라는 것이 마르크스의 결론이었다. 한마디로 신화나 전설이 살아남은 것은 유년 시절을 그리워하는 마음이 아직도 우리에게 남아 있는 탓이라고 생각했던 거다. 자동차가 등장하면 마차는 사라진다. 지금 남아 있는 마차들은 그야말로 인류가 유년 시절에 남긴 추억을 즐기려는 관광객들의 동화 덕분일 게다. 그리고 트로이 전쟁에서 사용하던 창과 방패, 높은 성곽도 미사일이 날아다니는 오늘날의 전쟁터에서는 쓸모없는 어린이 장난감에 지나지 않을 거다. 하지만 다시 묻는다. 그것을 노래한 호메로스의 서사시 《일리아드》* 는 어떤가. 마르크스의 말대로 인쇄기 앞에서 더 이상 버티지 못하고 사라지고 말까.

• Iliad

**08** 마르크스의 가장 큰 실수를 지적한 것은 탈산업화 사회의 선창자 다니엘 벨이다. "인간은 호모 파베르* 일 뿐만 아니라 호모 픽토르*, 즉 상징을 창조하는 피조물이며, 그가 세계에 대해 묘사해 놓은 것들은 단선적인 역사 속에서 시간이 지나면 무의미해지는 것이 아니라 '전진하는'* 시간의 밖에서 과거와 현재를 가로지르며 살아남아 그 모든 다양성을 간직한 채 서로 병존하는 것"이라고 반박한다. 그가 말하는 회화적 인간 호모 픽토르를 이야기하는 인간 '호모 나랑스'↪로 바꿔놓으면 그 뜻이 더 선명해질 것이다.

• Homo Faber | Homo Pictor | progressive ↪ 1 태명 고개 4-04

**09**   아이슬란드의 인구에 비해서 시인이 다른 어떤 나라보다 많은
까닭은, 혹독한 자연 환경 속에서 무용담을 암송하는 것이 그
들의 의식에 질서를 가져다주는 방법으로 고착화했기 때문이라는 주장
도 있다. 수세기 동안 아이슬란드인들은 그들 조상들의 공적을 연대별로
묘사한 서사시의 운문을 기억 속에 보전해왔을 뿐 아니라, 새로운 운문을
추가하기도 하였다. 이들은 몹시도 추운 밤에 외부와 단절된 채, 불안정한
오두막 속의 불 가에 웅크리고 둘러앉아, 그칠 줄 모르고 휘몰아치는 북
극의 겨울바람 소리를 들으며 시를 크게 암송하고는 했다.*

• Mihaly Csikszentmihalyi, *Flow: The Psychology of Optimal Experience*, 1990


**10**   만일 아이슬란드인들이 그런 긴 겨울밤을 침묵 속에서 조롱하
는 듯한 바람 소리만을 듣고 보냈다면, 이들의 마음속에는 공
포와 절망만이 가득 찼을 것이다. 하지만 이들은 시의 질서정연한 운율
을 익혀 삶의 사건들을 언어적 심상으로 표현해냄으로써 경험을 통제하
는 데 성공한 것이다. 이들은 어지러운 눈보라 속에서 형태와 의미가 깃
든 노래를 만들어냈다. 그러한 서사시가 아이슬란드인들이 버티는 데 어
느 정도 도움을 주었을까? 시가 없었다면 그들이 살아남을 수 있었을까?
이런 질문들에 확실한 답변을 할 길은 없다. 그러나 감히 누가 그런 실험
을 할 수 있겠는가? 이와 유사한 경우, 즉 문명으로부터 갑작스럽게 격리
되어—가령 강제수용소나 극지 탐험과 같은 — 어떤 극한 상황에 처했을
때도 이와 같은 사실이 적용된다. 외적 상황이 혹독해질 때면 언제고 내
적 상징체계가 구원이 될 수 있는 것이다.

**11**  무슨 말이든 그 끝에 '이야기' 자를 붙이면 새로운 바람을 만들어낸다. 책 《로마인이야기》에서 도박 게임장 '바다 이야기'까지 헤아릴 수 없다. 치킨집은 '닭이야기'이고 앞으로 삼겹살을 파는 고깃집에도 돼지 이야기가 등장할 판이다. 그런데 정말 이야기의 힘이 무엇인지. 이야기의 힘은 '스토리텔링'이라는 유행어를 타고 경제, 산업 분야에서 의료와 과학 분야까지 널리 퍼지며 유행하고 있다. 무엇보다 우리를 놀라게 하는 것은 지금까지 시대에 한발 앞서 인터넷과 GPS, 인공 지능처럼 우리에게도 낯설지 않은 최첨단 기술을 개발하는 미국 방위고등연구계획국* 내에 '내러티브 네트웍스Narrative Networks'의 프로젝트가 신설되었다는 점이다.

• 다르파(DARPA)

**12**  내러티브 네트웍스에서는 IS의 힘이 어디서 나오는지 연구했다. 비대칭 전쟁이기 때문에 미사일로 쏘고 원수폭으로 칠 수 있는 전쟁이 아니라는 거다. 이 때문에 IS와의 전쟁에 고전하던 미국이었던 게다. 군사 대국, 경제 대국인 미국의 힘으로도 안 되었던 거다. 그동안 신무기를 만들고 우리가 잘 아는 인공 지능이니 뭐니 하는 미래의 모든 전략 기술들을 주도해온 게 미 국방성 다르파인데 그들이 최근에 내놓은 결론을 보면 IS와의 비대칭 전쟁을 치르는 데 있어서 지금까지의 접근법은 무력하다는 거다. 새로운 무기가 필요하다는 거다. 그게 뭔가. 바로 스토리텔링의 힘, 이야기의 힘이라는 거다.

**13**  외로운 늑대들. 전 세계에서 젊은이들이 IS에 스스로 자원하고 목숨을 버리고 자폭하는 힘이 어디서 나오나. 돈, 물질에서 나

오는 게 아니다. 이야기의 힘에서 나온다는 거다. 그러니 IS와 대항하기 위해서는 드론이나 무인 정찰기, 살인 광선, 여러 가지 신무기를 개발하고 연구하던 다르파가 이야기를 만들어내는 이야기꾼이 되는 거다. 참으로 기절초풍할 일이다.

**14** 이야기의 힘이 드디어 안보 군사 영역까지 미쳤음을 보여준다. 9·11 테러에서 보여주었듯이 ISIS, 알카에다, 보코하람 등의 테러리스트의 비대칭 전쟁의 전략과 전술 그리고 그 조직의 힘이 어디에 서 나오는가. 그들이 지닌 비대칭 신무기가 바로 스토리텔링이었다는 것 이 밝혀진 셈이다. 이른바 외로운 늑대들을 비롯해 어떻게 해서 많은 사 람이 그들을 지지하고 헌신적으로 봉사하고 세계의 관심을 이끌어 군사 초강대국, 경제의 초강국 미국을 뒤흔들어놓을 수 있는가. 그것이 다름 아 닌 이야기의 힘이라는 거다. 제프 콜빈이 《인간은 과소평가되었다》란 저 술에서 밝힌 그 프로그램을 보면 이야기의 힘이 과연 어떤 것인지 짐작이 간다.

**15** "이야기가 과격화, 폭력적인 사회적 동원, 반란, 외국인에 대한 테러에 어떻게 기여했는지를 최대한 포괄적으로 파악하고, 동 시에 이야기가 분자 수준에서 인간의 두뇌에 어떻게 작용하는지 파악한 다는 목표를 두었다. 또 내러티브가 호르몬과 신경전달물질, 보상 과정, 감정 촉발 상호작용에 신경생물학적으로 어떤 영향을 주는지 이해하는 심지어 '내러티브가 개인 집단에 미치는 영향을 확인하는 센서를 개발하 는 것'까지 포함된다." *

• 제프 콜빈, 《인간은 과소평가되었다》, 한스미디어, 2016

**16**    드디어 부국강병의 패러다임이 스토리텔링의 이야기 힘으로 바뀌어가는 거다. 천 년 전의 '아라비안 나이트'가 펜타곤의 '아메리칸 나이트'와 맞서게 된 거다. 세상 그 누가 원수폭을 만들고 미사일을 쏘고 사진 로봇과 드론을 띄우던 그 군사 기술에 이야기가 신무기로 등장하게 되는 것을 알았겠는가. 마찬가지로 꼬부랑 할머니의 한국의 야화가 《아라비안 나이트》와 어떻게 다른지, 아메리칸 나이트와 어떻게 다른지 21세기 미래의 그 밤 속에서 호모 나랑스의 운명을 가늠하는 그 현실이 다가오고 있는 것이다.↱

↱ 1 태명 고개 4-04

**17**    김소월 시의 옛이야기로 한국인 이야기를 끝맺으려고 한다. "탄생, 너 어디에서 왔니"의 해답은 옛이야기 속에 있기 때문이다. 인류는 다른 짐승들처럼 먹는 데서 시작된 것이 아니라 이야기로부터 시작한 호모 나랑스라고 하지 않았는가.

고요하고 어둡은 밤이 오면은
어스러한 燈(등)불에 밤이 오면은
외롭음에 아픔에 다만 혼자서
하염없는 눈물에 저는 웁니다.


제 한 몸도 예전엔 눈물 모르고
조그만한 세상을 보냈습니다
그때는 지난날의 옛이야기도
아무 설움 모르고 외웠습니다.

그런데 우리님이 가신 뒤에는
아주 저를 버리고 가신 뒤에는
前(전)날에 제게 있던 모든 것들이
가지가지 없어지고 말았습니다.

그러나 그 한때에 외워두웠던
옛이야기뿐만은 남았습니다
나날이 짙어가는 옛이야기는
부질없이 제 몸을 울려줍니다.*

• 김소월, 〈옛이야기〉, 《진달래꽃》, 1925

# 이야기 밖으로
*de medias res*

# 꼬부랑 할머니가
## 꼬부랑 고개를 넘어가는 이야기

태극기의 음과 양은 꼬부라진 선입니다. 만약 그것이 직선으로 뻗쳐 갈라진 것이라면 음과 양, 너와 나는 영원히 반쪽으로 분단되었을 것입니다. 양의 머리는 음의 꼬리이고, 음의 머리는 양의 꼬리로 이어집니다. 뱀이 뱀 꼬리를 물고 있는 것처럼 둥근 원을 그리며 돌아갑니다. 세상이 변합니다. 어느새 꼬부랑 할머니도 꼬부랑길도 없습니다. 그런 이야기를 하는 사람마저 사라졌습니다. 동네 뒤안길도 논두렁길도 장터로 향하던 그 마찻길도 모두가 반듯한 직선으로 뻗어 있습니다. 잠자다 눈을 떠보니 철길이 생기고 고속도로가 열렸습니다. 꼬부랑 고개. 할머니가 넘던 그 고갯길에 굴이 뚫린 것입니다.

지금 서양에선 아랍 사람들의 이야기로 피가 튀나 봅니다. 그들의 문화 유전자 속에는 알리바바와 40인의 도둑떼의 피가 흐르는 모양입니다. 중국에는 그보다 더 많은 108명의 도둑떼가 사는 양산박 이야기도 있습니다. 그런데 한국인의 몸에는 세계의 어느 곳에서도 듣기 힘든 꼬부랑 할머니 이야기의 유전자가 있습니다. 그것이 무엇인지 알아야 할 때가 온 것 같습니다. 이 세상 이야기가 모두 사라져도 꼬부랑 할머니의 꼬부랑길 이야기는 끊이는 법이 없습니다. 그것은 그냥 옛날

이야기가 아닙니다. 이야기의 이야기. 이야기의 자궁이기 때문입니다. 여기에 또 어려운 한자말로 된 사자숙어를 곁들이면 나의 '꼬부랑 고개의 이야기 원리'는 노자의 《도덕경》에 나오는 "곡신불사谷神不死" '골짜기의 신은 죽지 않는다'라는 말과 흡사합니다. 도덕경의 '도道'도 길이라는 뜻이 아닙니까. 곡신의 곡 또한 골짜기의 뜻이니 꼬부랑 고갯길과 모든 게 안성맞춤입니다. 니체가 "신은 죽었다"고 선언해도 결코 죽지 않고 2,300년이나 용케 살아온 그 신을 노자는 '현빈'이라고 불렀습니다. 현빈玄牝의 현玄은 신비한 것, 우리가 잘 모르는 심오한 것, 그리고 빈牝은 암수라고 할 때의 그 암이니, 현빈玄牝의 문門은 여성의 생식, 만물을 낳는 어머니의 자궁子宮인 겁니다. 그 골짜기에서 흐르는 물이 미미하지만 절대로 끊이지 않는 것처럼 골짜기를 돌아 꼬불꼬불 이어지는 고갯길도 그렇게 이어질 것입니다. 거기에서 많은 이야기가 태어나는 것이지요.

꼬부랑 할머니의 꼬부랑길 이야기에는 여러 버전이 있습니다. 그러나 그중 가장 대표적인 이야기를 들어보십시오. 그러면 꼬부랑 할머니 이야기가 앞으로 어떠한 한국인 이야기를 만들어갈는지 열두 고개 모두를 넘어가면 어떤 세상이 펼쳐질는지 그 전경이 보일 것입니다.


옛날 옛적 갓날 갓적, 꼬부랑 할머니가 꼬부랑꼬부랑 살고 있었다.
하루는 꼬부랑 할머니가 꼬부랑 지팡이를 짚고 꼬부랑 고개를 꼬부랑꼬부랑 넘는데,
꼬부랑 강아지가 꼬리를 꼬부랑꼬부랑 흔들며 따라오길래 꼬부랑길로 돌아가니까,
꼬부랑 바위에 꼬부랑 토끼들이 모여 와서 꼬부랑꼬부랑 춤을 추는데,

꼬부랑 다람쥐가 꼬부랑꼬부랑 재주를 넘고,

꼬부랑 황새가 날아와 꼬부랑 나무에 앉아서 꼬부랑 목을 꼬부랑 빼고서

꼬부랑꼬부랑 노래를 하니까,

꼬부랑 여우가 달려와서 꼬부랑꼬부랑 깽깽 꼬부랑 깽깽 짖는데,

꼬부랑 칡덩굴이 꼬부랑꼬부랑 뻗어나와 꼬부랑 집을 짓고

꼬부랑 떡을 만들어 꼬부랑 상에 차려놓으니,

꼬부랑 할머니와 꼬부랑 지팡이랑, 꼬부랑 강아지랑, 꼬부랑 토끼랑, 꼬부

랑 다람쥐랑, 꼬부랑 황새랑, 꼬부랑 나무랑, 꼬부랑 여우랑, 꼬부랑 칡덩

굴이랑 모두 모여 꼬부랑 노래를 꼬부랑꼬부랑 부르며,

꼬부랑 춤을 꼬부랑꼬부랑 추고, 꼬부랑 떡을 꼬부랑꼬부랑

아! 아주 맛있게 먹었다. *

• 한국학중앙연구소


식물인 칡덩굴과 짐승인 여우와 하늘을 나는 황새 그리고 사람이 '랑'
이라는 말로 하나로 이어진 세상, 그리고 다 같이 인공적인 직선이 아
니라 꼬부라진 곡선으로 된 자연의 생명체 그것들이 일제히 꼬부랑꼬
부랑 노래를 부르며 춤추고 잔칫날처럼 꼬부랑 떡을 먹습니다. 마지막
에 나오는 말 "아주 맛있게 먹었다"의 '맛있게'를 '멋있게'로 '먹었다'
를 '살았다'로 고쳐보세요. "아주 멋있게 살았다"가 됩니다.


이것이 아이들이 끝까지 듣지 못하고 잠이 든 꼬부랑 이야기의 끝입
니다. 그러니 잠든 아이를 깨우지 맙시다. 다 듣지 못한 이야기를 겨
울밤이면 하얀 눈송이가 덮고 여름밤이면 소낙비의 빗방울에 씻겨
가게 놔둡시다. 아이들이 다음에 들을 이야기를 위해서.

# Q&A
## 저자와의 대화

# '한국인 이야기'는 어떻게 탄생되었는가

이어령 '한국인 이야기'의 '탄생'은 《중앙일보》 연재로부터 시작된다. (2009년 4월 6일부터 5월 1일까지 총 50회) 하지만 회수의 고령에다 매일 연재의 무리한 집필로 머리 수술을 받는 등 속편 원고의 집필이 어렵게 된다. 그런데도 6년 뒤에 다시 〈이어령의 백년서재〉의 타이틀로 매주 KBS TV를 통해 다시 그 작업을 이어갔다. (2015. 8. 22~2016. 10. 3) 그 뒤 신문 연재와 TV 강연을 풀어 '한국인 이야기' 총 12권을 기획했지만, 또다시 암 선고를 받고 두 차례의 큰 수술을 받게 되면서 여러 장애에 부딪히게 된다. 하지만 집필한 지 10년 만에 투병 생활의 우여곡절 끝에 '한국인 이야기' 그 첫 권인 "탄생" 편 《너 어디에서 왔니》가 탄생된다. 혹독한 산고 끝에 이루어진 '탄생'의 탄생이다. 그래서 본사(파람북) 편집진은 저자와 독자의 보다 깊은 소통을 위하여 그동안 작업 과정에서 쌓여 있던 궁금증을 풀기 위해 저자와 직접 이야기를 듣는 자리를 마련했다. 그 이전에 지상에 발표되었던 '한국인 이야기'의 자료와 당시의 인터뷰 기사들도 함께 정리하였다.

## 탄생, 이 황홀한 진통陣痛

**Q** 20대에서 80대에 이르는 60년 동안 100여 권의 책을 저술해오셨지만, 아마 이번처럼 난산을 겪은 적은 없었을 것으로 압니다. 투병 중 진통도 크셨던 것 같고요. 일곱 차례의 수정 보완 끝에 겨우 오늘에서야 빛을 보게 되었으니 그 소감부터 듣고 싶습니다.

**A** 4차 수정본 다음부터는 번호도 헷갈려서 파일명을 '최종 송고본' '진짜

최종 송고본' '진짜, 진짜 마지막 송고본'(웃음), 그래서 현재 내게는 7가지 다른 버전의 파일이 남아 있어요. 문자 그대로 7전 8기입니다. 희수(77세)에 잉태하여 미수(88세)에 늦둥이를 얻은 셈이지요. 아브라함이 86세에 아들을 얻은 것처럼 기쁘고도 민망한 일입니다. 글쎄요. 고통 끝에 얻는 그 '황홀한 산통'의 역설을 직접 체험해본 것을 다행이라고 생각해야 할지.

**Q** 수술 직전까지 병원에서 최종 원고 작업을 하셨다고 들었습니다. 그렇게 고생하시고도 출판을 계속 미루어 오신 이유는 무엇인지요.
**A** 남들은 그런 나를 이해하지 못하더군요. 책의 출간이 목적이 아니었지요. 그때 그 글을 쓰고 있지 않았더라면, 어떻게 그 절망과 고통을 견딜 수 있었을까. 지금 생각해도 신기합니다. 사형대에 오르기 전 사형수들은 고개를 들어 하늘을 쳐다본다고 해요. 내가 그랬지요. 왜《아라비안 나이트》의 셰에라자드 있잖아요. 하루 이야기를 지어내야 하룻밤 목숨을 부지할 수 있는 왕비처럼 무슨 이야기든 해야만 했거든요. 그 자체가 하루하루 살아가는 나의 목숨이었던 거죠. 처음부터 완성할 수 없는 이야기를 시작한 것이라고나 할까요.

**Q** 강산도 변한다는 10년 세월 끝에 결국 그 첫 권을 끝내시지 않으셨습니까. 천일야화千─夜話래야 기껏 3년 반도 되지 않는데요.
**A** 그렇게 간단한 이야기가 아닙니다. 남들은 내가 7대의 컴퓨터를 놓고 작업하는 것으로 알지만, 그게 다 무용지물이 된 것이지요. 만 권의 책이 있으면 뭘 합니까. 돋보기로도 보기 힘들지요. 결국 마지막 남은 것은 내 가물거리는 기억력과 구술에 의존하는 수밖에 없었지요. 그러니 그 원고가 내 마음에 들 리 있겠습니까. 옛날 원고지에 쓴 글 같았으면 북북 찢어버렸겠지만, 이건 만져볼 수도 없는 컴퓨터 속의 파일들이 아닙니까. 여러 조력자의 땀방울이 물거품이 되는 병고보다 더 아픈 내상을 입게 된 거죠.

**Q** 처음 집필하신 글과 뒤에 수정 가필한 것 사이에는 많은 차이가 있었

을 텐데요. 그 엇박자를 어떻게 처리하셨는지요.

A 《중앙일보》에 발표한 총 50회의 글 가운데 이번 탄생 편에 들어간 것은 1회에서 나들이의 20회까지입니다. 그러니까 태내에서부터 시작하여 여섯 살 때까지 기간을 다루게 된 것인데 읽어보면 금시 표가 납니다. 다만 워낙 보충한 원고가 더 많아서 새로운 글 속에 묻혀 보이지 않을 정도지요. 무엇보다도 구성과 글의 형식이 달라졌지요. 처음에는 신문 게재의 형식에 맞춰서 단일 테마별로 10여 장 분량씩으로 되어 있었던 것을 이번 책에서는 그런 제약에서 벗어나 3, 4배 분량으로 불어난 것이지요. 그리고 그 구성 역시 '꼬부랑 할머니의 이야기'를 원형으로 하여 총 열두 고개와 각 꼬부랑길로 장별을 나누게 된 것입니다.

Q 그러니까 '꼬부랑 할머니'는 그 뒤에 생각한 아이디어였군요. 전화위복이라고 그때 출판되었더라면, 오히려 큰 고기를 놓치실 뻔한 거네요.(웃음)

A 내가 세 살 때 듣던 이야기를 요즘 유치원생들이 동요로 부르는 사실을 알고 충격을 받았어요. "바로 저거야." 내가 찾던 '한국인 이야기'의 원형을 발견하고 무릎을 쳤어요. 한국인의 이야기 구슬을 하나로 꿴 끈, 탯줄과 같은 이야기 줄이 생겨난 것이지요.

Q 그 발상 하나만으로도 우리에게 큰 유산을 물려주신 것이라고 봅니다. 한국인의 모든 이야기의 밑바닥에는 꼬부랑 할머니와 꼬부랑 지팡이와 꼬부랑 고개가 있어요. 서양의 고속도로 같은 직선과 대비되는 꼬불꼬불한 곡선으로 전개되는 이야기의 구조가 겉으로 드러나게 된 것이니까요.

A 내 자신도 캐면 캘수록 엄청난 것들이 잠재했다는 것을 알았어요. 그 간단한 이야기 가운데 인물, 배경, 플롯, 주제 그리고 이미지와 상징성까지 숨어있었던 거죠. 우리가 잘 부르는 '아리랑'도 꼬부랑 할머니가 넘는 꼬부랑 고개와 맞춰보면 꼬부랑과 아리랑이라는 말부터 그 울림이 같다는 것을 알 수 있어요. 끝없이 반복되는 꼬부랑 이야기의 '랑'은 너와 나를 너랑 나랑이라고 말하는 아이들 말속에 시퍼렇게 살아 있고, 고어 형태를

많이 지니고 있는 탐라(제주도)에서는 느영 나영 끝에 이응 자를 붙여서 말하죠. 고려 때 머루랑 다래랑의 〈청산별곡〉에서 조선조 때의 맹사성의 '공당' 이야기를 지나 '나둥' '감사해용' '합니당'처럼 21세기의 스마트폰을 든 젊은이들의 문자 메시지에 고스란히 그 흔적을 남기고 있지요.

Q 이 책에는 〈청산별곡〉에 대한 이야기가 마치 콘트라베이스의 울림처럼 기저음을 이루더라고요. 산에 가 살면 머루랑 다래랑 먹고 바다에 가면 나마조개 구조개를 먹고 산다는 것은 농경 사회에서 채집 문화로 돌아가려는 모태 귀환의 노래라고 말이지요.
A 호랑이 잔등이에 올라탄 것이지요. 유발 하라리는 농업 혁명을 거대한 사기라고 규정하고 호모 사피엔스가 빠진 '함정'이라고 평하지요. 이 문제를 나는 그보다 앞서 이미 처음 '한국인 이야기'를 《중앙일보》에 연재했던 당시의 〈달래마늘의 향기〉(원래는 이것이 첫 권째의 원제목이었다)에서 언급한 바 있지요. 엄청난 테마인 것입니다 물론 살린스도 《석기 시대 경제학》을 써서 큰 화제를 던졌지만, 인류 문화의 본질과 그 모델은 수렵 채집 시대에 있었던 것이지요. 이 세기의 과제를 잡았으니 나야말로 놓을 수도 버릴 수도 없는 함정에 빠져버린 것이지요.

## 10년 전 한국인 이야기의 원풍경
Q 그렇다면 《중앙일보》에 처음 집필하시던 때의 이야기부터 듣고 싶은데요. '한국인 이야기'를 쓰시게 된 동기와 기획이 무엇이었는지 궁금합니다.
A 초등학교 시절 습자 선생이 늘 하던 말씀이 있어요. 한번 붓이 간 것에 다시 개칠하지 말라. 나는 같은 말을 두 번 못해요. 그때 자료를 참고하세요. 사실 지금 나 자신이 읽어봐도 남이 쓴 것처럼 생소한 부분도 있어요.

《중앙일보》 2009년 3월 20일자 지면에는 연재 예고가 실려 있다. "이어령 '한국인 이야기' 4월 6일부터 연재"라는 제목 옆에는 '한국 대표 지성'이자 '우리 시대의 늙지 않는 크리에이터' 이어령 본사 고문(77)이라는 설명과 함께 사진이 실려 있다. 확실히 이때만 해도 젊다.

"4월 6일부터 새 연재 '한국인 이야기'로 독자를 찾아갑니다. 디지털 삶에 대한 깊은 통찰을 담은 '디지로그 시대가 온다'로 지면을 장식한 지 3년 만입니다. 그는 '한국인 이야기'를 새로운 글쓰기에 대한 도전이라고 말합니다. 역사의 소용돌이를 관통해 온 자신의 회상이면서 동시에 한국인 모두가 주인공인 '집단 기억'이 될 것이기 때문입니다. '로마인 이야기'보다 더 재미있는 '한국인 이야기'의 보따리를 그가 막 풀려 합니다."

그리고 그 예고문과 밑에 저자의 말이 실려 있었다. 한국인이란 한국말을 사용하는 사람이라는 간단한 정의를 이끌어 낼 수 있는 글이다.

"올해 한국 나이로 77세를 맞는다. 한자로 七七(칠칠)이라고 쓰면 기쁠 '喜(희)' 자의 초서체와 비슷하다 하여 흔히 희수喜壽라고 부르기도 한다. 하지만 나에게 있어 이 나이는 기쁨도 아니요, 노락老樂을 의미하는 숫자도 아니다. 아인슈타인은 죽음이란 무엇인가라는 기자의 물음에 "더 이상 아름다운 모차르트의 음악을 들을 수 없게 되는 것"이라고 답했다. 나에게 누군가 똑같은 질문을 한다면 나는 "더 이상 아름다운 한국말로 글을 쓸 수 없게 되는 것"이라고 대답할 것이다. 그렇다. 나는 20대 초반부터 줄곧 글을 써왔다. 그것으로 생각하고 그것으로 살아왔다. 평생을 쉬지 않고 평론과 논문, 에세이, 칼럼, 드라마, 시나리오, 소설, 시 그리고 얼마 전에는 뮤지컬 공연물까지 썼다. 심지어 표어까지 썼다. 올림픽 때의 '벽을 넘어서'와 '산업화는 뒤졌지만, 정보화는 앞서가자'라는 캠페인 카피가 그것이다. 그러나 놀랍게도 나는 초등학교 6학년 때까지 한글을 제대로 쓸 줄도 읽을 줄도 몰랐다. 일장기가 걸린 교실에서 일본어로 교육을 받았던 탓이다. 남들에게는 너무나도 당연한 일이겠지만 식민지 아이로 태어난 나에게는 지금까지도 한국말로 이야기하고 한국말로 글을 쓰며 그것으로 밥 먹고 세상을 살아간다는 것이 너무나도 고맙고 황송하고 눈물겹도록 큰 축복이라고 여겨왔다.

그런데 아직도 쓰지 못한 글이 있다면 그것은 소설도 역사도 아닌 이를 테면 한 사람의 이야기이면서 동시에 모든 한국인의 이야기, 소설이며 전기이며 동시에 역사인 그런 글이다. "한 사람의 죽음은 비극이지만 100만 명의 죽음은 통계 숫자다"는 말이 있다. 그것을 다른 말로 바꾸면 "한 사람의 죽음은 소설이요, 100만 명의 죽음은 역사다"고 할 것이다.

우리의 불행은 '로마인 이야기'는 마음놓고 읽을 수 있어도, '한국인 이야기'는 항상 싸우면서 읽어야 한다는 것이다. 역사 교과서의 이념 논쟁 때문이다. 일단 그 굴레에서 벗어나면 소설보다 재미있고 역사보다 실감 나는 한국인 이야기를 들을 수 있었을 텐데 말이다. 그래서 내가 쓰고 싶은 한국인의 이야기는 한 개인의 스토리story가 되어서도 안 되며, 추상적인 집단의 히스토리history가 되어도 안 된다고 생각한 것이다.

생각해보라. 누이가 나물 캐러 다니던 채집 시대 때의 아이가 농경, 산업, 지식 정보 시대를 거쳐 우리 손으로 개를 복사하는 바이오 시대의 전 문명 과정을 한꺼번에 겪으며 머리털이 세어가는 그런 사람들이 세상천지 어디에 있을 것인가. 큰 전쟁을 두 번씩이나 겪고 혁명을 서너 번 치르며 70여 년을 블랙홀 같은 소용돌이를 횡단한 사람들의 '집단 기억'의 이야기를 어느 사회에서 들을 수 있을 것인가. "나는 누구인가" "나는 어디에서 왔는가" "나는 어디로 가는가"의 물음을 한국인의 이야기를 통해 들어보자는 거다. 한국인의 가슴과 성벽, 장터와 그 깃발에 부는 천의 바람을 통해 한국인의 이야기 속으로 들어가보자는 거다.

신문철 스크랩 북에는 여러 군데 펜으로 수정 가필한 글이 적혀 있었다. 붉은색으로 표시된 것이 그 부분이다. 메모형식으로 여백에 첨가한 글도 보였다. "우리가 지금껏 아는 역사란 나와 너의 이야기가 아니라 그의(his) 이야기(story), 그들만의 이야기였다. 진정한 역사란 역사책에서 한 번도 쓰여진 적이 없는 이야기의 전부"라는 말. 지금까지 글로 쓰여진 대부분의 역사는 항상 승자에 의해 기록된 것이기 때문이다.

## 꼬불꼬불 돌고 도는 한국인 이야기의 구조

'한국인의 이야기'를 쓰게 된 동기를 밝힌 예고문을 읽어보니 더욱 탄생 편 이야기의 원류가 무엇인지 확실해진다. 이 책 서문에도 그와 거의 비슷한 말이 쓰여 있다. 하지만 뻔한 대답이 돌아올 줄 알면서도 그 글을 마친 다음 독자의 반응이 어떠했는지 물어봤다. 그래야 그 뒤에 고쳐 쓰고 보완한 글과 연결고리를 찾을 수 있기 때문이다. 하지만 돌아온 것은 또 다른 신문철과 2009년 6월호《월간중앙》의 인터뷰 기사였다. 우선 본인 자신이 쓴〈한국인 이야기 '시즌I'을 마치며〉라는 글을 읽어보기로 한다.

"50회로 일단 '한국인 이야기'를 끝마친다. 정확하게 말하자면 마치는 것이 아니라 쉬는 것이다. '시즌 I'이라고 한 것은 젊은이들이 좋아하는 '미드(미국 드라마의 준말)'의 양식에서 따온 것이지만 한국인 이야기에는 춘하추동의 계절처럼 전환점이 필요하기 때문이다. 서양에서는 아리스토텔레스의 정의대로 모든 이야기는 시작-중간-종말의 선형구조線型構造로 되어 있는 데 비해 한자 문화권에서는 그사이에 '전轉'이라는 마디 하나가 더 들어간다.

그래서 '새옹지마 효과'처럼 길이 흉이 되고 흉이 길로 반전하는 기승전결起承轉結로 우연과 노이즈가 많이 끼어든다. 특히 한국의 이야기에는 행이 오히려 불행을 낳고, 불행이 행으로 변하는 반전 드라마가 많다. 인과관계에서 일탈된 구조다."

## 동과 서가 반전되는 꼬부랑길의 서사구조

편집자는 이 대목에서 궁금증을 참지 못하고 질문을 하지 않을 수 없었다.

**Q** 꼬부랑 할머니 이야기가 나오기 전에 쓰신 글이잖아요. 그런데 결국 이 '행'과 '불행'의 반전 이야기 그게 바로 꼬부랑 할머니의 이야기 구조가 아니겠습니까. 그렇다면 이미 그때부터 그 이야기에 대한 생각을 하고 계셨다는 뜻인데요.

**A** 맞아요. 이미 나는 1980년대 《한국과 한국인》 시리즈 6권을 출간한 당시 심청전을 분석하는 자리에서 자세히 논했던 적이 있습니다. 행이 불행을 낳고 불행이 행복을 낳는 새옹지마형 줄거리로 심청전의 플롯을 추출한 것이지요. 꼬불꼬불한 꼬부랑 고갯길을 한번 생각해보세요. 동으로 한참 가다가 길이 꼬불하고 구부러지면(轉) 방향이 반대편 서로 향하게 되지요. 그러다가 다시 또 길이 꼬불하고 턴하면 이번에는 도로 동쪽으로 향하게 됩니다. 꼬부랑 할머니의 고갯길을 이야기 줄거리로 옮기면 바로 심청전이 되는 것이지요. 애가 없다.(불행) 애가 생기다.(행) 애를 낳고 산모가 죽는다.(불행) 이러한 반전에 반전이 이어지다가 드디어 공양미 300석에 심청이가 몸을 팔고 인당수에 빠져 죽는다. 불행에서 이야기는 끝나야 하는데 물에 빠져 죽었기 때문에 거듭나서 도리어 심황후가 되고(행), 심봉사는 가진 고생 끝에 맹인 잔치에 나가고(불행), 거기에서 죽었던 딸과 재회하여 눈을 뜹니다.(행) 우리 한류 드라마의 결말이 다 그래요. 죽은 것으로 되어 있던 사람이 살아서 이야기가 꼬부랑길로 빠지지요.(웃음) 〈겨울연가〉가 그렇고 〈별에서 온 그대〉가 그래요.

**Q** 비관적 낙관주의자. 늘 위기, 위기라고 하면서 또 위기는 기회라고 외치죠. IMF의 환난 때도 그랬지요. 온 국민이 반지 빼고 그렇게 하다가 수치스러운 환란을 자랑스러운 이야기로 반전시켰지요. 그게 다 꼬부랑 고갯길을 넘어가는 한국인 이야기네요.
**A** 꼬부랑 지팡이가 있었던 거죠. 이야기하면 길어지지만 그것은 인공적으로 똑바로 깎은 단장이나 손오공의 여의봉 더더구나 서양 마녀가 타고 다니는 빗자루도 아니지요. 노자가 이야기하는 자연 그대로의 나무, 박(樸)이지요. 꼬부랑 할머니가 삼신할머니가 되면 꼬부랑 지팡이는 탯줄을 가르는 은가위가 되는 거구요.

마술을 보는 것 같았다. 어느새 노자의 그 말썽 많은 대목 '통나무를 쪼개면 그릇이 된다(樸散則爲器)'의 박나무가 삼신할머니의 손에 들려지고 그 박이 다음에는 박완서의 산바가지의 박으로 이어진다. 음도 똑같은 박이요 박을 쪼개면 그대로 그릇. 아기가 나온다. 지붕에까지 박을 올리는 하늘 농장. 기막힌 박완서의 산바가지 이야기의 마지막 대목을 읽어보자.

현대인은 많은 것을 얻고 그 대신 또 많은 것을 잃었다. 그것을 '트레이드 오프rade off'라고 하는데, 그중 잃어버린 목록의 하나가 바로 '이야기'일 것이다. 옛날에는 '이야기 자루'라고 했는데, 시간이 흐르면서 그것은 '이야기 보따리'가 되고 다시 줄어 이제는 '이야기 주머니'라고 한다. 자루에서 주머니로 말이다. 나의 한국인 이야기도 그렇게 될까봐 겁이 난다. 그동안 성원해주신 모든 분께 거듭 감사드리면서 몇 달 뒤에 다시 만나게 되기를 빈다.

## 별자리처럼 이어진 글, 하늘의 하이퍼텍스트

이미 글을 끝마치는 글 안에 미래에 대한 징조가 보인다. 병환에 대한 것도 책을 출간해야만 되는 이유까지. 본인 자신만이 아니라 당시 글을 끝내고 신문과 잡지에 인터뷰한 기사를 보면, 10년 뒤에 출간될 이 책과의 연결고리가 더욱더 선명하게 보인다. 영화로 치면 10년 전 77세에 쓴 희수의 글들은 88세의 미수에 출간된 '한국인 이야기', 《너 어디에서 왔니》의 탄생 이야기의 예고편이었던 것이다. 노컷 판 한국인 이야기를 책으로 엮어 다시 재독할 기회를 마련하게 될 것이라는 말이 10년 뒤에야 이루어질 줄 본인은 물론 어느 독자가 알았겠는가. 그리고 "그 하찮아 보이는 화소話素들이 실은 서로 결합·증식·변종이 되면서 네트워크를 형성하는 이야기 바이러스 혹은 이야기 DNA라는 사실을 알 수 있을 것이다"라는 대목은 그냥 지나쳐서는 안 된다. 앞글에서 예시된 글들은 이 책(탄생)에는 게재하지 않은 것이어서 독자들은 무슨 이야기인지 갈피를 잡기 힘들겠지만, 이야기들이 서로 하이퍼 텍스트로 이어진다는 것을 실증적으로 보여준 것이 탄생 편의 편집에 그대로 반영되었기 때문이다. 모든 글을 화소별로 분절하여 01, 02, 03 식으로 번호를 달아 놓은 것이 그 이유다. 처음에는 편집자들도 그 의도를 파악하지 못해 여러 번 시행착오를 겪었지만, 그래야 첫 고개에서 한 화소 01이 다섯째 고개의 화소 06과 연결되고 그것이 마지막 열두 고개에서 매듭을 짓는다. 거미줄처럼 단어 하나하나가 이야기의 요소 하나하나가 유기적으로 연결되었기 때문이다. 전12권이 완결될 경우 전권이 이런 부호로 연결되어 첫 권이 하나의 텍스트로 이어지는 웅장한 파노라마가 전개될 것이다.

**Q** 마지막 대목에서는 아무래도 직접 설명이 필요할 것 같은데요.
**A** 입춘대길과 대동아공영권 그리고 패니 양이니 하는 이야기들은 초등학교 들어가서 한자를 배우던 때의 내 이야기 가운데 나오는 것이라 탄생 첫 권에서는 아직 등장하지 않은 이야기들입니다. 사실 탄생 편에서는 나들이 고개 이후부터 내 이야기가 나오지요. 왜냐하면 태어나서 세 살 때까지는 거의 아무것도 기억할 수 없기 때문이지요. 다만 하이퍼 텍스트의 구성에 대한 이야기는 탄생의 첫 권에서도 그대로 적용되는 이야기입니다. 책에 나오는 단어나 한 토막 이야기를 별이라 생각해보세요. 책에 쓰인 글들은 그 별들 하나하나가 모인 은하계 혹은 별자리들이라 할 수 있지요. 서로 홀로 떨어져 있지만 그 별들은 서로 이어져 별자리를 만들고 그 별자리에서 이야기가 탄생합니다. 아니지요. 이야기에서 흩어져 있던 별들이 서로 이어져 별자리를 만들어가는 것이지요. 그것이 북두칠성이요, 대웅좌, 카시오페이아좌, 오리온좌 같은 그리스의 신화를 낳은 성좌의 이야기들인 게지요.

갈 길이 멀다. 우리가 묻기 전에 이미 남들이 너무나 많은 질문을 한 기사들이 만재해 있다. 비상수단을 쓸 수밖에 없었다. 그들의 질문에 끼어들어 재구성하면 된다. 여기저기 흩어진 인터뷰 기사들을 주제별로 나누고, 그 사이사이에 새로운 질문을 던져 하나의 인터뷰 형식으로 칵테일하자는 것이다. 칵테일 인터뷰라는 말에 저자는 언짢은 표정을 지었지만, 이왕 나간 글들은 인터넷에서 검색이 가능하다는 전제 하에 동의를 구했다.
'한국인 이야기'를 첫 장을 끝내고 《중앙일보》와 인터뷰(2009년 5월 12일자) 가운데 중요 골자를 중심으로 재구성해보자.

**Q** 얼마 전 문화체육관광부 장관 한 분은 선생을 가장 존경한다고 했고, 저널리스트 오효진 씨는 '5,000년 역사상 이렇게 괴물 같은 창조적 인물은 없었다'고 했는데, 천재라는 칭송을 들으면 기분이 어떠십니까.
**A** 고맙고 과분합니다. 하지만 제가 듣고 싶었던 것은 나에 대한 찬사보다는 서로 나누는 감동이었어요. 군대가 사기를 먹고 산다고 하듯이 글 쓰는 사람은 공감을 먹고 삽니다. 저에게 독자란 함께 공감을 나누는 동반자지요. '감동'을 한자로 써보세요. 사람은 느껴야(感) 움직(動)입니다. 에너지가 부족해서 언제나 배가 고프고 그래서 또 이렇게 글을 씁니다.

**Q** 절대고독을 여섯 살 때 느끼셨다면 조숙하셨네요.
**A** 오히려 철이 안 들었던 것이지요. 철이 일찍 들었더라면, 권력이나 돈이 중요하다는 것을 알고 그런 터무니없는 문제로 고민하지 않았을 것입니다. 피난 시절에 2~3일 굶은 적이 있었는데 배고픈 것보다 인간이 배고프면 짐승처럼 된다는 게 더 분하고 슬펐어요. 아무리 거룩한 체해도 굶으면 쥐나 돼지나 똑같아진다는 그 모멸감, 그걸 알았죠. 동시에 그들과 내가 같은 생명체로 연결되어 있구나 하는 것도 동물에만 걸리던 바이러스가 사람에게도 옮기는 그 재앙을 통해서 우리는 우리가 모르던 생명권에서 살고 있다는 것을 발견하게 됩니다.

**Q** 참여문학에서 출발했지만 나중에 참여문학의 문제점을 비판하셨죠. 정보 사회를 찬미했지만, 요즘은 그 문제점을 지적하고 있고요. 남보다 먼저 뭔가를 찾아내고 그걸 긍정하지만, 이내 그 문제점도 먼저 발견해 고뇌하는 게 선생의 원래 모습입니까.
**A** 작가란 지우개 달린 연필이지요. 쓰고 지우고 지우고 쓰는 것이 업입니다. 저는 하나의 신념에만 매달려 살아가는 사람이 제일 두려워요. 그들에게는 벽이 보호장치로 보이겠지만 저는 벽이 장애물로 보이거든요. 벽

은 넘기 위해서 존재하는 것이지요. …… 산업화는 뒤졌지만 정보화는 앞서가자는 것이 제 신념이었지만 신체성을 상실한, 눈과 귀와 머리만 갖고 살아가는 사이버 세계의 허상을 경험하면서 '디지로그'의 세계를 주장하게 된 것이지요.

인터뷰 끝부분이 바로 기회라고 생각했다. 탄생이란 바로 인간의 생명만이 아니라 모든 생명의 탄생을 의미한다. 동시에 모든 탄생은 곧 죽음을 품고 있다. 한 살 때부터 늙는다는 말이 있듯이 탄생과 함께 죽음도 함께 태어나는 것이다. 생명의 이야기로 뛰어들자.

## 생명 '조이'와 '비오스'의 두 갈래길

**Q** 원래 '한국인 이야기'는 디지로그 다음 신문에 연재된 것인데 결과적으로는 《생명은 자본이다》 다음에 출간되었습니다. 집필 당시와 이번 한국인 이야기에는 자연히 생명에 대한 의식의 차이가 생기지 않았는가. 그 변화 과정이 궁금합니다.

**A** 후기 정보화 시대를 생명화 시대로 추정하고 글을 쓰기 시작한 것은 21세기 밀레니엄 행사 때부터입니다. 다만 내가 변화한 것이 아니라 스마트폰을 비롯해 인공 지능과 바이오 기술 등 급속도로 환경이 변화되었지요. 그런데 사람들은 광화문 촛불 시위에 대해서는 많이 이야기하지만, 바로 그곳에서 인류의 삶에 변화를 가져올 알파고와 이세돌이 바둑을 둔 '한국인 이야기'는 별로 듣지 못했어요.

**Q** 이 책에서는 그 구체적인 이야기가 빠져 있는데요. 10년 동안 일어난 생명 의식의 변화에 대해 간단한 설명이라도 필요하지 않을까요.

**A** 예. 다음 '한국인 이야기'로 발간될 《알파고와 함께 춤을》에서 다루게 될 것이라 이 책에서는 그냥 지나쳤지요. 간단한 키워드로 말하자면 그리스어에는 생명을 나타내는 말에 태어나서 죽는 개별의 생명 비오스BIOS와 모든 생명체를 이어가는 영원한 생 조이ZOE가 있지요. 요즘엔 이러한 구

별이 사라졌지만, 처음 '한국인 이야기'를 쓸 당시에는 비오스의 개념(오늘의 바이오)이었는데,《생명은 자본이다》이후에는 조이의 개념으로 기울게 됩니다. 한국인 이야기를 탄생 이후부터 삶이 아니라 태내에서 시작한 것이 바로 그 실증적인 예입니다. 조이는 동물원(zoo)이라고 할 때는 남아 있고, 비오스만 남아 바이오 시대를 구가하는 것부터 서양 문명의 흐름을 읽을 수 있는 것이지요. 잃어버린 영원한 생명 그 개념을 다시 복원하고 동양의 생명관과 결합한 것이 '한국인 이야기'의 상징이 될 것입니다. 개별의 생을 뛰어넘은 영원의 생, 그것이 어머니의 모태에 있는 태고의 '바다' 이야기이고 그것은 곧 꼬부랑 지팡이를 짚고 열두 고개를 넘는 할머니의 이야기로 끝없이 이어져가는 거지요.

이제야 '한국인 이야기'의 전체 윤곽이 잡힌다. 곳곳에 등장하는 바다 이야기, 생일날 먹는 미역국, 어머니가 만들어주신 김자반의 시, 그것들이 생명의 태를 이어주고 가르는 삼신할머니의 제주도 본굿 이야기와 연결된다. 그리고 그 인터뷰에 다시 등장하게 되는《흙속에 저 바람속에》의 기침소리와 합류한다.

**Q** 1963년에 연재하신《흙 속에 저 바람 속에》는 한국의 전통 가치에 대한 비판이었죠. 지금 연재하는 '한국인 이야기'에서는 긍정과 자부심이 느껴집니다. 어떻게 쓰실 겁니까.

**A** 긍정도 부정도 아닙니다. …… 옷을 찢는 것이 아니라 가슴을 찢는 글을 써야 하는데 우리는 겉모양의 옷무늬에만 매달리는 일이 많아요. 작은 것들 속에 잠자는 것들, 묻혀 있는 사건이 아니라 묻혀 있는 생각, 누구나 알고 있으면서 말하지 않았던 것들 말입니다. 양말을 뒤집어보세요. 그동안 우리가 얼마나 겉무늬에 속고 살았는지, 무늬가 아니라 양말을 짠 실들의 숨은 구조가 보일 것입니다. 실밥도 뭉쳐 있어 어지럽고 매끄럽지가 않아요.

**Q** 정신과 의사들은 인간의 무의식을 드러내 치료한다던데, 한국인의 무의식을 끄집어내려는 겁니까.

**A** 무의식까지 갈 것도 없어요. 손전등을 갖고 깜깜한 방을 비추면 그 빛이 비치는 데만 보이잖아요. 각도를 틀면 전혀 다른 것, 안 보이던 곳이 보이죠. 기차 타고 갈 때 우측에 앉으면 우측 풍경만 보이고 좌측에 앉으면 좌측 풍경만 보여요.

**Q** 읽고 나면 치유되는 게 있나요.

**A** 치유된다, 안 된다는 읽는 사람에 달렸지만 적어도 '아하 그랬구나' 하는 '아하 체험'을 주고 싶어요. 새로운 지식이 아니라 이미 알고 있었던 냇물 속에서 고기를 낚는 것 같은 거 말이죠. 명 연주자는 '피아노를 치는 게 아니라 피아노에서 음을 끌어낸다'고 하는데 그렇게 '한국인 이야기'를 썼으면 합니다. 아직 사용하지 못한 한국인의 잠재력을 꺼내서 우리 손자들이 연주하도록 말이지요.

마지막으로 '한국인 이야기'에 대한 《월간중앙》의 인터뷰 기사로 가본다. 10년 전 당시의 목소리가 고스란히 담긴 타임머신을 탄 것 같은 느낌이 든다.

## 한국인이라는 의미

**Q** 전 생애를 정리하시는 연재물을 시작하시며 제목을 '한국인 이야기'라고 하셨습니다. 깊은 뜻이 숨어 있을 것 같은데요.

**A** 예를 들어 시오노 나나미가 《로마인 이야기》를 '로마 이야기' 또는 '로마 흥망사'라고 했다고 생각해보세요. 그러면 자연히 인간 개개인이 주체가 아니라, 국가나 역사가 중심이 됐을 것입니다. '사람 인ㅅ' 자가 빠지면서 이야기의 중심에서 사람 냄새가 없어지는 것이죠. 그런데 '로마인 이야기'라고 하면 우리처럼 한 시대를 살아간 로마 사람들의 피가 통하고 살결 냄새의 이야기를 풍깁니다. 그렇게 되면 아주 옛날 우리와 아무 관계가 없었던 로마 시대 이야기가 시공간을 뛰어넘어 가깝게 다가오게 되죠.

이 대목에서 또다시 '로마인 이야기'가 등장한다. 당시 시오노 나나미의 《로마인 이야기》가 한국의 독서계에 선풍을 몰고 온 이유만이 아닐 것이다. 이상하게도 그동안 '한국인 이야기'라는 제목으로 나온 책은 없었다. 《로마인 이야기》를 읽는 한국인, 그런데 한국인 이야기를 읽는 한국인은 어디에 있는가. 이때 그에 답이라도 하듯이 한국인 이야기가 연재된 것이다. 과연 저자는 '로마인 이야기'를 어느 정도 의식했을까. 어느 정도의 영향을 받았을까. 궁금한 질문이다. 그래서 기존 인터뷰 기사에 편집자의 새로운 질문을 덧붙여 합성했다.

"국가나 민족이 아니라 생명의 단위로서 인간을 이야기하고자 했기 때문에 자연히 시작을 태내, 즉 태생부터 쓴 것이죠. 영웅hero의 이야기가 아니라 우리 모두가 태어난 제로zero 상태에서 시작해보자는 것이지요. 그런 점에서 시오노 나나미의 '로마인 이야기'만 해도 영웅 중심의 흔한 역사로 제로(영도의 지점)에서 시작하는 이야기라고는 할 수 없지요. 바이블이나 신화 말고 서양의 역사 기술에서는 인간이 태어나기 이전부터 다룬 것은 거의 없습니다. 'unborn'과 'born'으로 구분하죠. 미국의 경우가 그렇습니다. 미국은 대표적 출생지 중심 국가입니다. 부모가 어느 나라 사람이든 미국 땅에서 낳으면 미국인이 됩니다. 한국인 엄마 배 속에 있는 아기는 미국인이 아니지만, 미국 땅에서 태어나는 순간 미국인이 되는 것이죠. 그렇다면, 엄마 배 속에 있는 아기는 한국인입니까? 미국인입니까? 결국 국적이란 것도 인간이 법적으로, 인위적으로 만든 것이지 생명의 핏덩어리로 봤을 때는 의미가 없다는 것이죠. 생명의 시작을 태내로부터 본다면, 오늘날 우리가 믿는 한국인이란 것도 절대적인 것이 아니라는 얘기죠. 그렇기 때문에 나는 '한국인 이야기'를 쓰며 태어난 이후와 태어나기 이전의 세계를 단절하지 않고 연속적인 것으로 보았던 것입니다. 소설가 장용학의 소설에 나오는 말처럼 '나는 한 살 때에 났다'라고 말한 사람들의 이야기인 게죠. 재미가 있든 없든 '한국인 이야기'는 한국인이 아닌 이야기와 어떤 차이가 있는가. 거기에 초점을 둔 것입니다. 엄격한 의미에서 역사가 아니라 문명론, 생명론이지요."

한국인이라는 개념 그리고 '한국인 이야기'라고 할 때 그 이야기가 무언가를
밝히는 중요한 대목이다. 한마디로 저자는 "우리는 한국인으로 태어난 것이
아니라 한국인으로 되어가는 것이다"라는 말로 자신의 입장을 밝힌 바 있다.
한국인은 완성된 고정 관념이 아니라 생성해가는 어쩌면 영원히 완결될 수
없는 개념이라고 생각하고 있는 것 같다. '한국인'이라는 말이 언제 생겼는
지 조선 사람이라고 할 때와 무엇이 다른 것인지. 새롭게 질문을 해봤다.

**Q** 순서가 바뀐 것 같은데 '한국인 이야기'의 그 한국인이라는 호칭인데
요. 한국인이라는 말을 어떻게 정의해야 할까요?
**A** 중요한 질문이네요. 누군가 초상집에 가서 실컷 울고 나서 그런데 "누가
돌아가신 겁니까"라고 물었다는 썰렁한 유머가 있는데, 사실 우리가 그래
요 한국인에 대한 정의를 아무도 명확하게 못 내려요. 함재봉 교수의 역저
《한국 사람 만들기》에서 조사한 데이터가 있어요. 한국이란 호칭이 최초
로 등장하는 곳은 1897년 12월 2일자 《독립신문》이라고 합니다. 10월 12
일 '대한제국'이 선포된 직후였지요. '조선'이란 국호를 더 이상 사용하지
않게 되자, '조선 사람'을 대신할 호칭이 필요했다는 겁니다. '한국 사람'
은 갓 수립된 '대한제국'의 국민을 호칭하기 위한 신조어였던 거죠. "하지
만 《독립신문》은 1899년 12월 4일 폐간되기 전까지 '한국 사람'을 '조선
사람' '조선 인민' '대한국 인민' '대한 신민' '대한 백성' '대한 인민' '대한
사람' 등의 명칭과 혼용하여 간헐적으로만 사용하였다"는 것입니다 그러
다가 한일 병탄 이후에 '한국 사람'은 다시 자취를 감추고 〈3·1 독립선언
서〉에도 "오등은 …… 조선인의 자주민임을 선언하노라"라고 되어 있지
요. 1923년 《동아일보》에 연재되기 시작한 춘원 이광수의 소설 〈선도자〉
에서 잠시 한국 사람이라는 말이 등장하지만, 같은 시기 일반 기사에는
'조선 사람' '조선인'이란 호칭이 주로 사용된 것으로 조사되어 있습니다.
함 교수의 결론에 의하면 '한국 사람'이란 용어가 보편화되기 시작한 것

은 1949년부터라는 겁니다. '대한민국'이라는 신생국이 설립되면서, 새 나라의 사람들을 호칭하기 위해서 생긴 말이라고 결론을 내린 것이지요. 놀라운 말인데 《조선일보》에는 '한국 사람'이란 표현이 1962년 9월 22일 기사에 처음 나타난다고 해요. 그러니까 '한국 사람'은 20세기 후반에 만들어지기 시작한 새로운 인간형이라는 것이 함 교수의 결론입니다. 나도 전적으로 동의합니다. 한반도에 일찍이 오늘과 같은 한국인은 전에도 아마 후에도 존재하지 않으리라고 생각해요. 대한민국 정부가 수립된 후 오늘에 이르는 산업화 정보화의 시대에 살아온 사람들 경제적으로는 80달러의 최빈국에서 탈출하여 유일하게 세계 10위권의 경제 대국, 정보 대국을 이룩한 사람들을 의미하는 것으로 보면 됩니다. 하지만 문명의 흐름으로 본다면 몇천 년의 역사 가운데 처음으로 바다를 알고 랜드 파워와 대응되는 씨 파워의 조류를 탄 사람들이지요. 다만 좁은 의미의 그 한국인이지만 그 집합 기억 속에 잠재된 단군 때부터 오늘에 이르는 '옛날이야기'를 공유하는 사람을 뜻하지요. 이야기 속의 한국인은 대한민국의 역사 속 한국인보다 훨씬 오래된 꼬부랑 할머니의 옛날이야기 속에서 사는 사람, '호모 나랑스'인 것이지요. 역설적으로 100년도 안 되는 한국인 그러면서도 선사 시대 이전의 수백만 년 전 채집민으로서 한국인입니다.

한국인의 정의가 끝났으니 당연히 이번에는 '이야기'란 무엇이냐의 마무리 질문이 따라올 수밖에 없다. 이미 앞서 인터뷰와 본인의 서문에서 쓴 글에서 띄엄띄엄 언급된 바 있지만 종합적으로 정리한 질문이 계속된다.

**Q** 이 고문은 "도서관에 가면 수천 권, 수만 권씩 있는 책에 한 권 더 보태려고 이 글을 쓰는 것이 아니다. 이번 '한국인 이야기'는 내 20대의 젊은 날의 생각을 담은 《흙 속에 저 바람 속에》에서 시작된 문제들 나는 어디에서 왔는가 묻다 보니 생태학자들이 말하는 것처럼 생명의 기원인 태고의 바다 어머니의 양수에서 시작된 것이라고 한다. 그런데 사람들은 그것을 그저 과학 이야기로 안다고 씁쓸한 표정을 지었다. 시와 과학이 만나

자신이 기억할 수 없는 태내 생활의 탐색을 시작하게 된 것이란 설명이다. 과학 이야기와 옛날이야기는 서로 다르지 않은가.

**A** 길가는 사람한테 "당신 예전에 물고기였지?"라고 말하면 아마 뺨을 맞을 겁니다. 하지만 생물학자들의 말이 거짓이 아니라면 우리는 어머니의 바다(양수) 속에서 20억 년을, 더 올라가면 40억 년 가까운 생물 계통 발생 과정을 단 10개월 만에 치러냅니다. 과학 이야기나 신화나 다를 것이 없어요.

"당신 예전에 곰이었지"라고 말해도 마찬가지다. 신화의 관점에서 보면 우리는 동굴 속의 곰이었지만, 생물학적 이야기로 하면 바다에 떠 있는 작은 미생물이었죠. 내가 이 세상에 태어났을 때는 '한국인'이라는 말을 들어본 적도 없었지요. 우리는 한국인이기 전에 먼저 인간이었고, 인간이기 전에 원숭이와 도롱뇽과 그리고 바다의 물고기였습니다. 신화나 전설에 의하면 우리는 곰이었고 하늘에서 내려온 우주인이었던 것이지요. 동시에 이제는 동서양 할 것 없이 남자는 아담 여자는 이브라는 이야기가 지배하고 있구요. 그게 종교이든 신화나 전설이든 '이야기' 속의 우리는 모두가 현실의 나와는 다르다는 점이지요.

**Q** 과학을 하나의 이야기로 보면 느낌이 정말 달라지네요. 어머니의 양수 속에 그처럼 바다 이야기가 숨어 있다는 것이 신기하네요. 고문께서 '탄생의 비밀'을 이야기하시며 "어머니 몸 안에 바다가 있었네"라고 하셨던 것도 결국 그 때문이군요.

**A** 그렇습니다. 흔히 우리는 '생명의 땅' '어머니의 땅'이라고 합니다. 우리 생명의 어머니란 얘기죠. 지모신地母神이란 말이 그렇지요. 하지만 화석이 남기고 간 지질학이나 고생물학의 이야기 속에서는, 태초의 어머니는 땅이 아니라 바다였습니다. 흙이란 것이 태초부터 있었던 것이 아니거든요. 원래 지구가 탄생할 때의 모습은 뭍에는 바위와 모래뿐이지 유기물인 흙은 없었던 거죠. 달나라처럼 생물체가 없었지요. 그러니까 지구를 사과에 비교하면 뭍의 생명체는 사과 껍질만한 유기질의 토양 위에서 그것을 파

먹고 살아가는 것입니다. 바다에 살던 생명체가 강을 타고 육지로 올라왔다가 죽은 시체가 흙이 된 것입니다.

Q 참 시적이네요. 흙 한 줌이 바다에서부터 시작되었다는 말. 흙에서 낳아 흙으로 돌아간다는 말이 실은 바다의 거품에서 낳아 바다의 거품으로 돌아간다는 말이 되는 거잖아요.
A 모태 귀환. 그런 점에서 과학 이야기는 종교 이야기인 창세기와 충돌이 아니라 오히려 상호 보완 작용을 하는 이야기의 구조가 되는 것이지요. 고생물학자들이 화석이나 그 흔적을 통해서 몇억 년 전의 지구를 재생할 수 있듯이 우리 역시 말과 옛 이야기의 분석을 통해서 기억할 수 없는 자신의 탄생 전 태아의 생을 상상하고 체험할 수 있는 것이지요. 아기를 낳자마자 미역국부터 먹는 한국인의 어머니는 자연의 지혜를 알았던 것이지요. 산골에서 살아도 산모는 꼭 바다에서 따온 미역국을 먹습니다. 일본 사람은 섬나라에서 살면서도 미역과 출산 문화와는 아무런 연관이 없습니다.

Q 몇 년 전에 기독교에 귀의하신 것으로 아는데요. 이러한 태초관, 또는 우주관은 창세기의 창조 신화와 배치되는 것 아닙니까?
A 아, 지성과 영성에 대한 얘기는 '한국인 이야기' 맨 마지막 권에 나오니까 그때까지 참아주세요. 여기에서 미리 조금만 얘기를 하면, 과학자들은 아까 말한 태고의 바다의 파도가 바위와 부딪히면서 우연히 생명이 나타나게 되었다고 하지만 과학이 우연에서 시작한다는 것이 말이 됩니까. 그 우연에서 이 모든 도시와 인간 그리고 삼라만상의 생명들이 생겨났다면, 과학은 합리적이 아니라 오히려 로또 복권이 백만 번 당첨되는 운(비합리)을 믿는 것이지요. 과학은 현상만을 이야기할 뿐 왜에 대해서 무엇인가에 대해서는 해명하지 못합니다. 과학자의 분석은 단지 하나님(우주를 만들어낸 질서와 생명의 본질)의 설계도를 읽는 방법의 차이에서 생겨난 것이라고 봐요. 종교적 해독법과 과학적 해독법이 서로 다르지만 해독하는 지구 생명은 엄연히 존재하는 하나인 거지요.

## 신화와 과학이 하나 되는 이야기 세상

**Q** 고문께서 쓰신 글 중에 신화와 과학이 결국 같은 이야기를 한다는 대목이 있습니다. 창조설과 다윈의 진화론이 결국 같은 이야기로 수렴할 것이란 것도 비슷한 맥락에서 이해할 수 있을 것 같네요. 글을 쭉 읽으면 생명의 근원으로서 아버지보다는 어머니를 더 많이 이야기하고 계신 것 같습니다.

**A** 여성에게는 모계로만 이어지는 미토콘드리아 유전자가 있습니다. 남자 유전자는 난자와 정자가 합쳐질 때 지워져버립니다. 물론 최근의 연구 결과로 밝혀진 것이지만, 외갓집 나들이의 이야기에서도 밝혔듯이, 본능적으로 어렸을 때부터 눈치챘던 것이지요. 나는 이 책에서 나들이 고개에서 처음으로 내 기억 속에 있는 이야기를 하게 됩니다. 어머니, 아버지 그리고 누나와 첫 나들이를 한 기억들이지요. 그 이야기 속에 어머니와 아버지가 극명하게 대조를 이룹니다.

여기에서 다시 되풀이하지 않겠지만, 《태교신기》의 이야기만은 다시 되새겨보고 싶군요. 서구의 아버지관과 대조를 이루기 때문이지요. 첫 장에 나오는 이야기로 "아비가 씨를 주고, 어미가 기르고, 스승이 가르친다(父生之, 母育之, 師敎一也)"는 대목이지요. "훌륭한 의사는 병나기 전에 손 쓰고, 잘 가르치는 자는 낳기 전에 가르치므로, 스승 10년의 가르침이, 어미 열 달 배 안의 가르침만 못하고, 열 달 어미의 가르침 또한 아비 하룻밤의 씨를 줌만 같지 못하다(善醫者, 治於未病, 善敎者於未生, 故師敎十年未若母十月之育, 母育十月未若父一日之生)"라고 한 것입니다. 가르침 중 가장 근본이 되는 가르침은 태교이며, 태교보다 더 중요한 것은 아기를 가질 때 아비의 올바른 마음이라 한 것으로 아버지의 역할을 어머니보다 더 중하게 본 것입니다. 바르지 않은 마음에서는 그른 피밖에 나올 수 없음을 매섭게 밝힌 것입니다.

태내 생명보다도 더 앞서 생 그 자체에 아버지의 정신과 교육이 결정적 역할을 한다는 이 이야기는 고리타분한 것이 아니라, 쾌락주의적 성과 생명주의의 성이 어떻게 다른지 그 근본에 대한 물음인 것입니다. 이미 밝힌 대로 아이의 성격은 수정 시 환경과 마음에 따라 결정된다는 연구가 이뤄졌다는 것을 보아도 그 의미를 알 수 있을 것입니다. 현재 인간의 캐릭터는 아버지의 하룻밤 마음가짐과 연결된다고 생각하면 뭔가 이해가 됩니다. 순혈주의나 혈통주의를 왜 그렇게 목숨 걸고 따졌는지 말입니다. 사생아의 문제가 왜 그렇게 사회 문제를 일으키고 많은 소설 속에서 다뤄져 왔는지 현실 세계에서는 몰라도 이야기 세계에서는 여전히 유효한 문제일 것 같습니다.

잘 읽어보면 '한국인 이야기' 달래 마늘의 향기에서 우리 아버지들은 어디로 갔나라는 글이 있지요. 도끼와 호미 학교에 들어가는 순간 어머니를 떠나 아버지 세계로 들어갑니다. 그것이 히노마루의 일장기이며 식민지 사회에서 아버지 잃은 우리의 슬픔이었지요. 줄곧 우리 아버지 어디로 갔나 하는 이야기가 전개되는 것이지요. '한국인 이야기'는 바로 실종된 아버지 찾기의 이야기라고 생각하면 되지요. 신화의 유형을 보아도 어머니로부터 탄생하여 아버지를 찾아다니는 것이 많아요. 유명한 오디세이의 텔레마코스의 이야기가 그렇지 않습니까. 그런데 《태교신기》에 결정적인 대목이 나와요.

Q 글 중 재미있었던 것이 '달래 마늘의 향기' 이야기입니다. 단군 신화에 등장하는 웅녀가 사실은 마늘이 아니라 '달래 마늘'을 먹었다는 것이 기억에 남습니다.

A 쑥은 지금도 재배 식물이 아니라 자생하는 풀로 인간이 채집 시절에 식용의 나물로 먹은 것이지요. 풀을 먹는 순간 그것은 야생의 풀의 상태에서 인간의 풀 즉 나물이 되지요. 자연에서 문화의 상태로 말이지요. 곰이 인간이 된다는 것은 바로 풀이 나물이 된다는 것이 아닙니까. 그렇게 보면 쑥 것과 대비가 되는 매운 것의 대표 나물로 달래가 나오는 것이 자연스럽지요. 나만이 아니라 그렇게 보려는 사람들이 전통적인 인문학자가 아닌 인터넷의 블로그에서도 제기되고 있습니다.

항상 새로운 발상은 주류가 아니라 비주류의 변두리에서 만들어지는 경우가 많습니다. 고정관념과 편견이 덜하기 때문입니다. 그것이 정사보다 야사를 읽는 재미고요.

**Q** 결국 '달래 마늘의 향기'를 통해 채집 시대의 한국인을 얘기하고 싶으셨단 말씀입니까?

**A** 그렇습니다. '탄생의 비밀'이 태내의 생명 이전의 세계를 다뤘다면, '달래 마늘의 향기'는 곰이 인간이 되는 이야기, 농경 시대 이전 채집 시대의 한국인을 이야기하고자 했던 것입니다. '소금장수 이야기'는 농경 시대의 '한국인 이야기'를 하고자 했던 것이고요. 이제 이야기가 산업화 시대, 즉 정치적으로 보면 식민지 시기가 되고 문명사의 측면에서 보면 농경 문화에서 산업 문화로 넘어가는 경계선에 바로 일제 강점기가 있었던 것이지요. 역사를 문명사, 문화사, 생활사로 보면 좀 더 다양하게 보일 것입니다.

## '심봤다'의 외침 속에서 찾은 새로운 글쓰기

'달래마늘의 향기 이야기'에서 편집자는 제정신이 들었다. 애초의 인터뷰 자리로 돌아올 생각을 하게 된 것이다. 호랑이 잔등이에 올라탔다는, 이야기 함정에 빠졌다는 본래의 화두로 되돌아올 기회를 잡은 것이다.

**Q** '달래마늘의 향기'가 원래 이 첫째 권의 표제라고 하셨는데, 왜 수렵 채집 문화에 대한 테마를 잡은 것이 호랑이 잔등이에 올라탄 것이라고 생각하신 것인지요. 그리고 함정에 빠졌다고도 했습니다. 일곱 번이나 포기한 끝에 이번에 출간을 결심하게 된 이유는 무엇인지요. 잡초밭에서 달래마늘을 찾으셨다는 말씀인가요.

**A** 그게 달래 마늘이 아니라 산삼이었지요. 정말 우연입니다. 일곱 번째 원고를 다시 버리려고 하다가 인터넷에서 '심봤다'라는 기사를 보고 가슴이 뻥 뚫린 거지요. 나야말로 그 기사를 보고 '심봤다'라고 크게 외쳤으니까요.

그 기사란 《중앙일보》 한윤식 기자가 22살부터 43년간 2대째 심마니로 생활하고 있는 박용태 씨를 취재한 글이다. 산삼을 캐는 사람들인 심메마니(일명 심마니)들이 산삼 발견 때 외치는 '심봤다'의 뜻을 알기 위해서다. 일반적으로 알려져 있는 것과 달리 '심봤다'는 산삼을 발견하고 기분 좋아 외치거나 산신령한테 고마움을 표하기 위한 것이 아니라 산삼을 배분하기 위한 하나의 엄격한 규율을 담은 소리라는 것이다. 옛날 산삼을 캐러 떠날 때는 최하 5명 이상이 같이 움직였는데 오야지(대표)는 나머지 심마니들을 사람과 접촉이 없는 곳에서 약 1주일간 재운 뒤 함께 일을 시작했다. 그리고 산삼을 캐러 떠날 때는 캐낸 몫을 나누는 방법을 미리 정하게 되는 데 이를 두고 '원앙메(모듬)'라고 하고 먼저 발견한 사람이 독차지하는 것을 '독메(강메)'라고 한다.

'독메'일 경우 산삼을 발견한 사람이 '심봤다'를 세 번 외치게 되면 다른 동료들은 행동을 멈추고 그 자리에 엎드려 옴짝달싹하지 않고 숨을 죽이고 있어야 한다. 그 후 처음 발견자가 자기 시야에 들어 온 산삼에 표를 한 뒤에 동료들에게 '산삼을 캐시오' 하고 알리면 동료들은 표시가 안 된 산삼만을 찾아 자기의 몫으로 갖게 된다. 그중에 한 명이 산삼을 발견하면 또 '심봤다'를 외치게 된다. '심봤다'는 이처럼 산삼을 찾는 순서를 정하는 규율인 것이다.

그와 반대로 '원앙메'일 경우는 일행 중 누가 산삼을 발견하면 '심봤다'를 외치지 않고 '삼있다'라고 외치면 일행 모두가 함께 산삼을 캔 뒤 여러 가지 공동 비용을 제하고 나머지를 공평하게 분배하게 된다.

이 밖에 혼자서 움직일 때는 '산삼을 발견하면 '심봤다'를 외치지 않고 혼자 마음속으로 좋아서 펄쩍펄쩍 춤을 추곤 한다는 것이다. (2012. 06. 21)


**Q** 《생명이 자본이다》의 저술에서는 글 쓰는 것을 늘그막에 해녀가 숨겨둔 전복 따기로 비유하셨는데 이번 책은 산삼을 찾는 심마니로 바꾸신 건가요.

**A** 사실은 그 둘을 합친 것이라 할 수 있지요. 산삼을 캐는 심마니들은 산삼을 발견하면 '심봤다'라고 외칩니다. 그런데 제주도 잠녀(해녀)들은 숨비소리를 냅니다. 바닷속에서 숨을 죽이고 있다가 물 위로 나와 호흡을 하는 그 숨소리입니다. 해녀들에게는 물질하는 기술보다도 물숨의 금기를 아는 것이라고 했어요. 아무리 눈앞에 탐나는 전복이 있어도 자신이 참을 수 있는 숨의 극한적 한계를 넘어서는 안 된다는 것을 아는 것이지요. 이 물숨의 의미를 아는 데 6년이 걸렸다는 고희영 감독의 놀라운 해녀 다큐

멘터리 영화를 보고 배운 것이지요.

Q 저도 봤습니다. 깊은 감동을 받았습니다. 그런데 심마니 이야기와는 무슨 관련이 있는지요.

A 숨비소리 위에 '심봤다'는 소리가 겹쳐진 것이지요. 산삼을 캐는 심마니들에게는 세 가지의 유형과 룰이 있다는 것을 알게 된 것이지요. 혼자서 움직이다 산삼을 발견하면 '심봤다'라고 외치지 않고 혼자 펄쩍펄쩍 춤을 춘다는 겁니다. 젊었을 때 내가 글을 쓰고 저술 활동을 하던 때의 모습이지요. 그런데《디지로그》나《지의 최전선》같은 70대 이후에 쓴 글들은 '독메'의 유형에 속하는 것이었지요. 자신이 발견한 산삼을 자신이 모두 캐가는 것이지요. 다만 '심봤다'라고 남에게도 정보를 알려줘 그들도 각자 자신의 산삼을 찾을 수 있는 기회를 주는 방식이지요. 그런데 '독메'가 아니라 '원앙메(모듬)'의 방식을 택하면, '심봤다'가 아니라 '산삼이 있다'고 알려주기만 하면 됩니다. 그리고 여러 사람이 함께 캐어 나눠 갖습니다. 찾아내는 것도 어렵지만, 산삼을 캐려면 보통 정성이 필요한 것이 아니지요. 뿌리와 잎에 조금만 손상을 입히면 그 가치를 잃는 것이지요.

Q 이제 이해가 갑니다. 책을 혼자 생각하고 혼자 캐서 갖는 독메 방식이 아니라 남들과 협업을 하는 방식. 성경, 불경 그리고 논어가 모두 성인 자신이 쓴 것이 아니라 제자와 남들이 꾸민 것이 아닙니까. 세상을 바꾼 소쉬르의 그 유명한 언어학 강의도 제자들의 노트를 모아서 작성된 것이라고 하니까요.

A 어디 감히 성전에 비기겠습니까. 그리고 그러한 뜻이 아닙니다. 지금도 나는 글쓰기는 다른 작업과 달라서 유일하게 개인의 자유가 허락된 온리원의 외로운 생산 방식이라는 점을 부정하지 않습니다. 나는 혼자 산삼을 찾아내고 혼자 기쁨으로 춤추다 호랑이에 물려갈지라도 그 길을 선택한 심마니라고 할 수 있어요. 뭐 나만이 아니라 "아침에 도를 들으면 저녁에 죽어도 좋다"는 말도 있지 않습니까. 그래서 글에는 지문 같은 자신의 글

무늬와 말소리의 성문聲紋이 있어야 한다는 것이 내 평생의 신조였지요. 토씨 하나에도 손댈 수 없는 한 개인의 고유한 영혼이 배어 있는 것이지요. 그런데 심마니와 해녀들에게는 산과 바다가 가르쳐준 개인을 넘어서는 준엄한 채집 생활의 공통적인 룰과 풍습이 있다는 것을 알게 된 것이지요. 욕심을 부려 자신의 한계를 넘어 물숨을 쉬어서는 안 되겠다는 것이고 독메보다는 실적이 덜하더라도 원앙메의 협동 방식으로 가야 되겠다는 생각을 할 겁니다. 큰 전복이 아니라 작은 소라라도 따가지고 숨비소리를 내자. '심봤다'가 아니라 그저 여기 '산삼 있다'고 알려주는 것만으로 남들이 따서 나눠 가지면 되지 않겠느냐. 여기에서 한계를 넘지 않고 완벽하지 않아도 되니 책의 형식을 조금 바꿔 그대로 출간하자고 결심한 것이지요.

Q 이제야 이해가 갑니다. 오히려 혼자서 다 하는 것이 아니라 빈칸의 여백을 남겨둬 독자의 창발성과 확충성을 가져올 수도 있으니까요. 글쓴이와 읽는 이의 상호성이 생기게 되고, 선생님의 생각은 남의 생각과 어울려 증식하고 상승 작용을 하게 될 것입니다. 고개의 꼬부랑길마다 샛길 형식의 자료를 붙여주고 글 끝에 인터넷에서 검색할 수 있도록 원문으로 된 키워드와 URL 표시를 해준 것도 그런 원앙메 방식이라고 할 수 있겠군요.
A 되도록이면 내 이야기를 다른 사람들의 이야기를 통해 하는 방식, 즉 편집하는 방식을 처음 사용했다는 것입니다.

## 원앙메, '찾는 것'과 '캐는 것'의 의미
Q 독메가 아니라 원앙메의 방식을 택하신 구체적인 예를 들어 설명해주실 수 있겠습니까.
A 태명 고개와 기저귀 고개를 놓고 말해보지요. 태명 고개의 첫 화두는 외국에도 태명이 있는가, 하는 의문입니다. 옛날 같았으면 당연히 내가 혼자서 조사하고 문헌을 찾아 내 생각을 제시하면 됩니다. 각주와 인용문과

그 출전을 적는 것으로 내 작업은 끝납니다. 이를테면 18세기 때의 영국의 시인 블레이크의 시 〈기쁜 아이Infant Joy〉에는 "나는 이름이 없다. 태어난 지 이틀밖에 안 되었으니까. 뭐라고 부르면 좋을까? 나는 행복하다. 기쁨이 내 이름인 거야(I have no name: I am but two days old./What shall I call thee?/I happy am,/ Joy is my name.)." 영국을 비롯해 유럽 문화권에서는 태어나기 전 이름을 지어주는 일이 없었다는 중요한 자료이지요. 거기에 기독교의 대부, 대모에 의한 이름 짓는 방식까지 방증 자료를 붙이면 일단 글을 쉽게 끝낼 수 있어요. 그리고 기저귀의 다섯 고개 역시 스와들링을 설명하는데도 블레이크의 시를 활용하면 됩니다. 절묘하게도 블레이크는 마치 내 글쓰기의 수호천사라도 되듯이 〈기쁜 아이〉와 짝을 이루는 〈슬픈 아이Infant Sorrow〉라는 시도 써놓았기 때문이지요. 그 시구 안에는 바로 우리가 찾던 '스와들링'이라는 키워드가 나오고 그것 때문에 갓 태어난 아이가 반항심을 갖고 공포심에 사로잡힌 모습이 생생하게 묘사되어 있지요. "엄마는 신음하고 아버지는 울고 나는 멋도 모르고 이 세상에 튀어나왔다"고 하면서 "나는 아빠 팔에 갇히고 스와들링 밴드에 묶여 반항하면서 몸부림친다(Struggling in my father's hands,/Striving against my swaddling bands)"고 그 괴로움을 피력하는 대목까지 나옵니다. 블레이크의 '기쁜 아이'와 '슬픈 아이'의 짝을 이루는 단 두 편의 시를 찾아내고 '심봤다'라고 소리치면 태명 고개와 기저귀 고개의 이야기를 전개해갈 수 있었겠지요.

Q 블레이크의 시에서 태명과 스와들링의 해답을 찾아내기란 쉽지 않은 일이지요. 인터넷 검색만으로는 불가능한 일이네요. 그런데 그 절묘한 자료는 이 책 어디에도 나오지 않네요.

A 만약 그런 방식으로 써간다면 중국과 일본에는 태명이 있었는가를 일일이 문헌을 찾아서 나 스스로 태명이 한류라고 한 말을 증명해야 합니다. 혼자서 산삼을 찾아내고 혼자서 그것을 찾아내어 독점하는 방식이지요. 이러한 방식으로 하려면 이 탄생 책에서 가장 중요한 핵심 키워드인 스와들링은 거의 불가능한 일입니다. 왜냐하면 아이를 천으로 묶어서 기

르는 스와들링 풍습을 가장 먼저 문명론으로 비판한 것이 루소의 《에밀》을 통해서지요. 한 권 전체가 그 문제를 다룬 것이라고 해도 과언이 아니지요.

하지만 그것은 끝이 아니라 시작입니다. 스와들링은 옛날 서양에서 채우던 기저귀와 같은 것이라 남아 있는 문헌도 연구 논문도 별로 없습니다. 위키피디아 수준의 지식으로는 어림도 없지요. 스와들링의 역사를 찾아서 성경은 물론 그리스 고대의 산파술에 대하여 저술한 《소라노스Soranos》에서 에밀의 교육론 그리고 현재의 페미니스트 바당테에르에 이르기까지 엄청난 자료를 모으고 중요 연구 문헌을 샅샅이 뒤져 파일을 만들었지요. 그리고 10년 넘게 자료를 긁어모은 에버노트의 3만 건 넘는 자료가 밑바탕이 되었어요. 한국의 기저귀를 비롯한 아시아 지역 또는 북극의 이누이트족과 기저귀가 없는 아프리카나 동남아 지역에 대한 것까지 자료를 모두 섭렵하였지요. 하지만 내가 찾고 원하는 것은 한국의 막이야기들이었지요.

Q 그래서 블레이크의 시는 단 한 번도 인용하지 않고 오히려 영국 현지에서 사는 한 신부의 글을 찾아내어 그것을 이야깃거리의 중심으로 삼았던 것이군요.

A 맞아요. '품절녀'라는 아이디로 올라온 태명 이야기를 발견하였을 때 정말로 '심봤다' 하는 소리가 터져나왔지요. 태명을 짓는 것은 한국 사람들의 고유 문화인가. 그리고 그 의문을 풀어가는 학구심도 놀라웠지만 본인 자신이 '까롱이'라는 태명을 지을 때까지 태명에 관한 자의식 과정 그 뒤 한국에 돌아와서 반응까지 그것은 분명 인터넷 정글 속에서 발견한 산삼이었던 거지요. 내 서재를 아무리 뒤져도 국립 도서관이나 연구소 자료를 다 뒤져도 태명에 대한 자생적인 그런 글을 못 찾아요. 스와들링의 경우도 마찬가지입니다. 블레이크의 시나 루소의 저서보다는, 포대기가 아니라 개량 스와들링에서 갑갑하게 갇혀 있는 손자를 애처롭게 바라보는 '꽃할배'의 섬세한 글을 찾아냈을 때도 '심봤다'라고 소리 질렀지요.

**Q** 대개 고개마다 블로그나 유튜버의 글들이 실린 것이 바로 그러한 의도에서였군요. 그런데 매번 산삼을 찾기란 쉬운 일이 아니잖습니까.

**A** 심마니의 어원은 심(삼) 메(뫼) 마니(꾼)를 줄인 말이라고 합니다. 특히 '메' 자를 일부 사전에서 산으로 오인하여 산에서 삼을 수집해 업으로 삼은 사람이라 하지만, 정작 전통 심마니들은 '메' 자를 '찾다, 캐다'라는 뜻이라고 합니다. 그래서 정확한 뜻은 삼을 찾은 사람, 삼을 캐는 사람이 맞은 표현이라는 겁니다. 주제에 따라 달라질 것 같지만 오늘날에는 글 쓰는 사람과 글 읽는 사람의 경계가 애매해졌지요. 인터넷에 들어가면 댓글 정도나 '좋아요' 같은 글이 아니라 다양한 글이 숲을 이루고 있어요. 정말 그 속에서 산삼을 찾는 심마니가 앞으로는 글 쓰는 이의 역할을 하겠지요. '찾다'와 '캐다'에 따라 심마니의 역할이 달라지죠. 오늘의 내 상황을 고려할 때 나는 찾는 역할을 하고 '캐는 것'은 다른 사람들, 독자들이나 후학들에게 맡기려는 것이지요. 혼자 찾고, 혼자 캐고, 혼자 갖는 심마니가 아니라 아무리 탐스러운 전복이 내 눈앞에 있어도 물숨의 한계를 넘지 않는 해녀가 되어야 한다는 것이지요.

**Q** 캐는 일까지 하지 말고 찾는 일(창조적 아이디어)만 하고 실천하고 완성하는 일은 남에게 맡겨두자. 하지만 캐는 일보다 찾는 일이 더 소중하고 어렵지 않습니까.

**A** 매번 다르기는 하지만 구글의 검색창에서 태명이라고 치면 0.46초 만에 약 643,000개의 글이 떠요. 이 중에서 정말 내가 찾는 산삼급 글을 찾아내기란 정말 심산에서 산삼을 찾는 것과 다름없어요. 심마니의 길보다 인삼밭에서 인삼을 재배하는 쪽이 훨씬 편할지 모릅니다. 해녀들의 물숨의 죽음을 걸고 고생하는 것보다 전복 양식장을 개발하는 쪽이 쉽겠지요. 하지만 나는 물숨 끝에 내 쉬는 해녀들의 숨비소리, 혼자 헤메다가 '심봤다'라고 외치는 심마니의 소리와 같은 글을 포기할 수 없지요. 캐는 일은 남에게 맡긴다는 말은 편하게 글을 쓰겠다는 변명이 아닙니다. 사후에라도 내가 하다 만 작업을 계속 이어갈 수 있는 역할 분담을 하겠다는 겁니다.

## 채집문화의 발견

**Q** 제주도의 해녀, 강원도의 심마니 이 둘을 합쳐서 채집인의 원형으로 '한국인 이야기'의 패러다임을 구축한 것은 참으로 절묘한 결합이라고 생각합니다. 세계에 하나밖에 없는 발상이라고 해도 뺨 맞을 소리가 아니라고 생각합니다.

**A** 당연하지요. 유네스코에 등재된 것처럼 10미터 바다 밑까지 맨몸으로 들어가 숨죽이고 전복을 따오는 해녀 집단은 이 지구상에 한국밖에 없으니까요.(일본에도 해녀가 있지만 한국과는 여러 면에서 다르다고 합니다.) 산삼은 한국이 오리지널이니 당연히 산삼을 캐는 심마니 역시 한국에서만 볼 수 있는 채집 집단이지요. 하나는 바다, 다른 하나는 산을 무대로 한 인류의 채집 시대의 최고 모델을 보여주는 '살아 있는 화석'이라고 할 수 있지요. 당연히 제주도의 해녀와 강원도의 심마니에 대해서 모르는 외국인 학자와 문인이 나와 같은 발상을 할 수는 없겠지요. 한국인으로 태어나 '한국인 이야기'를 쓸 수 있는 특권인 게지요. 올림픽 때의 굴렁쇠가 내 독창적인 아이디어가 아니라, 서양화와는 달리 그림보다 여백이 더 많은 한국화의 전통에서 나온 것처럼 말입니다.

## 한 손에 호미, 또 한 손에 스마트폰

**Q** 이 책의 핵심 주제인 '탄생'도 한 인간 개체의 탄생이 아니라 인류 전체의 문명 탄생에 있다고 볼 수 있겠군요.

**A** 그래요. 나는 앨빈 토플러처럼 인간의 문명을 농경, 산업, 정보의 세 물결로 본 유럽인의 문명관이 잘못되었다는 점을 '한국인 이야기'를 통해서 밝히려고 한 것이지요. 인간이 태어난 후부터가 아니라 태어나기 전의 모태로부터 이야기하자는 것이 내 인간론과 생명론의 출발점인 것처럼 인간 문명의 탄생 역시 농경 이전 선사 시대의 채집 시대부터 찾아야 한다는 것이 내 주장인 거지요. 유발 하라리가 《호모사피엔스》에서 잠시 스치고 간 적이 있지만, 인간이 유인원으로부터 갈라선 350만 년, 호모 사피엔스가 출현한 시기로부터 쳐도 150만 년 동안 수렵과 채집을 하면서 살아

왔습니다. 석기 시대의 농경 문화라야 1만 년을 넘어설까 말까입니다. 그런데 인간은 농경 시대만을 문화 문명으로 생각해왔지요. 살린스 같은 학자가《석기 시대 경제학》을 발표하여 충격을 주었지만, 앨빈 토플러의 경우처럼 문명이라고 하면 농경 시대부터 따져요. 그래서 정보 사회가 제3의 물결이 되는 것이지요. 그러니까 자연히 학문하는 사람들, 과학자들은 화석이 없으면 있어도 없는 것이지요. 그런데 산삼을 캐온 한국의 심마니나 바닷속 전복과 소라를 따온 해녀들은 살아 있는 화석들인 게지요. 태국이나 대만의 고산족이나 아프리카의 산족(부시맨) 같은 수렵 채집민과는 다릅니다. 이렇게 세계 최강의 정보 문명의 선두를 달리는 한국에 원숭이와 인간 사이의 '미싱 링'을 찾을 수 있는 채집 문화의 전통이 살아 숨 쉬는 현실에 대해서 깊이 관심을 두지 않았던 것 같습니다. 한 손에 호미 또 한 손에 스마트폰을 든 것이 바로 다른 나라의 이야기에서는 들을 수 없는 '한국인 이야기'의 엔진인 게죠.

**Q** 호미와 스마트폰은 전혀 공통점이 없어 보이는데요.
**A** 고생물학이 화석에 의존하듯이 나는 수백만 년 전부터 사용해온 말(인간과 침팬지를 구별하는 것이 직립과 언어라고 할 때)이지요. 말을 분석해보면 화석을 뒤지는 것처럼 과거의 탐색이 가능해지죠. 호미로 나물을 캐요. 산삼을 캐요. 그런데 우리는 정보를 캔다고 하지요. 정보를 얻는 것을 정보를 캐온다고 합니다. 나물 캐고 정보 캐는 것. 그리고 놀랍지요. 채집 시대 사람들에게 정보란 농경 시대보다 훨씬 중요한 역할을 한 겁니다. 곡식을 재배하는 것은 지식으로 하죠. 그러나 잡초에서 먹을 수 있는 것과 없는 것을 가리려면 매번 코로 냄새 맡고 혀로 맛보는 일을 하지 않으면 안 되지요. 독이 있나 없나. 익었나 안 익었나. 또 산삼이 아니라도 어디에 가야 먹을 수 있는 열매와 나물이 있는지. 짐승이 다니는 목을 알아야 합니다.

## 모태 속의 생명기억
**Q** 지식이 아니라 지혜와 정보가 있어야 살아갈 수 있는 것이 수백만 년

살아온 채집인이요 수렵인들이었다는 말씀이군요.

A 농경 문화 이후의 인간 문명을 인삼밭이나 가두리 양식장에 비교해보면 금시 납득이 갑니다. 동서 할 것 없이 기존의 대학이나 학문은 자연의 지혜보다 문화 문명의 축적된 지식을 토대로 인간의 삶과 사물을 연구합니다. 하지만 심마니와 해녀는 야생의 인삼과 전복을 땁니다. 그것은 인간의 노력과 지식으로 재배한 것이 아니라 자연의 힘(하나님이 주신 것이라고 해도 좋아요)이 키운 것이지요. 수백만 년 우리가 살아온 삶의 지혜와 결합된 것이지요. 한국의 한류 문화는 인삼밭이나 가두리 양식장이 아니라 심마니와 해녀의 산과 바다에서 캐고 따온 것이라고 가정해보면 왜 우리 자신이 놀랄 정도로 세계가 뒤집어지는 한류 현상이 나타나는지. 어떻게 해서 드라마 〈대장금〉이나 싸이의 말춤, BTS 그리고 〈상어가족〉이 세계에 큰 반향을 일으켰는지 설명이 가능합니다. 인류가 잃어버렸던 수렵 채집 시대에 살던 원초적인 '생사람'(이 말을 주목하세요), 자연인의 그 힘을 발견했기 때문이지요. 자기들 가슴속에 잠재한 수백만 년 전 인간의 원풍경과 만나게 된 것이지요. 그것을 나는 태내 생활과 같은 '생명기억'이라고 불렀지요. 백남준과 한강이 고도의 예술적 전략으로 보여준 몽고반점의 상징입니다.

Q 학교교육의 양식장 지식보다 야생의 사고, 산삼을 캐는 심마니에게서 희망을 보신 거군요.

A 내 자신이 일본 강점 하의 이른바 대동아전쟁 속에서 초등학교를 다녔지요. 전시 근로동원 등으로 거의 수업을 하지 못했어요. 그리고 고교 시절에는 알다시피 6·25전쟁으로 정규 수업을 또 받지 못했어요. 대학 역시 전쟁과 전후의 폐허 속이라 변변한 강의를 들어보지 못하고 피난지의 가교사에서 지냈지요. 그런데 그것이 오히려 학교교육의 프레임에서 벗어나 자유로운 사유를 할 수 있는 좋은 기회였다고 봅니다. 그야말로 막 문화 속에서 배운 겁니다. 심마니나 해녀처럼 산속 깊이 들어가고 바다 깊이 잠수하는 법 말입니다. 구체적으로 삼신할머니의 '삼'의 의미가 뭔지 대학에서도 훌륭한 연구물이 많이 나와 있어요. 내가 입수한 논문들만

해도 꽤 됩니다. 하지만 막상 내가 참조하고 이야깃거리로 삼은 것은 인터넷에서 찾은 한 지역 신문의 칼럼니스트의 글이었지요. 세련되거나 탄탄한 지식은 떨어져도 자생적인 사고와 문제의식이 프레임에 갇혀 있지 않은 대담성이 있어요. 잘 거른 청주가 막거른 막걸리보다는 순도와 맛에서 우수하지요. 그러나 탁주는 청주가 되다 만 술이나 단순히 조잡하고 값싼 술이 아니라, 청주에서는 맛볼 수 없는 야성의 순박한 맛의 특성이 있지요.

Q 한류는 '막' 자에서 나왔다고 하셨지요. 그 원류가 임란 때 일본으로 건너간 조선의 막사발이라고요.
A 막을 한자로 표현하자면 조粗와 잡雜, 비卑와 속俗, 혼混과 탁濁, 졸拙과 속速의 부정사라 할 수 있어요. 옛날 개밥그릇이라고 천대받던 막사발이 일본에 건너가 국보가 된 것처럼 서 있기도 힘든 관광 버스에서 춤을 추는 한국의 허드레춤이나 막춤이 말춤이 되어 세계인의 춤이 된 것처럼, 한국인의 이야기도 정사에 기록된 역사와는 다른 '막이야기' 속에서 생명력을 품고 있어요.

## 한국 이야기의 원동력 막사발, 막춤의 막문화
Q 그렇군요. 본문에도 그 이야기가 자세히 나옵니다. 막이름, 막국수 심지어 막말도 욕쟁이 할머니가 하면 설렁탕집에 줄을 선다고 말씀하셨지요. 그뿐만 아니라 '한국인 이야기'에서는 지금까지 써오신 것과 달리 비속어나 아이들이 쓰는 유아 언어 그리고 문체도 투박하고 거친 막걸리풍의 표현이 많아 놀랐습니다. 옛날 같으면 상상할 수 없는 표현들이지요. 물론 구술하신 글이 섞여 있기도 하지만.
A 맞아요. 병과 망령이 나서가 아니라 평생 내 글 속에서는 한 번도 써본 적이 없는 똥이란 말을 거침없이 노출시킨 것이 한 예라고 볼 수 있어요. 누군가 내 젊은 시절 문장을 읽고 로션 냄새가 난다고 했지만, 이번에는 두엄 냄새가 난다고 비판할지도 모르지요. 각주를 달거나 어려운 용어를 가급적 피하고 토박이말을 찾아 쓴 것도 그래요. 프로이트, 라캉, 크리스

테바 등 평소에 잘 쓰던 외국 이론들도 되도록 겉에 노출시키지 않으려고 애썼지요. 그 대신 지금까지 우리가 천시하고 기피해온 속된 말, 막이야기, 막문화를 바탕으로 한 '막인문학'(웃음)을 개발하자고 생각했지요. 조금 문법적으로 어긋나는 구술 원고도 그대로 살려 한국 토박이말의 입맛을 되찾으려 한 경우도 있구요. 문어체에서 구어체로, 그래서 말끝마다 나오는 종결어미의 '것이다'를 '거다' '게다'로 쓰기도 하고 옹알이 배냇말 같은 유아 언어도 많이 등장합니다. 까꿍이라던가 맘마, 지지처럼 입에 담거나 글에서 쓰기를 거부해오던 막말 수준의 언어, 그리고 젊은이들의 은어도 그대로 노출시켰어요.

**Q** 완성도가 높은 세련된 고려자기보다 민간의 투박한 분청사기에서 더 많은 한국적인 매력과 이야깃거리를 찾으려는 시도로 보입니다.
**A** 그런 경우야 나 아니고도 많은 사람들이 시도해왔지요. 뭐 야나기 무네요시 같은 일본의 민예학자들도 많았구요. 하지만 그와는 조금 차원이 다른 거죠. 바지를 내려서 엉덩이의 몽고반점을 유럽 관객에게 보여준 백남준의 막가는 행위 예술도 한국의 막사발, 막문화의 차원에서 보면 설명되는 것이지요. 한강의 소설 〈몽고반점〉도 왜 포르노가 아니라 예술이 되는지도 설명되지요. 둘 다 대중 문화가 아니라 전위적인 본격 문화 분야에서 일어난 일입니다.

## 비숍이 다시 와 한국인 이야기를 쓴다면
다시 《월간 중앙》의 인터뷰의 마지막 부분으로 돌아왔다. 그 끝에 이르면 의외의 인물이 등장한다. 구한말 한국을 방문하여 조선 기행을 쓴 비숍 여사다. 질문자가 이렇게 물었기 때문이다.

**Q** 기자들이 기사를 쓸 때 가장 어려운 것이 첫 문장을 쓰는 것입니다. 고문께서는 이 대장정의 시작을 이사벨라 비숍의 멘트로 시작하셨습니다. 그러면서 "겨우 100년 전 이방의 한 여인의 시각으로 시작하는 것을 용서

해 달라"고 했지요. 그 용서의 의미가 뭣인지요.?

어쩌면 이 질문에 답하는 것이 앞으로 21세기 100년을 살아갈 한국인이 계속 답해야 할 화두가 될지 모른다. 우선 그 질문에 대한 답변에 앞서 그에 해당하는 부분의 글부터 읽어보기로 한다.

영국의 지리학자이자 여행 작가로 구한말 세계 각처를 탐사한 이사벨라 비숍(1831~1904)은 한국을 이렇게 적었다. '한국에 있을 때 나는 한국인들이 이 세계에서 가장 열등한 민족이 아닌가 의심한 적이 있다. 그리고 그들의 상황을 가망 없는 것으로 여기기도 했다.' 하지만 곧 그녀는 러시아의 자치구 프리모르스키에 이주한 조선 사람들을 보고는 그런 생각이 잘못된 것임을 솔직히 고백한다.

"같은 한국인인데도 정부의 간섭을 떠나 자치적으로 마을을 운영해가는 그곳 이주민들은 달랐다. 깨끗하고 활기차고 한결같이 부유한 생활을 하고 있었다. 고국의 남성들이 지니고 있는 그 특유의 풀죽은 모습도 찾아볼 수 없었다. 의심과 게으름과 쓸데없는 자부심, 그리고 자기보다 나은 사람에 대한 노예 근성은 어느새 주체성과 독립심으로 바뀌어 있었고, 아주 당당하고 터프한 남자로 변해 있었다."

평상시보다 위기에 강한 민족, 남이 명석을 펴주는 것보다 제 스스로 일할 때 신명이 나는 한국인의 기질을 일찍이 그녀는 한국의 난민을 통해 간파한 것이다. 어느 민족보다도 부지런하고 우수한 성품을 지닌 사람들로 변해 있는 한국인의 모습을 바라보면서 비숍 여사는 희망의 말로 결론을 맺는다. "고국에서 살고 있는 한국 사람들도 정직한 정부 밑에서 그들의 생계를 보호받을 수 있게 된다면 참된 시민으로 발전할 수 있을 것이다."

비숍이 지금 한국을 방문한다면 어떻게 말할까. 분명 비숍을 놀라게 했던 프리모르스키 난민의 유전자가 마르지 않고 우리 핏속을 흐르는 게 보였을 것이고, 그녀의 예언이 맞았다는 것을 느꼈을 것이다. 그러나 미안하다. 겨우 100년 전 이방의 한 여인의 말을 빌려 한국인 이야기를 시작하는 나를 용서해주기 바란다.

질문자의 말대로 그 글의 끝은 분명히 "나를 용서해주기 바란다"는 묘한 여운을 남기고 있다. 그리고 왜 미안하다고 했는지 묻는 물음에 대해서 저자의 대답은 글과는 조금 어긋나는 답변을 했다. "정부가 부패하지 않고 잘해주기만 한다면, 지도자를 잘 만나기만 한다면 한국은 어느 나라 사람보다 우수할 것이라는 것이 비숍의 이야기입니다. 100년이 지난 지금 비숍이 다시 와도 똑같은 말을 하지 않을까 두렵다는 이야기입니다." 그래서 그 인터뷰 사이에 끼어들어 새롭게 되물을 수밖에 없었다.

Q 놀라움과 감동이 있는 글이네요. 그런데 그 기자의 질문처럼 끝부분에 왜 나를 용서해 달라고 하였는지 그 뜻을 잘 모르겠네요. 누구에게 미안하다는 말인가요? 독자에 대해서인가요. 아니면 비숍에 대한 것인지요. 그리고 원래 글에서는 비숍의 예언이 맞은 것 같다고 했는데, 뒤에서는 부정하는 듯한 발언으로 들립니다.

A 물론 독자에게 한 말이에요. 거창하게 '한국인 이야기'를 한다고 하면서 그 시작을 겨우 외국인의 말로 그것도 100년 전 구한말의 한 기행가의 말을 인용한 데 대해서 실망을 느꼈을 독자들에게 한 소리지요. 하지만 그것은 비숍에게 대한 미안함도 되지요.

비숍의 당시 기행문의 서문에 쓴 글을 읽어보면 오늘날 한국이 어떻게 놀랄 만한 변화와 글로벌한 나라가 될 수 있었는지 알 수 있을 겁니다. "1894년 겨울, 내가 막 한국으로 떠나려 할 때 관심을 가진 많은 친구들은 한국의 위치에 대해 과감한 추측을 했다. 한국은 적도에 있다, 아니다 지중해에 있다, 아니 흑해에 있다 하는 식의 별의별 말들이 있었다. 그리스 연안의 다도해 가운데에 있으리라는 견해가 자주 등장했다. 생각하면 그것은 참 놀라운 일이었다. 이들 교육받은 어떤 의미에선 유식한 사람들이 한국의 실제 위도와 경도로부터 아무도 2,000마일 이내로 들어가보지 못했다니."

하지만 지금 그녀가 한국에 다시 와 기행문을 쓴다면 과연 어떻게 쓸까 "러시아의 자치구 프리모르스키에 이주한 조선인 난민이 문제가 아닐 것이다. 그보다 훨씬 활기에 넘치고 당당하고 부유한 생활을 하는 한국인을 보고, 봐라 내 예언이 맞지 않았느냐"라고 할 것입니다. 그럼에도 여전히 걸리는 대목이 있다는 말입니다. "그들이 만약 정직한 정부와 지도자를 만난다면"이라고 전제를 두고 한 조건문 말입니다.

Q 긍정을 하면서도 부정을 하는 빛과 그늘이 있다는 말씀인가요.
A 〈100년 뒤 비숍이 온다면〉이라는 글을 그 무렵 《뉴스위크》 한국어 판에 기고한 적이 있었지요. 대충 이런 뜻이었지요. "어째서 모든 것이 뒤지고 있는데, 유독 한국의 바둑과 반도체만은 세계 제일을 자랑하게 되었는가. 그 비밀은 간단하다. 정부가 바둑과 반도체가 무엇인지 잘 몰라서 간섭이나 규제를 하지 않았기 때문이다." 그때 한창 비즈니스계에 떠돌던 우스갯소리였어요. 그러나 그 웃음의 끝은 떫었다고 썼지요. 그리고는 구한말에 한국을 방문했던 비숍 여사의 기행문 한 구절이 떠오른다고 했어요. 이미 말한 그 대목 말이지요. "한국에 있을 때 나는 한국인들을 세계에서 제일 열등한 민족이 아닌가 의심한 적이 있고 그들의 상황을 가망 없는 것으로 여겼다. 그러나……" 100년이 지난 비숍 여사의 글을 읽으면서, 우리가 아직도 슬픔과 분노, 회한을 느껴야만 하는 이유는 무엇인가. 그것은 10년이면 강산도 변한다는데, 10년의 10배가 지난 오늘에도 "'정직한 정부 밑에서……'라는 그 대목이 목에 걸리기 때문이다"라고 말이지요.

정부를 거꾸로 읽으면 부정이 된다. "권력에 의한 규제는 부패를 낳고 부패는 더욱 강력한 규제와 권력을 만들어낸다. 이 악순환의 고리에서 풀려나면, 세계 시장에서 승자가 되고 그렇지 않으면 비참한 패자가 된다. 우스갯소리가 아니다. 만약 모든 기원棋院을 교육부가 감독하고 기사棋士 지망생을 입시 제도로 뽑고 그 단위段位를 정부가 발급하고 국내외 바둑 대회를 정부가 규제했다면 틀림없이 한국의 바둑은 아시아의 바닥을 헤매고 있었을지 모른다"고 했어요. 그러니까 알파고가 이세돌과 바둑을 겨루고 세계의 수십억 명이 스마트폰으로 실황 중계를 보고 그 뉴스에 관심을 두는 일도 없었겠지요.

그리고 이런 말도 썼지요. 영어의 '살다live'를 거꾸로 읽으면 '악evil'이 되듯이, '정부'를 뒤집어 읽어보면 '부정'이 된다. 정부가 부정不正과 부정不淨으로 부정否定되는 세상에서는 비숍의 말 그대로 한국인은 "세계에서 제일 열등한 민족"으로 보일지 모른다. 하지만 그때의 비숍이 본 것처럼 외국으로 이주한 난민처럼 정부가 없는 외국에 가면 당당한 한국인, 한류로 열광하는 한국인이 있다. 인공 재배가 아니라 잡초처럼 자생한 응달 지대에서 산삼이 자라고 있었던 것이지요.

《월간중앙》의 인터뷰는 이렇게 끝난다.

인터뷰를 끝내고 일어서며 보니 전에는 못 보던 녹음기가 이어령 고문 목에 매달려 있었다. '한국인 이야기' 집필을 위해 새로 마련한 것이다. 메모할 시간이 없어서 생각이 날 때마다 녹음기에 녹음했다가 컴퓨터로 옮기며 연재를 하고 있다고 말하는 노익장의 열정에 고개가 숙여졌다.

편집자도 인터뷰를 끝내며 일어나면서 보니 전에는 보지 못했던 돋보기 렌즈가 노 선생의 목에 걸려 있었다. 컴퓨터의 화면이 보이지 않아서라고 한다. 7대의 컴퓨터를 고양이라고 불렀던 농담을 잊지 않는다. "이게 내 세 번째의 눈. 안경 쓴 4개의 눈보다는 많이 나아진 거잖아."